谢方文存

谢 方 著

中 华 书 局

图书在版编目(CIP)数据

谢方文存/谢方著.–北京:中华书局,2012.11
ISBN 978-7-101-08979-0

Ⅰ.谢… Ⅱ.谢… Ⅲ.交通运输史–世界–文集
Ⅳ.F511.9–53

中国版本图书馆 CIP 数据核字(2012)第 250488 号

书　　名	谢方文存	
著　　者	谢　方	
封面题签	徐　俊	
责任编辑	孙文颖	
出版发行	中华书局	
	(北京市丰台区太平桥西里 38 号　100073)	
	http://www.zhbc.com.cn	
	E-mail: zhbc@zhbc.com.cn	
印　　刷	北京天来印务有限公司	
版　　次	2012 年 11 月北京第 1 版	
	2012 年 11 月北京第 1 次印刷	
规　　格	开本/850×1168 毫米　1/32	
	印张 19³/₈　插页 2　字数 450 千字	
印　　数	1–1000 册	
国际书号	ISBN 978-7-101-08979-0	
定　　价	88.00 元	

（王守一　摄）

谢方

谢方

　　男，汉族，1932年12月生，广东德庆人，1957年7月广州中山大学历史系毕业。1950年6月（至1953年6月）任教于广东高要县简易师范学校。1957年9月任职于北京中华书局，历任助理编辑、编辑、副编审、编审及古代史编辑室主任，1994年1月退休。现为第8届北京市政协委员会委员、中外关系史学会副会长、中国国际输输文化交流协会副会长、中国海外交通史研究会理事、国家古籍整理出版规划小组特聘研究员。

　　主要研究方向：古代中外关系史及有关中外关系的古籍整理研究。目前正在进行的课题是：古代中国与东南亚各国关系史，16—18世纪基督教传入中国史。

目　录

序

蔡鸿生

　　今年中秋节后第四天,日暖风和,接到谢方先生从上海来的电话,说自己的文集即将出版,叫我写几句话置于卷端。我们俩是广州中山大学1953年至1957年的同窗,结下的学缘至今已近一个甲子,承命撰序,岂敢说不。但自知无力达到"序其意"的古典标准,只好"画饼"一张,聊报谢兄雅嘱。

　　离开广州康乐园的校门之后,谢方先生进入中华书局,在这家文化的"老字号"里坐了几十年冷板凳,从普通一兵到资深编审,寂寞勤苦,无怨无悔,有学有成,始终保持着"中华人"务实求真的本色。其突出业绩,就是为中外关系史学铸造两大基石:《中外交通史籍丛刊》和《中外关系史名著译丛》。两《丛》一出现,就博得海内外的好评。它的社会效益,正在与日俱增。对主持其事的谢方先生,用不着戴"守护神"的华丽冠冕,称之为杰出的"打工仔"就算是实至名归了。

　　中华书局是学者型编辑的故乡。谢方先生除出色完成编务外,学术研究也相当可观。那部长达千页的巨著《古代南海地名汇释》,就是他和另外两位著名学者的扛鼎之作。除此之外,他还写了不少功力深厚的论文和札记,以及显示卓识的校注前言。至于怀人纪事的回忆录,如《二十六年间——记〈大唐西域记校注〉的出版兼怀向达先生》、《忆我和向达先生的首次见面》等等,学术味、人情味俱足、早已脍炙人口,就不必多说了。在我的印象里,谢方先生似乎一贯关注明清时代的海外交通,其精力所萃在此,贡献最多也在此。作为一位严肃的学者,他非常重视海洋世界的社会变迁,敢于揭示和平贸易被商业战争所代替的血与火的事实,与"海上丝路热"中那种报喜不报忧的牧歌式叙事划清界线。实事求是,难能可贵。当然,《谢方文存》的亮点不尽于此,以上云云,无非是个人的一孔之见而已。

　　谢方先生的为人,谦和惇谨,没有丝毫的油气和躁气,大大方方,一如其名。他的文章,也平实明畅,犹如一袭朴素的布衣,耐看、耐用、耐人寻味。《谢方文存》问世之际,适逢著者八十之年。我愿借唐诗来致贺:"莫道桑榆晚,为霞尚满天。"祝谢方先生在"80后"的路上健步前行,生活如此,学术也是如此。

2012 年 10 月 8 日于中山大学

我的治学之路（代《前言》）

《文史知识》历期已刊载过不少专家学者谈治学之道的文章，许多道理已是老生常谈，我又没有什么过人的专长，只不过是在多年的工作中学到了一些知识。《文史知识》的编辑同仁却一定要我说一说自学之道，我只好将自己如何走上中外关系史研究之路的经过谈一谈。

一　一言定终身

先介绍一下"中外关系史"这门学科的渊源。它是本世纪80年代才出现的一个名称，其前身则是形成于30年代的"中西交通史"。在我国的史籍中，早就出现了关于外国的记述，除"正史"的外国传、四夷传等有专卷外，还有大量记载外国的专书。但是这些书主要都是史料撰辑，还未形成一门独立的学问。直到本世纪初，国人开始引进一些西方汉学家的研究著作，其中有一本英人玉尔(Henry Yule)和法人考狄(Henri Cordier)编注的《中国及其通道》(*Cathay and the Way Thither*)，这是一部运用西方资料研究中外交通史的权威著作，使中国学者眼界大开。不久，张星烺先生便将它的主要内容加上中国方面史料，编注成《中西交通史料汇编》共六册出版，在史学界产生了很大的影响，于是"中西交通史"一词便流传开来。其后又有向达的《中西交通史》、方豪的《中西交通史》专著问世,加上先后出现了一批著名学者如王国维、陈垣、冯承钧、岑仲勉等对中外民族、宗教、语言、地理关系的开创性研究,于是,"中西交通史"便在三四十年代中脱颖而出,形成一门专门的学问。到了 50 年代后,国家又提倡中国与外国传统友好关系和文化交流的研究,这门学问又成为"中外文化交流史"。80 年代开放改革,对外关系空前频繁,随着形势的需要和条件的成熟,研究历史上的中外关系,包括政治、经济、文化各方面的关系和交流,"中外文化交流史"便扩展成为"中外关系史"。现在很多大学都开了这门课程和招收研究生,有不少学者专门在从事这方面的研究,每年都有新著问世,它已形成为一门颇有影响的学科了。

我在大学读书时还未对中西交通史或亚洲史产生特别的兴趣,更没有想到将来会从事这方面的编辑和研究工作。我是在1957 年毕业分配到中华书局以后,才逐渐走上这条道路的。那时在古代史编辑室并没有明显的分工,开始时我什么工作都做,哪一类稿子都看。不久我审读了一部岑仲勉的《突厥集史》稿,花了不少时间查材料,写了一篇审读意见,想不到竟被总编辑金灿然看到了,第一次得到肯定与鼓励,说我是个"懂行的"。其实我对突厥完全是个外行,只不过在学校时听过岑先生讲的《隋唐史》课,略知他的治学门径而已。到 1959 年初我从农村下放回来后,又审读了向达的《蛮书校注》,金灿然再看了我的审读意见,便对当时的编辑室主任姚绍华说:"就让他和向达联系,负责这套书吧。"我当时还不知道这是一套什么书。原来 1958 年我下放期间,已成立古籍整理出版规划小组,拟定了一个全国性的长期整理出版古籍规划,其中有一套《中外交通史籍丛刊》,是向达先生提出和负责拟订的。向先生是久已闻名的大专家，我觉得可以向他学到很多东西，也就没有异议。金灿然还特别对我说："向达虽是右派，但你不必有顾虑，要把他的东西学过来，至于他的书什么时候出由我负责。"真是一言定终身，从此我就被安排走向中外交通史——中外关系史的道路。从1959年到1962年我主要就在向先生的指导下从事这方面的学习和工作，"文革"以后又逐步走上研究道路，这样一晃就是三十多年。

二　由杂到专

编辑本来是个杂家，什么工作都要懂、要学、要干，加上我以前的爱好也比较广泛，什么书都看，现在要逐步收回来，专于一门，只有从打基础开始，系统地读一些基本的专业书。但我只能利用业余时间读书，当时的环境和工作情况不允许我在上班时间看书，而且我还要兼顾其他方面的编辑工作，如1962年我还被借调到人民出版社参加编辑《蒋介石全集》等。但由于明确了专攻方向，而且又可边干边学，因此，50年代末到60年代初的三年时间，也就是三年经济困难时期，却是我收益最大的学习时期，也是我后来专业研究的奠基时期。

先说读书，我根据向先生的建议，结合在中华工作的特点，从文献学入手。向先生帮我开列了一个必读书目：1. "正史"中的外国传和四夷传；2.《四库全书总目》中的有关外国书目提要及原书；3. 张星烺《中西交通史料汇编》；4. *Cathay and the Way Thither*；5. 徐宗泽《明清间耶稣会士译著提要》；6. 莫东寅《汉学发达史》；7. 冯承钧《中国南洋交通史》；8. 向达《中西交通史》；9. 汤用彤《汉魏晋南北朝佛教史》；10. 方豪《中西交通史》，我后来还加上向先生的《唐代长安与西域文明》。向先生说："读完了这些书，你不但打下了基础,而且还可以统览全局,可以应付各方面来的挑战。"直到现在,我还深深感到这 11 种书的确是学习中外关系史非常见功效的必读书。除《汉学发达史》外,各书都由有关出版社予以重印过,不难找到;比较少见的是莫东寅的《汉学发达史》,也不妨在此稍作介绍。这是 1949 年北京文化出版社出版的,主要根据张星烺先生的史料汇编和日本石田干之助的《欧人的支那研究》等书浓缩写成。从公元 1 世纪直写到 20 世纪,两千年间西方关中国的知识和著作,几乎囊括其中。特别是 19 世纪后西方研究中国的学者、著作和机构,都有介绍,注释中并引有大量的书目和版本,因此它也是一部中外文献工具书。可惜此书尚未见有重印。这些书使我的专业知识大增,对开拓书稿来源,提高书稿质量也带来莫大好处。后来我策划和组织出版的《中外关系史名著译丛》,就是受到它的启发利用外国资料,借鉴国外研究成果,以提高国内中外关系史研究水平为目标的一套丛书,很受学者的欢迎。

　　我的另一种学习方式就是结合业务工作,边干边学。我在编辑工作中大部分接触的都是有关中外关系史的书,而在五六十年代中,国内也只有中华书局一家在出版这方面的书。因此当时国内各大学、研究单位的有关研究工作者都和我有联系,我可以经常向他们求教并了解研究动态。这不但可帮助我提高工作业务水平,而且也可提高我的专业知识水平。我在工作中随时记下了需要了解和探讨的问题,这也是我积累资料的一种方式,成为日后撰写前言、出版说明、书评和论文的根据。如我在当初审读《西洋番国志校注》《郑和航海图》等稿时,查阅了大量有关郑和的资料,这就为我日后写有关郑和的论文创造了条件。在看书稿时我又常遇到一些外国地名,我留意把有关资料记录下来,这就为后来与人合撰的《古代南海地名汇释》一书积累了大量素材。我把工作——学习——研究有机地结合在一起，使我得以事半功倍地既完成了工作任务又学习到专业知识，又积累了研究资料。

我在工作和学习中的主要方法是多查、多问、多看地图。我的案头总有一大堆备查的资料书、工具书，多查是我的笨方法，但也是加深理解的好方法。解决不了就问别人，我经常带着一堆问题去访问学者、专家。1962年前我差不多每周一次到北大燕南园向达先生家中求教。夏鼐先生在考古所，离中华书局很近，他对中外关系史的出版很关心，我也常到考古所聆听他的指教，使我增加了许多中外文化交流中文物考古的知识。后来他在百忙中还撰写了《真腊风土记校注》一书交给中华书局出版。我在读中学时便喜欢看地图，在中华书局时我的工作和学习都与地图有密切关系，我搜集了不少国内外的旧地图，可惜文革时丧失殆尽。至今我的办公室和卧室都挂有大地图，查阅地图已成了我一项业余乐趣和习惯，它不但促进了我对中外地名、交通的具体记忆能力，而且使我在思考有关问题时有着较好的分析和判断能力。

学好外语也是中外关系史的必修基础课。但很遗憾我对它还没有足够的重视。我在解放前中学学英文，解放后大学学俄文。俄文由于长期不应用，早已生疏；英语也不注意提高，只有看书的本领，讲和写的能力都很差。其他语种也没有学。研究中外关系史，外语应愈精愈好，语种也是愈多愈好，否则就有局限性，不能深入下去。古代的外语也很重要，如拉丁文、梵文和中亚各种古代文字等，都要熟悉，研究时方能左右逢源，棋高一着。季羡林先生就是从古代印度、中亚的语言研究入手，成为古代中印关系史的大学者的。

三　走向研究之路

我是直到 70 年代末期,才真正开展中外关系史的个人研究工作的。和学习阶段一样,也是从文献学入手。

我是 1975 年最后一批从咸宁五七干校回北京的。在此以前,大部分人都已陆续返回工作单位,中华书局的二十四史整理工作也已恢复,我则仍在干校继续接受改造。但我知道迟早总会回去工作,便利用干校后期管理松弛的机会,看些业务书籍。我原来的书在 1969 年到干校前已卖掉了。只好在到上海探亲时到福州路古籍书店买了一些旧的《丛书集成》、《四部丛刊》单行本中有关中外关系史的书带回干校,偷闲便看起书来。不久,我又想何不趁此时候练练笔,于是便选了其中一种《广弘明集》试着作标点整理。过去我都是审读别人的古籍整理,从未自己动手搞过,现在第一次涉足其中,倒也非常投入。一别多年的佛学知识,又重新浮现出来了,过去所学的中外关系史知识,又能应用了。我仅有的参考工具书只有一本中华书局旧版的《辞海》,因此标点得比较粗糙,但毕竟这是我开始古籍整理的第一步,也是走向中外关系史研究的第一步。正在标点到该书一半的时候,咸宁干校结束了,最后一批学员都返回原单位,于是我又回到中华书局。后来我这部未完成的试作却因种种关系一直未能继续下去,始终躺在我的书橱之中。回到北京后政治空气仍很紧张,除整理二十四史以外,其他学术书稿尚无从谈起,直到 1977 年张星烺先生的后人要求重印《中西交通史料汇编》,我才重新投入这方面的工作。后来我又抓住《大唐西域记校注》工作不放,《中外交通史籍丛刊》又恢复组稿,我的工作才纳入正轨。1979 年我又筹划《中外关系史名著译丛》的组稿和出版,中外关系史的书稿开始进入正常运转,这时政治空气已比较宽松,从此我便利用业余时间,投入研究工作。

我认为必须发扬我的优势,结合我主持《中外交通史籍丛刊》,确定从整理古代中外关系史籍入手。由于佛教史毕竟不是我的本行,因此我没有继续《广弘明集》的点校,而选择了明代一部重要的中外关系史籍《东西洋考》。我用不到一年时间将此书做了标点校勘,写了一篇学术性的前言,又将书中的地名编写了一个地名索引,考出今地所在。此书于1981年出版,是我第一个学术成果,学术界反映还不错,从此我就有了信心,准备沿着这条道路走下去。此后我先后点校、注释、今译了八部有关中外关系史的古籍,又和陈佳荣先生合作搞了一部《古代南海地名汇释》,又写了二十余篇有关中外关系史的文章。十多年来,虽然没有什么鸿篇巨制,也没有多少真知灼见,但总算在中外关系史研究的领域中做了添砖加瓦的工作,走出了一条自己的道路,取得了成果。也总算不辜负向达先生对我的教导和嘱托,编辑出版了一批中外关系史的图书。我的老师朱杰勤先生生前也经常给我来信,鼓励我坚持走这条道路。现在我虽已退休,但仍在做力所能及的工作,在明代的对外关系史上作进一步的研究。

末了,再向年轻朋友们说几点我在学习和研究上的一些体会,虽也是老生常谈,但这些道理永不会过时,因此不妨再啰嗦几句。

1. 无论研究哪一门学问,基础课绝对要学好。对中外关系史来说,中外通史、古汉语、外语是基础的基础;上面我说的10种专业书,则是专业的基础。基础打好了,然后再做专题研究,由博返约。大学四年,是打基础的最好时期,必须打好专业基础,然后才可谈研究。

2. 要独立思考,不要人云亦云,不怕居于少数,要走自己的路。十多年前许多人都说郑和下西洋是中国古代对外开放的范例。我当时就指出这种说法不正确。明成祖是为了发展官方的朝贡贸易，它垄断和打击了海外民间贸易的正常发展，是海禁的另一种形式。我这意见后来才逐渐得到许多人认可。对近几年炙手可热的"徐福东渡日本"说，我也持怀疑态度，我根据《史记》的第一手资料，写了一篇《一片汪洋都不见，知向谁边》的短文（载《文史知识》1993年第2期），但至今尚未见论驳的意见。

3.要关心学术动态、信息，不能关起门来搞研究。如近几年出现某些关于马可波罗和利玛窦的学术文章，所谈的大都是别人早已说过的东西，还自以为是新的创见，这就缺乏应有的学术水平，也谈不上真正的研究。

4.学问无止境，在前进中要虚心求教，不断修正错误。我自己就常常出错，如我点校的《湛然居士文集》卷十《寄冰室散人》诗中有"佳人元不是摩登"句，我觉得"摩登"一词是现代译名，古汉语无，便根据《文集》的渐西村舍本改作"摩澄"，认为"摩"是指鸠摩罗什，"澄"是指佛图澄，均晋时高僧，一擅咒术，一擅阴阳，故下句诗称"幻术因循污此生"。我自觉可以说得过去。但书出版后才得到李固阳先生的来信指正，谓此诗句中的"摩登"乃摩登伽女，佛典中谓其女曾以幻术蛊惑阿难。李先生这一解释是对的，而我却改错了，只好将来重印时再改回来。有错是难免的，千万不能自以为是，拒绝别人的意见。历史上有些大文学家还有"一字之师"，传为美谈，何况我们初学和入道不深的人呢！

以上所谈，主要是一些往事的回忆，够不上是"治学之道"，但总算是自己走过的路程，因此本文题目便叫作"我的治学之路"。

（《文史知识》1995年第12期，中华书局）

从"教仪之争"看传统文化和
外来文化的冲突与交流

从 16 世纪末到 18 世纪末,即中国明末清初二百年间,出现了中国文化与西方文化的直接交流。这是一件空前未有的大事,对中国文化和西方文化都发生了深远而广泛的影响。早在六十多年前向达先生就已指出,它"不仅对于中国史上是一件大事,即就中西交通史的全体而言,也算是开旷古未有之奇局"(《中西交通史》,中华书局 1931 年)。但半个多世纪以来,我国研究此"旷古未有之奇局"的学者却寥寥无几。近年来在有关中外文化交流史的论著中谈到这一问题时也非常简略。然而在国外,有关这一问题的论著却指不胜屈,其中仅涉及"教仪之争"的就出现过许多文章和多种著作。不过他们大都从西方基督教文化的观点来看这一问题,未免带有偏见。现在我想从中国传统文化的角度来谈"教仪之争"问题,并对古代中外文化交流中的冲突与交流,提出一点看法。

一

"教仪之争"起源于 17 世纪初西方传教士在中国传教活动中如何对待中国传统礼教的内部争论,后来发展成为罗马教皇与中国皇帝的争执,最后则以传教士被逐,传教活动被明令禁止而告结束。环绕着这一论争,在中国的传教活动有起有伏,由此而引起中国和欧洲社会的许多波澜和震动;中西文化交流也因此而得到广泛的开展,这则是传教士们始料所不及的。

16世纪80年代,耶稣会士罗明坚与利玛窦首次进入中国的时候,就吸取过去传教活动在中国失败的教训,认为首先必须学习中国的文化,了解中国的礼仪风俗,博取中国人的同情和兴趣,以寻求对传教事业的支持,才能开展传教工作。为此,他们在澳门时便已努力学习中文,学习中国礼教。他们穿上僧服,到了肇庆以后,便首先向当地百姓和官员声称愿作中国皇帝的顺民。他们日以继夜地钻研中国传统文化典籍,小心翼翼地开始宣传天主教义。后来离开韶州北上,又马上脱下袈裟,换成儒服,扮成儒士,以便更广泛结交中国知识分子和官绅,并利用儒家经典术语来解释演译天主教义。结果很快取得了成效,利玛窦从广东经江西到南京,最后进入北京,所到之处均得到了当地官绅和知识阶层的有力支持,获得了一批信教者,并且结交了许多著名的官员和学者。一时名声大噪。当时在南京的南礼部侍郎叶向高在赠利玛窦的诗中赞扬利氏说:“言慕中华风,深契吾儒理。著书多格言,结交皆贤士。淑诡良不矜,熙攘乃所鄙……我亦与之好,冷然得深旨。”大臣和社会名流如徐光启、李之藻、杨廷筠辈均与利氏有深交,合著共译西方数理名著。利玛窦还取得了万历皇帝的信任。就这样,他找到了一条把中国人引向天主教的捷径。

然而尽管如此,当时中国与远东其他传教区如印度、日本相比,成绩还是不大的。到万历三十六年(1608)时,耶稣会士来华已经二十六年,全国入教受洗者仍不过二千人。传教士在中国虽然立定了脚跟,但要发展并不容易。这主要是中国人的传统思想与天主教的思想相距太远。利氏的做法,即容许入教者祭天、拜祖、祀孔,虽然在调和基督思想和儒家思想方面取得了部分成功,有些著名文人也皈依了天主教,但却引起了教会中人士的非议。就在利氏死(1610)后不久,传教士内部便对利氏的做法产生了不同意见。接任中国耶稣会总会长的龙华民提出,凡为西方基督教所无的祭天、拜祖、祀孔都是迷信,教徒要一律禁止参加。龙华民的意见是有根据的,因为这涉及到天主教的根本信仰问题,不能因为传教策略而违背天主十诫,篡改教义。但由于利玛窦的威望和已经流传多年的很多阐述天主教义的"补儒"著作,大多数在华的传教士仍然在继承利氏的做法传教。

这时,传教士又经历了与儒家知名人士、官至铨部的虞淳熙和佛教徒的公开辩论,并发生了南京教案事件(见传教士编的《辩学遗牍》和反教人士编的《破邪集》),中国传统文化与基督教文化的矛盾和冲突开始明朗化。于是在崇祯元年(1628),中国的耶稣会士于上海嘉定举行了一次关于运用儒家经典的会议,会上决定禁止使用汉文"上帝"、"天主"等儒家词汇。但这一做法反而引起更多的混乱,因为教徒们早已习惯用它来称呼世上万物的"造物主"Deus(拉丁文音译为"丢斯",此词在广东话有骂人之意,故利氏弃而不用,用中国儒家名称"上帝"、"天主")。这是一个行不通的决议。以后,教会内部出现了两派:一派支持利氏做法,尊重并认可儒家礼教,教徒也可参加拜天、祭祖、祀孔,不予干涉;一派则支持龙华民,反对教徒参加拜天、祭祖、祀孔。两派争论不休,传到欧洲,引起了罗马教廷和欧洲知识界的广泛关注,教廷基本支持龙华民的做法,但鉴于利氏的做法已经取得不少成绩,教廷亦无可奈何。

清朝初期仍任用传教士服务于宫廷。但康熙初年又出现了杨光先事件,传教士一度被驱逐。杨氏的历法究竟不如西方科学,不久即出错,杨氏被革职,传教士又恢复了原来的地位。然而这对传教士不啻是一次警告,他们在新皇朝中的地位并不牢靠。康熙皇帝在年青时无疑曾受过西学的薰染,他比过去任何一位皇帝都更具有观察世界的眼光和清醒的头脑。可是,就在他即位四十多年之后,终于爆发了"教仪之争"。

发起这场公开争论的是教皇克利门第十一(Clement Ⅺ)。原来教廷方面早已对入华耶稣会士利用儒教来解释教义、对中国礼教采取宽容态度感到怀疑。崇祯十六年(1643)多明我会教士摩拉尔(Morales)从中国返回欧洲,向教廷陈述了中国教徒沿用中国礼仪共11项,更引起了教廷对耶稣会士做法的不满。此外,当时在中国的多明我会(属西班牙派)、外方传教会(属法兰西派)与耶稣会(属葡萄牙派)对在中国的传教方针长期争论不休,也需要统一思想。这都促使教廷认为有必要派出使节向中国皇帝及教徒们宣告禁约。康熙四十三年(1704)克利门第十一委派铎罗(Tournon)为使节携带禁约来到中国。禁约共七条,内容分别是禁止用"天"的称呼,禁止祭孔、禁止入祠堂、禁止吊丧、禁止在家设牌位等①。但铎罗在京知道局势严峻,不敢向康熙面交禁约。康熙知其来意,即着令铎罗出京,以示不欢迎之意;又下令凡传教士愿遵利玛窦旧规传教的,可领票留在中国,否则遣返归国。铎罗在南京企图缓和气氛未果,最后被逐至澳门,死于该地。康熙五十八年(1719),克利门第十一再派使节嘉乐(Charles)来华,次年入京。这次嘉乐态度稍变,拟与康熙采取谈判方式,并表示可以允许中国教徒参加中国传统丧礼,可是禁约内容基本不变。康熙虽几次接见嘉乐,但双方仍不妥协。最后,康熙帝在禁约上朱批道:

览此告示,只可说得西洋人等小人,如何言得中国之大理。况西洋人等无一人同(接应为"懂"之讹)汉书者,说言议论,令人可笑者多。今见来臣告示,竟是和尚道士异端小教相同,比此乱言者莫过如此。以后不必西洋人在中国行教,禁止可也,免得多事。②

这无疑宣判了传教士在中国末日的到来。康熙六十年(1721),嘉乐毫无结果地离京返欧。此后在华的传教士便成为阳奉阴违的两面教士,数量亦在日见减少。乾隆七年(1742),教皇班尼狄克第十四(Benedict XIV)又发布教令,重申 1715 年的禁约,严饬教徒遵守。乾隆帝也针锋相对,称凡不尊重中国礼仪的传教士,即予驱逐回国。这样,除少数宫廷供职的教士外,各省教会均被取缔,传教士或被逐或被杀。到 19 世纪初,传教士基本上已退出中国,只有少数混迹于民间,在地方上秘密传教。于是明末以来由利玛窦开创的天主教传教事业,至此宣告结束。"教仪之争"也烟销云散。

二

"教仪之争"其实不过是我国传统文化与外来文化冲突的一种表现。在东西方两大文化直接相撞下,这种冲突的发生是不可避免的。中国文化和欧洲文化各自有着深厚而长远的历史渊源,有着光辉灿烂的过去,是人类两支最大和最优秀的文化体系。但它们又各自有各自的特点,彼此间存在着很大的不同,特别是在思想上可以说是各有千秋,"教仪之争"就是中国儒家思想和西方基督教思想冲突的一种表现。现在就让我们从宇宙观、伦理观和宗教观三方面来看看东西方思想的差别。

宇宙观即自然观,对自然界的看法东西方存在着很大的分歧。传教士认为自然界和人,都是由"造物主",即"天主"造就的。以儒家为代表的中国传统思想则认为自然界(包括人)的产生是宇宙不停地运动的结果。利玛窦在他的传教著作中说,"凡物不能自成,必须外为者以成之。楼台房屋不能自起,恒成于工匠之手,知此,则识天地不能自成,定有所为制作者,即吾所谓天主是也。"针对这一论点,当时就有一位儒士王徵在他的《天学再征》中批驳说:"工匠之成房屋也,必有命之成者,天主之成天地,孰命之耶? 工匠成房屋,不能为房屋主,彼成天地者,又乌能为天主乎?"(台北版《天主教东传文献续编》卷二《辟邪集》)另一个儒生许大受又在他批判利玛窦的文章《圣朝佐辟》中说:"盖《易》有太极,是生两仪,两仪生四象,四象生八卦,然后化生万物,此乃画前原易。夷辈此言,如生盲人,宁见天日?"(日本藏本《破邪集》卷四)这些针锋相对的批判,充分表明了传教士和儒士在自然观上的对立。用哲学语言来说,一方是唯心主义的宇宙观,一方是唯物主义的宇宙观,在这个问题上,传教士和儒家的思想又怎能调和在一起呢!

在伦理观方面,传教士和儒家同样也存在着根本的分歧。儒家认为人的善恶是本性,要以修身为本,克己复礼,达到返回人的本性"仁",以和为贵,孝为先。利玛窦在《交友论》、《畸人十篇》、《二十五言》等伦理著作中,虽也借用了儒家的辞句来装饰,但却认为道德是理性的产物,否认它是自发产生的,这便和儒家有天渊之别。他在《天主实义》中说:"孩提之童爱亲,鸟兽亦爱之……何德之有乎? 见义而即行之,乃为德耳!"他提出只有"义"才是德的标准。因此传教士抨击了中国人的孝道观念,认为只有爱上帝才是人的天性,而其他的人与人的关系(包括父母与子女的关系)都是"义"的关系。耶稣会士庞迪我著《七克》就提出要以伏傲、平妒、解贪、熄忿、塞饕、防淫、策怠作为修养的准则,最后归结敬事天主以求福,完全否定了儒家"忠孝仁爱"的道德标准。可见传教士与儒家的伦理观是多么的不同。许大受的《圣朝佐辟》和陈侯光的《辨学刍言》,都对传教士的"不忠不孝"及四大谬说提出了批判:"夫不爱吾亲而爱他人,不敬吾亲而敬他人者,未之闻矣!"(日本藏本《破邪集》卷五)

在宗教神学观上,中国人的观念与西方人的观念也大相径庭。儒家不信鬼神,宗教思想很薄弱,但民间和佛道则普遍信奉多神。传教士则认为只有天主才是唯一的神,所以他们要破除对孔子、释迦、老子的偶像崇拜,而特别攻击佛教和道教。《天主实义》等阐扬天主教义的著作矛头就是指向佛道的,这就理所当然地遭到了儒佛道三教的反击。前面提到的虞淳熙和南京教案的发起者沈淮便是其中最早的代表。其后释袾宏和释圆悟更从理论上批驳了天主创世之谬(同上书卷二、卷五);杭州的张广湉还写文章亲自找传教士辩论,揭露了传教士的虚诈行为,指责传教士:"何物奸夷,敢以彼国独祀之风,乱我国万代之师表!"(同上书卷五、卷七)中国人崇拜的神,其实是人创造的精神支柱和精神寄托。1556年到达广州的葡萄牙传教士克路士曾看到民间祈神求卦,求得不好的卦时就大骂神祇,要直到求得好卦时才叩谢神恩③,这便是中国人造神的心理写照。而传教士则认为是神创造了人,天主是唯一的神,是绝不许有任何不敬和亵渎的。由此可见,不仅中国人与传教士的神学观迥然不同,而且敬神的方式也大不一样,所以才会有"教仪之争"出现。

不同的宇宙观引发了传教士对中国人拜天的否定,不同的伦理观引发了传教士对中国人祭祖的否定,不同的宗教观引起了传教士对中国人祀孔的否定,这就是"教仪之争"的思想根源。但是我们还要更深一层往下探讨,这些不同观点的最根本区别是什么? 即中国传统文化与西方基督教文化最根本的区别是什么呢? 要解答这一问题,则必须更进一步从思想的深层去寻求答案。

最近读到钱穆先生生前最后的一篇文章《中国传统思想文化对人类未来可有的贡献》(《中华文化的过去现在和未来》,中华书局1992年),给了我一个很大的启发。他精辟地分析了中国传统文化与西方文化的根本区别。他说:

> 我以为"天人合一"观是中国古代文化最古老最有贡献的一种主张。西方人常把"天命"与"人生"划分为二,他们认为人生之外别有天命,显然是把"天命"与"人生"分作两个层次,两次场面来讲。

> 中国传统文化的精神,自古以来即能注意到不违背天,不违背自然,而又能与天命自然融合一体。

很显然,钱先生是把"天人合一"和"天人分离"作为东、西文化精神的根本区别的。这是一个很深刻、很透彻的见解。中国的传统思想,无论是儒家、道家、玄学家、理学家,都一律主张人要顺乎自然,顺应天。欧洲人则不然,他们认为人和宇宙、自然,都是对立的,都需要另有天命的宗教信仰作为他们讨论人生的前提,因此他们认为要有一个凌驾一切之上的神——上帝,使人和自然都统一于上帝。中国人则认为宗教是附属于人生的。

季羡林先生则对"天人合一"提出了更鲜明、更具体的见解。他在《"天人合一"新解》(《传统文化与现代化》1993年创刊号)一文中指出,天人关系就是大自然与人的关系。他说:"东方的思维模式是综合的(合二而一),西方的思维模式是分析的(一分为二)。而'天人合一'的命题正是东方综合思维模式的最高最完整的体现。"又说:"西方的指导思想是征服自然,东方的指导思想是人与自然万物浑然一体，了解自然，在这个基础上再向自然有所索取。"因此，季先生认为东方的思想特征是"合二而一"，西方的思想特征是"一分为二"。

钱、季两先生一位是国学大师，一位是东方学大师，他们各自经过对中国文化和东方文化长达半个世纪的研究探讨后，不约而同地得出了东西方文化根本区别的基本相同的结论。这为中西文化交流史的深层研究提示了一个带关键性的问题，即"天"、"人"关系问题，这就是东西方思想不同的一个最根本的标志。西方传教士和中国传统思想在宇宙观、伦理观、宗教观的两种不同思维，正是这种"天"、"人"关系的"一分为二"和"合二为一"的表现。而"教仪之争"所反映的中西文化冲突，最根本的一个原因不正是钱、季两先生指出的"天人合一"思想和"天人分离"思想的分道扬镳吗？

三

文化交流是文化发展的必不可缺的外部条件。封闭的社会不可能促进传统文化的发展、创新。中国传统文化和西方文化在明清之际接触后，虽然出现了碰撞、冲突，但是更为重要的，则是带来了相互交流，促进了双方文化的进步，这已经是客观的历史事实。这种交流的过程则是长期的，是"润物细无声"式的渗透，是"各取所需"的互补。两种文化在不断的接触中，找到了汇合点，便相互吸取所需的养分来丰富自己，从而使各自的文化得到了提高。

以欧洲传教士为媒介的中西文化交流，对中国来说，主要是科学技术和人文思想方面的交流。传入中国来的有西方的天文、历法、数学、地理、测绘、物理、建筑、农具、火器、医学、哲学、美术、音乐、语言学等,这些内容前人已有论及,本文不再一一论述。现仅以地理学为例,谈谈明末清初传入的"西学"对中国文化的影响。

中国的地理学专著《禹贡》早在公元前4世纪时便已出现。历代有关地理学的著述和图志,种类之繁,卷帙之多,堪称世界之冠。但中国的地理学长期以来主要是人文地理,特别是以沿革地理为主,谈自然地理的极少;而且还囿于"天圆地方"、中国居世界中央的"华"、"夷"之分的世界地理观念,一千年来中国人对世界地理的认识基本上停滞不前。到了15世纪,中国的地理学已经开始落后于西方。耶稣会士来中国传教,首先向中国人炫耀的就是西方的地理学。利玛窦到肇庆后不久,便在新建成的教堂接待室中挂起一幅从欧洲带来的世界地图。后来又亲自绘制了多幅中文的世界全图,到北京后又向万历帝献上《万国图志》。利玛窦第一次使中国人看到了世界各国和水陆分布的真实情况,大大开拓了中国人的眼界,使中国人大吃一惊。不久艾儒略又写了第一部中文的世界地理书《职方外纪》。其后有南怀仁的《坤舆全图》、《坤舆图说》和蒋友仁的《增补坤舆全图》、《增补图说》。最后就是康熙和乾隆时传教士在全国各省和地区进行的地理大测绘,绘出了中国第一部最详细的实测地图《皇舆全览图》。西方地理学最显著的特点是:1.地圆说,2.五大洲分布,3.重视自然地理,4.利用经纬度测绘地图。而中国传统地理学则认为:1.天圆地方,2.中国在世界中央,3.用"五行学说"解释自然地理,4.一寸折百里的绘图术。两者相比,西方的地理学明显地优于中国传统地理学。因此,明清之际许多有识之士,都推崇西方地理学的成就。利玛窦的世界地图短期内屡次翻刻摹绘,广为流传。李之藻称赞说:"其国多好远游,而曾习于纬象之学,梯山航海,到处求测,踪逾章亥、算绝挠隶。所携彼国图籍,玩之最为精备。夫亦奚得无圣作明述者! 异人异书,世不易遭。"(《万国全图序》)清康熙间学者刘继庄曾研读过传教士的地理著作,对中国传统地理著作表示不满:"此皆人事,于天地之故,概乎未之有闻也。"他倡议要在地理学书前增加讨论自然地理的内容:"先以诸方之北极出地者为主,定简平仪之度,制为正切线表,而节气之后先,日食之分秒,五星之陵犯正验,皆可推求。以简平仪、正切线表为一,则诸方之七十二候各各不同。……传之后世,则天地相应之变迁,可以求其微矣。"(《广阳杂记》)这一卓见,也明显地看出受到西方地理学的影响。

　　然而文化交流是一个长期的渐进的过程。明末清初阶段只不过是中西文化交流的开端。它不可能一帆风顺,而是在不断的冲突、碰撞中经受考验,最后才站稳脚跟,和中国传统文化结合。我们看到,整个 17、18 以至 19 世纪上半叶,除了李之藻、杨廷筠、叶向高、瞿式耜、李应试等热情宣传西方的世界地理知识,和《三才图会》、《方舆胜略》、《图书编》、《舆图备考》等书收录了这方面的资料和地图外,不仅官方史书否认传教士的世界地理观念,连私家著述,也罕有提到。《清朝文献通考》还称《职方外纪》为"沿战国邹衍神海之说",是"妄谬"、"语涉诞狂"。顾炎武的《天下郡国利病书》中竟丝毫看不到西方地理学的影响。因此,长时间内中国人并没有真正接受西方的地理学观念。只是到了 19 世纪中叶,西方资本主义国家用枪炮指向中国大门,才惊醒了中国人应正视现实世界的存在,要了解世界,要放弃传统的世界地理观念,接受西方的世界地理观念。这样才有中国人写的第一批世界地理著作的出现:林则徐的《四洲志》、魏源的《海国图志》、梁廷枏的《海国四说》、汪文泰的《红毛英吉利考略》、徐继畬的《瀛寰志略》。

至于西方地理学中的那些落后部分，如创世思想、欧洲中心思想和殖民思想，中国人则始终拒绝接受，这就是文化交流中的"各取所需"。经过三百多年的接触和选择，中国传统地理学终于冲破了封闭保守的世界地理观念，进入了近代世界。

中外文化交流的历史不过是中国历史长河中的一条小支流。这条小支流由于不断地注入了异域的清泉而显得充沛和富有生命力，它汇进了大江，成为中国文化的不可分割的一部分。文化交流的内涵应是非常广泛的，它包括了精神文化和物质文化的交流。我很赞赏周一良先生对文化的分析。他说文化可以分成三个层次，即狭义（指精神方面）、广义（指政治生活、经济生活、社会生活方面）和深义（指具有本质性、特征性的文化）三种文化（《中外文化交流史·前言》，河南人民出版社1987年）。这是一个很高明的见解。在我国历史上，早期的中外文化交流一般多是广义的交流；社会越发展，狭义的文化交流就越显得重要；最后则形成深义的文化交流。我们研究文化交流的历史，研究文化交流给社会带来的影响和文化交流中带规律性、本质性的问题，就非从深层中去发掘深义的文化交流不可。明末清初中西文化交流的"教仪之争"，就是深义文化的对抗，就是两种不同性质的文化发生冲突的表现。

对抗不是文化交流的结束，而是文化交流过程中的一个环节。"教仪之争"结果虽然使明末清初中西文化交流告一段落，但中西文化交流并未终结，而是在新的形势下继续进行，其作用和影响仍然存在和发展。从明末徐光启、李之藻、杨廷筠到清末林则徐、魏源、黄遵宪等几代人的知识分子身上，不是可以看到在西方文化的影响下，传统思想文化不断革新的过程吗？从明末清初利用"西学"为宫廷服务到清末利用"洋务"来推动维新变法，不是也可以看出统治阶级对引进西方物质文化和精神文化的发展过程吗？在地理学中，我们今天在谈到亚洲、欧洲、美洲等许多国家和地方的名字时，不是仍在沿用 400 年前利玛窦在他的世界地图中定下来的译名吗？今天在学校的地理教学中，不是一开始就在进行自然地理知识的教育了吗？明末清初的中西文化交流，对中国文化的影响，这些都是有目共睹的事实。因此，我认为，文化交流的结果，并不意味着传统文化的消失，而是在传统文化的基础上，"洋为中用"，"古为今用"，创造出更能适合本国国情的、更加辉煌的新文化。明末清初中西文化交流的历程，就是明证。

（《传统文化与现代化》1993 年第 5 期）

【注　释】

①见陈垣辑《康熙与罗马使节关系文书影印本·教王禁约译文第十四》，故宫博物院，1932 年。

②同上书，《教王禁约译文朱批》。

③〔葡〕克路士《中国志》，见《十六世纪中国南部行纪》，何高济译，中华书局，1991 年。

古代中外关系史籍透视

　　中国古代有不少专门记述外国的史籍,《四库全书》中归入《史部·地理类》。这些书过去也被称为中外交通史籍,但由于它的内容实际上大大超出了地理交通的范围,包括了许多政治、经济、文化上与各国的来往和交流,所以现在又称为中外关系史籍。本文试图通过对这些史籍的透视,对古代中外关系的发展及有关问题,略作探讨。

一

　　中国地域广大辽阔,四周基本上是封闭型的地理环境,即所谓"东渐于海,西被于流沙,朔南暨声教"(《尚书·禹贡》)。自秦汉以来,中国人便长期稳定地生活在这一地域之内,但向外部世界的探索和交流活动,却从未终止。秦始皇时徐福被派遣往海外寻求不死药,虽无结果而返,但这却是中国人大规模出访海外之先声。汉武帝时,张骞成功地访问中亚各国,始开中外关系之先河。此后历代都有使者、商人、宗教徒等梯山航海,度漠跨谷,走出国门,与周边各国人民建立友好来往关系。但隋代以前,流传下来的专门记述,并不多见。据《隋书·经籍志》的著录,有关的专书不到 20 种,而现在尚能完整地看到的,却只有东晋僧人法显的《佛国记》一书。到唐宋以后,中国经济、文化高度发达,走出国门的人也日见其多,而且越走越远,唐代的杜环走到了西亚地中海东岸。元代的汪大渊航海到了非洲沿岸,中外关系史籍也就日益丰富起来。到了明代,由于明初皇帝积极提倡朝贡贸易,使者四出,不绝于途,明代的中外关系史籍大增,不但品种多样,而且版本也极多,记述外国成为时尚,几成流行著作。据朱士嘉先生的不完全统计,明代专门记述外国的书就有115种①,这还不包括大量的关于西方传教士来华后的汉文译著。中外关系史籍至此臻于至盛。但也就在这个时候,即16世纪以后,欧洲早期的海外殖民势力来到东方,并进入中国沿海,中国人的海外活动也很快从印度洋退回到太平洋西海岸。中国对外关系开始发生逆转,中外关系的著述除传教士的译著外,不但数量大为减少,而且都是沿袭旧说,缺乏新知。中国政府在西方咄咄逼人的新形势下,转入了被动应付的状态。直到19世纪中叶西方列强环伺,侵略者已经来到中国大门口的时候,才出现了少数有识之士正视现实、重新认识世界、自强御侮的新思想。曾经辉煌的古代中外关系终于步履蹒跚地走到了尽头,中国历史也跨进了近代的门槛。

　　古代中外关系史籍基本上反映了上述漫长的中外关系发展变化过程。但严格地说,它只是当时所记录的材料,是史料而不是史学,中外关系史在古代还未形成专门的学问。古代中国到外国去的人虽然不少,但留下著述的只是其中极小一部分人,这些人主要是使者、宗教徒、游历者。还有一部分是有关的政府官员、文人根据采访和从原始文献中整理出来的有关中外关系的著作。这些史籍的史料价值和学术价值都是很高的。因此,依作者情况来说,中外关系史籍可分两大类:第一类是使者、宗教徒、游历者的著述,这是最为珍贵的第一手原始资料;第二类是有关官员和文人学士的著述,商人原是中外关系重要角色,但中国商人却没有写出著述传世,商人出国的见闻一般都反映在有关官员和文人的著述之中。第二类的史籍不但保存了许多已佚的第一手资料,而且还贯穿着作者对中外关系的观点和看法,因此与第一类史籍有着同等的史料价值和参考价值。

下面先从第一类史籍说起。

二

首先是使者的著述。使者是沟通官方对外关系的直接参与者,其著述反映了国家的对外政策和中外关系状况,有很大的权威性。古代出使的人虽很多,但留下著述的却不多见。最早和影响最深远的使者当然是西汉时的张骞。但他没有著述流传于世。历代使者有著述流传可考的当从三国时开始,其代表作计有:1.〔吴〕康泰《吴时外国传》(原书佚,见《水经注》、《艺文类聚》等,有辑佚),2.〔唐〕王玄策《中天竺行记》(原书佚,见《法苑珠林》、《释迦方志》等,有辑佚),3.〔宋〕徐兢《宣和奉使高丽图经》,4.〔元〕周达观《真腊风土记》,5.〔明〕马欢《瀛涯胜览》,6.〔明〕陈诚《西域行程记·西域番国志》,7.〔明〕陈侃《使琉球录》,8.〔清〕图理琛《异域录》,共8种。

3世纪吴时朱应、康泰出使南方扶南等国,应是我国与东南亚国家正式交往之始。朱应、康泰之行程,据史载是沿印支半岛南下,到马来半岛及暹罗湾一带。"其所经及传闻则有百数十国,因立记传"②,后来《梁书》中的海南各国传,主要就是根据康泰书写成的。这是东南亚国家历史见于中国的最早著述。特别是当时南海中最大的国家扶南(今柬埔寨的前身),它和印度、中国都有着非常友好的关系,不但是3—5世纪中国与印度、波斯海上交通的中心,而且对东西方文化交流也起了重要作用。到了13世纪,元代周达观随使出访真腊(也是柬埔寨前身)时,又写下《真腊风土记》一书,更详述了真腊的城郭宫室、宗教寺庙、器物制度、物产交通、人民生活等多方面的内容,对照今天尚存的柬埔寨吴哥文化遗址,柬埔寨历史上辉煌灿烂的古代文化,从此才大白于天下。由于中国使者的访问,《吴时外国传》和《真腊风土记》成为古代柬埔寨最珍贵的历史文献,也是古代中国和东南亚各国友好关系的最好见证。

隋唐时代中外交通大开,中外使者往来大增,但留存下来的史籍仍不多见。如常骏、王君政出使南海,著《赤土国记》,韦节、杜行满出使西域,著《西蕃记》,达奚通出使海南,著《海南诸蕃行纪》等,都已失传。仅有唐太宗、高宗时王玄策三使印度,著有《中天竺行纪》,但亦仅存片段,后人有辑佚而已。玄策使印虽曾发生过俘阿罗那顺国王归长安的不幸事件,但已反映了唐代的中印关系已不仅是民间的僧人、商人的往来,而是进入国家间的官方往来;所经的道路,已不只是西域、南海两道,而是扩大到吐蕃、泥婆罗道了。

与中国往来的历史最久也最密切的是东邻的朝鲜和南邻的越南。早期的朝鲜和越南都曾是中国的郡县和属国,因此受中国文化影响也比别的国家要多。中国出使朝鲜最早也是最有名的著述要算北宋徐兢《宣和奉使高丽图经》。徐兢于宣和五年(1123)随使臣路允迪出使高丽,在王都开城仅逗留月余,归国后便写出此书,包括了高丽的历史、文物制度、名人事迹、宗教、民居、习俗、器物、舟楫、海道、文化等多方面的内容,也是中国出使外国最详尽的一部记述。书中原来还有很多插图,故书名为"图经",可惜南渡时图已散失,今仅存文字部分。书中反映了12世纪已高度发达的朝鲜文化,也反映了中朝文化的亲密关系和中国文化对东亚的深刻影响。

明初,中国使者出访外国达到了前所未有的高潮,"怀来绥服,宝册金函,灿绚四出,而行人之辙遍荒徼矣"③。当时,郑和有七下西洋,陈诚有四使异域,侯显有三赴南亚,这是同期出现的三个最为知名的使者。与明朝有使臣来往和通贡的海外国家达 30个以上。仅记述郑和出使的史籍就有《瀛涯胜览》、《星槎胜览》、《西洋番国志》、《郑和航海图》4 种。这些书不但记述了 15 世纪初东南亚、南亚、中亚、西亚、东非各国的具体情况和与中国的友好来往,而且还生动地说明了中国文化对东南亚和印度洋沿岸国家地区的巨大影响和中国航海事业已在世界上处于遥遥领先的地位。这一方面是中国文明高度发展的结果,另一方面也是封建专制制度高度发展的结果。但由于明初最高统治者个人欲望的无限膨胀,厚往薄来的朝贡贸易的大量消耗和北虏南倭的外患日亟,国家财政日绌,因此,永乐以后,就很快出现了遣使的大滑坡。现在有些学者单纯斥责当时出现的反对下西洋的势力为顽固保守,未免失之片面。其实根本原因在于当时还没有出现足以支持长期向海外发展的强大的海商势力。然而明初大规模的遣使活动,却大大地促进了中外文化交流,特别是中国文化在东南亚的广泛传播,这一积极成果是应充分予以肯定的。

明中叶后的中外交往大为收缩,基本上剩下沿海周边各国,除传统的朝鲜、越南外,与琉球的交往却空前密切起来。从嘉靖间陈侃的纪行书《使琉球录》开始,琉球在明清间一直是与中国来往最亲密的国家之一,这是中国统治者在西洋朝贡贸易失落后,转而要求在东洋得到的一点补偿。这时西方早期的殖民者葡萄牙人、西班牙人和荷兰人已经相继越洋来到东方,他们不但在海上劫掠行旅,抢占地盘,严重打击中国航海事业和海外贸易,而且在沿海一带不断骚扰破坏,强占澳门作为基地,企图进入内地。这对海上传统的中外关系更是空前未有的威胁,使中国的海外遣使活动更加低落。到清康熙年间图理琛出使俄国,可谓古代使者最后的一次光荣出使。图理琛陆路访俄主要是探望前此西迁到伏尔加河下游的蒙古土尔扈特部。他也是古代唯一的一位访问沙皇俄国的中国使者,历时3年,行程4万里。此行后来终于导致了土尔扈特部于乾隆三十六年(1771)经过远途跋涉后回归祖国。图理琛所写的《异域录》,算是古代中国出使的最后一道光环了。

现在再看宗教徒的著述,这主要是佛教徒和基督教徒。古代中国有姓名可考的出国人员应以佛教徒为最多,而且不少僧人都写有行纪,记述国外见闻,可惜大多数也已失传,能完整地流传到今天的就更少了。宗教徒所写的有代表性的史籍是:1.〔晋〕法显《佛国记》,2.〔唐〕玄奘《大唐西域记》,3.〔唐〕义净《大唐西域求法高僧传》,4.义净《南海寄归内法传》,5.〔元〕李志常《长春真人西游记》,6.〔明〕李之藻《天学初函》,7.〔清〕释大汕《海外记事》,共7种。其中李之藻编的《天学初函》是丛书,包括19种书,故实际是共25种书。

佛教自东汉时传入中国后,一千多年间西方的印度一直是中国人所憧憬的美好世界,特别是僧人都以到印度求法取经、巡礼圣迹为毕生努力的崇高目标。故从晋代到唐代,西行求法的僧人不绝于途,其中成就最大、影响最广、且留有著述至今的有三人,即法显、玄奘、义净。这可以概括为"显法师则创辟荒途,奘法师乃中开王路,净法师为终启通衢"(前两句是义净说的④,后一句是我加的)。法显是中国游历印度的第一人,所以说他"创辟荒途"。他以近60岁的高龄于东晋隆安三年(399)徒步踏上征途,旅途共13年4个月,陆去海回,时间之长,路程之远,经历之险,世上几无与匹。特别是他经历了中印陆海交通的全旅程,第一次带回了南亚各地的亲历见闻,使国人眼界大开,可说是继张骞"凿空"以后,对中外文化交流的又一巨大贡献。法显之后,南北朝期间也有一些僧人到印度求法,如惠生、宋云等也写过行纪(见《洛阳伽蓝记》),但成就都未能超过法显。直到唐代贞观初玄奘周游印度各地,历时19年,在印期间又从师受学和到各地讲学多年,受到印度广大僧俗普遍欢迎。他归国又主持翻译大量经卷,讲学授徒,著有《大唐西域记》,把中印文化交流推向新的高峰,所以说他是"中开王路"。义净则晚于玄奘40多年赴印,此时中印交通大开,不但有传统的经中亚的陆路,而且经东南亚的海路和经西藏高原入印的人也越来越多。义净就是从海上去海上回的。他不但在印度学习十余年,还在南海停留十余年,从事学习和著述。《大唐西域求法高僧传》和《南海寄归内法传》二书内容都极其丰富生动地记录了7世纪下半叶中印文化交流高潮的实况。所以我补充一句说"净法师为终启通衢"。法显、玄奘、义净三人的著作不但反映了中世纪亚洲两个最大国家间文化交流的盛事,而且由于印度本国历史文献的缺乏,三人的著作也成为研究印度历史最重要的文献。至于佛教传入中国后,对中国政治、经济、文化、思想、人民生活各方面的深刻影响,那更是举世皆知的事实,毋庸再说了。还有一位新罗僧人慧超,从小来到中国,后来又在唐开元时陆行巡礼印度,返中国后写了一本《往五天竺国传》,是继义净后又一留下记述的僧人,可惜此书已不存,仅有敦煌残卷片段。唐中叶以后,东方的朝鲜和日本都不断向中国派遣学问僧和遣唐使,将佛教和中国文化带进朝鲜和日本。其中影响最大的便是鉴真的东渡日本,日本僧人用汉文写的《唐大和上东征传》记述了这一过程。这些都反映了以僧人为主的东亚文化交流的盛况。

道教是中国的本土宗教,13世纪20年代道士李志常写的《长春真人西游记》是道教中唯一的一部中外关系史著述。它记录了全真派首领长春真人丘处机奉成吉思汗诏前赴中亚的事迹,此书与同时在中亚的耶律楚材写的《西游录》同为13世纪早期关于中亚的重要文献,但长春书比楚材书内容更丰富。二书反映了元代以军事征服为动力的中外关系,可补8世纪以来中国与中亚联系中断的空白。

宗教徒对中外文化交流另一重大贡献是明末清初欧洲基督教传教士的来华。它以16世纪末利玛窦来华启其端,而以18世纪末西方传教士退出中国宣告终结。在这200余年间,西方传教士不仅带来了基督教,而且更把西方的科学文化传入中国,又把中国的思想文化带回欧洲。但传教士和过去的宗教徒有一个很大的区别,即他们都是为西方早期殖民主义海外扩张势力服务的。由于这一原因,中国人在接受他们的同时,又带着很大的警觉性,他们在华的活动,始终受到一定的限制。而最后由于"仪礼之争"的尖锐化,传教士终于被逐出中国。200年的时间虽不算长,但传教士在中国所写的译著却对中国文化产生了深远的影响。这些译著也大大超越出宗教领域和亲历见闻的范围,而广泛涉及科学及文化各领域。据费赖之《在华耶稣会士列传及书目》记录,当时在中国的耶稣会士有姓名可考者有467人,共有译著680多种,其中汉文的译著就有200多种。上面我仅列举其中最重要而带有代表性的《天学初函》,其中就包括理编9种(内有《天主实义》、《西学凡》、《职方外纪》等书),器编10种(内有《泰西水法》、《几何原本》、《天问略》等书），基本上可以看出当时"西学"的主要内容。乾隆时，在排教高潮中纪昀还将《天学初函》中的器编10种和理编1种（《职方外纪》）正式收入《四库全书》中，可见这些书在中国已影响不小。特别是在天文历算方面，即《天学初函》中的"器编"，"西学"实际已逐渐溶入中国文化之中。清阮元编撰的《畴人传》，在收入耶稣会士历算家并承认其理论与实践的同时，又说这些理论都源出于中国，即其一例。

佛教徒最后一位出游海外的是17世纪末清康熙中的大汕越南顺化之行。中越有着二千余年交往的历史，中国文化对越南有着深刻的影响，这在14世纪曾在元朝做过官的越南人黎崱写的《安南志略》中有充分的反映。但大汕的赴越传教带有商业投机性质，与中世纪的舍身精神大异其趣。不过他写的《海外记事》仍是源远流长的中越关系后期的缩影。

古代中国纯粹旅游出国的人很少，这很大程度上是儒家"孝"的思想限制了国人向外部世界探索的结果。历代旅游家所写的有关著述，有：1.〔唐〕杜环《经行记》（原书已佚，散见《通典》等书，有辑佚本），2.〔元〕汪大渊《岛夷志略》，3.〔清〕王大海《海岛逸志》，4.〔清〕谢清高《海录》，共4种。

唐代杜环其实只能算半个游历者，因为他是在唐玄宗时中国与大食交战的怛逻斯战役中被俘到西亚去的。他在西亚旅居多年，并在南亚、中亚各地游历后，最后才回到祖国。《经行记》便是他归国后写的旅游各国的亲历见闻，也是中国人首次对伊斯兰世界的记述。特别珍贵的是，书中还记录了在大食国内他见到的中国丝织匠、漆匠、金银匠、画匠的姓名，说明早在公元8世纪中叶前，中国工艺技术已直接输入阿拉伯国家。元代汪大渊则是世界上罕见的一位青年旅游家，他在18岁、25岁时两次乘中国商船出国旅游,最远到达了非洲东岸一带,这一壮举堪与同时的阿拉伯旅行家伊本·拔都他从北非到中国的旅行相互媲美。汪大渊的《岛夷志略》一书充分反映了元代东西方经济文化交流大开后的密切关系,也反映了元代中国航海技术确已位于世界前列的事实。

明代是严禁私自出海的,因此旅游出国者几成空白。清代也基本上实行闭关政策,但当时沿海人民私自出国谋生,已成为不可阻挡之势。清乾隆时福建人王大海就是在这一出国潮中到南洋去的。他在爪哇旅居 10 年,并游历南洋诸岛,采风问俗,归国后因成《海岛逸志》一书。书中详述南洋各岛的地理风物,特别对各地华人的流寓情况,有实况记载。书中还充分肯定了华侨在中外文化交流的积极贡献。是最早的一部华侨史著述。与此同时,广东人谢清高则受佣于欧洲商船,得以周航世界。他是中国首位游历四大洲三大洋的人。嘉庆初他归居澳门,口授《海录》一书,记述旅游世界的见闻。但是这时称雄海上的早已不是中国商船,而是已开始工业革命的西方国家。谢清高的周航世界,对当时的中国来说,并没有引起人们的关心和注意,他的海外见闻仅资人们谈助而已。

三

现在再来说第二类史籍,即政府官员和文人学士的著述,其代表性的著作有:1.〔宋〕周去非《岭外代答》,2.〔宋〕赵汝适《诸蕃志》,3.〔明〕黄省曾《西洋朝贡典录》,4.〔明〕郑若曾《郑开阳杂著》,5.〔明〕郑晓《皇明四夷考》,6.〔明〕严从简《殊域周咨录》,7.〔明〕张燮《东西洋考》,8.〔清〕印光任、张汝霖《澳门记略》,9.〔清〕何秋涛《朔方备乘》,10.〔清〕王之春《清朝柔远记》,共 10 种。

　　有关官员的著作可以上溯到东汉时西域长史班勇的《西域风土记》，但其书早佚，主要内容则已吸收在《后汉书·西域传》中。其后还有隋炀帝时曾在张掖掌管西域贸易的裴矩撰《西域图记》，和唐德宗时宰相贾耽著的《皇华四达记》《古今郡国县道四夷述》，三书亦已不传，仅在《隋书》和《旧唐书》中有部分记载。晚唐时又有段成式撰《酉阳杂俎》，其中卷16—19广动植物部分收录了很多波斯、阿拉伯的资料。这些都是隋唐对外交通发展后，中国官员、文士采访来华的胡商所得的材料。现存最早的官员记述有关外国资料的书是南宋孝宗时周去非的《岭外代答》，他曾任桂林和钦州一带的地方官，《岭外代答》卷二、卷三的外国门和其他各卷有关外国的材料，就是他根据中外海商所述写成的。其中记录了最远的国家木兰皮国，即西方伊斯兰世界的 Murabitum 王朝，在非洲的西北部和欧洲西班牙的南部，这是古代中国人所知西方最远的地方了。宋理宗时泉州的福建市舶长官赵汝适写的《诸蕃志》，是他参考《岭外代答》等书和采访泉州中外海商的资料写成的，其内容比《岭外代答》更具体、更详尽。书中还第一次记述了欧洲的芦眉国（罗马）、斯加里野国（西西里岛）、北非的默伽猎国（马格里布，今摩洛哥），地中海则称为西大食海。这样，加上过去已知的大秦国（东罗马）、拂林国（叙利亚）、勿斯离国（埃及）和木兰皮国，至此中国人对环地中海的欧、亚、非三洲各国，均已洞晓。反观当时欧洲人对远东和中国的地理知识，则尚处于无知的混沌状态。《诸蕃志》卷下《志物》还详细介绍了海外所产的各种香药，这是当时输入中国的主要商品，比过去《酉阳杂俎》《岭外代答》《海药本草》（五代李珣撰，已佚，见《本草纲目》），所述内容也详尽了。

　　明初朝贡贸易发展，但明中叶后，北方边防日紧、沿海倭寇和佛郎机(早期的葡萄牙人和西班牙人)的侵扰愈演愈烈,中外关系日益成为朝野关注的焦点,便出现了最早一批学者型的著作。首先是正德年间苏州文士黄省曾的《西洋朝贡典录》。此书所列海外朝贡各国是根据明初以来文献材料写成,但在每篇之末均有一段作者的议论,抒发感慨,这标志着当时文人学士已对中外关系的密切关注,是过去中外关系史籍所没有的现象。到嘉靖时沿海倭寇猖獗,海事日紧,曾佐胡宗宪幕的文士郑开阳,为了抗倭防倭的需要而编纂了《朝鲜图说》、《日本图纂》、《琉球图说》、《安南图说》以及《筹海图编》,后来合编成《郑开阳杂著》一书。郑开阳曾师从王守仁、唐顺之,这些著述又都是出于当时海防需要而编的,故这时的中外关系史籍实际上已发展成与现实紧密结合的经世致用之学。后来薛俊的《日本考略》、李言恭的《日本考》,都属这一类型。这也是清代后期兴起的西北史地之学的滥觞。

从嘉靖后期开始,还出现了一批综合四周相邻国家到所有交往国家的所谓"四夷"的中外关系史籍。这由郑晓的《皇明四夷考》发其端,接着有王宗载的《四夷馆考》、严从简的《殊域周咨录》、叶向高的《四夷考》、罗曰褧的《咸宾录》、茅瑞征的《皇明象胥录》、慎懋赏的《四夷广记》等等,最后到万历末则有专谈海上各国的张燮的《东西洋考》。但这类书中互相抄袭和雷同的现象也很普遍。这里只谈其中最重要的两种著作《殊域周咨录》和《东西洋考》。严从简于嘉靖时曾在行人司工作多年,接触过大量四夷材料,也听过很多出使使者的传闻轶事。他离开行人司后,便立志将他掌握的材料编写成书,"俾将来寅寀,或有捧紫诰于丹陛,树琦节于苍溟者,一展卷焉,庶为辞色进退,将命采风之一助也"。(《殊域周咨录·题词》)故此书实际就是一部明万历以前的外交史。书中还辑录了许多外交上的遗闻逸事,时人对对外关系的看法，作者的独到论点也穿插其间。可以说这是一部比较成熟的全面的对外关系史。但到万历后期，国内外形势发生变化，中外关系开始逆转，朝贡贸易不但已萎靡不振，而且中国的海外优势也已失落。好不容易在封建专制压迫下发展起来的私人海商势力也受到西方殖民势力的排挤打击。万历末年漳州举人张燮写的《东西洋考》，便是在这一严峻形势下中国海商争取生存和发展的缩影。书中展示了中国帆船在退出印度洋后在（东南亚）活动的情况，特别是书中记述了当时进出口的饷税、海商与官方税珰的斗争、海外华人与西班牙殖民者的斗争、舟师的航海针路等材料，都大大地丰富了中外关系史的内容。如果说《西洋朝贡典录》是明初海外朝贡贸易的辉煌总结的话，则《东西洋考》便是明代后期私人海商贸易的辉煌总结。后来清雍正年间泉州士人陈伦炯撰《海国闻见录》，虽然也记述远到印度洋、非洲和欧洲各国，但他只是听自西方商人的道听途说，其史料价值与张燮《东西洋考》和谢清高《海录》相比，便相去甚远了。

　　清代以武功开国，针对明代一蹶不振的边防，在北方采取了一系列积极防御的对外政策。这时欧洲沙俄已向东扩张到中亚和远东，与清朝政府的北方直接对峙。康熙时中俄尼布楚条约的签订标志着中俄关系顺利解决的一面；但在西北边境，沙俄却不断挑起和利用边境地区的民族矛盾，从中渔利，因此中俄关系一直是清初对外关系的主要问题。道光时刑部主事何秋涛为此撰《朔方备乘》一书，总结了历代对北方的边防政策，作为清朝防俄决策的参考。作者大量采用有关的宫藏典册和档案文献，并加以考证和说明，可称开中国西北史地研究和中俄关系研究之先河。王之春的《国（清）朝柔远记》虽然成书于清光绪五年（1879），但书中主要记述都在鸦片战争之前，是一部比较全面的清代中外关系史。从书中可以看出西方资本主义列强是如何用经济、军事、外交、文化各种手段，企图瓜分和掠夺中国的。书中也反映了作者仍然顽固地抱着传统的华夷观念不放，高唱"先王之训，耀德不观兵；止戈之文，安民而和众。……虽近在要荒，但示怀柔之意；岂远违声教，必伸挞伐之威"⑤。在外敌环伺面前，还念念不忘怀柔声教之术，不思自强御敌之策，这也是封建帝国没落时期对外关系的写照。

四

通过上面对古代中外关系史籍的综述，可以归纳出以下几点的认识：

一、古代中外关系史主要是中外文化交流史，其中内容最丰富，影响最深远的是中西文化的交流。

历史上任何一个国家和民族在发展过程中，都不可避免地要与周边国家和民族发生接触、来往。社会越是发展，经济越是发达，科学技术越是进步，这种接触、来往就越普遍、越深入、越扩大。这种接触和来往也是发展本国、本民族文化，提高人民的物质生活和精神生活水平的必要条件。从广泛意义上来说，这种接触和来往的实质，就是文化交流。在和平时期，它是通过使者、商人、宗教徒、游历者、留学生、学者访问、民族迁徙等的活动进行的，战争时期则是通过暴力破坏的方式，以牺牲生命和破坏生产力为代价，最后也起了文化交流的作用。在科学技术高度发达的现代，更是可以通过各种现代化的传媒手段，进行超越时空的文化交流。本文所述的中外关系史籍，就是古代文化交流的实况记录。张骞的出使中亚，掀起了古代中西文化交流的序幕，其后演出的西方宗教文化东传、中国科学技术西传，到西方科学技术东传、中国思想文化西传，场次迭出，精彩纷呈，最后则以中国成为西方掠夺对象而落幕。这些场景，都在上述古代中外关系史籍中有充分的反映，因此，古代中外关系史就其主要内容来说，就是古代中外文化交流史。

东方和西方是相对的两个地理概念，但实际上都代表地球上两个不同的地域文化。从中国来看，中国、朝鲜、日本、越南等国构成了以中国为中心的古代东方文化；但古代西方文化却包括了印度文化、波斯—阿拉伯文化、欧洲文化，它们与东方文化有着显著的区别。古代中国与朝鲜、日本、越南等的文化交流一直连绵不绝，从未中断。长期以来东方各国文化相互吸收和扬弃，已形成很大的共性，如文字、儒学、典章制度、建筑、历法、习俗等已构成统一的东方文化体系。中国与西方的文化却是另种情况。西方的印度文化、波斯—阿拉伯文化、欧洲文化不但各自渊源有别，而且和中国的文化交流，也各具特点。中国和西方的文化交流是呈波浪形推进的：由汉到唐中叶主要与佛教国家的文化交流，法显、玄奘、义净的著作是其代表；由唐中叶到明中叶则主要是与伊斯兰教国家的文化交流，杜环、赵汝适、陈诚、马欢的著作是其代表；由明末到清末则主要是与基督教国家的文化交流，西方耶稣会士和李之藻、徐光启等的译著是其代表。中国与西方的文化交流，即与印度文化、波斯—阿拉伯文化、欧洲文化的交流，一直在古代中外文化交流中占有主导的地位，不但内容最为丰富，影响也最为深远。

二、古代中国与西方文化交流的两大通道是陆上的丝绸之路和海上的香瓷之路。

现代我们可以依靠先进的光电通讯和传媒设备手段，足不出户就可以与世界各地进行通讯交流。可是古代却必须步出国门，通过陆上和海上的道路和航路，到世界各国，或从世界各国进入中国，才能相互进行交流。古代中西文化交流在长期过程中形成了陆海两条基本干道，即所谓丝绸之路和香瓷之路。陆路是裴矩在《西域图志序》中所述的"发自敦煌，至于西海，凡为三道，各有襟带"⑥。敦煌是总的起点，西海即波斯湾，指西亚阿拉伯国家，在这条道路上走的主要是波斯、阿拉伯商人和印度、中亚、中国的商人和僧人。到达西亚后，再由东罗马商人经地中海或小亚细亚进入欧洲。所谓"三道"即北道、中道、南道。法显赴印由中道转南道，玄奘赴印由中道，陈诚赴中亚由北道，三道又互有交叉，后汉甘英就一直向西走到波斯湾。2世纪时希腊人托勒密的《地理志》中也详细记述了由欧洲到中国的丝绸之路。中国运到西方的商品，绝大部分是丝绸，还有毛皮、铁、肉桂、大黄；从欧洲运到东方的商品，主要是琉璃、毛麻纺织品和杂货。"其成为贸易的乃是罗马对丝绸的需要，而不是中国人对任何罗马产品的需要，因此称为丝绸贸易无论从哪种观点看来都是正确的。"⑦所以，后人就将此一商路泛称"丝绸之路"。

　　另一条是海路。早在《汉书·地理志》中就记载了这一条航线，从广州湾出发，经南中国海、东南亚西航进入印度洋，到达印度东南部。其后唐朝贾耽进一步把这航线延伸到西亚、东非港口⑧，然后再经红海到埃及，进入欧洲。宋以后《诸蕃志》、《岛夷志略》、《大德南海志》、《郑和航海图》等书都具体地列举了此航路所经各国及港口。在西方，有9世纪波斯—阿拉伯人胡尔达兹比赫的《道里邦国志》首载从波斯湾经印度半岛到中国的海上航程，其后不断有西方商人沿此海路前来中国，到达东南沿海港口。中国经海路运往西方的商品除丝绸外，大量的是瓷器和陶器。至今东南亚和印度洋沿岸各地仍有大量的宋、元、明时期的陶瓷制品遗存。精美的中国瓷器成为西方和东南亚各地最流行的日用品和工艺品。《诸蕃志》、《岛夷志略》中所载各国最普遍常见的贸易货物就是中国的陶瓷。东南亚、南亚和西亚所产的香药则是中国和欧洲都大量需要的商品,也是海上航路上最常见的商品。五代时李珣的《海药本草》就专门记述了大量从海上输入的各种香药。《诸蕃志》则有专卷论述了各种香药的产地、成长过程及性能,1974年在泉州出土的宋代古船中发现了不少香药,特别是其中有4000多斤的降真香木料⑨,数量如此之多,充分说明了这是当时海上进口的大宗商品。因此,用"香瓷之路"来命名古代海上东西交通航路,应是非常恰当的。

近十多年来,国内外考察、研究丝绸之路和香瓷之路(也有人称为"瓷器之路"、"香药之路"和"海上丝绸之路")的学者日渐增多,并涌现出一批卓有成果的中青年专家学者,说明了古代东西文化交流史的研究正在深入,古代中外关系史的内容也在不断充实。

三、古代中外关系可以划分前期和后期两个阶段。

根据古代中外关系的发展变化,我认为划分前、后期两个阶段比较合适。两个阶段各有不同的内容特点,其分水岭则是16世纪末叶东方的衰退和西方的崛起,具体标志则是明帝国对外关系的没落和欧洲耶稣会士的东来。

先说前期,公元前2世纪到公元后16世纪,约1700年间,这一阶段中外关系的主要特点是:1.历代中央政府不断向外国派遣使者,实行厚往薄来,怀柔羁縻的对外政策,对外关系的范围不断扩大。2.很多中国商人、僧人、游历家走出国门,走向世界,中国人对世界的认识和中外文化交流不断扩展、加深。3.中国政府对外来的民族、宗教、文化采取开放宽容的政策,长安、洛阳、扬州、广州、泉州、武威、张掖、敦煌等长期成为国际知名的城市，有大量胡客、蕃商定期往来或定居。4. 在文化交流方面，中国文化一直在世界文化上处于领先地位，对世界文化的发展做了巨大贡献，中国的发明创造如四大发明（造纸、火药、指南针、印刷术）、丝绸、瓷器等对人类文明的发展有着巨大的深刻的影响。马克思就曾高度评价它是预兆欧洲资产阶级社会到来的伟大发明，是欧洲精神发展创造必要前提的最强大的杠杆⑩。前期的古代中外关系，中国人是完全可以引以自豪的。

但后期的古代中外关系却出现了另一种情况，即从 16 世纪末叶到 19 世纪中叶，为时不长的 250 年间中外关系的内容特点却与前期大不相同了：1. 中央政府对外传统的怀柔羁縻政策的破产。中国不但已很少派遣使者出国，而且来朝的外国使者也已不是欢呼皇恩浩荡，而是心怀叵测、桀傲不逊的外国人了。2. 中国人的海外活动范围大大缩小，中国商船只能在沿海和东南亚活动，而且愈来愈依附于欧洲商人的势力。葡萄牙人盘踞的澳门成为西方掠夺中国的前哨据点。3. 中国政府对外国人采取限制政策和闭关政策，各地不断发生仇教事件和驱逐外国人事件。4. 在文化交流方面，中国已完全处于被动地位，传教士和中国教徒成为中西文化交流的主角，无论是"东学西渐"还是"西学东渐"，中国文化在中外关系中的主导作用已让位给西方欧洲，最后终于形成落后的东方与先进的欧洲的格局。

由于上面所述的古代中外关系的两个阶段的反差如此之鲜明，因此，我觉得，古代中外关系以万历末年为界，分为前后两个不同时期，是比较合适的。

中国古代中外关系上下两千年，纵横四万里，有着极其丰富的内涵。除了反映在本文所述的史籍资料外，还有大量正史、野史、方志、释藏、文集和科技类古籍中的有关资料,都是研究古代中外关系史必须参考的文献资料。本文仅从古籍的专著部分论述了古代中外关系的梗概,并提出一些个人看法,不妥之处,敬盼读者匡正。

(《传统文化与现代化》1997 年第 1 期)

【注　释】

①朱士嘉《明代四夷书目》,载《禹贡》第 5 卷第 3、4 期,1936 年。

②《梁书》卷五四《诸夷·海南诸国》。

③严从简《殊域周咨录·题词》。

④义净《大唐西域求法高僧传》卷上。

⑤王之春《清朝柔远记·自叙》。

⑥《隋书》卷六七《裴矩传》。

⑦〔英〕赫德逊《欧洲与中国》,中译本页 69,中华书局 1995 年版。

⑧《新唐书》卷四三下《地理志·广州通海夷道》。

⑨赵正山《参加泉州古船出土香药鉴别记》,《海交史研究》第 1 期,1978 年。

⑩马克思《机器·自然力和科学的应用》,页 67,人民出版社 1987 年版。

明代漳州月港的兴衰与西方殖民者的东来

福建漳州月港是明中叶以后我国东南沿海对外交通和贸易的一个重要港口。它出现于 15 世纪中叶,到 16 世纪中叶至 17 世纪初(万历末年)达到了最繁荣时期,凌驾于传统的外贸港口泉州之上。但 17 世纪初以后,它又很快地衰落下去,几乎默默无闻了。在这一百五十余年间,它的变化为什么如此之快? 它的兴衰和当时国内外的形势究竟有什么关系? 探讨一下它的历史原因,对研究我国封建社会后期对外贸易的特点和海外交通的情况都是有帮助的。

一

漳州人旅居海外的最早文献记录,是 15 世纪初马欢的《瀛涯胜览》中的有关记载。它表明,明永乐十一年(1413),马欢随郑和下西洋,到今印尼爪哇、苏门答腊岛一带,已见到不少漳州人旅居该地①。因此,在此以前,即至迟 14 世纪下半叶,在我国元末明初的时候,已有成批的漳州人旅居在印度尼西亚了。由于漳州负山面海,又靠近东南亚各地,人们出海谋生和向海外经商,那是很自然的。明代东南沿海经济发展,更加促进了这一要求。但在 16 世纪中叶以前,由于明初以来统治阶级厉行"海禁",漳州的对外贸易和交通没有得到应有的发展。隆庆元年(1567)"海禁"正式解除,作为漳州对外贸易和交通的港口——月港,才冲破桎梏,发展起来。

月港在漳州府治的东南,原属龙溪县。嘉靖四十四年(1565)割龙溪县及漳浦县地置县名海澄(今属龙海县),月港遂归海澄县,它位"在县城西南,接南溪,东北通海潮,其形如月"②,故名月港。早在嘉靖四年(1525),漳州海商便已造双桅大船从这里下海,武装走私③。统治阶级在龙溪县设靖海馆加强缉私和防盗,后改海防馆。隆庆元年(1567),明统治阶级为了挽救财政危机,增加国库收入,不得不解除"海禁",万历间明朝政府便把靖海馆址改为督饷馆,在这里征收进口关税④。从此,月港就正式作为我国东南沿海对外贸易的港口,迅速地繁荣起来。

我们从督饷馆每年征收的进口税额可以看出月港对外贸易的迅速增长:

隆庆年间(1567—1572)	税饷3,000两
万历三年(1575)	6,000两
万历四年(1576)	10,000两
万历十三年(1585)	20,000两
万历二十二年(1594)	29,000两
万历四十一年(1613)	35,100两⑤

仅仅四十余年,月港的税饷便由三千两增到三万五千余两,即增加了十倍多,可见月港对外贸易的规模发展之快;何况这仅是官方的数字,大量的走私还未包括在内。据福建巡抚都御史袁一骥的《参驳税监疏》中称,万历四十一年,税监公布全省的税银是五万余两⑥,则漳州一地的税入就占了一半以上。由此可见,漳州的对外贸易的确已超过了传统的外贸港口泉州。

我们还可从月港的来往船舶的情况看当时海外交通的发展。早在正德十二年（1517）便有葡萄牙人来漳州要求通商互市[⑦]。"成、弘之际，豪门巨室，间有乘巨舰贸易海外者"[⑧]；至嘉靖年间，月港已成为过洋大船往来的港口：

> （嘉靖）十二年，兵部言，浙福并海接壤，先年漳民私造双桅大船，擅用军器火药，违禁商贩，因而寇劫。[⑨]

> 时漳州月港家造过洋大船，往来暹罗、佛朗机诸国，通易货物。[⑩]

而外国商船亦多往漳州：

> 正德间因佛郎机夷人至广，犷悍不道，奉闻于朝，行令驱逐出境，自是安南、满剌加诸番舶，有司尽行阻绝，皆往福建漳州府海面地方私自行商，于是利归于闽，而广之市井皆萧然也。[⑪]

"海禁"废除以后，每年出入于月港的商船，至万历十七年，经过官方批准给"引"（即通行证）的出海商船就多达110艘[⑫]。到万历四十一年，出海商船约增到200艘[⑬]。而未经批准给引的商船，亦应不在少数。此外还有外国来月港的商船也有一部分。因此，到17世纪初，月港每年来往商船的数字最保守的估计也有300多艘次。所以当时周起元就夸耀月港："我穆庙时除贩夷之律，于是五方之贾，熙熙水国，刳脏艒，分市东西路。其捆载珍奇，故异物不足述，而所贸金钱，岁无虑数十万，公私并赖，其殆天子之南库也。"[⑭]

我们从《东西洋考》一书的内容和编撰，也可以看出当时漳州的确已成为一个著名的国际贸易港口。《诸蕃志》是南宋泉州海外贸易的通商指南，它记载了宋代与泉州有交通往来和贸易关系的海外国家和地区的概况和各地的外贸产品情况；同样，《东西洋考》也是明代漳州海外贸易的通商指南，它主要记载了当时东南亚各国和地区的历史、地理和通商情况，同时还详细地记录了进口商品的项目和税额，和从月港通往东西洋各地的航路、港口情况，特别是后者，它几乎把16、17世纪间东南亚地区的全部港口和对华交通航路记录下来了，这差不多就是一幅16世纪我国与亚洲各地的海上交通图（印度洋除外），比15世纪的《郑和航海图》详细得多。该书基本上是作者根据月港舟师（长年三老）的原始记录整理而成的。因此，《东西洋考》一书的编撰，也雄辩地证明16、17世纪间月港已是亚洲的一个重要商港。

二

月港为什么能在16世纪中叶到17世纪初这五十多年间迅速繁荣起来，成为一个国际知名的贸易港呢？

一个国际贸易港口的兴起，首先是国内经济发展的结果。月港的兴起是与我国明代东南沿海地区朝贡贸易的衰落，私商贸易经济的发展分不开的。但这里不准备过多论述这方面的问题。

这里要谈的，主要是当时的国际条件，这就是从15世纪下半叶起，欧洲殖民者的东来。16世纪葡萄牙殖民者首先来到东南亚，其后西班牙人越过大西洋、太平洋来到菲律宾的吕宋岛，主要是在这时期以后，月港的对外贸易才迅速发展起来的。有些同志在谈到月港繁荣时，往往只谈国内的经济发展条件，而不谈当时的国际情况；有一些文章虽也谈到国际情况，但却只讲西方殖民者在远东的掠夺破坏一面，不讲它刺激和扩大中国沿海出口市场的一面，这些都是不全面的[15]。

16世纪以后，两个西方殖民国家葡萄牙和西班牙开始在东南亚地区开展了激烈争夺殖民地和海上贸易权的斗争。他们凭借坚船利炮,除肆无忌惮地掠夺东南亚各地资源和奴役当地人民外,还在海上进行海盗劫掠,使我国与东南亚各国的贸易(这时与印度洋各国贸易已经中断)大受打击。但不久,他们就发现,引诱中国商船来进行贸易比中断贸易对他们更为有利可图,因为当时他们还没有能力打开中国的大门,进入中国沿海港口来贸易。但他们却急需中国的丝绸和瓷器,把它转运欧洲,以获得高额利润。因此殖民者在东南亚站定脚跟以后,便设法要招诱中国商船前来。这时中国沿海商人,也正要求冲破长期海禁的束缚,向海外发展。16世纪中叶,海禁解除后,东南沿海私商集中地——闽南一带的对外贸易迅速发展起来。月港对外贸易的繁荣,就是在这一历史背景下出现的。

　　当时东南沿海的对外贸易港口,已有泉州、福州、广州。但广州由于葡萄牙人占领了澳门,许多对外贸易已由葡萄牙人插手和操纵;而福州和泉州却距东南亚较远,只有私商集中地的漳州一带,它与当时急需与中国进行贸易的西班牙占领下的菲律宾仅一水之隔,距离最近。而菲律宾正是西班牙殖民者攫取高额利润的横跨太平洋的"大帆船贸易"的起点。

　　在月港的对外贸易中,菲律宾占有着显著的位置,差不多占外贸总额的一半以止。16世纪的月港,东北至日本,西南至泰国,马来半岛和苏门答腊岛,都有广泛的贸易关系和商船往来,但最为频繁的则是菲律宾。当时旅居菲岛马尼拉的华人曾达数万人(其中主要是漳州人)之多。何乔远在《名山藏》中说:"(吕宋)其地迩闽,闽漳人多往焉,率居其地曰涧内,其久贾以数万[16]。"张燮也说:"华人既多诣吕宋,往往久住不归,名为压冬,聚居涧内为生活,渐至数万,间有削发长子孙者。"[17]万历二十一年(1593),闽抚许孚远《海禁条约行分守漳南道移》中述及当时官方限制漳州的贸易船只每年为88艘,其中菲律宾一地即有44艘[18],占了总数的一半。私自出海贸易谋生的还有不少。大仑山一役,西班牙殖民者在马尼拉附近竟屠杀华人达二万五千人[19]之多。根据外国人的记载,1580年时,每年到菲律宾的中国商船有四、五十艘[20]。漳州和菲律宾的贸易和交通在不断上升,这除了地理位置上的原因外,更重要的是这时吕宋岛已沦为西班牙的殖民地,而西班牙正是利用吕宋这个殖民基地与中国人进行贸易,廉价购买大量丝绸瓷器,向东越过太平洋和大西洋贩运到西欧去攫取高额利润的。

　　西方殖民者最早到远东来的是葡萄牙,它早期独霸了从非洲到亚洲的航路和贸易,并迫使西班牙的船只向西越过大西洋,经墨西哥或绕过南美洲,渡过太平洋才到远东来。西班牙统治了墨西哥后,接着又通过墨西哥占领了菲律宾。到16世纪60年代,就出现了从北美墨西哥和南美秘鲁横渡太平洋到菲律宾的所谓大帆船贸易。从16世纪60年代到18世纪中叶,差不多两个世纪,西班牙人利用这条航路把满载丝绸、瓷器、香料等东方商品的帆船驶向美洲,而运到东方来的主要是美洲的白银。西班牙的殖民官吏、商人、教会在这一贸易中大发其财,大帆船贸易的利润,有时竟高达百分之六百到八百[21]。这条贸易线的起点虽说是在菲律宾,但实际上是在中国的漳州月港。因为菲律宾的丝绸和瓷器,大部分是靠中国漳州的商人运去的,而大帆船贸易的高涨,无疑地大大促进了漳州到马尼拉贸易的发展。16世纪下半叶漳州月港对外贸易的急剧增加,其外因主要就是西班牙人大帆船贸易这时正进入了繁荣阶段。

　　据李永锡《菲律宾与墨西哥之间早期的大帆船贸易》(载《中山大学学报》1963年第3期)一文引W·L舒尔兹(Schurz)《中国人在菲律宾》(《太平洋史》,纽约,1917)中称:"同中国的贸易是这块西班牙殖民地非常重要的事情,这块殖民地的繁荣随着贸易而高涨或衰落。"因此,西班牙人在 16 世纪下半叶至 17 世纪末一直鼓励中国与菲律宾发展贸易。李文中又引了 1638 年在墨西哥出版的一位居住吕宋十八年的神父写的文献说,中国的商船大部来自福建漳州和厦门。除了闽南出产的各种果品外,"他们也运来各种布匹,……还有粗的或细的丝绸、地毯、双琵琶线、金银布、花边及衣上装饰品、床帷、椅垫、瓷器"。李文又引述说:"在十六世纪,墨西哥有一万八千人从事于丝织品制造,其原料来自漳州和广州。"《天下郡国利病书》卷九六《福建》载有崇祯十二年三月给事中傅元初的《请开洋禁疏》,其中说:"……东洋则吕宋,……皆好中国绫罗杂缯,其土不蚕,惟中国之丝到彼,能织精好缎匹,服之以为华好。是以中国湖丝百斤值银百两者,至彼则得价二倍。而江西磁器,福建糖品果品诸物,皆所嗜好。"这些都说明了当时漳州月港的繁荣,的确是与 16 世纪末到 17 世纪西班牙大帆船贸易的发展分不开的,而欧洲对中国纺织品特别是丝绸和瓷器的需求,正是漳州月港出口的大宗货物。

　　漳州月港进口的商品,除传统产品如珍宝、香料、饰物、药物、颜料等外,到 17 世纪末还增加了新的品种,即美洲的白银流入。这都是在与菲律宾贸易中作为货币进口的。西班牙殖民者在墨西哥和秘鲁发现了大量银矿,然后利用当地人民和黑人的廉价劳动力开采和铸造银元(即墨西哥鹰洋),与中国商人进行贸易。清初顾炎武说:"东洋中有吕宋,其地无他产,番人率用银钱(钱用银铸造,字用番文,九六成色,漳人今多用之)易货。"㉒月港进口的商船,除一般征收水饷、陆饷收银子外,"属吕宋船者,每船更追银百五十两,谓之加征"㉓。这主要因为与西班牙人贸易获得了大量白银,明朝官吏才"加征"的。明徐学聚《初报红毛番疏》称:"漳人但知彼有银，……我贩吕宋，直以有佛郎银钱之故。"[24]明李廷机《报徐石楼》亦称："所通乃吕宋诸番，每以贱恶什物，贸其银钱，满载而归，往往致富。"[25]明崇祯时傅元初《请开洋禁疏》也说："中国人若往贩大西洋，则以其产物相抵；若贩吕宋，则单得其银钱。"（见《天下郡国利病书》卷九六引）于是 16 世纪末大量的白银流入中国。《东西洋考》卷五《吕宋》《物产》条还详细地记录了西班牙银币四种：银钱：大者七钱五分，夷名黄币峙；次三钱六分，夷名突屑；又次一钱八分，名罗料厘；小者九分，名黄料厘。俱自佛郎机携来。"据傅衣凌《明清时代商人及商业资本》一书所引：万历十四年（1586）顷，每年从菲岛流入中国的银有三十万比索，特别在这一年中达五十万比索之多[26]。这是一个不小的数字。中国商人为了取得大量的通货白银，西班牙人为了取得名贵的中国丝绸瓷器，都汇集到马尼拉来，"十六世纪末，当商船乘春季季候风从中国到来，每年有一万三千到一万四千商人聚集在市集"[27]。马尼拉当时获得了"东方威尼斯"之称，漳州月港就是在中菲贸易，实际是中、西贸易的高涨中进入了它的黄金时代的。

三

　　月港的繁荣既然与西方殖民者的东来有着密切的关系，同样，它的衰落，也和 17 世纪西方殖民者对我国的进一步侵掠分不开。

　　从明朝天启年间，即进入 17 世纪 20 年代以后，明朝统治阶级内部已腐朽不堪，阶级矛盾和统治阶级内部的矛盾都非常突出。加上月港的对菲贸易主动权并不操纵在中国商人，更不在中国官府手中，而是在西方殖民者手中。这时国际间的形势已是风云密布，东南亚海上的角逐日趋激烈。依靠西班牙人大帆船贸易而繁荣起来的月港的地位随着这种斗争而起伏,并很快就衰落下去,这并不是偶然的。

首先,因为菲律宾的大帆船贸易这时已逐步进入末期,西班牙人毕竟不是葡萄牙人在远东贸易的竞争对手,太平洋和大西洋的航路也比不上印度洋和绕好望角航路之可靠。葡萄牙有一个紧靠南方大城市广州的贸易基地澳门,这比西班牙人以马尼拉为基地的对华贸易也方便得多。加以墨西哥的宗主国西班牙与当地殖民地政府的矛盾也日益增加,对菲律宾更鞭长莫及,同时,西班牙人害怕墨西哥的白银大量输往远东会带来严重的后果,对远东来的商品课以重税,也限制了大帆船贸易的发展。这样一来,从17世纪以后,月港的对菲贸易就大大减少。与此同时,更为重要的是,在远东,这时又出现了一个更加凶残的殖民竞争者——荷兰殖民者。他们到远东来要比葡、西晚,但更富竞争性和掠夺性。明天启年间(17世纪20年代初),荷兰的战船开始到达福建澎湖列岛一带和海面,对我国进行海盗袭击,切断了月港与菲律宾的海上贸易交通,并进而占据我国领土台湾,骚扰我国东南沿海,使漳洲地区的海外贸易遭到严重打击。月港就是在这一情况下迅速地走向衰落的。

下面让我引一位当时的荷兰殖民者、船长威·伊·邦特库的自供,来看看当时漳州对外贸易和交通被荷兰殖民者扼杀的情形吧[28]:

> 根据决定,(1622年4月即天启二年),由我率领这艘船前往中国,同行者还有七艘船,在司令官科达利斯·莱耶尔策统率下,如有可能,即欲攻占澳门城,或者前往佩斯卡多尔列岛(即我国澎湖列岛),尽一切可能同中国人建立一种贸易关系……(中译本第68页)

　　（十月）十八日，我们八艘船，三艘大船和五艘单桅帆船奉命开往漳州河和中国沿海一带，看看通过我们的敌对行动和使用武力，是否能使他们来同我们通商，……（我们）就停泊在一个小湾里，用我们的单桅帆船纵火焚烧，被烧的大小中国帆船多至六七十艘。（中译本第79页）

　　（十一月）四日，熊号的小船捕获两艘中国帆船和二十五名船员，纵火烧毁那两艘帆船，把人带到圣尼古拉斯船上。（中译本第82页）

　　（二十五日）我们派出三艘单桅船进入河内，停泊在一个村庄边，船上的人就在那里登陆，向中国人猛烈进攻。……我们的人就在村庄前面焚烧四艘中国帆船。（中译本第83页）

　　十二月二日，我们又登陆，抢劫了另外一个村庄，象前一个村庄那样放火烧掉了它。（中译本第84页）

　　（1923年2月）二十日，我们夺获一艘中国帆船和四十名中国人。他们告诉我们，他们是从漳州河出海的，还说科内利斯·莱耶尔策司令已同漳州人订立了一项条约，但是我们照常把那艘帆船夺取过来。（中译本第91页）

　　五月一日，……我们在中途又遇到一艘中国帆船，满载价值成千上万的东西，开往马尼拉群岛去。我们把它夺取过来，其中载有二百五十人之多。……我们把他们统统带到佩斯卡多尔列岛去。……我们利用他们运土到城堡中去。是的，当城堡建成时，他们的人数已达一千四百名之多，后来都被押送到巴达维亚（今印尼雅加达）出售。（中译本第94—96页）

　　十月五日，科·莱耶尔策司令及其评议会命令我们五艘船在克·费朗斯司令率领下前往漳州河，占领那条河，不让

　　任何中国帆船开往马尼拉群岛或其他掌握在我们敌人手中
的地方。（中译本第97～98页）
以上这些材料，仅是原书暴露荷兰殖民者武装进入我国东南沿海
暴行的一小部分。荷兰人的目的，就在于封锁漳州的对外贸易，
断绝漳州与马尼拉和其他东南亚非荷兰占领的港口的一切往来。
这是西方殖民者在我国东南沿海的矛盾和争斗的进一步激化，结
果使我国沿海人民惨遭荼毒，月港的对外贸易也大受打击。

　　荷兰殖民者对我国东南沿海的掠夺，在我国史籍中也有记
载。《明史》卷三二五《和兰传》说："然是时佛郎机（葡萄牙）横海
上，红毛（荷兰）与争雄。……已又出据澎湖，筑城设守，渐为求市
计。……已而互市不成，番人怨，复筑城彭湖，掠渔舟六百余艘，
俾华人运土石助筑。寻犯厦门，官军御之，俘斩数十人，乃诡词求
款，再许毁城远徙，而修筑如故。已又泊舟风柜仔，出没浯屿、白
坑、东椗、莆头、古雷、洪屿、沙洲、甲洲间，要求互市，而海寇李旦
复助之，滨海郡邑为戒严。"《明熹宗实录》天启三年正月引福建巡
抚商周祚疏云："红夷自（天启二年）六月入我澎湖，专人求市，辞
尚恭顺。及见所请不允，实驾五舟，犯我六敖。六敖逼近漳浦，势
甚岌岌。该道程再伊、副总兵张嘉策多方捍御，把总刘英计沉其
一艇，俘斩十余名。贼遂不敢复窥铜山，放舟外洋，抛泊旧浯屿。
此地离中左所仅一潮之水，中左所为同安海澄门户。洋商聚集于
海澄，夷人久垂涎，又因奸民勾引，蓄谋并力，遂犯中左，盘据内
港，无日不搏战，又登岸攻古浪屿，烧洋商黄金房屋船只。已遂泊
入圭屿，直窥海澄。我兵内外夹攻，夷惊而逃。已复入厦门，入曾
家澳，皆即时堵截，颇被官兵杀伤。"从这两条史料可以看出，天启
年间，福建东南沿海一带一直处于戒严备战状态，这完全是荷兰
殖民者在沿海骚扰破坏造成的，而邦特库率领的荷兰战船，就直

接参加了这些入侵。荷兰殖民者又于 1624 年（天启四年）占据我国领土台湾岛，并肆意掠夺破坏，又使得沿海一带的交通贸易备受破坏，这就是月港对外贸易衰落的主要原因。

到了崇祯年间，闽南沿海的海商以郑芝龙为首组织武装力量，对荷兰殖民者进行了斗争。接着，郑芝龙的儿子郑成功以厦门为基地，建立政权，又进行收复台湾的英勇战斗。明末清初，闽南郑氏为了巩固自己的政权，选择比月港更为有利的厦门作为开展海外贸易的港口，以增加自己的财政收入，并开展收复台湾驱逐荷兰人的斗争。这时厦门港已取代月港而成为闽南沿海对外贸易的中心。从此，即到了 17 世纪中叶以后，作为明末东南沿海贸易重要港口的月港，就几乎销声匿迹了。

（《中外关系史论丛》第 1 辑，世界知识出版社）

【注　释】

① 马欢《瀛涯胜览》爪哇国条、旧港国条。

② 顾祖禹《读史方舆纪要》卷九十九。

③ 《明世宗（嘉靖）实录》卷五四：“浙江巡按御史潘仿言：漳泉等府黠猾军民，私造双桅大船下海，名为商贩，时出剽劫，请一切捕治获之。”

④ 张燮《东西洋考》卷七《饷税考》公署条。

⑤ 表内数字来源，根据《东西洋考》卷七《饷税考》中所载。其中万历四十一年数字系根据文中谓“（万历）四十一年，诏减关税三分之一，漳税应减万一千七百”，故是年税饷应为：$11,700$ 两$\times 3 = 35,100$ 两。

⑥ 《东西洋考》卷八《税珰考》。

⑦ 见张维华《明史佛郎机吕宋和兰意大里亚四传注释》页 38（《燕京学报》专号之七）引。

⑧ 《东西洋考》卷七《饷税考》。

⑨《明世宗(嘉靖)实录》卷一五四。

⑩顾炎武《天下郡国利病书》卷九六福建五。

⑪严从简《殊域周咨录》卷九引林富疏。

⑫《东西洋考》卷七《饷税考》。

⑬此商船数字据推算：据上引万历十七年为 110 艘，其税饷约 25,000 两（见前表万历十三年税饷为 20,000 两，二十二年为 29,000 两），则四十一年税饷 35,000 两，其给引批准出海的商船按比例应为 200 艘左右。

⑭《东西洋考》周起元序。

⑮见陈自强《论明代漳洲月港》(《福建论坛》1982 年第 2 期)，黄国盛《试论明代月港兴衰的原因》(《福建师大学报》1982 年第 3 期)。

⑯何乔远《名山藏·王享记》吕宋。

⑰《东西洋考》卷五吕宋。

⑱许孚远《敬和堂集》卷七公移，转引自傅衣凌《明清时代商人及商业资本》第 116 页。

⑲《东西洋考》卷五吕宋。

⑳据李永锡《菲律宾与墨西哥之间早期的大帆船贸易》(载《中山大学学报》1964 年第 3 期)引。

㉑同上文引。

㉒《天下郡国利病书》卷九三《福建·漳州府志·洋税考》。

㉓《东西洋考》卷七《饷税考》。

㉔《明经世文编》卷四三三。

㉕《明经世文编》卷四六○。

㉖傅衣凌《明清时代商人及商业资本》第 119 页。

㉗见前引李永锡文引。

㉘以下引文均引自威·伊·邦达库：《东印度航海记》，姚楠译，中华书局 1982 年。

中国史籍中之马尔代夫考

马尔代夫共和国(The Republic of Maldives)为印度洋中一岛国,由二千多个珊瑚岛和岩礁组成,面积298平方公里。其东北距印度南端650公里,距斯里兰卡864公里。其最早的居民为公元前来自南印度之达罗毗荼人(Dravidians)和斯里兰卡之僧伽罗人(Sinhalese)。5世纪后阿拉伯人也来到这里,到12世纪时传入伊斯兰教后,建立了伊斯兰教国家。有关马尔代夫的古代文献不多,主要是阿拉伯人和印度人的记述。我国史籍中也叙述到这一岛国,这是我们研究马尔代夫古代历史和中马关系史的珍贵资料。现将其中的一些地名试作考释如下。

一 那罗稽罗洲

马尔代夫群岛最早见于我国记载的,应是公元7世纪中叶玄奘撰的《大唐西域记》提到的那罗稽罗洲。《大唐西域记》卷十一中说:

> (僧伽罗)国南浮海数千里,至那罗稽罗洲。洲人卑小,长余三尺,人身鸟喙。既无谷稼,唯食椰子。

那罗稽罗洲是玄奘在南印度时听到的传闻之国。此名不见阿拉伯文献记载。华特斯[①](T. Watters)和崛谦德[②]、水谷真成[③]等都认为其地不详。比尔(S. Beal)④则认为可能是马尔代夫群岛，但未详述其理由。沙海昂⑤（H. Charignon）、苏继庼⑥则认为指尼科巴群岛（Nicobar Is.）。足立喜六⑦则认为应是今南印度洋中之可可群岛（Cocos Is.）。除比尔外，我认为其他意见都不正确。

《西域记》谓那罗稽罗洲在僧伽罗国（今斯里兰卡）"国南浮海数千里"，如指的是尼科巴群岛，则首先是方向不对。尼科巴群岛在斯里兰卡之东，纬度相同，怎么能说它在"国南"呢？其次，《西域记》在那罗稽罗洲之后，尚称"西浮海数千里，孤岛东崖有石佛像"；又云"国西浮海数千里至大宝洲"。如那罗稽罗洲为尼科巴群岛，则其西之"孤岛"、"大宝洲"（华特斯、沙海昂、苏继庼对此均无解释）理应又回到斯里兰卡和印度本土了。因为尼科巴群岛之西别无他岛。还有，当时距玄奘返国后不到三十年的义净，在从海道往印度途中曾到过尼科巴群岛，他在《大唐西域求法高僧传》中称之为"裸人国"⑧，志之甚详。义净也是精通梵文的，而且应读过玄奘的《大唐西域记》，但他并没有说这裸人国即那罗稽罗洲或椰子岛（那罗稽罗，梵文 nārikela，椰子之义）。义净又说："其人容色不黑，量等中形。"这与玄奘所称"洲人卑小"也不相符。因此，那罗稽罗洲不可能为尼科巴群岛，这是很清楚的。

至于可可群岛，它在斯里兰卡东南到澳大利亚途中，西北距斯里兰卡约 2,800 公里。然而此岛在 17 世纪欧洲人来到之前，却是荒渺无人的岛屿，也没有人的居留遗迹。可可群岛的最早发现者为 1609 年威廉·基陵（Capt. William Keeling），其后到 1826 年，才陆续有移民到来，主要为欧洲人和马来人⑨。这与玄奘所说的岛上早在 7 世纪以前就有人居住也完全不相符。Cocos Is. 虽然也可释作椰子岛，但与 nārikela dvīpa（椰子洲）应是两回事，Cocos Is. 是后来欧洲人起的岛名。此外，足立喜六又把其西的

"大宝洲"拟之为马尔代夫群岛,前提既然不对,方向也不合适。而且马尔代夫最大的冈岛不到十三平方公里,其地既不"大"也乏"宝",印度人是不可能用"大宝洲"这个名称来称呼这个邻近的岛屿的。

我认为那罗稽罗洲无疑就是今天的马尔代夫群岛。那罗稽罗,同书卷二《印度总述》中作"那利蔺罗果",卷五迦摩缕波国作"那罗鸡罗果",均为梵文 nārikela 音译,意即椰子。马尔代夫群岛以广植椰树著名。这在 9 世纪中阿拉伯人苏来曼《游记》中已有记述⑩。直到现在,马尔代夫共和国仍以盛产椰子和椰树制品而著名。所以古代印度人和僧伽罗人称此群岛为椰子岛。马尔代夫群岛在印度和斯里兰卡东北海中,据《明史》卷三二六溜山国(即今马尔代夫)称:"自锡兰山别罗里(今斯里兰卡西南之贝鲁瓦拉)南去,顺风七昼夜可至。"按一昼夜为十更,一更六十里⑪,则七昼夜为四千二百里,与《西域记》所述方向和里距亦相合。印度南部的季风,冬季是东北季风,夏季是西南季风,洋流也是如此。冬季从印度南部和斯里兰卡到马尔代夫的帆船交通,往南顺东北季风便可到。夏季则相反。故印度和马尔代夫群岛间无疑很早就已有交通来往。群岛上现在还残存有公元前早期的佛教遗迹。玄奘到南印度时,听说海外有那罗稽罗洲,这也是很自然的事。

玄奘还说那罗稽罗洲"洲人卑小,长余三尺"。早期迁到群岛上的达罗毗荼人是比较矮小的人种。"既无谷稼,惟食椰子",由于群岛均由珊瑚岛形成,表面仅有一层很薄的沙土,并不肥沃,故耕地面积很少,没有种植谷物。而所谓"西浮海数千里"之"孤岛"和"大宝洲",我认为可能就是今非洲东部之岛屿和马达加斯加岛,无论就方向还是距离,都是比较合适的。

二 北溜和南溜

元代，我国著名航海家汪大渊曾乘商舶远航印度洋，并到过马尔代夫群岛，这是我国有文字记载的到达马尔代夫的第一人。汪大渊归国后于1349年写成《岛夷志略》一书，记述了他在海外亲自经历的一百多个国家和地方。其中"北溜"一条，全文如下：

> 地势居下，千屿万岛。舶往西洋，过僧伽剌傍，潮流迅急，更值风逆，辄漂此国。侯次年夏东南风，舶仍上溜之北。水中有石槎枒，利如锋刃，盖已不完舟矣。地产椰子索、贝子、鱼干、大手巾布。海商每将一舶贝子下乌爹、朋加剌，必互易米一船有余。盖彼番以贝子权钱用，亦久远之食法也。

北溜即今天的马尔代夫群岛和克拉代夫群岛，这已为中外学者们公认[12]，毋庸置辩。但对于"北溜"何以得名，则尚可研究。藤田丰八认为："北溜乃 mal(Bal)之对音，当时 Malidive(Belidive)群岛为官场所在，郑和《海图》所谓官屿是也。"[13]苏继庼引申其说云："本书北溜一名，似以依藤田主张视其为马尔代夫都会马累(malé)之对音为最合。缘方音 m 与 p 音或 b 音可互转，故 má 可读成北。"[14]

我认为，把北溜作为 malé 的音译，是不恰当的。m 与 p 固或可互转，但 ma 译作北，并无此例，无论广东音或闽南音都无此转法。其次，"溜"应是个表意字，指急流或急流中之小岛。故明代总称其地为溜山国。《瀛涯胜览》溜山国条云："溜各有其名：一曰沙溜，二曰人不知溜……。"又云："船过其溜。"《岛夷志略·北溜》称其地"潮流迅急"。《西洋朝贡典录》溜山国条则云："舟风而倾舵也，则坠于溜，水渐无力以没。"所以"溜"不可能作为音译，而是因此地季风和洋流都很猛烈湍急，容易触礁沉船，故我国古代舟师名其地曰"溜"。至于"北",也不是音译,而是南、北之北。北溜即北部之溜。相对来说,当然也应该有南溜。《岛夷志略》大八丹条有"南溜布"一名,这就是指南溜一地所产之布。沈曾植《岛夷志略广证》对此曾说:"南溜与北溜对,但此书有北溜而无南溜,所出大手巾布省称溜布,则南字殆北字之讹。"沈曾植只说对了一半,即确有南溜与北溜相对。但不能因为本书没有记南溜一地而否认南溜的存在。我认为南溜应是指马尔代夫群岛的南部,今一度半海峡以南之苏瓦代瓦环礁(Suvadiva atoll)和阿杜环礁(Adduatoll)。一度半海峡宽约 100 公里,为马尔代夫群岛最宽的海峡。海峡以北即北溜,明代之"九溜"即其地(考见下)。由于汪大渊只到北溜,没有到过南溜;而且南溜也非航路之必经,离主岛(马累岛)太远,所以没有把它写入游记中,这是不足为怪的。所幸它生产南溜布为汪大渊所闻,记入大八丹条中,我们才得以知道其地。

这里还可顺便一考汪大渊到达北溜的时间。据《岛夷志略》张翥序称,汪大渊到东西洋共二次。由于东西洋航路是分途的,故必为一次东洋一次西洋。书中大佛山条载汪大渊于"至顺庚午冬十月十有二日因卸帆于山下"。大佛山即今斯里兰卡 Adam's Peak,故可知汪大渊于 1330 年冬天抵斯里兰卡岛。其时正值印度洋东北季风开始,帆船只有每年此时才能顺风抵马尔代夫群岛。汪大渊说:"舶往西洋,过僧伽剌(即斯里兰卡)傍,潮流迅急,更值风逆,辄漂此国。"故知汪大渊到达马尔代夫时间,必为 1330年冬到 1331 年春天之间。

三　九溜

明代,由于郑和等多次出使东南亚和印度洋诸国,中国政府和马尔代夫开始有了直接的接触。郑和的船队当时曾访问了马

尔代夫群岛,马尔代夫也曾派使者来到中国[15]。所以明代史籍中
关于马尔代夫的资料比过去详细多了。其中主要的有马欢《瀛涯
胜览》、费信《星槎胜览》、巩珍《西洋番国志》、黄省曾《西洋朝贡典
录》和《武备志》中的《郑和航海图》等。马尔代夫群岛和克拉代夫
群岛均被称作溜山国或溜洋国。《瀛涯》、《星槎》、《番国志》、《典
录》中的溜山国或溜洋国条均记有"八溜"的名称,但没有具体指
出各溜的所在地;《航海图》则记有"九溜"之名,并具体绘出了各
溜所在地、航路等。《武备志》中的《郑和航海图》是根据郑和下西
洋时的海图绘制的,过去学者已多有论证[16]。其地名和位置,是
根据航海实践绘制的,比较可信。"九溜"与"八溜"比较,多了已
龙溜一名。《航海图》所示"九溜"如下图:

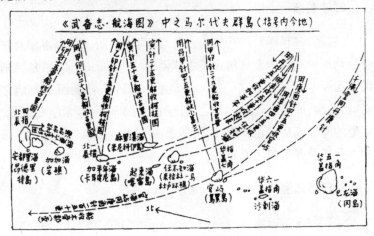

　　"九溜"的名称为:官屿、沙刺溜、任不知溜、起来溜、麻里溪
溜、加平年溜、加加溜、安都里溜、巳龙溜。

1. 官屿

　　此即《瀛涯》中之官瑞溜,《星槎》、《典录》中之官屿溜,《番国

志》中之官坞溜,为溜山国首府所在地,故名官溜。菲力普斯(G. Phillips)认为官溜屿即今马尔代夫首府所在地之马累岛[17](Malé Islard),应无异议。

从《航海图》上看出,到达官屿的共有五条航路之多。它与斯里兰卡、印度南部、印度西部和非洲东岸都有直接航路。《岛夷志略》北溜条称:"海商每将一舶贝子(马尔代夫特产的一种贝壳,作货币用)下乌爹(即缅甸之乌土)、朋加剌(即孟加拉),必互易米一船有余。"阿拉伯人苏来曼和拔都他等东来,都曾居留此地,对它有详细记载。这都说明马尔代夫群岛的官屿,无疑是当时印度洋上的一个交通中心。

2. 沙剌溜

《瀛涯》、《星槎》、《番国志》、《典录》均作沙溜。菲力普斯及张星烺均谓沙剌溜为今马尔代夫之苏爱的哇[18](Suadiva),米尔斯则谓应为今木拉库环礁[19](Mulaku atoll)。按图,沙剌溜在官屿之南,巳龙溜(即冈岛,考见下)之北,应在木拉库环礁,米尔斯说是。苏爱的哇即苏瓦代瓦环礁,在冈岛之南一度半海峡外,距离太远,菲力普斯及张星烺之说非。

3. 任不知溜

《瀛涯》、《番国志》、《典录》作人不知溜,《星槎》作壬不知溜。张星烺仅谓人不知为译义,未考。按任不知有壬不知、人不知几种译名,其为音译可知。按《航海图》,任不知溜在官屿之北,起来溜之南。起来溜为喀雷岛(考见下),故任不知溜应为今米拉杜马杜卢环礁(Miladu Madulu atoll)中一岛屿。图中航路说明云:"(从斯里兰卡西南)用辛酉针四十五更收任不知溜。"辛酉为西稍偏北 277°30′,方向亦符合。米尔斯谓任不知溜在法迪佛卢环礁(Fodiffolu atoll)[20]。但此环礁在斯里兰卡西稍偏南方向,与《航海图》辛酉针不合。

4. 起来溜

《瀛涯》作起泉溜,误。张星烺谓起来溜即今喀尔的哇[21],米尔斯谓即喀雷岛[22](Kelai Is.),均不误。按此岛在今蒂拉杜马蒂环礁(Tiladummati atoll)。《航海图》航路说明云:“(从斯里兰卡西南)用辛戌针五十更收起来溜。”辛戌为西偏北 285°,此名对音、方向均合。

5. 麻里溪溜

《瀛涯》、《番国志》、《典录》作麻里奇溜。菲力普斯及米尔斯均谓为米尼科伊岛[23](Minikoy Is.),应无疑议。按此岛在今八度海峡北之拉克代夫群岛,今属印度。

6. 加平年溜

《瀛涯》、《番国志》、《典录》作加半年溜。米尔斯谓即卡耳皮尼岛[24](Kalpeni Is.),是。据《航海图》所指,对音与方向均合。卡耳皮尼岛在拉克代夫群岛,今属印度。

7. 加加溜

此岛诸说不一。米尔斯谓此岛为拉克代夫群岛中之一岩礁,位于北纬 11°30′[25]。按《航海图》加加溜之航路说明云:“(从安都里溜)用卯针十六更收加加溜。”卯针为 90°正东方,安都里溜为昂德罗特岛(Androth Is.,说见下),故加加溜应在昂德罗特岛东面海上不远的地方,如一岩礁小岛屿。一般地图上是找不到这个小岛的。

8. 安都里溜

米尔斯谓即拉克代夫群岛中之昂德罗特岛[26]。从对音和《航海图》中的地理位置看,这是不错的。但《航海图》安都里的航路说明云:"(安都里)用卯针十更收古里国。"卯针为90°,正东方。而图中加加溜之航路说明亦云:"(安都里溜)用卯针十六更收加加溜"。则古里国变为处于安都里溜与加加溜之间,这里的更数或方位必有误。

9. 巳龙溜

此溜仅见于《航海图》,位于诸溜之最南方,而图上绘此岛面积要比其他溜(岛)大。图中文字说明为"华盖五指二角"。按图中官屿为"华盖七指二角",沙剌溜如"华盖六指一角"[27],则官屿至沙剌溜之距离,约与沙剌溜至巳龙溜之距离相等。即沙剌溜恰居于官屿至巳龙溜的中间,按之今地图,则巳龙溜必为今哈杜马蒂环礁(Haddumati atoll)中之冈岛无疑,盖冈岛亦为今马尔代夫群岛中最大之岛屿,面积不到十三平方公里。

四 石门 小窄溜

明代史籍中载马尔代夫地名,还有所谓石门、小窄溜。《瀛涯胜览》溜山国条:"国之西去程途不等,海中天生石门一座,如城阙样。"《星槎胜览》溜洋条:"海中天巧,石门有三,远望如城门,中过船"。《西洋番国志》和《西洋朝贡典录》所载亦大致相同。石门或一座或三座,这是什么地方呢?过去学者尚未有适当之解释。盖马尔代夫群岛并无突出如门之山岩和丘陵。群岛各地海拔均不超过三公尺，因此像城门一样可以过船的矗立岩石是不可能有的。

我认为所谓石门，即指马尔代夫群岛的环礁（atoll）。马尔代夫的环礁是世界上环礁数量最多的地方，它由一群圆形或卵形的岛屿组成一个环形，中间则是一个环礁湖（海）。从远处望去，环礁就像一座城池。整个环礁又像一个花环，故马尔代夫梵文原名为 Maladvīpa，意即花环之洲。环礁内海和外海附近还有许多暗礁，船只能从较大的缺口和没有暗礁的地方通过，这个地方就是所谓"石门"。14世纪中叶拔都他在他的《游记》中说："此群岛诚为世界奇观，其数共约二千，星罗棋布。中约一百，排成环状，间有窄道如门，可以行船。"㉘ 这个可行船的窄道，也就是中国书中的"石门"。所谓一座或三座，只是马欢和费信所见数量上的不同而已，其实远不止此数。

《瀛涯胜览》溜山国条还提到："再有小窄之溜，传云三千有余溜。"《西洋朝贡典录》云："又西有小窄溜。"《西洋番国志》则称作"小溜"。按今马尔代夫群岛为南北走向的两组平行狭长的珊瑚礁岛群。其中较大的岛屿都在东边一线上，上述的"九溜"都分布在这一边；西边一系列环礁则为面积更小的岛屿和岩礁组成的环礁，其数量也更多，这就是"小窄溜"。三千者言其数极多。苏来曼《游记》中称为"一千九百个小岛"，《西洋朝贡典录》称"一四有三万八千余溜"，艾儒略《职方外纪》中称这些小岛屿为"万岛"，都是这个意思。

（《南亚研究》1982年第2辑）

【注　释】

①华特斯:《玄奘印度行纪》(On Yuan Chwang's Travels in India, 1904—1905,London)。

②崛谦德:《解说西域记》,1912 年,东京。

③水谷真成:《中国古典文学大系·大唐西域记》,1971 年,东京。

④比尔:《西域记》(Si-yu-ki,Buddhist Records of the Western world, 1884 年,London)。

⑤沙海昂注释冯承钧译:《马可波罗行纪》,第 3 卷第 166 章注 1,1957 年,北京。

⑥苏继顾《岛夷志略校释》第 347 页注 1,1981 年,北京。

⑦足立喜六《大唐西域记四研究》第 877 页,1942—1943 年,东京。

⑧义净:《大唐西域求法高僧传》,卷下,1932 年,支那内学院本。

⑨《美国大百科全书》,第 7 卷,第 170 页。

⑩刘半农、刘小蕙合译:《苏来曼东游记》,第 1 卷,第 10 页,1938 年,中华书局。

⑪明张燮:《东西洋考·舟师考》:"准一昼夜风利所至为十更。"明黄省曾:《西洋朝贡典录》占城国第一:"海行之法,六十里为一更。"

⑫藤田丰八:《岛夷志略校注》北溜条注。苏继顾:《岛夷志略校释》北溜条注。

⑬藤田丰八:前引书。

⑭苏继顾前引书。

⑮马尔代夫使者到中国来的年代,《西洋朝贡典录》溜山国条谓:"永乐五年,遣其臣来贡。"《明史》卷三六六谓:"永乐十四年,其王亦速福遣使来贡。"

⑯参见向达整理《郑和航海图》中序言,1961 年中华书局版;米尔斯(J. V. G. Mills):《瀛涯胜览译注》附录 2(Ying Yai Sheng Lan,Appendix 2,Mao K'un Map,1970,Cambridge University Press)等等。

⑰菲力普斯:《印度锡兰海港考》(The Seaports of India and Ceylon Described

by Chinese Voyages of the 15th Century, CBRAS, 1885—1886, Vols. XX-XXI)。

⑱菲力普斯:前引书。张星烺:《中西交通史料汇编》,第 2 册,第 50 页,中华书局版。

⑲米尔斯:前引书,附录 1,第 215 页。

⑳米尔斯前引书,第 198 页。

㉑张星烺:前引书。

㉒米尔斯:前引书,第 188 页。

㉓菲力普斯:前引书;米尔斯前引书,第 205 页。

㉔米尔斯:前引书,第 189 页。

㉕米尔斯:前引书,第 188 页。

㉖米尔斯:前引书,第 185 页。

㉗华盖,我国古代星座名,或谓指仙后星座,或谓指小熊星座;指、角均为表示星座位置的单位,一指约合 $1°36'25''$,一角为 1/4 指。

㉘转引自张星烺:《中西交通史料汇编》,第 6 册,第 423 页注 1。

清初大汕的越南之行

公元 1699 年（清康熙三十八年）广州曾出现了一桩轰动一时的大汕"私通外国案"，最后以将大汕解押原籍，死于途中而告终。大汕原为广州长寿寺住持僧，其为人能诗善画，又好交结权贵，耽于酒色，本不足道；但他曾应当时越南顺化政权第七代阮主阮福周之请到越南中部旅居一年多，且写了一部《海外纪事》六卷以记其事，为 17 世纪的中越关系史增加了一段小小的插曲。其书对研究 17 世纪阮氏政权下顺化、会安的政治、经济、社会状况有一定用处。因撮拾有关史料，将大汕其人其书作一评价。由于粤人多憎恶大汕，故大汕死后有关他的事迹多已湮没无闻，史籍记载也极少，现先据大汕一案的首先发难者潘耒（次耕）所著的《救狂砭语》、《遂初堂外集》中有关资料，略述其生平于下。

大汕，原姓徐，名石濂，法号大汕，又称厂翁和尚（又作和上），江苏吴县人。他的生卒年月及家庭状况已难稽考。他的同乡潘耒在《与梁药亭庶常书》中亦仅言他"其所出微，不欲尽言。幼而警敏，善画仕女。作诗有佳句，有故出家，踪迹诡秘"。（见《救狂砭语》，谢国桢编《瓜蒂庵藏明清掌故丛刊》，上海古籍出版社，1983 年版）约在中年以后，大汕来到广州，"自称觉浪和尚法嗣，为龚芝麓宗伯犹子。粤人颇敬重之，初不知其为徐氏子也"。（同上引)觉浪和尚是当时佛教曹洞宗在南京一带的知名僧人,因此大汕打起觉浪的旗号,也果然取得了广东著名学者屈大均(他曾从觉浪学佛,后又与曹洞宗在广东的知名僧人天然和尚友善)等人的信任。加上大汕有文采,善绘花鸟人物画及能制造古玩、家具等工艺,得以"学问僧"的面目投靠平南王府尚之信的门下,出现在官绅、士人中间,声名渐噪。不久,大汕就在尚藩势力的支持下,当上了广州长寿寺的住持,并侵吞了飞来寺七千余石田租的产业。大汕交游日广,声势日盛,酒色财货,恣情享乐。为了聚敛更多的财富,他还要从事更大的冒险活动。

广州自古以来就是我国海外交通的重要港口,特别是与邻近的越南,海上交通更是往来不断。《后汉书》提到的与内地交往密切的日南,就位于今越南中部一带。到了明代,我国商人出入越南中部的顺化,已为数不少。《东西洋考》卷一交趾条中就说到,中国商舶来到,"顺化多女人来市,女人散发而飞,旁带如大士状。入门,以槟榔贻我,通殷勤"。到16世纪,越南黎朝分裂成南北两个互相对立的政权,即郑氏和阮氏两个封建政权。阮氏政权在顺化。为了与北部的郑氏争雄,阮氏政权一方面招揽中国人,一方面向南扩展,夺取占城最后的地方。阮福周还想借助佛教为精神支柱,以维护其统治。这时大汕在广州已颇知名,于是阮福周派人到广州来请大汕。这正好迎合了大汕向海外寻求财富的欲望,于是便不顾艰险,渡洋越海,来到异国。

大汕到了顺化,很快赢得了阮福周的信任,被封为"国师"。大汕为大批越南人传戒受法,曾一次就受戒一千四百多人。但大汕对佛学只是懂一点皮毛知识,并无多少学问,谈禅讲道,经常漏洞百出,不到半年,便拟作归计。他在越南收受了不少珍宝财物,归途中乘船到会安,因风阻滞,不得已又由陆路回顺化,直到次年秋天,始得顺风乘舶返抵广州。在越南后期,大汕将赴越经过及在海外所作诗文辑成了《海外纪事》一书。他夸耀此书"大而纲常伦纪,小而事物精粗,莫不条分缕析,理明词畅。若人从幽暗中挈诸青天皎日之上,其为裨益政治实多"。(见《海外纪事》阮福周序。此序实为大汕代作,由此可见大汕沽名钓誉之一斑)大汕以为归国后此书流传会给他带来更大的名利。但事与愿违,他万万没有想到《海外纪事》刊行后,竟成为他身败名裂的祸由。

《海外纪事》刊行于1699年(康熙三十八年)。书出不久,便招来潘耒的指控。潘耒,字次耕,曾受业于顾亭林,擅音韵,长诗文及史学,撰有《遂初堂诗文集》及《别集》共三十九卷。这时他恰巧旅游到广州,看到大汕的《海外纪事》,认为此书"少实多虚,纰缪四出。世间则有伤国体,世外则有碍法门。近之足以生风波,远之足以招果报"。(潘耒《与长寿石濂书》见《救狂砭语》)因此,致书大汕,劝其毁书敛迹,改恶从善。但大汕没有理会他。于是潘耒便四出投书,揭露大汕种种"不法"之事。现将他在《致粤东当事书》中列举《海外纪事》中的罪状要点引述于下:

(《海外纪事》)首称甲戌春将应上召,则并无其事。其航海也,挂龙王免朝之旗,又自言有出卖风雷之举,皆诡诞不经。又言常结茅华山,遇异人授异术,而以奇门遁甲之法炼日时克配度数,传之外国人,则迹涉妖妄,事属不法。尤可怪者,将安南分部之一乌主尊为大越国王,颂扬之无所不至,……与颂扬皇上无异。……又擅改洞宗世系,删去五代,更换二代,则有绝灭祖宗之罪,故不得不辞而辟之。……

至其行事,则狂妄更甚。僧家所重者戒律,而彼饮酒食肉,恬不为耻;所喜者朴素,而彼穷奢极侈,自奉拟于王公;所尚者寻和,而彼居傲倨蹇,目若无人;所取者真诚,而彼大言欺世，无一实语；所贵者慈悲，而彼存心险毒，以倾人陷人为能事。

其尤不法者，则在通洋一节。海禁虽开，而出洋贸易本商贾之事。僧而通洋，既非本分，乃石濂之通洋，则多将干禁之物，致诸交人，以邀厚利，有闻之令人缩舌者。…律禁掠卖人口，而彼将良家子女当作优伶，节次售之。更闻其伪为当事送礼与交人，每次所获厚报，悉干没入己，此皆闽广商人所共见者。……

区区造孽之僧，亦不足烦白简，污斧锧，谓宜略加惩创，或屏之远方，离其巢窟，使不得作奸，小惩而大戒，小人之福。

（引自《遂初堂别集》卷四）

潘耒的揭发，本来并不是什么了不起的罪行。但当时由于大汕的靠山尚藩势力已经衰落，而屈大均等广东著名士人也已鄙大汕的为人，并公开指摘他窃取别人诗句、欺世盗名的种种秽行（见《屈翁山与石濂书》，《救狂砭语》）。于是，舆论哗然。按察使许嗣兴将大汕逮治，诘其前后奸状，将他杖押原籍。大汕最后死于途中（据王士桢《分甘余话》卷下所述，但谢国桢先生在《救狂砭语跋》中说大汕"庚死狱中"，不知何据）。此后长寿寺也日渐荒芜。

到乾隆时，杭世骏的《过离六堂伤石濂大师》诗（离六堂在长寿寺内）就感叹道：

离六堂深坐具空，低徊前事笑交讧。蹲檐怪鸟穿花当，穴壑修蛇出水筒。瘴海余生惊噩梦，荒涂残劫换西风。纷纷志乘无公道，缔造缘何削此翁！（原注：省府县志皆不言师建寺）（杭世骏：《道古堂集外诗》）

此时距大汕之死约半个世纪，杭世骏对此一公案已颇抱不平，可见大汕是个有争议的和尚。广东地方志书不载大汕其人其事，无疑是受屈、潘等人指控的影响。近代汪兆镛撰《岭南画征略》卷十一，才收入了一些有关大汕的事迹和诗：

> 大汕，字厂翁，又号石濂，亦字石莲，长寿寺僧，与屈、陈、梁三子交，一时名流杜于皇、吴梅村、陈其年、魏和公、高澹人、吴园次、宋牧仲、万红友、田纶霞、王渔洋、黄九烟诸老皆与倡和。著《离六堂集》十二卷、《海外纪事》六卷。又善绘事，题《对雪拥炉图》寄石溪和尚云："鸡鸣山上雪，此日堆茅堂。老兄冻不死，烧柎生微阳。我欲响往之，相隔溪无梁。可望不可接，心随飞鸟翔。"《自题寄友人》云："满林黄叶一溪塞，白日青山卧懒残。但恐云深人不见，聊将住处写君看。"

由此看来，大汕的确是康熙年间岭南地区的一个知名和尚。他不但能诗文，而且建寺、出国，在当时有相当大的影响。他虽有虚伪行骗的一面，但潘耒的揭发，也只不过是从儒家的正统观念出发，对大汕的"越轨"行为进行攻击而已。特别值得称道的是，大汕冒险越洋赴越南，领历了异国的风光情趣，写出了一本《海外纪事》，留下了中越友谊之一段插曲，这却是我们应该肯定的。

现在再谈谈《海外纪事》一书的内容。

《海外纪事》六卷，前五卷述大汕往越南经历及他在越南所写的诗文，后一卷为大汕在越南所作文及归国后所作诗，其中不乏作者信口胡诌的神佛议论。但宗教本来就是骗人的虚无的东西，大汕只是由于根基不深，学问不多，因此其理论漏洞百出，为识者笑。我们排除了书中这些"糟粕"，就可以看出，《海外纪事》还是有不少真实的东西，是值得我们今天称道的。

我们知道，越南建国的历史，可以说得上是一部战争连绵不断的历史。仅举交址和占城的战争为例，就差不多经历了一千多年之久。到了17世纪，越南的黎氏王朝又形成郑氏和阮氏两大对立的封建统治集团。"阮氏与郑氏的一切政策都是为封建战争服务的。除了郑氏军队与莫氏残军之间的冲突、阮氏与占城及真腊之间的战争之外,最大的战争就是阮氏与郑氏之间的战争了。这个战争绵延了百年之久。"(见明峥《越南史略》,中译本,页 220—221,三联书店,1958 年版)为了应付战争,顺化政权的各级组织都实行了军事化。大汕在越南所见到的人,除封建贵族,僧人,官吏和老弱妇孺、华侨外,几乎全部都是军人,军人充斥着各行各业:

> 因询知国中百工皆军人。每岁三四月时,军人下乡,括民年十六以上体质强壮者充军,械以竹枷,如梯子稍狭。愿从军,令专学一艺,艺成,分拨战船中操演,有事则戎,无事役于官府。未六十,不得还乡与父母妻子相见。所亲岁为衣物就视而已,故余民皆厄羸残疾,少壮健者。(《海外纪事》卷一)

这种全民终身服军役制,实际上就是终身徭役制。大汕等居住的方丈五间三十楹、库察五间二十楹,就是由"内监官一人、工部官二人,领军工盈千","连昏达曙,三日夜而成"的(同上引)。阮福周还亲自参加战象和战船等的操练。书中卷二有对演武操象的叙述,卷三、卷四有对水军的描述,卷五有对陆军的描述。大汕所见的虽是部分地区的情况,但即此可见阮福周对军事的高度重视。他要和北方郑氏争雄,又要向南方占城实行新的扩张和占领,这些都要通过军事力量来实现。从《海外纪事》可以看出,17世纪的越南顺化政权,就像一座大军营一样。

在顺化政权的军事统治下,越南人民承受着沉重的经济负担,忍受着残酷的超经济剥削。这在《海外纪事》中也有部分反映。如书中谈到:

> 国中风俗,民最苦,土田甚稀,谷不足以赡土著。顺化、

> 会安一带俱仰粟他境。土音唤饭为甘，不易得饱。或以鱼虾蔬果当饭，瓮飧无常期也。依山阻海，稍有平沙，即为民居，随户口多少为一社。社有该有长。有田则种稻，输于公者七八，私得二三而已。余但渔樵所得，归于该长，给还然后敢取。然犹岁纳身税钱十二千，木盐米绫绢一切物料，各随上贡。王有公事，该社差拨往役，裹粮以从。（《海外纪事》卷三）

这种苛重的赋税和无穷无尽的徭役，是越南封建社会长期处于贫困落后的根本原因。越南人民受够了封建主的压迫和剥削的苦难，终于在18世纪初爆发了空前的全国性农民大起义，最后推翻了阮氏和郑氏的封建政权。

关于中国人在顺化一带旅居的状况，《海外纪事》一书也有记载。早在阮潢（阮氏政权的创立者）初到顺化的时候，就已注意招引中国人来开垦定居。书中不少地方提到华人在越的活动，而且还沿用"明人"、"大明"等称呼，可见他们来到越南已经经历了不少年代。大汕在顺化和会安都见到许多闽粤商人。在会安，有大批华人居住的长达三四里的"大唐街"：

> 盖会安各国客货马头，沿河直街长三四里，名大唐街。夹道行肆，比栉而居，悉闽人，仍先朝服饰，饬妇人贸易。凡客此者，必娶一妇，以便交易。（《海外纪事》卷四）

这些华侨商人，大都在当地娶妻生子，历有年所。此外，顺化还有闽会馆、关夫子庙，会安有华人义冢，尖碧罗有伏波将军庙等中国建筑物。

《海外纪事》还具体地叙述了当时广州到顺化的海上航行情形。前面已经提到，我国和越南的海上交通，很早便已开始，但主要是通北方交址和南部占城的航路。至于直达中部顺化、会安港口的航路，则比较晚见。明《西洋朝贡典录》占城国条的针路仅言由福建经闽粤沿海及越南中部海外之外罗山（今列岛）抵羊屿（今归仁港外瓜岛），并未言及顺化、会安港。到明末《东西洋考》卷九《西洋针路》中才有经顺化的航路。《海外纪事》又对从广州到顺化的航路作了具体记述，这些都是我国航海史的重要资料。

关于越南人的航海技术，我们过去知道得不多。对此《海外纪事》也给我们提供了一些情况。如书中提到的越南海船都是沿海航行的船只，如：田姑艇（鱼船）、红船、马艚、溉舍，其中以溉舍最大，红船则长狭如龙舟。由此可见，当时越南还没有能适应远洋航行的海船。大汕对越南水手驾驶红船有很深的印象：

> 船头坐一官，尾立一守舵者。每船棹军六十四人。中设朱红四柱龙架，横搁一木，如棚子，一军坐击之，棹听以为节，船应左则左，应右则右，或耶许，或顿足，无一参错者，悉于棚子命之，乍聆者不知所为音节。船长狭，状如龙舟，昂首尾，丹漆之。……转至大河，数船雁列，众军鼓勇，行如矢疾，注目两岸，莫辩马牛。（《海外纪事》卷三）

> 海口发舟。是夕也……该伯鸣鼓三通，众船齐棹，船中悉灭灯烛，唯该官持火绳一条，立于船头，或左或右，或迟或疾，皆视一星之火为号令，舵楫应之不爽。出至洋边沙碛上泊定，覆撤去凉蓬，幢然一舟，露寝其上。夜及二鼓，铜鼓覆鸣，百桡拨动，波浪如山，震撼崖谷。众军奋力，棹起咸波，尽成碧焰，凝望海中，轰雷击电，似数十条火龙，飞度岗峦之上，身之彝险，亦不复知矣。（《海外纪事》卷四）

这种全凭人力驾驶的红船快艇，只用一个晚上便从顺化海口到达会安海口，可谓神速。"因识红船利涉，如人力强，虽海涛奔涌，而能杀其势使平以随舟也。"（同上引）这种红船能在夜间快速航行，非有富于航海经验的舵手和指挥不可。本书卷一还提到洋船上年青的越南水手阿班，有着熟练的航海技术和丰富的经验，这都表明了越南人民的航海知识和经验，已有相当的水平了。

作为阮福周的"国师"，大汕还曾为顺化政权出谋划策，出过一些主意，主要是建议吸取一些中国封建统治阶级的统治经验。他曾建议"一修贡中朝以正名号"，"一设奇戍可以固边陲"，"一爱惜军士以作忠勇"，"一设学宫以育人才"。这些都是儒家治世的那一套，"盖欲国中纲纪整肃，礼法悉备，内足以保境息民，外足以威敌制胜，四境仰服就齐家治国，正好留心修身"。（均见《海外纪事》卷三）但阮福周并不大理会大汕的这些建议，他关心的主要军事，他请大汕来主要是以奉信佛教的名义笼络人心，加强他的统治而已，他并不需要大汕参予政事。

《海外纪事》中还记载了大汕与顺化政权中权贵人物的一些私人交往，记载了在顺化会安等地的社会见闻，还记载了越南中部沿海的名胜和秀丽风光、人民的风俗习惯，以及现在已极少见的艾岭上的"白猿"等，都为我们提供了不少关于阮氏政权的情况和越南中部历史地理的真实史料。

最后还需指出的是近年来有某些越南史学家，故意把《海外纪事》中关于航海的某些材料歪曲为对我国西沙群岛拥有主权的证据。越南有一位叫朗湖的，就写了一篇题为《越南的领土：黄沙和长沙》的文章（见《黄沙和长沙特考》中译本，戴可来译，商务印书馆1978年版）。他在引用了几段《海外纪事》的有关文字后，就说："约十五至十七世纪间，越南对于黄沙（指我西沙群岛）和长沙（指我南沙群岛）两群岛的主权已在多种形式下行使，如向外国船舶征收进口税，设立专门收检海物的队，以及当地渔民对于两组群岛的切身经验"。（《黄沙和长沙特考》，页183）这里所谓"进口税"，就是指大汕在顺化海口见到的"公堂泊岸，公堂即税馆也，茆营一椽而已"。(《海外纪事》卷一)这明确是指入顺化海口征收进口商税,丝毫也不涉及西沙群岛(即"黄沙")问题,与西沙群岛的主权更是风马牛不相及。其次,所谓"设立专门收检海物的队",这也不过是越南人到海上去检拾外国海船抛弃或遗留的剩余物资,也根本无所谓主权问题。至所谓"当地渔民对于两组群岛的切身经验",大概就是指书中有对万里长沙的叙述:"去大越七更路,七更约七百里也。先国王时岁差澱舍往拾坏船金银器物云。秋风潮涸,水尽东泂,一浪所涌,即成百里,风力不劲,便有长沙之忧"。(《海外纪事》卷三)这也只是说海船航经万里长沙的危险性,凭这点"经验"就能说明越南拥有对它的"主权"吗?那么我国航海舟师,早在宋代就有"去怕七洲(洋),回怕昆仑(洋)"(吴自牧:《梦梁录》)的航海经验了。七洲洋指今我国西沙群岛一带洋面,昆仑洋则指今越南南端东部海上昆仑岛一带洋面。宋、元、明以来我国古籍都记载了不少关于七洲洋的航海经验(参见韩振华:《七洲洋考》,收入《南海诸岛史地考证论集》,中华书局,1981年版)因此,有关西沙群岛一带的航海经验,最有发言权的无疑应是中国人。越南某些史学家妄图从《海外纪事》中为他们掠夺我国神圣领土寻找历史根据,那是徒劳的。

大汕的诗文,基本上都收入他自编的《离六堂集》十二卷中。大汕的诗,据屈大均的揭露,不少是盗窃别人的诗句而来的(见屈大均:《屈翁山与石濂书》《屈翁山复石濂书》,载《救狂砭语》)但《海外纪事》中有不少纪行诗,歌咏异国风光,倒也通俗可读,其中也偶有佳句。大汕亦善绘画,《离六堂集》首就有他绘的人物画三十四幅(见傅增湘《藏园群书经眼录》卷十六集部五《离六堂集十二卷》,中华书局1983年版)。傅增湘见到的《离六堂集》,不知今存何处。据周连宽先生见告,今广州中山图书馆藏有《离六堂集》

十二卷,但笔者尚未见到。另北京大学图书馆今还存有大汕绘的《陈迦陵(维崧)填词图》一幅。对大汕诗画的评价,这些都是最重要的材料,但这不是本文的内容,因此这里就略而不论了。

另外还需一提的是,记述越南阮氏王朝的《大南实录》有《石濂传》一篇,对大汕的越南之行也作了完全的肯定。其中亦引有大汕诗二首。传末还说:"明命年间(约我国清道光年间)张好合派如东,登游其寺(指长寿寺),住持犹能言石老故事。"可见越南人对大汕是怀着思念之情的。

大汕的越南之行,虽然遭到当时国内一些人的反对,但正如杭世骏所说:"纷纷志乘无公道,缔造缘何削此翁!"大汕在中越关系史上曾经留下过一段小小的经历,他的《海外纪事》今天还是值得整理出版的。

(未刊旧稿)

中国史籍中的安达曼群岛和尼科巴群岛考

安达曼群岛（Andaman Is.）和尼科巴群岛（Nicobar Is.）是印度洋东北部今属印度的两组岛群。它位于古代印度和东南亚及中国间海上交通的航路中。这两个岛群的岛民古代巢居野处，不穿衣服，生吃食物，长期过着极端落后的渔猎生活。有关这两个岛群的古代历史，现在只能从少量的 7—19 世纪初中国、波斯、阿拉伯和欧洲人的航海记述中，寻找踪迹。这些航海记述比较重要的有以下几种：

年代 （公元）	作者	书名	地名
672	义净	《大唐西域求法高僧传》	裸人国、裸国
848	伊本·库达特拔	《道里郡国志》	Langabalous
851		《中国印度见闻录》	Langabalous，Andaman
943	马苏第	《黄金草原》	Langabalous，Andaman
1225	赵汝适	《诸蕃志》	晏陀蛮国
1286	马可波罗	《行纪》	Necuveram，Gavenispola， Angamanain
1321	鄂多立克	《东游录》	Nicoveran
1349	汪大渊	《岛夷志略》	罗婆斯
1416—	马欢	《瀛涯胜览》	翠蓝山（屿），桉笃（得） 蛮山，出卵坞

续表

年代 （公元）	作者	书名	地名
1628	费信	《星槎胜览》	翠兰屿
	巩珍	《西洋番国志》	翠蓝山，按笃蛮山
	茅元仪	《武备志·航海图》	翠蓝屿，安得蛮山
1430	尼哥罗康梯	《游记》	Gold Is.
1820	谢清高	《海录》	呢咕吧拉，牛头马面山

在上面所举的地名中，一些学者常常把安达曼群岛和尼科巴群岛的名称混淆不清。其实具体所指，两个岛群是各有所指的。现在我将提出自己的一些看法，供研究这一地区的历史者参考。

一　裸人国

裸人国（又作裸国、裸形国）一名，首见于义净的《大唐西域求法高僧传》。义净为唐高宗时著名僧人，于高宗咸亨三年（672）从广州乘波斯舶出发赴印度求学，途经尼科巴群岛。后来在他写的《大唐西域求法高僧传》中记下了这一岛屿的见闻。这是现存有关尼科巴群岛最早的文字记载，全文如下：

> 从羯荼北行十日余至裸人国。向东望岸，可一二里许，但见椰子树、槟榔林森然可爱。彼见舶至，争乘小艇，有盈百数，皆将椰子、芭蕉及藤竹器来求市易。其所爱者但唯铁焉，大如两指，得椰子或五或十。丈夫悉皆露体，妇女以片叶遮形。商人戏授其衣，即便摇手不用。传闻斯国当蜀川西南界矣。此国既不出铁，亦寡金银，但食椰子藷根，无多稻谷，是以卢呵最为珍贵（此国名铁为卢呵）。其人容色不黑，量等中形，巧织团藤箱，余处莫能及。若不共交易，便放毒箭，一中之者，无复再生。从兹更半月许望西北行，遂达耽摩立底国，

即东印度之南界也。①

唐以前我国史籍中也出现有裸国，如《史记》卷一一三南越，"其西瓯骆裸国亦称王"；《三国志》卷三〇东夷，"（女王国）又有裸国、黑齿国复在其东南，船行一年可至。"但这些"裸国"，不是在印度支那半岛，便是在西南太平洋中。只有唐义净书中的裸人国，才位于印度洋东北部孟加拉湾东南一带。但究竟具体指的是安达曼群岛还是尼科巴群岛，则有着不同的说法。有的认为义净所指为安达曼群岛②，有的则认为是尼科巴群岛③。最近王邦维同志在《大唐西域求法高僧传校释》中，也认为裸人国应指安达曼岛④。但我认为此裸人国应指尼科巴群岛比较恰当。我们从9世纪中叶阿拉伯人对这两组岛群的记载，可以清楚地看出两者是不一样的：

> 再往前进，是朗迦婆鲁斯岛，这里人口众多，但除女人用树叶遮羞以外，无论男女老幼都是赤身裸体。当船舶一靠近，他们便乘着大小船只蜂拥而来，用琥珀和椰子来换铁器。……越过朗迦婆鲁斯岛，便是两个被海水分隔开的岛屿，叫安达曼。这里的居民是吃活人的，黑色皮肤，头发卷曲，面容凶恶，两眼吓人，两只大脚板。他们全身赤裸，一丝不挂。……他们没有船只，如果有的话，那么所有经过这里的人将会统统被他们生吃掉。⑤

马苏第（Mas'udi）的《黄金草原》一书也叙述了这两个岛屿，内容和上引的基本相同⑥。宋代赵汝适《诸蕃志》海上杂国条也载有晏陀蛮国（即安达曼群岛），内容称："……山中之人身如黑漆，能生食人，船人不敢舣岸。"⑦从这些记载可以看出安达曼群岛的居民是黑皮肤、没有船只、没有交易、能吃生人、商船不敢靠岸的；而朗迦婆鲁斯岛（即尼科巴群岛，说见后）居民则是有船只，会交换货物,商船可以靠岸的。义净的裸人国和阿拉伯人所记的朗迦婆鲁斯岛完全相符,而和安达曼岛则大不一样。因此我们可以断定义净所到的是尼科巴群岛而不是直到 13 世纪还"能生食人,船人不敢舣岸"的安达曼群岛。

但义净书中关于裸人国的航程,却是不确切的。他说:"从羯荼北行十余日至裸人国。……从兹更半月许望西北行遂达耽摩立底国"。羯荼又作吉陀,阿拉伯地理书作 Kalah,又译箇罗、古罗,即今马来西亚马来半岛西北部吉打州(Kedah)的亚罗士打(Alor Setar)附近,为古代东西航海交通的重要港口。耽摩立底即古印度多摩梨帝国(Tamralipti),即今东印度恒河口之塔姆卢克(Tamluk)附近。从今图方向看,羯荼到裸人国应是"西北行"而不是"北行";从距离看,从羯荼到裸人国应是从裸人国到耽摩立底国的一半,但义净却谓前段需时十余日,后段需时半月许,时间相差不大。王邦维同志则据此以为裸人国应在安达曼群岛较合理。但我认为义净乘的是波斯舶,他对波斯语和航海都是外行,而此书写成时间(691 年)距离义净航海裸人国时已近二十年,义净仅凭记忆所及,难免有不够准确的地方,把西北行误为北行,把近十天作为十余天,这也是完全可能的。

二　郎婆露斯和罗婆斯

《新唐书》卷二二二下南蛮下,有"室利佛逝……有城十四,以二国分总。西曰郎婆露斯",过去一些人认为此郎婆露斯即今苏门答腊岛西北部的巴鲁斯(Baros)[⑧],伯希和则以此例"以二国分总"连下"西曰郎婆露斯"为一句,认为郎婆露斯是属室利佛逝所属二国之一,在其西部[⑨]。其实此处从句读看,"二国分总"是连接上文"有城十四"为一句,而不是连接下文"西曰郎婆露斯"为另一句。郎婆露斯应为阿拉伯地理书中之 Langabalous 或 Lanjabalus,今译郎迦婆鲁斯,即今之尼科巴群岛。此名早在 9 世纪 40 年代波斯人伊本·库达特拔《邦国道里志》中就已出现⑩。该书《从巴士拉沿波斯海岸去东方之路程》中写道:

> 郎迦婆鲁斯岛上居民,赤身裸体,不穿衣服,以香蕉、鲜
> 鱼、可可为食。在那里,贵重金属是铁。他们经常与外国商
> 人打交道。

这和义净的裸人国和《中国印度见闻录》、《黄金草原》所载基本是一致的,它在安达曼岛的南面,毫无疑义这便是尼科巴群岛。义净在《南海寄归内法传》中提到的婆鲁师洲,才是苏门答腊岛西北岸的巴鲁斯(Baros),此地贾耽《四夷路程》称为婆露,《诸蕃志》则称作宾窣(据阿拉伯语 Pansur),《岛夷志略》作班卒,《大德南海志》作宾撮,明代史籍多作班卒儿。它和郎婆露斯(岛)是不同的两个地方。

还有一个"罗婆斯国"。此名仅见于汪大渊《岛夷志略》罗婆斯条。汪大渊为元代青年航海旅行家,他曾两度乘本国商船遨游东南亚和印度洋沿岸各地,归国后于 1349 年写成《岛夷志略》一书,其中罗婆斯条说:

> 国与麻(别本作僧)加那之右山联属,奇峰磊磊,如天马
> 奔驰。形势临海,风俗野朴。不织不衣,以鸟羽掩身,食无烟
> 火,惟有茹毛饮血,巢居穴处而已。虽然饮食宫室节宣之不
> 可缺也,丝麻绨纻寒暑之不可或违也。夫以洛南北之地悬隔
> 千里,尚有寒暑之殊,而况于岛夷诸国者哉! 其地钟汤之全,
> 故民无衣服之备,陶然自适,以宇宙轮舆。宜乎茹饮不择,巢
> 穴不易,相与浮乎太古之天矣!

这里的罗婆斯国,我认为也是指尼科巴岛。因为所述的内容

和尼科巴岛的情况是相符的：1.地处"僧加那（麻加那应为僧加那之误，即僧加剌，为斯里兰卡岛古名）之右"，古代从斯里兰卡向东航行，第一个泊所便是尼科巴群岛南部的大尼科巴岛。2."奇峰磊磊。如天马奔驰"，岛上山峦甚多，今岛上最高峰为642公尺，全岛面积不过333平方英里，岛上山峰随处可见。3."民无衣服之备"，"茹毛饮血，巢居穴处"，这也和前述裸人国完全一样。因此藤田丰八和苏继庼都认为罗婆斯国即尼科巴群岛[11]。但藤田认为罗婆斯应为婆罗斯之倒置；苏继庼则认为罗婆斯应作罗婆郎，都仍可商榷。我认为罗婆斯之"罗"，应是阿拉伯人称尼科巴群岛Langalabous的第一个音节Lang的译音，闽南语罗、郎音相近，略去lou音节，郎迦婆罗斯便变成罗婆斯。此岛汪大渊是停泊过的，否则他不会发出一连串感叹性的议论。

三　翠蓝屿（山）、桉笃蛮山、呢咕吧拉

明代郑和七次下西洋，这是世界航海史上空前的壮举。明代关于印度洋的资料，几乎全都来自有关郑和的记述。从现存的马欢《瀛涯胜览》、费信《星槎胜览》、巩珍《西洋番国志》和《武备志》中的《航海图》看，郑和船队是到过尼科巴群岛和安达曼群岛的。《瀛涯胜览》中说：

> 自帽山南放洋，好风向东北（应依《星槎胜览》作"西北"）行三日，见翠蓝山在海中。其山三四座，惟一山最高大，番名桉笃蛮山。彼处之人巢居穴处，男女赤体，皆无寸丝，如兽畜之形。土不出米，惟食山芋、波罗蜜、芭蕉子之类，或海中捕鱼虾而食。人传云，若有寸布在身，即生烂疮。昔释迦佛过海，于此处登岸，脱衣入水澡浴，彼人盗藏其衣，被释迦咒讫，以此至今人不能穿衣。俗言出卵坞，即此地也。

翠蓝山,冯承钧注谓即尼科巴群岛和安达曼群岛的总称[12]。但我认为翠蓝山应是指尼科巴群岛。据《星槎胜览》(《纪录汇编》本)云,翠蓝屿"在龙涎之西北五昼夜程,大小七门,门中皆可过船。……宣德壬子十月二十二日,因风水不偶至此山泊系三日夜"。《瀛涯》说从帽山(今苏门答腊岛西北海上之韦岛[Weh Is.][13])到翠蓝山三日,《星槎》说翠蓝"在龙涎屿(今苏门答腊岛西北海上之龙多岛[Rondo Is.],一说布腊斯岛[Pulau Bras][14])西北五昼夜程",与今从苏门答腊岛西北岸往西北海上依次为龙多岛或布腊斯岛、韦岛到大尼科巴岛相合,故翠蓝屿(山)即尼科巴群岛。它包括大小八个岛屿,故称"大小七门,皆可过船",所谓"门",就是岛屿之间的海峡。另我们从《武备志·航海图》(又名《郑和航海图》)第十八页下也可看出,翠兰屿(即翠蓝屿)和安得蛮山为不同的两个岛屿,它同绘在一张图上,由东向西(即从东南向西北)即为:龙涎屿、帽山、翠兰屿、安得蛮山。翠兰屿具体所指就是尼科巴群岛中的大尼科巴岛。

明代为什么把大尼科巴岛称作翠蓝山(屿)呢?据苏继颀引腓力卜司(Pillips)的考证[15],谓马可波罗书中之 Nocueram,厦门语读 Ch'uilam (翠蓝) 如 cueram,音极相近,故"翠蓝"应为 Necueram 之音译讹略云。我认为这解释是可取的,鄂多立克《东游录》也称尼科巴群岛为 Nicoveran,同样由 Noeueram 而来,《航海图》称为翠兰屿,证明了它是音译不是意译。至于"出卵坞",则完全是中国名称,大约是明代海员们对裸人岛的俗称。

明代中期以后,直到清初,中国的远洋交通便很少到达印度洋,因此有关安达曼群岛和尼科巴群岛,并没有什么新的资料。直到清朝乾隆年间广东人谢清高随西洋商船到世界各地,往来海上共十余年,晚年口述《海录》一书,其中有呢咕吧拉一条,才又出现关于尼科巴群岛和安达曼群岛的记载：

> 呢咕吧拉，西南海中孤岛也。由亚齐山尽处北行少西，
> 顺风约十一二日可到。土番俱野人，性情淳良，日食椰子熟
> 鱼，不食五谷。闽人居吉德者，常偕吉德土番到此采海参及
> 龙涎香。其海道亦向西北行，约旬日可到。由此又北行，约
> 半日许有牛头马面山，其人多人身马面，是食人，海艘经过俱
> 不敢近。望之但云气屯积，天日晴朗，遥见山顶似有火焰焉。
> 又此行旬日即到明呀喇海口。若向北少西行，顺风六七日可
> 到曼哒喇萨。

这里的亚齐即今苏门答腊岛西北岸今班达亚齐一带，吉德即义净书之羯荼，今马来西亚西北岸亚罗士打一带，呢咕吧拉即尼科巴的另一译音，这是出现在我国史籍上最早的 Nicobar 译名。牛头马面山即今小安达曼岛，明呀喇海口即孟加拉湾的恒河口，曼哒喇萨即今印度科罗曼德尔海岸的马德拉斯。文中的地理情况和关于尼科巴、安达曼群岛的情况，和一千一百多年前义净所记的也基本一致。

最后，谈谈安达曼群岛和尼科巴群岛的得名。由于文献资料缺乏，它的语原现在已不易查考。安达曼（Andaman）一名可能来自马来语 Handuman，为古代神猴之名，印度史诗《罗摩衍那》中的猴子军统帅亦名 Hanuman。安达曼人为矮小黑人种，裸体无衣着，故被讹称为 Andaman。9 世纪中叶阿拉伯作家的《中国印度见闻录》中便有此名，后来马可波罗书中称为 Angamanain，即为阿拉伯语 Andaman 的复数。至于尼科巴（Nicobar）一名，根据马可波罗《行纪》，当时名为 Necuvaram，Necu 可能指椰树，梵文椰子即为 Narikila，苏门答腊一带亦称椰子为 njior 或 nieor。尼科巴群岛盛产椰子，故阿拉伯人称此地为 Necuvaram，又作 Necauran，意即椰子

岛。到 19 世纪以后,欧洲人才据此正式称之为 Nicobar Is.。

(《南亚研究》1984 年第 4 辑)

【注 释】

①义净:《大唐西域求法高僧传》卷下玄逵律师,《大正藏》第五十一册。

②Encyclopaedia Britannica, Vol. I, 1960, Andaman Is., History。

③足立喜六:《大唐西域求法高僧传》译注,1942 年,东京岩波书店。

④王邦维:《大唐西域求法高僧传校释》,中国社会科学院南亚研究所油印本,1982 年。

⑤《中国印度见闻录》,卷一,穆根来、汶江、黄倬汉译,中华书局,1983 年。

⑥G. Ferrand: Relations de Vogages et Textes Géographigues Arabes, Persans et Turks Relatifs à l'Extrême-Orient Du VⅢ[e] an XVⅢ[e] Siècles, Abul-Hasan Ali-al-Mas'udi, Paris, 1914。

⑦《诸蕃志校注》卷上,中华书局,1956 年。

⑧《辞海》1979 年版,婆鲁师条,上海辞书出版社。

⑨伯希和:《交广印度两道考》,冯承钧译,中华书局,1955 年,第 121—122 页。

⑩见上页注⑥,Ibn Khordadbah。

⑪苏继顾:《岛夷志略校释》罗婆斯条注,中华书局,1981 年,第 374 页。

⑫冯承钧《瀛涯胜览校注》,中华书局,1955 年,第 34 页。

⑬《辞海》1979 年版,帽山条,上海辞书出版社。

⑭《辞海》,龙涎屿条。

⑮苏继顾:《岛夷志略校释》罗婆斯条注,中华书局,1981 年,第 374 页。

也谈文莱《蒲公碑》与
《西山杂志·蒲厝》的关系

　　1973 年,傅吾康、陈铁凡发表了《最近文莱发现的公元 1264
年的中文墓碑的初步报告》一文①。首次将《蒲公碑》披露于世,
引起了国内东南亚史学者和中外关系史学者的很大兴趣,一致认
为这是迄今为止在海上丝绸之路上发现的最早中文碑刻,具有很
高的研究价值和文物价值。该碑碑文全文是:"有宋泉州判院蒲
公之墓,景定甲子男应甲立。"从碑文本身看,碑主是泉州一位姓
蒲的官员,生前做过泉州判院的官,死后葬于文莱,立碑时间是南
宋理宗景定五年(1264),立碑人是他的儿子蒲应甲或蒲应、蒲甲
兄弟二人。这些都是没有问题的。但这位蒲公叫什么名字?"判
院"是什么官职? 他为什么葬于海外文莱? 蒲应甲或蒲应、蒲甲
是什么人? 他们与泉州有名的蒲寿庚家族有什么关系? 等等,这
些问题多年来还是一团迷雾。直到 1990 年庄为玑发表了《文莱
国泉州宋墓考释》②,把《蒲公碑》与新发现的清人蔡永蒹《西山杂
志·蒲厝》条联系起来,称"蒲公"就是《蒲厝》中的"进士蒲宗
闵",是蒲寿庚的先世,他的两个儿子也有了下落,等等。"蒲公"
之谜似乎已看到了一线光明。然而不久就有学者对此提出疑问,
于是辩论双方各抒己见③,到目前为止,似乎还未有一致的意见。

最近我又仔细地读了《蒲厝》条全文，发现除陈铁凡、傅吾康、龚延明三人在文章中已指出的《蒲厝》中的疑点外，还有几处明显的漏洞，足以说明《蒲厝》条不可能是清中叶时蔡永蒹写的，而是其后清末传抄时后人加上去的。如果是这样，则"蒲公"其人是何许人仍然是一个谜，还有待文献上和考古上的新发现，才能加以彻底论证澄清。

《蒲厝》条据林少川《渤泥"有宋泉州判院蒲公之墓"新考》④一文所引，全文如下：

> 沧岑(岭?)之东有蒲厝，隔江与铺中相望焉。宋绍定间有进士蒲宗闵，司温陵通判，后升都察院。端平丙申奉使安南，嘉熙二年奉使占城，淳祐七年再使渤泥，后卒于官也。其子有三人焉：长子应、次子甲、三子烈也。应从之渤泥也，甲司占城西洋转运使，大食、波斯、狮子之邦，蛮人喜之，皆托曰"蒲氏"。盖自五代留从效使蒲华子、蒲有良之占城司西洋转运使，波斯人焉，咸喜蒲为号矣。故自宋元以来，泉郡元蒲氏名于天南也。蒲厝宋末背叛，蒲寿庚航海居菲，一曰麻逸国，一曰蒲端国也。《仁和诗社》云：温陵都院有蒲公，三使蛮夷渤泥峒，远卒异乡铭葬志，千秋魂魄入瑞桐。

《西山杂志》原为手抄本，为清乾隆至道光时福建晋江士人蔡永蒹撰。他家三代航海，往来于南洋各地，本人原是个教书先生，曾阅读过富室万卷藏书，后游学于南方沿海和东南亚各地。后来他将所见所闻笔记下来写成《西山杂志》。书中出现《蒲厝》条，其中蒲宗闵事迹与文莱《蒲公碑》所记相合，这并不奇怪，因为蔡永蒹在南洋游历时就可能听过或见过《蒲公碑》，他结合自己的知识认为"蒲公"就是蒲宗闵，写成《蒲厝》条。但令人惊奇的是《蒲厝》条所述竟有多处违背历史真实的地方，因此《蒲厝》条的资料可靠性便很值得怀疑。现举其中重要的几点说明如下：

一　"进士蒲宗闵"

按理，蒲宗闵既是进士出身，又做到泉州的"通判"，在史籍和地方志中应该是留有名字的，但很可惜却找不到佐证。龚延明在《文莱国宋墓"判院蒲公"索解》⑤中曾找到北宋神宗时曾任四川成都府等路茶场官和利州转运副使的蒲宗闵，但他决不会是泉州的蒲宗闵。明万历间晋江人何乔远著《闽书》一百五十四卷，洋洋大观，也不见有蒲宗闵其人，但却有蒲开宗一名。"蒲宗闵"或许是"蒲开宗"的误写，因为繁体字"閔"和"開"都从"門"，而中间的"开"字或误书成"文"，则"开"字误成"闵"字是有可能的，而"开宗"误成"宗闵"，抄写时一字之倒，也是有可能的，因此《蒲厝》中成为"蒲宗闵"。《闽书》上说蒲寿庚的父亲是蒲开宗，从广州徙居泉州⑥，也与《蒲公碑》所述蒲公在泉的时间相合，同为南宋理宗时人。据此，则似蒲宗闵即蒲开宗，为宋末元初福建鼎鼎大名的蒲寿庚的父亲。庄为玑先生说蒲宗闵是蒲寿庚的先世，这在时间上是不准确的，也是缺乏根据的。但是《闽书》所载蒲开宗原是广州的大商人，而《蒲厝》条却认为蒲宗闵是进士出身，是个当官的读书人，二者大异其趣。这只可能是《蒲厝》条的作者张冠李戴地把"蒲公"当成蒲开宗，而又把蒲开宗错写成"蒲宗闵"，而冠以进士出身的美名。因此，我认为"蒲公"、"蒲开宗"虽确有其人，但《蒲厝》中的"进士蒲宗闵"却查无实据，全属附会，而"蒲公"应与"蒲开宗"无关。《蒲厝》条把蒲公和蒲寿庚联系起来，看来似是蒲寿庚的先世，其实是毫无根据的。

二　"后升都察院"

龚延明在他上引的文章中就已指出，"都察院"是明清两代的职官，宋代根本就没有"都察院"机构，这是对的。《蒲厝》条的作者却认为蒲宗闵"司温陵通判、后升都察院"，这明显地看出他是根据《蒲公碑》中"泉州判院"的碑文，错误地理解"判院"为"通判"与"都察院"的合称。其实"判院"就是"通判"的尊称。我完全同意龚延明关于"判院"论证："可以是指知州、知府，也可以是指通判。"由此也可以认为，蔡永蒹是看过《蒲公碑》碑的碑文的，否则他不会无端地出现"后升都察院"的错误。

三　"占城西洋转运使"

《蒲厝》条称五代留从效时使蒲华子、蒲有良和南宋时蒲公次子蒲甲都做过"占城西洋转运使"，此二事及"西洋转运使"一职官也未见于五代和宋代史籍的记载。唐宋间占城一直是个独立的国家，并不归附中国，中国也从未见有向占城派出"西洋转运使"的事。南宋宁宗庆元时（12世纪末）占城为真腊所灭，宋朝更不可能向占城派出"西洋转运使"。特别是"西洋"一名，元以前尚未见于史籍记载，它起于元代东西方交通大开以后。最早始见于13世纪末周达观的《真腊风土记》一书，其后亦见于《大德南海志》、《岛夷志略》，到明清时则普遍流行。五代和宋代出现"西洋"一名，也是咄咄怪事。因此"西洋转运使"只可能是蔡永蒹在清代造出的宋代职官名。

四　"蒲寿庚航海居菲，一曰麻逸国，一曰蒲端国。"

此处也有两个问题值得研究，一是蒲寿庚晚年是否到了蒲端或麻逸;一是"菲国"(菲律宾)一名最早出现于何时。

蒲寿庚于宋末旅居海外麻逸和蒲端事,仅见于《蒲厝》条的记载。按《宋史·瀛国公本纪》称,景炎元年,蒲寿庚曾为提举泉州市舶司三十年。则寿庚早于淳祐年间已任市舶司,在此期内他不可能跑到麻逸和蒲端去旅居;景炎以后,宋元鼎革,寿庚弃宋降元,《元史·世祖本纪》载他任"闽广大都督兵马招讨使并参知政事,行江西省事",后又官至福建行省中书左丞。其长子蒲师文又任福建道市舶提举(《城北天后宫记》),次子蒲师武任福建行省参知政事(《八闽通志》卷三〇)。《闽书》则称"元以寿庚有功,官其诸子孙多至显达"。这样一位宋末元初时福建显赫一世的达官贵宦,怎么可能会跑到海外落后的小岛麻逸、蒲端去度晚年呢?这是根本不可能发生的事。这很可能是明末以后福建到吕宋群岛旅居的人增多了,后人就渲染其祖先入居麻逸、蒲端,而附会于蒲寿庚,到了清代就成为传说史料了。至于"蒲寿庚航海居菲",就更显出这是 19 世纪时的说法。因为"菲"无疑就是指菲律宾,但无论是宋元时代还是明、清中叶时代,中国人还没有称吕宋诸岛为"菲律宾"的。19 世纪末以前中国的官方文献和私人著述、地方史志等,都尚未见有称"菲律宾"一名。只是到了 19 世纪中叶魏源在《海国图志》卷一一引《地理备考》时才说:"吕宋岛原名菲里比纳斯。"这原是 16 世纪西班牙人占领了该岛后以其国王 Felipe II 的名字命名的。只有在传教士的中文地图中译为费利彼纳斯,即 Philippines 的音译。清末广智书局出版的《中外大事汇记》才译称"飞腊边"、"非律宾",还有谢洪赉的《瀛寰全志》译作"菲力宾"。今天通用的"菲律宾"一名则最早见于民国初撰的《清史稿》卷一三六。因此,"菲岛"名称实际上是到清末民初时才有人使用。可是在清中叶时蔡永蒹的《西山杂志·蒲厝》条已使用"菲岛"一名,这不是令人感到奇怪吗?

　　从上述四个问题的分析中我们似乎已可以得出这样的结论:《西山杂志·蒲厝》条的资料不是根据宋元时代的史料写成的,而是清中叶后根据海外传闻的资料写成的;作者甚至不是出自蔡永蒹之手,而是清末的人在传抄《西山杂志》时补写进去的。这一点,在《蒲厝》条的最后部分,即"仁和诗社"云云的一段,果然得到了证实。

　　"仁和诗社"应是一群诗词爱好者的小团体。"仁和"可以作为地名,指杭州;但这个团体显然属福建籍的,因此仁和不可能指杭州。"仁和"应是该诗社的宗旨,出自《礼记·经解》:"发号出令而民说谓之和,上下相亲谓之仁。""仁和诗社"意即以团结亲爱为宗旨的诗社。此诗的内容明言蒲公卒于渤泥异乡,说明作者是见过蒲公墓碑后,才根据他所知道的材料写成《蒲厝》条的。因此,探讨"仁和诗社"何时成立,便可知道此诗作于何时,进而知道《蒲厝》条写于何时了。

　　凑巧的是,我又在林少川《渤泥"有宋泉州判院蒲公之墓"新考》一文中,发现第三节内引用有1985年出版的《马来西亚太平仁和公所庆祝一百周年纪念特刊》,知道了原来在一百多年前即1885年时马来半岛上的太平地方有一个华侨团体或机构名"仁和公所"。太平位于马来西亚霹雳州的西北,这是一个福建籍华侨聚居的地方,仁和公所成立于1885年,这正是19世纪福建的漳泉人大量进入新加坡和马来西亚之时⑦。其中一些文人很可能就到了太平,并在"仁和公所"这一福建华侨社团下成立了"仁和诗社"。他们在海外用华文写诗唱和,《蒲厝》条所引的诗应是在这一时期所写的。因此,《蒲厝》条的出现,应该不会早于19世纪80年代。也正是在这一时期,才有可能出现"航海居菲"的句子;

而上述所谓"进士蒲宗闵"、"后升都察院"、"占城西洋转运使"等
的错误和附会,也就可以得到合理的解释了。

　　最后,还有一个问题是,19世纪80年代时写的《蒲厝》条和
"仁和诗社"的诗,怎么可能出现在18世纪末或19世纪初期蔡永
蒹所写的《西山杂志》中呢?这其实也不难理解。傅衣凌先生生
前在审阅过该稿时已说过:"它似非出于文网严密的嘉道时人之
手,倒是反映晚清的时代思潮。再则这部著作我疑不是一时之
作,也非出于一人之手,或是东石蔡氏一家数代根据当时的民间
传说,口耳相传陆续编写出来的。"⑧ 结合《蒲厝》条中出现的问
题,我认为傅先生的这一看法是正确的。现在看来,《蒲厝》条在
《西山杂志》中的出现,有两种可能:一是蔡永蒹曾见过或听说过
《蒲公碑》,然后按照他听到的"蒲公"故事和有关蒲寿庚在南洋的
传说联系起来,写成这条资料;后来在传抄过程中,又有好事者从
"仁和诗社"的诗中将这首诗抄附于其后。一是这条资料是蔡永
蒹的后人或后来的传抄者所写的,这位作者也见过《蒲公碑》,而
且可能是"仁和诗社"中人,是他将诗编写补抄入《西山杂志》中
的。因此,在18、19世纪的年代中,仅凭传闻追述13世纪时的史
事,作者又仅是一位普通的读书人,在海外无史籍可以查阅的条
件下写成《蒲厝》这条充满错误的资料,也就不足为怪了。

　　本文仅是对讨论中的《蒲公碑》和《西山杂志·蒲厝》条二者关
系的探讨,并不涉及对《西山杂志》全书的评价。《蒲厝》条中的错
误,也不会影响《西山杂志》一书的史料价值。因为它毕竟证实了在
清代我国已经有人在文莱看到了《蒲公碑》,并为它作了初步的诠
释,这也算是目前为止我国仅见的一条有关"蒲公"的文献资料了。

(《海交史研究》1998年第1期)

【注　释】

①原文载《文莱博物馆学报》,1993 年第 3 卷第 1 号。中文译载于《泉州文史》第 9 期,温广益译。

②载《海交史研究》,1990 年第 2 期。

③见《海交史研究》,1991 年第 2 期发表的陈铁凡、傅吾康、林少川、龚延明等先生的文章。

④载《海交史研究》,1991 年第 2 期。

⑤载《海交史研究》,1991 年第 2 期。

⑥《闽书》卷一五三:"蒲寿庚,其先西域人,总诸蕃互市,居广州。至寿庚父亲开宗,徙于泉。"

⑦见陈荆和:《新加坡华人碑铭集录·绪言》,香港中文大学出版。

⑧傅衣凌:《〈西山杂志〉序》,《福建乡土》,1988 年第 1 期。转引自李玉昆:《谈〈西山杂志〉存在的问题》,载《福建史志》,1988 年第 4 期。

16 至 17 世纪的中国海盗与海上丝路略论

　　中国海盗,以 16 世纪中叶至 17 世纪中叶为最剧。其人数之夥、规模之大、影响之巨,历代罕有其匹,亦最为世人所诟。近十年来,始有学者究其原,探其因,对其冲破明朝海禁之束缚,发展海外贸易,给予积极之评价①;然论亦有未尽善之处。现不揣浅陋,略陈己见于下。

一

　　16 至 17 世纪一百年间,著名的中国海盗首领就有:嘉靖年间之李光头、许二、王直、徐海、陈东、叶明、萧显、邓文俊、林碧川、何亚八、洪迪珍、张维、许栋、吴平、曾一本、谢老、严山老、张琏、林国显;隆庆万历年间之林道乾、林朝曦、林凤;天启崇祯年间之颜思齐、郑芝龙、李魁奇、褚彩老、刘香。他们先后活动于江浙沿海和闽粤沿海;北边远至日本,南边远至印度尼西亚一带海域,也是他们经常出没的范围。这些海盗此伏彼起,旋灭旋生,声势也越来越大。至 17 世纪 20 年代,闽南海盗郑芝龙家族赫奕东南,终于成为我国历史上最大的亦盗亦商亦官的地方势力。为什么会出现这种愈演愈烈的局面呢?

　　首先应从明代中叶以来东南地区经济发展的形势来考察。

自英宗正统以后,北方边患频仍,但江南地区仍是比较安定的,经济和生产一直在发展之中。特别是纺织业、陶瓷业、冶炼业和制糖、制茶业都有很大发展。这里着重指出的是嘉靖以来江南地区的商品经济出现了空前未有的活跃景象。嘉靖中曾宦游全国的张瀚在晚年所写的《松窗梦语》中有一段话,很好地反映了这一盛况。他特别提到徽州地区:"其民多仰机利,舍本逐末,唱棹转毂,以游帝王之所都,而握其奇赢。休歙尤夥,故贾人几遍天下,良贾近市利数倍,次倍之,最下无能者逐什一之利。"浙江地区:"桑麻遍野,茧丝帛苎之所出,四方咸取给焉。虽秦晋燕周大贾,不远数千里而求罗绮缯币者,必走浙之东也。宁绍温台并海而南,跨引江漳,估客往来,人获其利。严衢金华郢郭徽饶,生理亦繁。"江西地区:"独陶人窑缸之器,为天下利。九江据上游,人趋市利,南饶广信,卓裕胜于建袁,以多行贾,而瑞临吉安,尤称富足。"福建沿海:"民多仰机利而食,俗杂好事,多贾治生。""汀漳人悍嗜利,而兴泉地产尤丰,若文物之盛,则甲于海内矣。"广东沿海:"兵饷传邮,仰其权利。""滨海诸夷,往来其间,志在贸易。非盗边也,顾奸人逐番舶之利,不务本业,或肆行剽掠耳。"② 这些话充分说明了当时商业已在东南地区人民经济生活中占有相当大的比重。著名的徽商、浙商、闽商都是"操巨万资以奔走其间"③。他们早就不满足于国内市场,传统的海上丝路贸易对他们有着巨大的吸引力。冲破海禁,出海通商,就自然成为富商大贾和舶主豪绅们的共同要求。

　　我国海上丝路贸易到了宋代和元代,已经达到了全盛时期。明州、泉州、广州是当时海外贸易三个最大的港口。从朝鲜、日本到东南亚、南亚、西亚直到非洲东北岸,中国商舶往来不绝于途。14 世纪初成书的《大德南海志》就记录了从广州通往海外各地贸易的地方共 135 处,远至欧洲的芦眉(罗马)和非洲的茶弼沙(摩洛哥)都在其中。与此同时,东西方出现了两大航海游历家:摩洛哥的依宾拔都他和中国的汪大渊,他们留给后世的著作《拔都他游记》和《岛夷志略》,都记载着元代中国商舶已定期远航印度洋,中国商人在海上丝路贸易中掌握着贸易的主动权。明初永乐至宣德年间由国家组织的大规模航海活动郑和七下西洋,更表明了中国的造船技术和航海技术已达到世界最先进的水平。但郑和下西洋之目的并不是要发展通商贸易,而是为了炫耀明朝国威的政治性和军事性的远洋巡海活动。下西洋虽然招致了许多海外国家使者来朝,但朝贡贸易得不偿失。在后来北方边防日紧,连年的军事费用和修筑长城消耗了国家大量资财的情况下,国库渐空,国家财政入不敷出。下西洋在宣德八年后便不再出现。宪宗成化十一年(1475)时刘大夏说:“三保下西洋费钱粮数十万,军民死且万计,纵得奇宝而回,于国家何益? 此特一敝政,大臣所当切谏者也。旧案虽存亦当毁之,以拔其根。”④ 这时距郑和最后一次航海仅 40 年,国家主办的远洋航海事业便彻底解体,甚至连档案也荡然不存了。

　　其实下西洋的不幸结局与明王朝建立以来一贯的海禁政策分不开。明朝的海禁,是统治阶级传统的重农抑商思想和明代高度中央集权政治的产物。明初,由于元末农民起义的残余队伍(如方国珍的“兰秀山逋逃”)逃到海外和倭寇的不断骚扰,洪武四年,便“仍禁濒海民不得私出海”⑤。其后朱元璋屡申此一令,对海外入贡也有严格的勘合制度,违者拒贡勿纳。永乐宣德间虽然国家组织了下西洋活动,但仍遵守朱元璋的海禁规定,禁止军民私自出海通番贸易。明代有关海禁的法规具见《大明律》及《明会典》。现举《明会典》中“私出外境及违禁下海”条于下:

一、沿海去处,下海船只,除有票号文引令出洋外,若奸豪势要及军民人等擅造二榼以上违式大船,将带违禁货物下海前往番国买卖;潜通海贼,同谋结聚,及为响导,劫掠良民者,正犯比照谋叛已行律处斩,仍枭首示众,全家发边卫充军。⑥

海禁从洪武到嘉靖,200 年间就未停止过。这是明代对海上丝路贸易打击最大的政治措施,使宋元时期已经蓬勃发展的海上贸易遭到严重的挫折。到 15 世纪正统时,海外贸易已呈萧条状态,到天顺以后,甚至官方的朝贡贸易也奄奄一息了。

但是明代商人反海禁的斗争从明中叶以后却逐步发展起来。由于海外贸易巨大利润的吸引力⑦,沿海商人冒禁私自出海者渐渐增多。走私贸易在成化时便已抬头,到了弘治时,走私队伍很快就壮大起来,特别在闽南一带,"成弘之际,豪门巨室间有乘巨舰贸易海外者,奸人阴开其利窦。而官人不得显收其利权。初亦渐享奇赢,久乃勾引为乱"⑧。豪门巨室参加到走私队伍中来,海禁和反海禁的斗争已日渐尖锐。这时,许多流民、失业渔民也纷纷加入走私队伍,到嘉靖初,便出现"名为商贩,时出剽劫"的武装走私:

初,浙江巡按御史潘仿言:漳泉等府黠滑军民私造双榼大船下海,名为商贩,时出剽劫,请一切捕获治,事下兵部议。行浙福二省巡按官:查海船但双榼者即捕之,所载即非番物以番物论,俱发戍边卫。官吏军民知而故纵者,俱调发烟瘴。⑨

兵部其亟檄浙福两广各官督兵防剿,一切违禁大船尽数毁之。自后沿海军民私与贼市,其邻舍不举者连坐⑩

海禁和反海禁的斗争都逐步升级。仅漳州一地,"至嘉靖而弊极矣。……一旦戒严,不得下水,断其生活,若辈悉健有力,势不肯搏手困穷，于是所在连结为乱，溃裂以出。其久潜趴于外者，既触网不敢归，又连结远夷，向导以入，漳之民始岁岁苦兵革矣"⑪。嘉靖十九年王直下海前便声称："中国法度森严，吾辈动触禁网，孰与至海外逍遥哉！"⑫16世纪中叶的中国海盗，就是在这一情况下出现在历史舞台上的。万历时徐光启在论及嘉靖海盗时便指出："官市不开，私市不止，自然之势也；又从而严禁之，则商转而为盗，盗而后得为商矣。"⑬张维华先生也说："明代的海寇，可以说有许多是为了反抗专制政权的海禁而发生的。"⑭嘉靖以后海盗之兴起，源于海禁，这是完全正确的论断。

　　但16—17世纪中国海盗兴起还有一个重要因素，即国际海盗的出现和勾结。16世纪以后，日本倭寇在我国沿海侵掠有加无已，而西方葡萄牙、西班牙、荷兰的海盗、冒险家这时也相继来到中国东南沿海，和中国走私商人勾结，进行武装走私活动。这三股势力都有着共同的目标和手段，即反对明王朝的海禁政策，和从事掠夺性的走私贸易。因此他们相互勾结利用，狼狈为盗。嘉靖中叶以后，几乎所有的中国海盗活动都和倭寇和西方海盗有关。王直甚至还是倭寇的公认首领，在日本自称为"徽王"，"三十六岛之夷，皆听其指使，每欲侵盗，即遣倭兵"⑮。而许多中国海盗在沿海劫掠，也都打扮成倭寇的样子，"顶前剪发而椎髻向后。"⑯西方冒险家更需中国走私商人的引导，进入中国沿海。葡人在嘉靖初（1522年）从广东被逐出来后，就是由走私商人引导到福建和浙江沿海进行武装走私的。张天泽在其著作中指出："由于葡萄牙人本身就是走私贩子，所以很自然，他们不久就和其中国同伙交往甚密。至于那些走私贩子，正如我们所知道的那样，他们从事的非法活动得到势豪的鼓励和支持。葡萄牙人还与沿海地区的流氓歹徒有着友好关系，他们并不把这些人的海盗行径视为可怕罪行。因此完全可以想像,一旦有必要或面临威胁,所有这些人就会纠集在一道,甚至给政府造成更大的麻烦。"⑰事实正是如此,从李光头到郑芝龙,西方海盗不但是他们最大的买主,而且也是他们入侵大陆沿海最积极的同伙,16 世纪中国海盗一出现,实际上就已和国际海盗勾结起来,并成为国际海盗的一部分了。

二

16—17 世纪中国海盗的特点,许多人都指出它有着"亦盗亦商"的二重性。其实,这也是当时国际海盗的特性。葡萄牙、西班牙、荷兰、英国的海盗 16—17 世纪在大西洋、印度洋和远东地区都从事"亦盗亦商"的活动。过去许多人只看到中国海盗为"盗"的一面,对它大加挞伐,全部否定,这是不公正的;近年来又有人只强调它为"商"的一面,对它颂扬备至,而对其为"盗"的活动则说成是"人民起义",全部肯定,这也是不对的。

中国海盗的构成是比较复杂的。当时郑晓就指出:"小民迫于贪酷,苦于役赋,困于饥寒,相率入海为盗,盖不独潮惠漳泉宁绍徽歙奸商而已。凶徒逸贼,罢吏黜僧及衣冠失职,书生不得志,群不逞者皆从之为向导,为奸细。"⑱它既有商人,又有流民、渔民、船工和失败的农民起义队伍,又和沿海的富绅大姓、失意的下级官吏和知识分子有着种种联系。以致坚决主张海禁的朱纨抱怨说:"治海中之寇不难,而难于治窝引接济之寇;治窝引接济之寇不难,而难于治豪侠把持之寇。"⑲这"豪侠"就是富绅大姓。但海盗并不等于海商,也不等于富绅大姓,不应把海盗和没有武装的正常海商混为一谈。一部分有势力的海商和流民武装起来,一面反抗明朝的迫害,进行走私活动;一面在海上和沿海从事劫掠,杀人越货,这就是海盗。特别是他们和外国的冒险家、海盗勾结一起,入侵我国沿海地方,进行烧杀抢掠,使东南沿海人民生命遭受重大损失,这是他们为"盗"的罪恶活动,是不应讳言,而应加以谴责的。

以嘉靖间最大的海盗王直为例。王直在嘉靖十九年(1540)下海后,"置硝黄丝绵等违禁货物抵日本、暹罗、西洋诸国往来贸易,五六年致富不赀,夷人大信服之,称为五峰船主。"这时他还是个海商。嘉靖二十四年以后,他又"招集亡命,勾引蕃倭,结巢于宁波霩衢之双屿,出没剽掠,海道骚动。"[20]这时方和国际海盗结合,武装走私,成为海盗。此后十余年间,王直所属的海盗不断侵掠苏、浙沿海一带。其中著名的"壬子之变",就是"倭奴借华人为耳目,华人借倭奴为爪牙"[21]对浙江沿海地区的一次大洗劫:

> (嘉靖)三十一年,直遣倭兵寇温州,寻破台州黄岩县,复寇海盐,长驱至嘉兴城外。官兵御贼,战于孟家堰,死者三千餘人。"次年,"贼袭破乍浦城,由是澉浦、金山、松江、上海、嘉定、青村、南汇、太仓、昆山、崇明诸处及苏州府治,皆仅保孤城,城外悉遭焚劫。贼或聚或散,往来靡定,如入无人之境,遍于川陆。凡吴越所经村落市井,昔称人物阜繁,积聚殷富者,半为丘墟,暴骨如莽。[22]

这是海盗勾结倭寇的两次对浙东和苏南一带最早的大规模登陆入侵。据《倭变事略》,倭寇"犯湖州市,大肆毁掠,东自江口至西兴埧,西自楼下至北新关,一望赭然,杀人无数。城边流血数十里,河内积货满千船。"仅海盐一地,便"被寇者四,死者三千七百有奇"[23]昆山县"孤城被围凡四十五日,……被杀男女五百余人,被烧房屋二万余间,被发棺冢四十余具,各乡村落凡三百五十里,境内房屋十去八九,男妇十失五六,棺椁三四,有不可胜计而周知者。"[24]发棺是为了劫财。有的学者认为海盗中真倭仅十分之一二,其余都是中国下层人民,便得出海盗与人民打成一片的结论,这是很片面的。问题在于海盗登陆的性质,是中国海盗勾结倭寇进犯大陆,是国际海盗对我国的袭击和掠夺,从国家利益和民族利益来看都是应受谴责的。嘉靖二年日本的宗设谦道和宋素卿争贡,宋素卿原也是中国人,所谓日本人不过百余人,而宁波绍兴两地百万军民,咸被其祸,倭人流窜抢掠,如入无人之境,可见不能小看这十分一二的倭寇。明代外患,历来南倭北虏(鞑靼)并称,国际海盗为祸之烈,于此可见。嘉靖时中国海盗与倭寇、西方海盗相互勾结,在沿海一带烧杀抢掠,其为“盗”的恶名,是无论如何也洗不掉的。

　　也有人把 16 世纪的中国海盗和同期西方资本原始积累时期的海盗相比,认为西方国家可以把他们的某些海盗作为英雄予以表彰,为什么中国的海盗就不能作为英雄? 这是不了解,那些被西方封为英雄的是在本国领土之外,在海上袭击外国商船,杀掠殖民地和征服外国的人民,贩运黄金奴隶等;他们没有在自己的国土上对本国人民进行烧杀抢掠,而是将在海外掠夺得来的大批赃物和金钱,运回本国,对本国的资本原始积累起了重要作用,所以他们中的一些人受到本国政府的表彰。中国海盗则不然,他们虽然也在海外进行经商和掠夺,但他们却不断勾结外国海盗,对本国进行入侵,使本国人民生命财产受到很大的损失。中国人民拥护的是抗倭名将俞大猷、戚继光,而不是导引倭寇入侵的中国海盗。当然,海盗中也有维护民族利益,站在中国人民和华侨立场上与西方海盗进行斗争的,如后期海盗中林凤在万历二年(1571)从台湾转战菲律宾,矛头直指西班牙殖民军队,受到当地人民和华侨的热烈的欢迎。还有崇祯十二年(1639)郑芝龙在湄洲外洋大败荷兰海盗,以及清顺治十八年(1661)郑成功驱逐荷兰殖民者收复台湾的战斗,这已经不仅是海盗争夺霸主的斗争,而是反对殖民者侵掠,保卫中国神圣领土和领海的斗争。出身海盗商人的郑成功收复台湾,最后成了中国历史上的民族英雄,这就和王直等人勾结倭寇侵掠大陆有着天壤之别了。

三

现在再谈谈海盗从商的一面,主要谈中国海盗与海上丝路贸易的关系。16世纪的中国海盗既然脱胎于走私商人反海禁的斗争,因此它和通商有着先天性的紧密关系。许多海盗首领的出身都是海商。如李光头原在漳州"私招沿海无赖之徒,往来海中鬻贩番货"[25]。许栋"下海通番,入赘于大宜满剌加"[26]。何亚八原是通大泥的海商[27],洪迪珍则是贩日本的海商[28]。王直不但在为盗前是个北通日本、南通东南亚各地的大海商,为盗后仍"屡乞通市",甚至被囚后还上疏要求"浙江定海外长涂等港仍如广中事例,通关纳税"[29]。郑芝龙则是从小依靠大海商黄程、李旦贸易起家的[30]。一些海盗失败后,仍然在海外从事通商贸易活动,如张琏到旧港为蕃舶长[31],林朝曦到三佛齐为蕃舶长[32]。海盗把掠夺所得财物,也都运到日本和东南亚,特别是向葡萄牙、西班牙人销售。16—17世纪的海上丝路贸易,主要就是以海盗为动力和主力,才得以恢复并有了新的发展的。

我们可以从中国海盗呈马鞍形的发展来说明海盗和通商的密切关系。从嘉靖十九年到隆庆初(1540—1567),海盗大量出现,是第一次海盗高潮;从隆庆到万历末(1570—1619),海盗相对减少,是海盗低潮;从天启初到崇祯末(1621—1644)海盗又增加起来,成为第二次海盗高潮。为什么出现马鞍形的发展呢? 这主要是隆庆初年出现弛禁,"福建巡抚都御史埕泽民清开海禁,准贩东西二洋"㉝，在漳州月港开放海禁，海商可以通过合法途径，从事海上贸易，于是"市通则寇转为商"，所以隆庆到万历四十多年，海盗大大减少。但万历后期，由于日本侵入琉球，荷兰海盗又横行福建海外，占据澎湖，明朝又惊恐万状，重申海禁之令，停止海外贸易，"市禁则商转为盗"㉞，于是便出现第二次海盗高潮，海盗与通商本来就是紧密联系在一起的。

　　我们还可以当时新兴的海外贸易港口来看海盗和通商的关系。明中叶以后，由于海禁森严，原来的宁波、泉州、广州等港口海外贸易大部都已停顿，但不久就出现了一批从走私贸易口岸发展起来的新兴港口。澳门港由于一直在葡萄牙人控制之下，可以不论，其他三个最大的港口双屿、月港、安海都是在海盗活动最集中的地区发展起来的。双屿原是倭寇、葡萄牙海盗和中国走私商人在宁波海外的一个走私据点，嘉靖二十年后，很快就发展成为走私贸易的港口，以王直为首的中国海盗就不断在这里出没活动。据葡萄牙冒险家平托(Fernao Mendez Pinto)《游记》(Peregrinacao)的描述，葡萄牙在此地每年贸易额就达 300 万葡元以上㉟。因为它距离宁波太近了，所以海禁派以朱纨为首，采取坚决措施，于嘉靖二十七年(1548)予以荡平。这个浙东海外最大的走私港口存在不到三十年就消失了。月港和安海都在闽南，这里离明朝的政治和军事中心都较远，又有海外交通的传统，工商业也很发达，是个走私活动的理想地区。朱纨在提督浙闽海防之初便指出："泉州之安海、漳州之月港，乃闽南之大镇，人货萃聚，出入难辩，且有强宗世获窝家之利。"㊱活动于这一地区的海盗，就先后有何亚八、洪迪珍、张维、许栋、许西池、谢老、严山老、张琏、林朝曦、林凤、郑芝龙、李魁奇、褚彩老、刘香等，是武装走私最集中的一个地区。到了隆庆元年，统治阶级采纳了开禁派的建议，在月港首先开放海禁，允许私商出海,准贩东西二洋,政府征收饷税。"于是五方之贾,熙熙水国,刳艅艎,分市东西路。其捆载珍奇,故异物不足述,而所贸金钱,岁无虑数十万,公私并赖,其殆天子之南库也。"[37]这充分反映了开禁后月港海外贸易盛况。与此同时,泉州南部的安海港海外贸易也有很大发展。特别到天启以后郑芝龙时代,安平镇是郑氏的老家和根据地,郑芝龙在这里大力发展海上贸易,使安海取代月港成为闽南最大的海外贸易港口。"海舶不得郑氏令旗,不能往来。每舶例入二千金,岁入千万计,芝龙以此富敌国。"[38]郑芝龙就是主要依靠垄断海上贸易成为东南亚地区最大的地方势力的。这都充分说明了海盗冲破海禁以后,确实出现了海外贸易的繁盛局面。

实际上当时从事海外通商贸易的还有许多走私港口。如舟山、温州、泉州、梅岭、南澳、潮州等,甚至南京、苏州、福州、广州等都有商船通日本长崎贸易。到17世纪,从中国东南沿海通向日本、菲律宾和印度尼西亚的海上丝路,成为我国有史以来最频繁的海上交通线。如1635年,到日本长崎的外国船49艘,中国船就有47艘,1644年(崇祯十七年)明亡时,外国来日船12艘,中国也有9艘[39],南明时期(1648—1661年),中国船到长崎每年平均47艘[40]。菲律宾更是漳泉人常去之地,有华人数万人聚居之涧内,据考证为西班牙语 Arciria,其义为生丝市场,16世纪时,漳泉商船每年至少有三四十艘停泊于马尼剌,运来各种生丝及丝织物[41],并由此转运到日本和拉丁美洲,马尼拉成为16—17世纪最大的生丝交易市场。17世纪初,我国商船运抵西爪哇万丹的生丝总量每年为300—400担,由荷兰东印度公司运走的丝绸有几千匹,而进口到印度尼西亚传统数量为一万匹至二万匹[42]。这仅仅是丝绸一项,还有其他大量的瓷器、糖、茶和手工艺品的出口,海上丝路的贸易数量不仅超越前代,而且从地区性的贸易变为世界性的贸易。中国商船在 17 世纪仍然深受日本和东南亚各国的欢迎,并在数量上占有领先的地位。因此,不少学者都认为,当时中国在远东海上丝绸之路的"航运和商业上的领导地位仍在继续"⑭,"明后期中国在东南亚地区海上贸易以至太平洋贸易上仍占有重要的地位"⑭。这无疑都是以海盗为主的中国海商于冲破海禁后,致力发展海外贸易的结果。

　　但是,从海上丝绸之路发展的整个历史来看,我认为 16 世纪以后,它已经进入了末期阶段。这一阶段的重要标志,就是中国商人在海上丝路贸易的地位开始由主动变为被动,最后逐渐成为西方殖民者经济掠夺的对象。16—17 世纪以走私贸易发展起来的海上丝路贸易,在有些地区虽然出现了空前的规模,中国帆船的数量在东南亚虽然仍占主要地位,但这种繁荣的局面只不过是有着 1700 多年悠久发展历史的海上丝路的回光返照。海上丝路原来是我国与亚洲和非洲国家进行经济文化交流的海上通路,阿拉伯人、波斯人、印度人、斯里兰卡人、马来人、爪哇人、琉球人、日本人和中国人的商船在海上丝路自由航行,进行和平贸易和政治交往,为印度和太平洋西岸各国的经济文化发展做了重要贡献。特别是中国商船和阿拉伯国家商船,在远洋航海贸易中长期占有重要的主导地位。然而到了 16 世纪以后,海上丝路的交通贸易开始起了质的变化:首先是西方的葡萄牙冒险家和殖民者垄断了印度洋的海上贸易,把印度洋的航业变成掠夺东方各国的海上通道,中国的商船也在这时被迫退出了印度洋。其次是葡萄牙、西班牙和荷兰、英国等西方殖民者相继来到太平洋西岸进行掠夺,这一地区的海上贸易也逐渐变成西方殖民者经济掠夺的对象。17 世纪东南亚地区的丝绸贸易虽然得到了发展,但中国商人的地位已由主动变成被动,受西方殖民商人的操纵。以中国和菲律宾的丝绸贸易为例,隆庆开禁以后,中菲海上贸易有了空前的发展,然而它只不过是西班牙人太平洋大帆船贸易的一部分。"大帆船贸易是西班牙殖民者剥削的主要形式之一。……大帆船贸易给他们带来了巨额利润,有时达到百分之六百或百分之八百。……对于菲律宾殖民地来说,大帆船贸易无疑是它的经济生命线。"⑤菲律宾的丝绸,虽然全部都是从中国特别是以漳泉二地运去的,但中菲贸易实际上是受西班牙人的操纵,中国大量的丝绸、瓷器通过西班牙人掠夺性的贸易被运到拉丁美洲,这与传统的丝路贸易毫无共同之处。有人称"大帆船贸易"为"太平洋丝路贸易",给殖民者掠夺东方的贸易航路冠以"海上丝路"的美名,这是不恰当的。如果这一名称得以成立,那么葡萄牙人从澳门经东南亚、印度洋、大西洋到达欧洲的海上航路,也可作为海上丝路的继续发展了。但事实是,西方商人用大大低于国际市场的价格,用巧取豪夺的办法搜购中国的丝绸、瓷器、茶叶、糖等,运销欧洲及世界各地,又用大大高于国际市场的价格把西方的消费品和东南亚各地搜购的土特产,卖给中国商人。这种贸易已经使传统的海上丝路发生了质的变化。17世纪后,西方列强在远东的争夺更加激烈,荷属东印度公司和英属东印度公司相继成为远东海上贸易的霸主。到了18世纪,中国海商一落千丈,而且一部分已变为西方列强的帮凶和附属。18世纪中叶以后大宗的鸦片贸易出现,海上丝路实际上就已经完全消亡了。

(《中国文化》第4期,1991年8月)

【注　释】

① 主要论著有:戴裔煊《明代嘉隆间的倭寇海盗与中国资本主义萌芽》,中国社会科学出版社,1982 年;李洵《公元 16 世纪的中国海盗》,载《明清史国际学术讨论会论文集》,天津人民出版社,1982 年;薛国中《王直与明王朝的海禁政策》,载《15、16 世纪东西方历史初学集》,武汉大学出版社,1985;林仁川《明末清初私人海上贸易》,华东师范大学出版社,1989 年。

② 张瀚《松窗梦语》卷四《商贾纪》,中华书局点校本,1985 年。

③ 同上。

④ 严从简《殊域周咨录》卷八《琐里　古里》。

⑤《明太祖实录》卷七洪武四年十二月。

⑥《明会典》卷一六七《刑部》九《律例》八《关津》。

⑦ 明代海外贸易的利润率参见林仁川《明末清初私人海上贸易》第六章第三节《贸易额和利润率》,第 267—272 页。

⑧ 张燮《东西洋考》卷七《饷税考》,中华书局点校本,1981 年。

⑨《明世宗实录》卷五四嘉靖四年八月。

⑩《明世宗实录》卷一五四嘉靖十二年九月。

⑪《东西洋考》卷七《饷税考》。

⑫《殊域周咨录》卷二《日本》。

⑬ 徐光启《海防迂说》,《明经世文编》卷四九一。

⑭ 张维华《明代海外贸易简论》页 80,上海人民出版社,1956 年。

⑮《殊域周咨录》卷二《日本》。

⑯ 顾炎武《天下郡国利病书》卷一〇四《广东》八。

⑰ 张天泽《中葡早期通商史》,姚楠、钱江译、香港中华书局,1988 年。

⑱ 郑晓《与彭草亭都宪书》,《明经世文编》卷二一八。

⑲ 朱纨《请明职掌以便遵行事疏》,《明经世文编》卷二〇五。

⑳ 上引均见《殊域周咨录》卷二《日本》。

㉑ 郑晓《乞收武勇亟议招抚以消贼党疏》,《明经世文编》卷二一七。

㉒《殊域周咨录》卷二《日本》。

㉓采九德《倭变事略》,《丛书集成初编》史地类。

㉔归有光《昆山县倭寇始末》。

㉕《明世宗实录》卷三六三嘉靖二十九年七月。

㉖郑舜功《日本一鉴》卷六。

㉗严如煜《防洋辑要》卷一五《广东防海略》。

㉘《乾隆海澄县志》卷二四。

㉙《倭变事略》附。

㉚江日昇《台湾外志》卷一,上海古籍出版社点校本,1986 年。

㉛《明史》卷三二四《三佛齐》。

㉜《东西洋考》卷三《旧港》。

㉝《东西洋考》卷七《饷税考》。

㉞谢杰《虔台倭纂》卷七《倭原》。

㉟转引自《中葡早期通商史》页 87。

㊱朱纨《阅视海防事疏》,《明经世文编》卷二〇五。

㊲《东西洋考》周起元序。

㊳邹漪明《明季遗闻》卷一。

㊴据全汉升《明季中国与菲律宾间的贸易》,载《中国文化研究所学报》1968 年第 9 卷第 1 期,香港中文大学。

㊵据〔日〕木宫泰彦《日中文化交流史》第 627 页,商务印书馆,1980 年。

㊶转引自傅衣凌《明清时代商人及商业资本》第 118 页。

㊷转引自李金明《明代后期部分开放海禁对我国社会经济发展的影响》,载《海交史研究》1990 年第 1 期。

㊸田汝康《17—19 世纪中叶中国帆船在东南亚洲》第 12、15 页,上海人民出版社,1957 年。

㊹陈尚胜《明代海外贸易及其世界性影响》,《海交史研究》1989 年第 1 期。

㊺李永锡《菲律宾与墨西哥之间的早期大帆船贸易》,载《中山大学学报》1964 年第 3 期。

侯显出使榜葛剌考
——兼论费信、马欢抵榜葛剌的年代

侯显是明代初期一位杰出的外交使者,史称他"有才辨,强力敢任,五使绝域,劳绩与郑和亚"①。特别是他在永乐十三年(1415)出使榜葛剌国(主要在今孟加拉国),后来又在永乐十八年(1420)出使沼纳朴儿国(首府为今印度的江普尔),为调解榜、沼两国军事冲突立下了功绩。这是我国对外交往历史上很有意义的事件。但由于史书记载简略,而且过去很多人都把侯显访问榜葛剌作为郑和下西洋的一部分②。由于大名鼎鼎的郑和是下西洋的领导人,又说侯显为他的副手,他的作用便显得大为逊色,很少人再去专门论述他了。其实这是不公平的。侯显的出使榜葛剌不是郑和下西洋行程的一部分,侯显也没有担任过郑和的副手,本文拟对这一问题加以探讨。

一

侯显的"五使绝域",据《明史·郑和传》附《侯显传》所载,是:1.永乐元年至四年(1403—1406)出使西藏;2.永乐十一年(1413)出使尼八剌(今尼泊尔)、地涌塔(今地不详);3.永乐十三年(1415)出使榜葛剌;4.永乐十八年(1420)出使沼纳朴儿;5.宣德二年(1427)出使西藏。其中能与郑和下西洋联系得上的,只有循海路出使榜葛剌国一次。沼纳朴儿虽在印度,但走的是海路还是陆路史无明文记载(考见后)。所以现在先谈榜葛剌的出使。

《明实录》和《明史》记载侯显这次出使是这样的:

> (永乐十三年七月)甲辰,遣太监侯显等使榜葛剌诸番国,赐国王绒锦、金织文绮、绫绢等物。(《明成祖实录》卷九七)

> (永乐)十三年七月,帝欲通榜葛剌诸国,复命显率舟师以行。其国即东印度之地,去中国绝远。其王赛佛丁遣使贡麒麟及诸方物,帝大悦。(《明史》卷三〇四《侯显传》)

> (永乐)十二年,嗣王遣使奉表来谢,贡麒麟及名马方物。礼官请表贺,帝勿许。明年,遣侯显赍诏使其国,王与妃、大臣皆有赐。(《明史》卷三二六《榜葛剌传》)

可以看出,这次侯显的出使是上一年榜葛剌国王赛佛丁遣使贡麒麟等方物的回报。按麒麟即长颈鹿,原产非洲,索马里语为 giri,音译即附会为我国古代的祥瑞之兽麒麟。这是非洲长颈鹿第一次出现在中国,引起了朝廷一次不小的轰动,大臣大学士们纷纷赋诗献画礼赞以为贺。永乐帝为了回报榜葛剌国王的贡献瑞兽,便特派侯显为首的使团带了大批赏赐品回访。这次航行,上述引文都没有提及郑和,也没有涉及郑和下西洋之事。《明实录》用的是"侯显等",说明这是以侯显为首的使团,正像《明实录》述及郑和下西洋时用的"郑和等",说明是以郑和为首的使团一样。费信在《星槎胜览》榜葛剌条中亦作"上命太监侯显等",都说明了侯显之上,并没有郑和来作领导,侯显出使榜葛剌与郑和下西洋无涉。

再从侯显出使榜葛剌的时间看,上引《明实录》说,侯显出使榜葛剌是在永乐十三年七月甲辰开始。甲辰这一天为七月初九日。而郑和第四次下西洋回到南京也是永乐十三年七月,不过是癸卯日,即七月初八日。这与侯显出使榜葛剌仅相差一天时间。永乐帝怎么可能会在郑和刚从海外归来第二天,便又下诏要他出使呢?郑和的第五次下西洋时间是永乐十五年至十七年,即侯显出使榜葛剌后两年。所以从时间上看,侯显的出使与郑和的下西洋完全是两回事。此外,郑和自述的《刘家港天妃宫通番事迹记》和《长乐南山寺天妃之神灵应记》③中,不但没有提到侯显的名字,而且连榜葛剌一地也没有列入。侯显不是郑和使团中的成员,这不是很清楚了吗?

可是在《明史·郑和传》中却明明说到他"先后七奉使,所历……凡三十余国",其中在竹步之后、天方之前,就有榜葛剌,这该怎么解释呢?其实这很简单,因为郑和所历三十余国中,有一部分并不是郑和亲自到过的国家,而是宝船分艨到达的国家。如天方、榜葛剌、竹步都是郑和下西洋船队分艨所到之国,它们都在下西洋的主航线之外的支航线上,因此郑和并未亲临其他。至于郑和船队分艨到榜葛剌国的问题,和侯显的出使也没有什么直接的关系。这在下文第三部分再作论述。

二

现在再看看当时参加下西洋的费信在《星槎胜览》中的有关前往榜葛剌的记述。

费信在《星槎胜览》前集中,记有榜葛剌国专条,而且在书的目录之前的"行程表"第三条中,标出他在第三次出使时说:

> 于永乐十三年随正使太监郑和等往榜葛剌诸蕃直抵忽鲁谟厮国开读赏赐。

这是后世人们认为侯显作为郑和副使抵榜葛剌的最有力的证据。

但是,我认为,这句话是有问题的。

《星槎胜览》一书本身对这一事就涉及了三种不同的记载,在同书的榜葛剌国条中,又说:

> 永乐十年并永乐十三年,二次命太监侯显等统领舟师赍捧诏敕,赏赐国王王妃头目。

在"行程表"的第二条,又说:

> 于永乐十年随奉使少监杨敕等往榜葛剌等国开读赏赐。

在《纪录汇篇》本《星槎胜览·榜葛剌国》条又说:

> 永乐十三年二次上命少监侯显等统舟师赍诏敕赏赐……

那么究竟永乐十三年出使榜葛剌的是郑和还是侯显? 侯显是太监还是少监? 永乐十年出使榜葛剌的是杨敕还是侯显? 为什么同一书中会有不同的记载? 这都需要有一个正确的解释。

伯希和在《郑和下西洋考》中首先看出了这些矛盾④,其后冯承钧先生据此指出:"郑和"应是"侯显"之误,永乐十三年出使榜葛剌应是侯显,永乐十年出使榜葛剌的应是少监杨敕,《纪录汇篇》本《星槎·榜葛剌国》条有缺漏应作:"永乐十年、十三年二次上命少监杨敕、太监侯显等统舟师赍诏敕赏赐……。"这样才与"行程表"中的第二、第三条记载一致,没有矛盾⑤。我完全同意冯先生的看法,永乐十三年费信是跟随侯显出使榜葛剌国去的,确实与郑和无关。《星槎》中榜葛剌条所载国王迎接的天使就是侯显。在整个永乐年代,明成祖除派遣郑和下西洋外,还多次派遣中官访问东南亚及印度洋各国。据《明实录》所载,除侯显外,还有:李兴、马彬、尹庆、王综、王贵通、张原、张谦、洪保、甘泉、郭文、林贵、杨敏等,他们都曾单独出使。永乐十三年适在郑和第四次与第五次下西洋之间的休整时期,因此,费信是随侯显出使,这是毫无疑问的。

　　至于费信在《星槎·自序》中说:"四次随征正使太监郑和等至诸海外"一句,这似乎又把费信到榜葛剌包括在郑和的出使之中。但我认为这句话并不是说费信四次出使都跟随郑和,因为"郑和"后面还有一个"等"字,这个"等"字中就有永乐十年的一次跟随杨敕、永乐十三年的一次跟随侯显。因为郑和最知名,费信跟随他两次出使,所以他就用"郑和等"来包括他全部四次海外活动跟随的领导人了。

　　费信在"行程表"记永乐十三年条中还有一个错误,就是"往榜葛剌诸蕃"之后,又说"直抵忽鲁谟厮等国开读赏赐,至永乐十四年回京。"这里不但在十三年出访的不应是郑和(因为据《明实录》及两碑所记,郑和第五次下西洋是十四年十二月奉诏出国,至十七年七月方回,根本不可能在十四年从忽鲁谟厮回京),而且侯显也不可能到达忽鲁谟厮国。因为不但没有任何材料说明侯显曾访问过忽鲁谟厮国,而且一年出使时间内兼访榜葛剌和忽鲁谟厮两地也是不可能的。因为榜葛剌在东印度洋孟加拉湾内;忽鲁谟厮则在西印度洋波斯湾内,两地相距甚远,洋流和季风都不一样,必须分艅航行。郑和的船队就是在出苏门答腊后,开始分艅航行的。一支从"自苏门答剌开船,取帽山并翠蓝岛,投西北上,好风行二日,先到浙地港泊船,用小船入港,五百余里到地名锁纳儿港,登岸自西南行三十五站到其国。"⑥一支从苏门答剌"自此分艅往锡兰、柯枝、古里连诸番。"⑦郑和主力船队单程访问古里和忽鲁谟厮国都花费两年以上时间,而《星槎·行程表》记杨敕访问榜葛剌是永乐十年至永乐十二年,也共用两年时间。因此侯显在一年时间内要先后访问榜葛剌和忽鲁谟厮,那是根本办不到的事。所以这里费信说到榜葛剌国后,又"直抵忽鲁谟厮等国",也是错误的。《行程表》是费信晚年整理《星槎》编写目录时再附加上去的,因此他将他几次下西洋时的人物、时间、地点都交叉在一起了。以致出现了些误记的现象。

三

马欢的《瀛涯胜览》也有榜葛剌国的专条记述,但内容却与费信所记不一样,因为二人不是同时到达榜葛剌的。费信既然是永乐十三年跟随侯显访问榜葛剌,那末马欢又是哪一年跟随谁访问榜葛剌的呢?

据《瀛涯胜览》中提到马欢出使的时间有三处:一是永乐十一年,"敕命正使太监郑和统领宝船往西洋诸番开读赏赐,余以通译番书,亦被使末。"(《自序》)一是"永乐十九年,钦命正使太监李□(原缺,应是"兴"字)等赍诏衣冠赐其王酋。"(《阿丹国》)一是"宣德五年,钦蒙圣朝差正使太监内官郑和等往各番国开读赏赐。"(《天方国》)但这三次出使马欢都不可能到过榜葛剌国。

首先是永乐十一年的出使,这是郑和的第四次下西洋。周绍泉先生在《郑和使孟加拉辨析》一文⑧指出,马欢于永乐十四年即马欢第一次出使归国后写的《纪行诗》中有"苏门答剌峙中流,海舶番商往此聚,自此分综往锡兰,柯枝古里连诸番",说明马欢是跟随郑和从苏门答剌向西直航锡兰,然后抵达印度西岸柯枝、古里以至忽鲁谟厮,因而不可能由苏门答剌再分综到榜葛剌国。这一论证是对的。因此马欢首次出使没有抵榜葛剌国。

同样,我认为马欢第二、三次出使也不可能到达榜葛剌国。因为永乐十九年他到了阿丹国,宣德五年他到了天方国,都位于阿拉伯半岛。如前所述,到榜葛剌国的是宝船的分综,不可能同时再往西印度洋,回程时只有径返苏门答腊后再到满剌加等候大队宝船归国。所以祝允明《前闻记》所载第七次下西洋的路程即马欢第三次随郑和出使的路程，只记到西印度洋上的古里和忽鲁谟斯，根本没有榜葛剌。因此，马欢既然说到了阿丹和天方，也就不会再到榜葛剌国。

既然马欢在永乐十一年、十九年、宣德五年三次航海都未曾到过榜葛剌国，而《瀛涯胜览》中又有榜葛剌国，所记均马欢亲自耳闻目睹的事，那么马欢肯定还有另一次航海，而《瀛涯》中没有记载出是哪一年时间的。我们沿着郑和第四次下西洋以后各次的下西洋时间查看（因为马欢首次参加航海是郑和第四次下西洋），就不难发现，正是郑和于永乐十五年至十七年第五次下西洋时，马欢参加了这次航海到达榜葛剌国。因为郑和第六次第七次下西洋就是马欢前述的第二、第三次航海，这两次航海已证明了马欢不可能到榜葛剌国，那就只有永乐十五年至十七年的一次了。这一次马欢是出了苏门答腊后，分綜"取帽山并翠蓝岛，投西北上好风行二十日"（《瀛涯·榜葛剌国》）进入榜葛剌国境的。过去很多学者都认为马欢是三次航海，现在我们从他到榜葛剌的问题发现，他其实是四次航海，即从参加郑和第四次下西洋开始，郑和每次航行，都有马欢参加。由于马欢是参加郑和船队第五次航行分綜到达榜葛剌的，所以马欢和侯显航海出使榜葛剌也没有任何关系。

至于巩珍的《西洋番国志》也有榜葛剌的记述，但巩珍在《自序》中说："时愚甫出幼，备数部伍，拔擢从事于总制之幕，往还三年。"则他参加下西洋时年仅十六岁。他所记西洋各国几全部录自《瀛涯》。因此关于巩珍和《西洋番国志》，这里就不谈了。

四

在明代其他著述中，明确地把侯显的出使和郑和下西洋联系

在一起的仅有郎瑛的《七修类稿》和郑晓的《皇明四夷考》,其文字为:

> 永乐丁亥,命太监郑和、王景弘、侯显三人往东南诸国赏赐宣谕。(《七修类稿》卷一二《三宝太监》)

> 永乐七年,太监郑和、王景弘、侯显统三万人往西洋。(《吾学编》卷六七)

我认为这两条材料都有问题。首先是时间就不对。永乐丁亥是永乐五年(1407),但无论是永乐五年还是七年(1409),侯显都不可能参加航海活动。因为据《明实录》及《明史·侯显传》,他于永乐元年出使西藏,至四年十二月方回,五年,他还参加了从西藏迎来的尚师哈立麻的种种活动。六年,哈立麻才辞归西藏,这期间根本就没有说到侯显出使之事。直到永乐十一年春,他才"复奉命赐西番尼八剌、地涌塔二国。"而前述侯显"五使绝域"也没有一次提到是在永乐五至七年间的。侯显出使榜葛剌是在永乐十三年七月,已与永乐五—七年相去已远。

其次,《七修类稿》中说郑和、王景弘、侯显三人是"往东南诸国",这又是一个"创造"。按郑和的航线,是往南海和西洋诸国,未有说过他是往"东南诸国"的,侯显出使的榜葛剌,更是在印度洋上。《七修类稿》的作者郎瑛,本来已处明末时代,其笔记大都是道听途说,其真实性很值得怀疑。四库馆臣已说它"采掇庞杂,又往往不检出处,故踳谬者不一而足"⑨。因此有些人检出《皇明四夷考》和《七修类稿》中的这两条史料来说明侯显是郑和下西洋中的一员,这是不足为据的。

五

最后,谈谈侯显出使沼纳朴儿国和再次到榜葛剌国的问题。

　　侯显于永乐十八年至十九年,又出使沼纳朴儿国。"榜葛剌之西,有国曰沼纳朴儿者,地居五印度中,古佛国也。侵榜葛剌,赛佛丁告于朝。十八年九月命显往宣谕,赐金币,遂罢兵。"[10]沼纳朴儿既在榜葛剌的西邻,那么侯显这次出访有没有再度到达榜葛剌呢? 由于史无明文记载,这个问题也只能作一些推论。

　　沼纳朴儿在古代印度属贝拿勒斯国(Benazes,今称瓦勒纳西,Varanasi),中世纪时为摩揭陀国(Magadha)所并。后来沼纳朴儿渐强,又取代摩揭陀国,到15世纪初东下直抵榜葛剌边境。榜葛剌当时已改奉伊斯兰教,而沼纳朴儿仍信奉印度教,两国经常发生民族、宗教冲突。榜葛剌国王赛佛丁向中国投诉,明成祖便派侯显前往调解两国军事冲突。由中国往沼纳朴儿国可取陆路亦可取海路。陆路经由西藏、尼泊尔入中印度,海路则乘船抵榜葛剌后再向西行入中印度。我认为侯显是由海路经榜葛剌再到沼纳朴儿的。明朝既然要与两国保持友好关系,则这次调解理应派使会见两国领导人。从海路到东印度和中印度,是一条比陆路更为方便快捷的路线,这也是我国僧人赴印度巡礼的传统的海上交通路线[11]。特别是《明史·沼纳朴儿国》在记述侯显出使该国时说到:"诏中官侯显赍敕谕以睦邻保境之义,因赐之彩币;所过金刚宝座之地,亦有赐。"[12]这个"金刚宝座之地"就是印度著名的佛教圣迹释迦牟尼成道处,即玄奘《大唐西域记》卷八摩揭陀国伽耶城前正觉山西南菩提树垣之金刚座,在今比哈尔邦之加雅城(Gayā)南郊,或称菩提加雅(Bnddha Gayā)。侯显是位佛教徒,藏族人[13],他顺路经过这里参拜佛教圣地,并赐赠彩币等给当地僧侣,这是理所当然的事。"金刚宝座之地"正好位于榜葛剌西行到沼纳朴儿的中间。而由陆路经西藏、尼泊尔进入中印度沼纳朴儿,则毋需经过金刚宝座之地。因此,侯显在永乐十八至十九年出使沼纳朴儿国时,非常可能再次访问了榜葛剌国。这是574年前中国为调解南亚两个国家之间军事冲突的一次成功的访问,可惜现在流传下来对这次访问的记述非常简单,对所经过的榜葛剌国甚至略而不提。有关这次访问的材料,可能都在成化年间被刘大夏当作郑和下西洋的材料,全部被毁掉了。

(《中外关系史论丛》第5辑,书目文献出版社)

【注　释】

①《明史》卷三〇四《郑和传》附《侯显传》。

②如朱偰《郑和》第二章第五节《同下"西洋"的其他重要领导人物》(三联书店,1956年版,页41);郑鹤声、郑一均《郑和下西洋资料汇编》(上)第三章《郑和使团的人力物力》(齐鲁书社,1980年版,页158);孙光圻《中国古代航海史》第八章第二节《郑和及其船队》(海洋出版社,1989年版,页490)。

③见向达校注《西洋番国志》附录。

④伯希和著冯承钧译《郑和下西洋考》,中华书局,1958年版,页59—64。

⑤冯承钧校注《星槎胜览》目录行程表注,中华书局,1954年版。

⑥同上书,榜葛剌国条。

⑦同上书,《纪行诗》。

⑧周绍泉《郑和使孟加拉辨析》,载《南亚研究》1982年第3期。

⑨《四库全书总目》卷一二七子部杂家类存目四。

⑩《明史》卷三〇四《侯显传》。

⑪参见王邦维《义净和〈大唐西域求法高僧传〉》(四),载《大唐西域求法高僧传校注》,中华书局,1988年版。

⑫《明史》卷三二六《外国七·沼纳朴儿国》。

⑬见王尧先生《金瓶梅与明代喇嘛教》,载《传统文化与现代化》1994 年
第 3 期。王尧先生文中谓侯显为藏族人,系根据马旭先生的考证。
但我尚未见到马旭先生的文章。

我国第一个到达地中海的旅行家——杜环

公元 97 年(东汉永元九年),我国名将班超在中亚击败了匈奴人的侵扰,重开了通往亚洲西部的"丝绸之路"后,曾派遣部将甘英出使访问欧洲的大秦国(即罗马帝国),企图打开我国与欧洲的直接联系。甘英等一行到了波斯湾,正准备乘船从海路进入红海到大秦去的时候,当地的安息(今伊朗)船人不愿意中国与大秦直接交往,便佯说海上风浪极大,非常危险,很难到达。甘英轻信了他们的话,遂放弃了渡海到大秦的念头,折回来了。这是一件很令人遗憾的事情,不然的话,我国人早在 1 世纪之末,就已经跨过亚洲,到达地中海,直接和欧洲人见面了。

东汉以后,经历了魏晋南北朝,"丝绸之路"上虽有各国商人、僧侣、使节不断来往,但我国人到西方去的,却并没有超过印度以西的地方。到了唐代,政治比较稳定、经济也有很大发展,中西交通大开,情况才开始扭转。这时在亚洲西部阿拉伯半岛上又崛起了一个伊斯兰国家,我国史籍称之为"大食国"。7 世纪中叶后,这个伊斯兰国家已征服了拂菻(地中海东岸的东罗马国家)、波斯(今伊朗)等地,并把它的势力扩展到北非、中亚、南亚和东南亚地区,形成了一个强大的阿拉伯帝国。它与唐朝的关系也日趋密切,从公元 651 年到 793 年间(唐永徽二年至贞元十四年),大食使者来唐朝,见于史籍记载的就有三十六次之多。可是我国向西派抵大食的使者,却仍旧一个也没有!公元674—675年,唐上元中,有一位叫达奚通的,曾远航到过阿拉伯半岛南部,归著《海南诸蕃行记》一书,但此书久已失传,其具体内容亦不可知,我们无从考查其旅途事迹。说也奇怪,我国人首先到达大食和拂菻,并留下记载的,却原是一位被大食掳去的战俘——杜环。

杜环是8世纪中叶时人,生卒年代不详。他是怎样被掳到西亚的呢?原来唐代中亚地区,今楚河和锡尔河上游一带,曾是我国边疆之地,公元751年(唐天宝十载),大食军队与唐朝军队在怛罗斯城(今苏联中亚江布尔)发生了冲突,唐军吃了败仗。杜环当时在唐军中,被大食俘获,带至阿拉伯,于是杜环得以游历了中亚和西亚许多地方。在经历了十一年后,直到公元762年(唐宝应初年),杜环才从海道归国。归国后,他把经历西域各地的见闻,写成《经行记》一书。杜环本人的事迹不见它书记载,就连他写的《经行记》一书后来也亡佚了。幸而他的族叔杜佑写有《通典》一书,摘录了《经行记》的片段,其后《太平御览》、《太平寰宇记》、《通志》、《通考》等也转载了一部分,这样,我们今天才得知杜环被俘远游的情况。

杜环最远到达了地中海,就是杜佑在《通典》卷一九一《边防典·西戎总序》中透露出来的:

　　　　族子环随镇西节度使高仙芝西征。天宝十载至西海。
　　宝应初,因贾商船舶自广州而回,著《经行记》。
这里所说的"西海",指的就是地中海。唐以前我国史书所说的"西海",亦有指波斯湾、咸海、里海、黑海的,但唐代已明确指的是地中海。《隋书·裴矩传》中记述了当时通拂菻的陆上三条道路(即通往西亚的丝绸之路),其终点都说是"达于西海"。拂菻即地中海东岸的东罗马属国。《经行记》中的"拂菻国"条也说它"西枕西海"。因此，这个"西海"，自然就是指地中海。古代的丝绸之路一直通到地中海东岸港口安都城（今土耳其南部安塔基亚）。所以，我们说杜环经历了陆路上丝绸之路从亚洲东方到西方的全程，这是一点也不过分的。

杜环西行的旅程，据《经行记》所载推测，大概是这样的：从石国（今塔什干一带）渡真珠河（今锡尔河）到康国（今撒尔马罕一带），又渡今阿姆河到末禄（今马里），然后沿今伊朗北部到伊拉克，到达大食阿拔斯王朝的首都亚俱罗（今库法）。途中杜环记述波斯萨桑王朝为大食所灭已一百多年，这也是符合当时的历史事实的。《经行记》还记载了苫国，说它"在大食西界，周回数千里"。苫国就是今叙利亚一带，它和拂菻一样，也是地中海东岸国家。

不仅是陆路，杜环还经历了当时海上东西方交通的全程。杜佑说杜环是从海道归国的，《经行记》中就保存有狮子国（即今斯里兰卡）的片段记载。杜环从阿拉伯半岛经海道归国，这条海道也是当时我国海外交通贸易的一条最远的航路。《新唐书》卷四三下《地理志》载有贾耽《广州通海夷道》，即由广州南航经南中国海，西出马六甲海峡，经印度洋及阿曼湾、波斯湾抵大食国。贾耽对这条海路沿途所经码头均有详细记载，这是一条海上的丝绸之路。杜环归国，无疑就是乘搭商船沿着这条航路回到广州的。杜环走过当时东西方陆、海交通的全程，行程合计约八万里，在外时间共十一年；其游踪之广，时间之长，在我国和世界的历史上，都可以说是少有的。

杜环的最大贡献，主要还在于向人们介绍了中亚和西亚、南亚地区当时的情况，特别是伊斯兰国家初期的情况，不但增进了人们对世界地理的认识，而且还促进了东西方人民的互相了解和文化交流。我国著名历史学家陈垣曾说过:“中国典籍记回教事最早而又最正确者,当推杜佑《通典》。”(《回回教入中国史略》)而《通典》所载伊斯兰教事迹,主要就选自《经行记》一书。现存《经行记》中还有不少伊斯兰教义的记载,如说据伊斯兰教法只把犯罪者本人判罪,并不株连亲友;伊斯兰教徒禁止食猪狗驴马肉;其信仰除安拉(祀天)外,不拜一切鬼神偶像,也不拜国王、父母;每七天一假,为聚礼日;伊斯兰教徒爱清洁,女子出门戴面纱,一日五次祈祷;古尔邦节以宰牲为典礼,禁饮酒、举乐等,这些都是关于伊斯兰教简要而正确的最早记录,是我国早期伊斯兰教史上的重要文献。

《经行记》中还说到今沙特阿拉伯麦加的著名伊斯兰教圣地喀巴殿,这是一千多年来全世界各地穆斯林一年一度朝圣活动的中心。杜环说它的“礼堂容数万人”。喀巴,阿拉伯语义为四方,故喀巴殿又名天堂、天房、天方,后来我国称麦加又作天方国,著名的阿拉伯古典文学作品《天方夜谭》,就是古代这个阿拉伯国家的故事总集。我国和阿拉伯国家的关系源远流长,于此可知。

更值得注意的是《经行记》“大食”条中还提到当时侨居在大食国的中国人,他们是:“绫绢机杼、金银匠、画匠、汉匠起作画者,京兆人樊淑、刘泚;织络者,河东人乐隈、吕礼。”这些中国工匠是怎样到大食去的,是否也是大食人俘获的汉匠,已无可考。总之,这是我国最早寓居阿拉伯国家的劳动者。他们把中国的文化和工艺带到亚洲西部的阿拉伯国家,这无疑是古代中国和阿拉伯国家友好关系的珍贵史料。

《经行记》还给我们介绍了许多中亚和西亚地方的特产,如葡萄、䅉罗果(即芒果)、千年枣(即椰枣,今俗称伊拉克枣)、良马(阿拉伯马)等等。其中还提到中亚地方出产的西瓜,当地名寻支,

"十余人飡一颗辄足"，这是西瓜最早出现于我国史籍之记载。至于西瓜传入我国种植，则迟至五代时始见于我国北方（见《新五代史》卷七三引胡峤《陷虏记》）。《经行记》还提到中亚许多国家盛行打毬，是一种骑马击毬的运动。这种运动唐太宗时已有记载，也是从中亚传入我国的。可见，《经行记》一书也保存了唐代我国和西方各国人民经济、文化不断交流的许多重要史料。

　　杜环是我国最早到达西亚和地中海的人，也是唐代我国向西方走得最远的人。它的路程比著名的"唐僧取经"即玄奘印度之行，还要远一倍以上。《经行记》现在虽只剩下片段，但它提供的古代中外交流的珍贵史料仍极有价值。杜环作为世界史上著名的游历旅行家，也应该是值得纪念的。

（《文史知识》1981年第4期，中华书局）

郑和生卒年及赐姓小考

郑和的名字以史无前例的七下西洋业绩而彪炳于世界航海史册,并为国人所津津乐道。但有关他的生平,除下西洋事迹而外,我们却知之不多。甚至他的出生和逝世年月、享寿若干以及赐姓原由等,都不甚了了。现在一些关于郑和的著作中出现关于郑和生卒年和岁数的说法,我觉得尚有商榷的余地,将它提出加以讨论,我认为还是有必要的。

一

首先谈关于郑和的生年。郑和的家世,自 1911 年袁嘉谷氏访碑昆阳,将《马哈只墓志铭》公布于众后,始为世人所知。然而碑文关于郑和的出生年岁,并无记载。但目前关于郑和的许多著作中,都说郑和出生于洪武四年(1371)。我在《郑和》小册子(天津新蕾出版社 1993 年)中亦沿其说。其中影响最大的应是郑鹤声、郑一钧编的《郑和下西洋资科汇编》上册第二章第三节的《郑和年表》①。它是这样说的:

> 洪武四年(1371 年)一岁,郑和生云南昆阳州,其父马哈只年二十八岁。(李至刚《故马公墓志铭》)

这里《年表》说是根据《故马公墓志铭》得出郑和生于洪武四年。

但郑和的生年岁数，不但正史、野史没有记载，连《马公墓志铭》和1936年发现的《郑和家谱》，甚至80年代北京民族文化宫发现的《郑和家谱首序》等材料，都没有提到过。《马公墓志铭》中仅说到："子男二人，长文铭，次和；女四人。和自幼有材志，事今天子，赐姓郑，为内官太监。"又说："（马哈只）公生于甲申年十二月初九日，卒于洪武壬戌年七月初三日，享年三十九岁。"② 如此而已。按甲申年为元至正四年（1344），壬戌年为明洪武十五年（1382），由此仅知洪武四年时，郑和的父亲马哈只为二十八岁，但却无由得知郑和是生于这一年的。因此，我认为，根据《马哈只碑》得出郑和生于洪武四年说法，是无稽的。

其次，关于郑和的卒年，《年表》系于宣德十年（1435），说：

> 是年郑和卒。按和之卒年，虽不见于史，然以情势推之，当在是年：一、甲戌命罢采买营造诸使，只敕南京守备襄城伯李隆、太监王景弘而无郑和。二、因和之卒，南京守备乏人，以黄福参赞南京机务。三、因和之卒，司礼监出缺，以王振为司礼监太监。

但是，这三点理由也是不充分的，并不能由此就得出郑和死于宣德十年的结论。因为事实上早在宣德七年郑和第七次下西洋以后，郑和的名字便没有再出现在官方的文书之中。此后直到宣德九年（1434）十二月，才有"敕行在工部及南京守备李隆、太监王景弘等"的敕令，而不是像过去一样，有"南京守备、太监郑和"。根据这一"情势推之"，郑和只有可能在宣德八年或宣德九年去世，而不会在到宣德十年，即这道敕令下达一年以后才去世的。宣德七年、八年，郑和远航在海外。我很赞同庄为玑先生的意见，认为郑和就是在宣德八年归途抵达古里去世的③。虽然这不一定就是定论，但无论如何，根据甲戌年给李隆、王景弘的敕令，是不可能得出郑和死于宣德十年的结论的。

最后,关于郑和的年岁。《年表》认为郑和享年六十五岁。由于《年表》所述的生年和卒年的理由都不充分,因此所得出的年岁,自然是不可靠的。但也许是郑先生先定出年岁,然后再推算生年的,所以还要找出六十五岁致误的另外理由。我认为,这很可能是一个张冠李戴的错误,郑先生把《郑氏世系家谱》中述郑和与明成祖的岁数误混在一起了。按《家谱》中这段话是这样的:

> 一世祖本姓马,名和。时太祖高皇帝第四子燕王,建文四年起兵,六月即位,年号永乐,后谥成祖文皇帝,在位二十二年,寿六十五岁。公和始事于永乐二年正月初一,御书郑字,赐以为姓,乃名郑和,选为内监官太监。④

这里说的是明成祖永乐皇帝"在位二十二年,寿六十五岁"。由于行文中把明成祖夹在郑和的事迹中间,因此便使人产生了郑和是"寿六十五岁"的错误。其实这段话中并没有提到郑和的岁数。可能是由于郑先生误读,从而导致了认为郑和是生于洪武四年、死于宣德十年,恰好是六十五岁的错误推论。

二

既然文献记载中没有出现郑和的生卒年及岁数,那么郑和的生卒年是否不可考了呢? 否! 我认为,根据有关史料,对郑和的生卒年和岁数,还是可以作出较合理的推论的。下面我列举几个郑和生平中带关键性的绝对年代,然后将它上下联系起来看,试图对郑和的生卒年作出一个合理的解释。

首先看看郑和被阉割成为太监应在哪一年。我们知道,郑和是燕王府的内侍太监。但按习惯,只有在皇帝宫中服役的内侍才是太监,诸藩邸的内侍太监,应是皇帝分封时赐予的,而不是由诸王招募来施以阉割的。明太祖在分封诸王不久,就赐给诸藩王一批太监到各藩邸服役。赐给燕王的,除郑和之外,大约还有这样的一批小太监:"西番人孟骥初名添儿,滇人李谦初名保儿,胡人去祥初名猛奇,田嘉禾初名哈喇贴木儿,而狗儿者为王彦,燕王时皆以阉从直兵有功,后皆赐姓名。"⑤这些少年都来自边陲之地,大概是在战争时被掳或被收留的儿童,后来随军回到南京后,在年纪小送入皇宫服役,受阉后成为小太监的。郑和就是在傅友德征滇军从云南班师回南京时,被带到南京后送入皇宫服役的。郑先生在《马哈只碑》后的编者按中正确地指出:"明军在战胜元军后,有把当地儿童掳去服役的风气,在消灭元军的战役中,郑和是不幸被掳去的儿童中的一个。"⑥这是对的;但他接着却说:"到南京后随即被分发到燕王朱棣藩邸中服役",仿佛说郑和是直接从明军调拨到北平燕王府中,在北平成为太监的。我认为这于理不合。无论是燕王棣或者傅友德,都没有被赋予阉割儿童做小太监的权力,而郑和本人更不会自宫入藩邸。因此我认为郑和应该是被送入南京皇宫中服役时受阉割成为小太监的。具体时间应是洪武十七年(1384)三月以后,洪武十八年(1385)以前,即傅友德军班师回到南京以后至太祖命冯胜、傅友德、兰玉俱备边北平,郑和则作为小太监被送至北平燕王府中。由于受阉割的儿童年龄一般都14岁以下,因此我们就暂定洪武十七年郑和受阉之年不会超出14岁,大概是9—14岁之间。

　　现在再来看看郑和下西洋前第二个可考的年代,即靖难立功的年代。这也是一个关键性的年代,是郑和一生事业的转折点。按"靖难"之役为建文元年(1399)七月至四年(1402)六月,共历四年,但郑和在靖难中究竟如何立功,在什么时间和地点,史书却没有记载。《明史》中仅提及,"(和)初事燕王于藩邸,从起兵有功,累擢太监"⑦。《郑和家谱首序》中说："(和)后有功于郑州,因赐姓郑。"⑧把郑和被赐姓"郑"的原因归于靖难战争中在郑州作战立功,则显然是错误的。因为靖难战争从未在郑州打过仗,军队北上南下也不经河南而经山东。郑和究竟如何参加靖难之役,如何立功,我认为应该从当时在北平的郊外战事中去寻找。

据谈迁《国榷》记此一战役云:

> (建文元年十月)辛亥,征北大将军李景隆闻燕人(按指朱棣)出,自芦沟桥进攻北平。不克,遂筑垒九门,遣别将攻通州,景隆自郑村坝,待燕人至。大兵十万围北平,攻丽正门甚急。燕尽出妇女乘城,转蔺石。⑨

当时朱棣正在出征大宁,所以李景隆军得以乘虚而围攻北平。在这危急情况下,北平妇女也被动员来守城。燕王藩邸内侍郑和无疑也应在这时刻参加了保卫北平的战斗。不久朱棣从大宁回师,内外夹击,李景隆大败溃逃。《明通鉴》亦记此一役云:

> 战于郑村坝,连破其七营,遂逼景隆。燕将张玉等列阵而进,乘胜抵城下。城中兵亦鼓噪而出,内外夹攻,景隆师溃,宵遁。⑩

毫无疑问,郑和也是"城中兵亦鼓噪而出"中的一员。因为他曾参加过傅友德的军队,有过作战经验,虽然在当时还是个无名小辈,但他在围攻郑村坝、消灭李景隆大本营的战斗中表现不错,这是"靖难之役"中的一场重要的战斗。因此,在朱棣即皇帝位,论功行赏时,便因郑和在郑村坝战役中的特殊表现立功授奖,特地赐给他姓"郑",以纪念他郑村坝作战的功劳。这便是郑和被赐姓"郑"的由来。(按郑村坝,据北京首都博物馆前馆长赵其昌先生告诉我,即现今北京东郊之东坝村。)

由此得知,郑和靖难立功之年应是建文元年(1399),其岁数据上述 1384 年时为 9—14 岁的话,则此时应在 24—29 岁之间,年青有为,一举成名,正当其时。

　　第三个可考的年代和岁数是郑和第一次下西洋。据《明成祖实录》卷三五,明成祖最早下诏派遣郑和下西洋的时间是永乐三年(1405)五月。据上述的推算方法,则郑和这时的年龄应在 30—35 岁之间。这一年龄我认为也是恰当的。如果不足 30 岁或超过 35 岁,则于理不合。因为要统帅万人以上的大规模船队出洋远征,需要具备各方面都比较成熟的领导才能。郑和当时除了在靖难立功的勇敢机智的军事才能外,还是一位很有活动能力的太监。郑和在建文四年时便受到刚即皇位的永乐帝的重视,派遣他到南京去祭奠乳母冯氏[11]。郑和还和备受燕王信赖的僧人道衍(姚广孝)和术士袁忠彻有着非常密切的关系[12]。礼部尚书李至刚则乐意为郑和撰写其父的墓志铭。这些例子都说明了他与朝野内外都有着一种特殊关系,他与各界广为结交,确不是一般的太监。当时郑和的年纪,按上述推算,应该是在 30—35 岁之间,这也是符合当时情况的。因为如果年龄在 30 岁以下,明成祖肯定会认为他过于年青,难于驾驭万人以上的大船队远渡重洋而任命别人。因为永乐三年以前,明成祖就已派遣过别的太监如尹庆、侯显、马彬、李兴等出使过海外,也访问过印度的西洋古里等地。但如果郑和的年龄超过 35 岁的话,则宣德八年(1433)郑和七下西洋归来时已是 60 岁的老人,当时明宣宗也不会派遣一位老人重下西洋的。因此,依据洪武十七年为 9—14 岁的推测,则永乐三年(1405)郑和第一次下西洋时年龄应在 30—35 岁之间,这也是比较合适的。

　　最后一个重要的论证年代是郑和第七次下西洋和他的逝世之年。据祝允明《前闻记》,第七次下西洋是宣德五年(1430)十二月南京启航至宣德八年(1433)七月返南京[13]。据前面推算,郑和的年龄在宣德五年时应为 55－60 岁之间,我认为最有可能 56 岁。因为如第七次下西洋开始之年为 57 岁以上的话,则郑和回来已是 60 岁以上的老人了。而历来记载郑和下西洋的史籍从来未谈到过郑和老年下西洋的问题。同时 60 岁以上的老人率领大规模船队在茫茫大海上作长期航行,毕竟是难以想像的事,明宣宗在派遣郑和再度下西洋时断不会不考虑他的年龄已老的问题。况且经过六次下西洋,也早已炼出一批下西洋的其他领导人,如王景弘、洪保等,明宣宗完全可以任命他们来代替年纪已老的郑和。但明宣宗毕竟还是选择了郑和,就是因为当时郑和还未算得上称"老",只有 56 岁,出海三年,回来时仍不足 60 岁!

　　根据这一理由,得知郑和在宣德五年(1430)为 56 岁的话,则郑和逝世之年,即归途中病死于古里之年应为宣德八年(1433),享寿 59 岁。由此上推,郑和的生年及其主要活动的年代、岁数,我认为应是这样比较合理:

　　洪武八年(1375)一岁　　　　生。

　　洪武一七年(1384)十岁　　　至南京,受割为小太监。

　　建文元年(1399)二十五岁　　靖难之役时郑村坝战斗中立功。

　　永乐元年(1403)二十九岁　　被赐姓"郑"。

　　永乐三年(1405)三十一岁　　第一次下西洋。

　　宣德五年(1430)五十六岁　　第七次下西洋。

　　宣德八年(1433)五十九岁　　客死于印度古里。

《海交史研究》1994 年第 1 期)

【注　释】

①郑鹤声、郑一钧《郑和下西洋资料汇编》上册,第二章第三节,页 99－139,齐鲁书社,1980 年。

②见《马公墓志铭》,载《郑和家世资料》页 1,人民交通出版社,1985 年。

③庄为玑《试论郑和与王景弘之死》,载《海交史研究》),1987 年第 1 期。

④见《郑氏世系家谱》,载《郑和家世资料》页 2。

⑤查继佐《罪惟录》卷二十九《郑和传》。

⑥《郑和下西洋资料汇编》上册,第 1 章第 1 节,第 9 页。

⑦张廷玉《明史》卷三〇四《郑和传》。

⑧《郑和家世资料》页 6。

⑨谈迁《国榷》卷十一,建文元年。

⑩夏燮《明通鉴》卷十二,建文元年。

⑪《明成祖实录》卷十四。

⑫见邓之诚《骨董琐记全编·骨董三记》卷六《郑和印造大藏经》及袁忠彻《古今识鉴》卷八。

⑬祝允明《前闻记》,《纪录汇编》卷二〇二。

郑和海外用兵略论

关于郑和下西洋的论著,近十年来已发表不少,但对于郑和海外用兵,论述的却不多见。去年在联合国科教文组织的海上丝绸之路考察的学术活动中,斯里兰卡学者曾提出了郑和对斯里兰卡侵略和扩张的论点①。斯里兰卡学者的论文我未曾拜读,但这一论点颇值得进一步研究,现仅就郑和海外用兵问题,特别是在斯里兰卡擒捉国王问题,谈谈我个人的看法。

一

郑和七下西洋,每次参加人数都在二万七千人以上,其中大部分是军人。但郑和在海外用兵,前后总计只不过三次,即在旧港擒陈祖义,在苏门答剌平叛,在锡兰山擒国王。另还有一次是在爪哇被袭击误杀,但没有发生冲突。现将这些事件分别论述于下。

1. 在爪哇被袭击误杀

《明史》卷三二四《爪哇传》

(永乐)三年,遣中官郑和使其国。明年,西王与东王构兵,东王战败,国被灭。适朝使经东王地,部卒入市,西王国人杀之,凡百七十人。

这是郑和第一次下西洋时发生的事件。马欢《瀛涯胜览》和费信《星槎胜览》都未载其事。因为他们都没有参加第一次下西洋。严从简根据行人司材料记录了此事,他说:

> (永乐)四年,(爪哇)西王贡珍珠、珊瑚、空青等物,东王亦贡马。既而西王与东王相战,遂杀东王。时我使人舟过东王城,被西王杀我百七十人。西王遣使言东王不当立,已击灭之矣。降诏切责。五年,西王都马板上表请罪,愿偿黄金六万两,复立东王之子。从之。六年,西王都马板献黄金一万两谢罪。礼部臣言其欠偿金五万两,下使者法司治之。上曰'远人欲其畏罪则已,岂利其金耶! 且既能知过,所负金悉免之。仍遣使赍敕谕,意赐钞币而还。②

这两段文字中的"朝使"、"使人"显然都是指郑和。郑和于永乐三年(1405)冬从中国出发,四年(1406)春到爪哇,恰巧遇上爪哇满者伯夷王朝内部东、西王两派冲突。当时的背景是,"1401年以后,爪哇的威腊布米大公(即东王)与威克腊马·瓦尔达纳(即西王)两家族之间对王位的争夺就尖锐化了"③。郑和率领大批军士正好在这时来到爪哇访问,西王军队以为明军是来支援东王的,便对登岸的明军施行袭击,结果明军170人被杀害。郑和对这一不幸事情,并没有马上进行报复,而是把情况弄清楚后,转报朝廷,由永乐皇帝亲自处理,自己却继续按既定计划,向西航行。这说明了郑和确实以两国人民的友谊为重。作为下西洋的统帅,他深明大义,对于这种误杀事件,绝不能把事情扩大,否则会影响整个下西洋的进程。郑和没有利用这一误杀事件对爪哇进行军事报复,这清楚不过地说明了下西洋的非军事性质。永乐皇帝在处理时最后连对爪哇的赔款也豁免了,可见当时郑和的不予追究是完全符合永乐帝的意图和海外政策的。

但后来郑和到了旧港、苏门答剌、锡兰山时却发生了动用武力的事件。原因又何在呢?

2. 在旧港擒陈祖义

郑和在旧港擒陈祖义,《星槎胜览》系于永乐三年初抵旧港时,《瀛涯胜览》系于永乐五年自西洋返国时。按《明成祖实录》云:

> 永乐五年九月壬子,太监郑和使西洋诸国还,械至海贼陈祖义等。初,和至旧港,遇祖义等,遣人招谕之。祖义等诈降,而潜谋要劫官军。和等觉之,整兵提备。祖义率众来劫,和率兵与战,祖义大败。杀贼党五千余人,烧贼船十艘,及伪铜印二颗,生擒祖义等三人。既至京,命悉斩之。④

据此,则擒祖义应在永乐三年初抵旧港时,而永乐五年则为返京献俘之时。

首先必须确定陈祖义的身份,然后才能确定郑和此次动用武力是否正当。按旧港即今苏门答腊岛东南的巨港,唐、宋时为南海大国室利佛逝、三佛齐国的都城所在地,历来为南海商业交通重要港口。13世纪时成为爪哇满者伯夷王朝属地,15世纪初满者伯夷王朝衰落,旧港只在名义上属爪哇王国,实际上是半自治性的港口。由于这里从广东来的华人很多,他们主要从事海外贸易,发财致富,势力逐渐强大,这些华人头目便成为一方霸主。"昔洪武年间,广东人陈祖义等全家逃于此处,充为头目,甚是豪横,凡有经过客人船只,辄便劫夺财物。"⑤"海寇陈祖义等聚众三佛齐国,抄掠番裔。"⑥从明朝直到现代,人们都把陈祖义称为"海寇",但我却认为把他称作"海外不法华人"比较合适。因为陈祖义实际是旧港的地方头目,作为华人首领,非一般海寇可比。《实录》称郑和杀贼党五千余人,可见他具有相当实力,拥有不少华人。陈祖义是冒犯明朝海禁出海通番的中国人,因此定他为"海外不法华人"比较合适。

在下西洋过程中,招抚海外不法华人归国,这是明成祖执行传统海禁政策的一部分。在郑和下西洋之前,即永乐三年正月,明成祖就曾派行人谭胜受、千户杨信等往旧港,招抚旧港头目、不法华人梁道明归国。"道明广东人,挈家窜居于彼者累年。广东、福建军民从之者数千人,推道明为首。指挥孙铉尝使海南诸番,遇道明子二奴,挟与俱来,遂遣胜受等偕二奴赍敕招谕之。"⑦道明归国后,另一华人施进卿争雄,夺取旧港的领导地位。梁道明、施进卿原来都是爪哇王国认可的旧港头目。郑和为了要与爪哇国保持良好关系,因此也承认施进卿的旧港头目的地位。而施进卿则希望利用郑和的力量,消灭他的劲敌陈祖义。故《瀛涯胜览》又说:"有施进卿者,亦广东人也,来报陈祖义凶横等情。"《星槎胜览》述郑和用计擒"海寇陈祖义";"被我正使深机密谋,若张网获兽而殄灭之,生擒厥魁,献俘阙下。"明成祖最后"设旧港宣慰使司,命进卿为宣慰使,赐印诰、冠常、文绮、纱罗。"

这里有两个问题可供讨论,即出兵擒陈祖义是否侵略和在旧港设宣慰使司是否成为中国属地问题。陈祖义本来是明朝"非法"出境的广东人,在海外为华人头目,他既没有得到居住国爪哇王国的承认和任命;又在海上"抄掠番商","犯我舟师",郑和设兵擒拿陈祖义归案,这完全是既合法又合理的。这一军事行动既保护了旧港海上贸易的利益,也维护了爪哇作为宗主国的利益。至于在旧港设宣慰使司问题。宣慰使司原是明朝在西南边境少数民族地区为当地土官设置的最高职官(见《明史》卷七六《职官志》五),在国内属于自治性质;在国外则完全是名义上的空衔。因为施进卿是华人,明朝为了笼络他让他管理旧港华人。定期向明朝进行朝贡贸易,所以赐给他这个官衔。明朝并没有在旧港派驻一兵一卒,也没有派人员前去监督或辅佐,对其与爪哇王国的关系(当时是附属国和宗主国的关系)毫不干涉。"然进卿虽受朝命,犹服属爪哇。"(《广东通志》卷三三〇《三佛齐》)因此这谈不上什么成为中国属地的问题。此后旧港除了正常的朝贡贸易关系外,只有在施进卿死后,其子施济孙请袭父职任宣慰使时,郑和曾单独出使旧港为他举行继任仪式,仪式完后,很快就回国,并没有对施济孙施加压力和影响。旧港仍然"属爪哇国所辖"(《瀛涯胜览》)。王任叔在《印度尼西亚古代史》中说:"宣慰使司"的职务,"看来好像职同今日的领事。所谓宣慰使者,或宣慰侨民也"。(下册,第 655 页)明朝虽然封施氏父子为宣慰使,旧港对爪哇王国的附属关系仍然没有变化。

3. 在苏门答剌平叛

14 世纪末苏门答腊岛上的西北部地区,是一些信仰伊斯兰教的小王国。其中最大的是苏门答剌国,在郑和下西洋期间,还有哑鲁国、黎代国、南渤里国,都曾是爪哇满者伯夷王朝的属地。满者伯夷王朝衰落后,这些小国纷纷独立。苏门答剌在今苏门答腊岛西北沿岸,今洛克肖马韦一带。郑和于第三次下西洋到达这里,应国王的要求,擒其伪王苏干剌。《瀛涯胜览》、《星槎胜览》均记其事,云原来的苏门答剌国王被那孤族花面王战败身死,其妻誓于众,云若有能报夫仇者,愿结为夫妻共主国事。后有一渔翁领众打败杀死花面王,原国王之妻即与成婚,渔翁即位为王。其后先王之子长成,志在复国,又杀渔翁王,袭王位。渔翁王子苏干剌逃入山中,与新王对抗。"永乐十一年,伪王苏干剌寇窃其国,王遣使赴阙陈诉请救。上命正使太监郑和等统率官兵戡捕,生擒伪王,至永乐十三年归献阙下。"⑧《殊域周咨录》所记则稍有不同,云:

> 其臣苏干剌专国,欲弑国主自立。怨朝赐不及己,领众数万,邀击官军。和与战,败之。苏干剌走,追至喃渤国,并其妻子获之,献于行在。⑨

据《明史》,明初洪武年间,苏门答剌已与明朝通使并建立良好关系。永乐三年,国主宰奴里阿必丁随中使尹庆入贡,明朝给予印诰,封他苏门答剌国王。永乐五年、七年、八年、九年苏门答剌均有遣使入贡。明朝一直承认宰奴里阿必丁是合法的国王。而所谓渔翁之子苏干剌或大臣苏干剌专国,谋夺王位,却是非法的。因此郑和在永乐十一年第四次下西洋时便负有应苏门答剌国王之请,擒拿伪王或叛国王臣苏干剌的使命。这时苏门答剌的国王,仍是宰奴里阿必丁。郑和在福建长乐立的石碑上,记载这一战役说:

> 永乐十年统领舟师往忽鲁谟斯等国。其苏门答剌国有伪王苏干剌寇侵本国,其王宰奴里阿比丁遣使赴阙陈诉,就率官兵戡捕。⑩

这里清楚无误地说明郑和是应已统治了苏门答剌达八年之久的国王宰奴里阿比(《明史》作必)丁的请求而出兵平定叛乱,擒捉伪王的。所以这一事件也与"侵略"、"扩张"毫不相干。

二

现在着重谈谈郑和在锡兰(今斯里兰卡)擒国王的问题。此事发生于郑和第三次下西洋即永乐七年至九年期间。适值费信亦于此时首次随军下西洋,直接参予此次战事。故其《星槎胜览》

中所载实为第一手资料,他说:

> 其王亚烈苦奈儿负固不恭,谋害舟师。我正使太监郑和
> 等深机密策,暗设兵器,三令五申,使众衔枚疾走。夜半之
> 际,信炮一声,奋勇杀人,生擒其王。至永乐九年归献阙下。
> 寻蒙恩宥,俾复归国,四夷钦悉。

费信指出此一事件的起因在于锡兰国王"负固不恭,谋害舟
师"。《娄东刘家港天妃宫石刻通番事迹记》及《长乐南山寺天妃
之神灵应记》称此一事件起因均与费信同。其余中国方面的记载
都与此相似。

但斯里兰卡方面的史料,对此却有不同的说法。在斯里兰卡
口传的《王朝史》中,是这样说的:

> 阿罗伽拘那罗(Alagakkkonara,即亚烈苦奈儿)国王统
> 治期间,伟大中国的国王多斯罗阇率领一支大军在兰卡登
> 陆,以带来礼物、珍品为借口,狡猾地劫走了阿罗伽拘那罗国
> 王。……国王的四个弟弟均被诛戮。多斯罗阇带着许多俘
> 虏,返回伟大的中国去了。[11]

另一份迪亚戈·多·库陀的《公元1600年前的锡兰史》中也
有同样说法[12]。中国和斯里兰卡的史籍对此事件的起因各持不
同的观点。这确实是需要讨论的问题。由于斯里兰卡记载此事
的史籍很少,讨论这一问题,我们还得先从大量的中国史料入手。

1. 郑和在锡兰的立碑

明王朝建立后,明太祖"怀来绥服,宝册金函,灿绚四出",
(《殊域周咨录题词》)从东北亚的朝鲜、日本,到东南亚的印尼,南
亚的印度,通使、朝贡贸易之国达三十余处,但斯里兰卡在郑和下
西洋以前,却一直未见与明朝有任何接触。郑和在永乐七年冬第

三次下西洋之前,是否到过斯里兰卡,史无明文,有些学者著文说郑和在第一、二次下西洋时已访问过斯里兰卡见过国王⑬,我认为这还证据不足。郑和下西洋目的地是印度西海岸的古里国,从《郑和航海图》中的航路和《过洋牵星图》可以看出,宝船必须先经过锡兰山的南部,才航向印度的古里。但当时锡兰的王都在港口别甸里的北部,要"登岸陆行",到无畏山佛牙寺院后再"北去四五十里,才到王居之城"⑭,即罗依伽摩⑮。我认为郑和在第一、二次下西洋时仅在锡兰南部的佛堂山(今栋德拉角)或别甸里(今贝鲁瓦拉)泊岸后,即匆匆而过,没有登陆后北行去访问国王。明北藏本《大唐西域记》僧伽罗国中新添的附注谓"永乐三年,皇帝遣中使太监郑和奉香花往诣彼国供养"并劝国王"敬崇佛法,远离外道"云云⑯,完全是修藏经的和尚妄将永乐七年后之事提到初下西洋之时。《郑和锡兰碑》述郑和献供养品立碑时为永乐七年二月,即郑和第二次下西洋期间。费信于永乐八年到锡兰山时见到此碑并记其事说:

> 永乐七年,皇上命正使太监郑和等赍捧诏敕、金银供器、彩妆、织金宝幡布施于寺,及建石碑。

碑上开列有包括花瓶、彩丝等物。该寺在锡兰南部海岸的佛堂山(即栋德拉角),是郑和宝船航路必经之处。盖郑和第一次下西洋(永乐三年至五年)时经过佛堂山,见有大佛寺,郑和也是一位佛教徒,但未及带礼物布施。于是第二次下西洋时(永乐五年至七年)便带着皇帝的敕诏和礼物,布施佛寺,以保佑"人舟安利,来往无虞"。但没有任何迹象说明郑和再登岸北行到王都去会见国王。

这里必须指出,郑和第二次下西洋在锡兰建立的石碑除了汉文以外,还有波斯文和泰米尔文。波斯文是当时 13—15 世纪初的中亚南亚广泛通用语言,泰米尔文是流行于当地的语言。但碑上三种文字的内容各不一样。郑和为什么要用三种不同的文字写三个不同的内容呢?

据〔日〕寺田隆信《郑和——联结中国与伊斯兰世界的航海家》一书中说,泰米尔文的碑文是:"中国皇帝听说特那瓦莱·那亚尼耶尔神的名望,为了对其表示赞扬而建立了石碑"等等。而波斯语的碑文,"上面写着对阿拉和伊斯兰教圣人们的颂扬"⑰。这就说明,它不单纯是一块佛教石碑,它还有宗教上和政治上的广泛意义,《瀛涯胜览》说锡兰山国王是"锁俚人",锁俚人即南印度泰米人。碑上泰米尔文是对斯里兰卡泰米尔、僧伽甸两民族都信奉的保护神毗湿奴的敬献,也是对斯里兰卡国王的敬献;波斯文则是对西亚、中亚南亚信奉伊期兰教的穆斯林的敬献。总之,这块石碑是为了表示郑和对斯里兰卡人民友好之情和对来往于印度洋上的阿拉伯波斯印度商人的友好之情而建立的。郑和在第二次到斯兰卡时便建碑刻石明确地表示了对斯里兰卡国王和人民的友好情谊。之后不久,在第三次下西洋时,怎么便会无缘无故地对斯里兰卡国王发动进攻呢?

2. 突然发生的事件

永乐七年冬,郑和出发第三次下西洋。现有史料无法说明郑和在出发时曾受命擒捉锡兰山国王。相反,永乐八年(1410),郑和到锡兰山港口别罗里后,便舍舟登陆,带着明朝皇帝的诏书和礼物向北部王都进发,"赏赐国王、头目"(《星槎胜览》锡兰山)。这是郑和第一次进见国王,当时会见的具体情况如何,现已不可得知,仅从《明实录》中透露出:

　　(永乐九年六月),和等初使诸番,至锡兰山,亚烈苦奈儿侮慢不敬,欲加害,和觉而去。[18]

所谓"和等初使诸番",也有人解释为郑和第一次下西洋时便见到亚烈苦奈儿。我认为指第三次下西洋时郑和初见亚烈苦奈儿比较合适。《国榷》记此事便比较明确:"(永乐九年六月),太监郑和还自西洋,先是经锡兰山国,其王亚烈苦奈儿欲邀劫我,伐木断道。"《殊域周咨录》则说:"永乐七年……赏赐国主亚烈苦奈儿,诏谕之。国主贪暴,不辑睦邻国,数邀劫往来使臣,诸番皆苦之。和等登岸至其国,国主骄倨不恭,令子纳款索金宝,不与。"这些都是永乐八年郑和初见亚烈苦奈儿之事。

由于亚烈苦奈儿不满足于所赐礼物,索要金银财物又不与,便准备在郑和从古里归国途经锡兰港口时邀劫宝船,这是他"不辑睦邻国,数邀劫往来使臣"的惯技重演。这便是"负固不恭,谋害舟师"的具体内容。

《明世祖实录》卷七七记载此次战斗经过,略谓国王"诱和至国中","潜发番兵五万余劫和舟,而伐木拒险,绝和归路,使不得相援。和等觉之,即拥众回船,路已阻绝。和语其下曰:'贼在众既出,国中必虚,且谓我客军孤怯,不能有为,出其不意攻之,可以得志。'乃潜令人由他道至船,俾官军尽死力拒之,而躬率所领兵二千余,由间道急攻王城。破之,生擒亚烈苦奈儿并家属头目。番军复围城,交战数合,和大败之,遂心归。群臣请诛之,上悯其愚无知,命姑释之,给与衣食,命礼部议择其属之贤者立为王,以承国祀。"

战斗是在国王早有准备,断路劫舟,而郑和毫无准备的情况下发生的。由于郑和的机智勇敢,当机立断,亲率精兵,出其不意直捣王都,生擒国王,才取得战斗的决定性胜利。战斗的挑起者是锡兰国王,郑和是被迫自卫还击。遗憾的是郑和最后把国王等人作为俘虏,带回中国,在中国决定新的锡兰山国的最高统治者,这便为这次战争带上了军事干涉别国内政的色彩。可能由此而引起了斯里兰卡人的不满,而导致指责郑和的军事行动为"侵略"和"扩张"。但明朝皇帝最后仍尊重锡兰人的选择,另立新王,并把被俘的锡兰人包括亚烈苦奈儿全部送回其祖国。此后一百多年,明朝和锡兰山的友好来往和朝贡贸易关系不断。从长远的角度看,中国和斯里兰卡两国的友好关系又得以重新恢复和发展。

3. 关于亚烈苦奈儿其人

中国方面的史料已说明了亚烈苦奈儿是挑起这次锡兰山战斗事件的责任者。但关于亚烈苦奈儿其人,锡兰方面的记载又是怎样呢?法国东方学家烈维指出亚烈苦奈儿即(Alagakkonara)的对音,为国王布伐奈迦巴忽五世(Bhuvanaika Bahn V)即位前的名称[19]。伯希和认为此名尚可商榷[20]。周绍泉、文实在《郑和与锡兰》一文论证了亚烈苦奈儿其实不是锡兰的国王,而是"伟大朝臣"阿罗吉湿婆罗的外甥,被称为阿罗伽拘那罗五世(Alagakkonara V),他居住在罗依迦摩,即被郑和误作为王都的地方。而当时真正的国王是布伐奈迦巴忽五世,王都在甘波罗[21]。亚烈苦奈儿不过是一方霸主而已。这一论证有很强的说服力。但国王也罢,霸主也罢,现在主要看看当时斯里兰卡人对他在这一事件中所作所为如何作出评价。

前述英国学者威廉·威利茨在他的文章中继续说到关于阿罗伽拘那罗国王(即亚烈苦奈儿)时说:

> 第三份锡兰文献《妙法宝藏论》对此事是这么说的:'阿罗伽拘那罗国王因往日所为,因果报应,中了中国人的计谋,被俘获而去,'——话中或许暗指阿罗伽拘那罗并不是个完

全清白无瑕的人物。帕拉纳维达纳博士在谈了中国人对阿罗伽拘那罗所持的相反看法之后，评论道：这很可能是一种公正的意见，因为，就是在僧伽罗语的记载中，对他也没有什么好的评价。

我们发现，这部锡兰佛典《妙法宝藏论》对阿罗伽拘那罗的评价竟与中国的看法非常相似，这并不是偶然的。把国王被俘，说是"因果报应"，就是说他做了坏事，罪有应得。至于具体什么坏事，这部佛典仅说他曾与他的兄弟维那巴忽，一位伟大的佛教保护人争权，以至进行殊死的争斗。因而，"阿罗伽拘那罗国王"被中国人俘去，也许对笃信佛教的锡兰人是件好事。郑和也曾规劝过亚烈苦奈儿，明北藏本《大唐西域记》僧伽罗国附注中便提到"郑和劝国王阿（亚）烈苦奈儿敬崇佛法，远离外道。"郑和又对锡兰佛寺赠献大批供品，这可能都引起亚烈苦奈儿不快，认为郑和会支持他的信奉佛教的兄弟维那巴忽和他争权。最后他便出动五万锡兰军队，在郑和从古里回国途经锡兰时，企图诱劫捕杀郑和。

另外，威廉·威利茨的文章还根据 14—15 世纪锡兰王位继承问题的争斗历史，提出了郑和擒捉国王的另一情况。威利茨认为，关于锡兰王室内部的斗争（即阿罗伽拘那罗五世和布伐奈迦巴忽家族的斗争）："可以肯定郑和本人知道此事，而且与他（指布伐奈迦巴忽）共谋。中国人无疑试图根除倨傲的阿罗伽拘那罗，这样，郑和就得以在此时推荐他的候选人——一个既是当时阿罗伽拘那罗不共戴天的敌手，又是一位亲王，而且是一位甘帕拉王位的合法继承人，""郑和借着自己的雄才大略，将锡兰王位的合法竞争者与执政君王一道带到中国。之后，又护送这位在中国皇帝的仁政下就任新国王凯旋而归"[22]。

　　我们也从中国史料的种种迹象中看到,郑和在锡兰的军事行动,是得到斯里兰卡人的支持的。首先,郑和在归途中知道亚烈苦奈儿劫夺宝船的阴谋,是由斯里兰卡人通风报信才获悉的。明北藏本《西域记》僧伽罗国附注中说,"(王)分兵以劫海舟。会其下预汇其机,郑和等觉"。这通风报信的人很可能是布伐奈迦巴忽家族的人。其次,郑和率二千兵"夜半间道衔枚疾走"至王城,这在夜半走间道,非有斯里兰卡人带路不可,这位向导很可能也是布伐奈迦巴忽家族的人。还有,郑和带回中国的俘虏,其实是一批锡兰的王室成员,其中主要是布伐奈迦巴忽家族的人。中国史籍说由这些人中挑选了一位名叫"耶巴乃那"的立为锡兰新国王㉓,又说,"时国人立不剌葛麻巴思剌查为王,招谕使逊位。"㉔但这两人其实应为一人,明人误分为二而已。"耶巴乃那"即"阿帕那",是有王室血统的人。不剌葛麻巴思剌查即锡兰历史上的波罗迦罗摩巴忽罗阇㉕。郑晓在《皇明四夷考》中已指出:"耶巴乃那,故王族人也,一名不剌葛麻巴思剌查,国人以为贤,故封之。"㉖从此以后整个 15 世纪期间,中国和佛教国家锡兰建立了稳定的友好关系。永乐十四年(1416)、宣德八年(1433)、正统十年(1445)、天顺三年(1459),中国和斯里兰卡均有通使,双方友好往来和朝贡贸易不断,直到 16 世纪以后,由于西方殖民势力进入印度洋,中国和斯里兰卡的友好关系才告中断。

　　从上面仅有的几次郑和海外用兵来看,郑和下西洋虽然带领了二万多军士,但并不是为了征服,而是为了宝船航行安全的需要。为了维护通向印度洋这条国际水道畅通无阻,以便开展和扩大朝贡贸易的需要。其中虽然发生过三次战斗,但一次是为了惩治不法华人,一次是应国王之请平定叛乱,一次是被迫自卫还击。在还击的战斗后,虽曾将锡兰国王及王室成员掳去,带至中国,并另立新王,但最后仍然将锡兰人全部送回本国,没有在锡兰驻有一兵一卒。而且种种迹象表明,当时郑和不过是介入了锡兰王族中争夺王位的内部斗争,起了干预内政的作用。而最终目的却是为了恢复中国和斯里兰卡人民传统的友好关系和保证东西方海上贸易的畅通。

（《海交史研究》1992 年第 2 期）

【注　释】

①参见刘迎胜:《海上丝绸之路考察经过简记》,《中国史研究动态》1991年第 6 期。

②严从简:《殊域周咨录》卷八《爪哇》。

③王任叔:《印度尼西亚古代史》(下)第 152 页,中国社会科学出版社。

④《明成祖实录》卷五十二。

⑤《瀛涯胜览》旧港条。

⑥《星槎胜览》旧港条。

⑦《明成祖实录》卷三十三。

⑧《星槎胜览》苏门答剌条。

⑨《殊域周咨录》卷九《苏门答剌》。

⑩《长乐南山寺天妃之神灵应记》,载向达校注:《西洋番国志》附录二,中华书局。

⑪转引自〔英〕威廉·威利茨:《大宦官郑和的航海历险活动》,钱江译自《东南亚历史学报》第 5 卷第 2 期,1964 年。《中外关系史译丛》第 2辑,第 32 页,1985 年,上海译文出版社。

⑫同注⑪。

⑬周绍泉、文实:《郑和与锡兰》,载《南亚研究》1986 年第 2 期。

⑭《瀛涯胜览》锡兰国条。

⑮周绍泉、文实:《郑和与锡兰》,载《南亚研究》1986年第2期。

⑯明北藏本《大唐西域记》卷十一。

⑰〔日〕寺田隆信著,庄景辉译:《郑和——联结中国与伊斯兰世界的航海家》,海洋出版社,第64—65页。

⑱《明成祖实录》卷七十七。

⑲伯希和:《郑和下西洋考》,冯承钧译,第32页,中华书局。

⑳同注⑲。

㉑周绍泉、文实:《郑和与锡兰》,载《南亚研究》1986年第2期。

㉒威廉·威利茨,见前引书,第36—37页。

㉓《明成祖实录》卷八十四,永乐十年七月,《殊域周咨录》卷九《锡兰》。

㉔同注㉓。

㉕威廉·威利茨,前引书,第36页。

㉖郑晓:《皇明夷考》卷下《锡兰》。

利玛窦及其《中国札记》

13世纪到14世纪,欧洲曾陆续出现过一些关于中国的游记,其中著名的如马可波罗的《东方见闻录》、鄂多立克的《东游录》等,都记述了在遥远的东方有一个幅员辽阔、人口众多、物产富饶的先进国家。但由于当时人们世界地理知识的贫乏,而这些书又充满着神秘的色彩,许多欧洲人对中国是否存在,还是怀疑的。到了16世纪末,意大利传教士利玛窦来到中国,特别是他写的《中国札记》和书信传回欧洲以后,欧洲人才进一步确信东方这个大国,它确实有着悠久的历史和灿烂的文化,有着庞大的领土和丰富的物产。《中国札记》在中外文化交流史上发生过很大的影响。因此,利玛窦其人其书,很有向青年读者介绍一下的必要。

一

利玛窦生于1552年,是意大利中部的马塞拉塔城人。从小就读于教会学校。后来到罗马进入罗马学院,参加了耶稣会,并攻读拉丁文、哲学、数学、天文学等,这为他后来进入中国传播"西学"打下了基础。

16世纪的西欧正处于资本原始积累、殖民主义势力向海外扩张的时期。由于新航路的开辟和"地理大发现",非洲、印度、南北美洲等陆续被欧洲人所认识,葡萄牙、西班牙、荷兰等西欧国家的殖民者和商人兴起了向海外扩张和掠夺的高潮。这时保守的耶稣会也配合这一扩张活动而积极进行海外传教,以扩大其势力并为殖民者服务。利玛窦就是在这个背景下被派到远东来的。他在印度的果阿和柯钦活动了三年多,1582年4月,利玛窦又参加了赴中国的传教团,8月到达葡萄牙占领下的澳门,在这里积极为进入中国内地传教做准备。

当时明朝统治者已经和葡萄牙人打过几次交道,认为这些远道而来的"夷人"既无礼而又贪婪,既残暴而又狡黠,为了防范他们,只许他们在澳门经商,不准他们进入内地活动。葡萄牙人便千方百计利用传教士进入内地,建立据点,以取得情报。利玛窦根据过去传教士在中国沿海活动的经验,认为掌握中国语言文字,熟习中国的传统儒家思想文化,是取得中国人同情,建立立足点的必要条件。1583年(明万历十一年)9月,在对中国广东的地方官进行了贿赂之后,利玛窦和另一教士罗明坚终于进入了广东肇庆。

利玛窦通过生活上的汉化、交游上的儒化和介绍、赠送西方"奇器"等来接近和吸引中国人。他学习中国儒家礼仪,贿赂结交地方官吏,又用世界地图、自鸣钟、三棱镜、浑天仪、地球仪、望远镜、油画、西洋琴、西洋图书等赢得知识阶层的好感和支持,以实现他的传教目的。经过不断的努力,他逐步取得了成功,先后在肇庆、韶关、南昌、南京等地居留传教,并终于在1601年(万历二十九年)第二次进入北京时,获得了向明朝皇帝呈献圣像、天主经、自鸣钟、世界地图、西洋琴、三棱镜的机会。这些"奇器"引起了万历皇帝的兴趣,于是默许了他居留北京传教。以后葡萄牙殖民者和教会便不断从澳门派传教士进入中国内地。

如果利玛窦在中国的活动仅仅是传教,那么他的名字也许早就被中国人遗忘了。我们今天还经常提到利玛窦,这主要是他在居留中国期间,还做了不少有利于中西文化交流的工作。利玛窦经常把带进来的"西方奇器"作公开展览和介绍,使人们知道在辽远的西方有一个前所未闻的欧罗巴洲,也有着古老和先进的文化,这大大开拓了人们的眼界。特别是与利玛窦交游的,有些还是当时著名的学者,如徐光启、李之藻、杨廷筠、冯应京、李日华、邹天标、冯时可、李贽、程大均等,利玛窦经常和他们讨论中国学术,向他们讲授西方的自然科学知识,和他们共译西方自然科学著作。与此同时,利玛窦又将儒家的主要书籍(如"四书"等)向欧洲作了介绍,并通过书信和报告,向欧洲的教会和朋友们报导了中国的社会状况和见闻。

1610年(万历三十八年)5月11日利玛窦逝世于北京,终年五十七岁。万历皇帝赐以葬地,其墓在北京阜成门外,今尚存。

二

利玛窦在中国居留共二十八年,所写的译著有十六种之多,其中流传最广、史料价值最大的应是这部《中国札记》。

此书是在利玛窦逝世前最后几年写下的,原稿用意大利文正楷写在131张对开纸上,共二十五万字。利玛窦死后,这份手稿由另一在华的耶稣会士金尼阁于1614年从澳门带回罗马。在漫长的旅途中,金尼阁将它从意大利文译成拉丁文,并加以润色,又增添了一些利玛窦的事迹和在他死后教会情况的叙述。1615年在德国奥格斯堡首次出版了这一拉丁文本,书的全名是"耶稣会士利玛窦神父的基督教远征史,会务记录五卷"。此后三百年间,世界各国又有多种文字的译本,人们也称它为《利玛窦中国札记》。中译本的《利玛窦中国札记》(中华书局 1983 年版)是根据美国加莱格尔的英译本(1953 年版)并参考德礼贤的注释本译出的。这是迄今为止关于利玛窦的最详细的中文文献。

下面从三方面谈谈《中国札记》的内容及其史料价值。

1. 关于中国基督教史料

基督教是世界三大宗教之一,早在唐代便已传入我国,当时称为大秦景教。元代中西交通大开,也有少数教徒来到中国传教,但蒙古帝国衰落后,中西交通隔断,基督教在中国又趋熄灭。到了 16 世纪西欧进入殖民扩张时期,基督教便作为殖民者海外扩张的工具,由耶稣会士传入中国。

欧洲的一些宗教史研究者,往往讳言耶稣会士传教的殖民扩张本质。这里我们且不说教会本身和殖民政府的密切关系,我们单从《利玛窦中国札记》中有关传教的一些叙述,就足以看出二者之间的依赖关系了。该书第二卷第一章中,就说到最早到远东和中国沿海进行传教活动的传教士沙勿略是怎样在葡萄牙殖民者、大商人冒险家皮来拉的资助下进行活动的:

> 他是一个富有的勤勉的商人,也是一个有经验的航海家,正准备不久即驶往印度。沙勿略把他想到中国去并拜访皇帝的计划告诉了皮来拉,并且规划了他想加以实现的方式。……皮来拉对这次冒险很热心,并认为使团如果携带些礼品,将会是有帮助的。他把他的船以及他的财货都交给了沙勿略使用,并出于他的真诚的兴趣,他把三万金币送给了沙勿略,还派了一名仆人陪他到果阿。……在皮来拉的帮助下,他们组织了一支赴中国的使团,……因为皮来拉是个颇有影响的人物并同情沙勿略的意见,他就被任命为使团的团

长。(中译本页128—129)

对利玛窦的经济上的支持同样也来自这些从事殖民掠夺的葡萄牙商人:

> 澳门有位葡萄牙商人名叫维嘉斯,他施舍钱财和创造钱财是一样有名。从一开始他就对这次远征很有兴趣,即使殖民地处在最困难的境况下也不愿放弃它。他的捐赠足够准备全部所需之用。(中译本页159)

利玛窦是利用介绍西方科学和赠送西方"奇器",以达到传教目的的,这在他的书中也有坦白的叙述。在肇庆教堂的接待室墙上,他挂起一幅欧洲文字的世界地图以吸引人们的兴趣。当地的长官便请他用中文绘制一幅中文的世界地图,这正中他的下怀:

> 应长官之请,他马上进行这项工作,那和他传播福音的想法是完全一致的。按照上帝的安排,对不同的民族在不同的时候应该采用不同的方法去帮助人民关心基督教。实际上正是这些有趣的东西,使得很多中国人上了使徒彼得的钩。

这清楚地表明,利玛窦是为了传教,才把西方的科学作为诱饵带进古老的中国来的。《中国札记》一书中关于传教的大量叙述,无疑可以使我们具体深入地了解明末清初基督教及"西学"传入的本质,即"西学"为传教服务,传教为殖民服务。

2. 关于明代史料

《中国札记》记述了明代中国的状况及万历年间的大量史事,这是研究明史的很有用的第一手资料。由于利玛窦对中国社会有比较敏锐的观察力,他的叙述就象一篇很好的明代的风土游记。在该书的第一卷,利玛窦比较集中地介绍了明代社会各方面的情况,其内容都是比较客观的。对于中国人民,他说:"根据我们自己的经验,大家知道中国人民是最勤劳的人民。""中国这个古老帝国以普遍讲究温文有礼而知名于世,这是他们最为重视的五大美德之一。"他还说到:"在这样一个几乎具有无数人口和无限幅员的国家,而各种物产又极为丰富,虽然他们有装备精良的陆军和海军,很容易征服邻近的国家,他们的皇上和人民却从未想过要发动侵略战争。……在这方面,他们和欧洲人很不相同,欧洲人常常不满足自己的政府,并贪求别人所有的东西。"对于明代官僚政治的黑暗腐败,统治阶级盲目的自大和自卑,他也有所揭露。他说:"大臣们作威作福到这种地步,以致简直没有一个人可以说自己的财产是安全的,人人都整天提心吊胆,唯恐受到诬告而被剥夺自己所有的一切。"这正是明代特务政治的写照。

利玛窦还具体地描述了当时北京城的情况,如北京的城墙、街道,交通工具以及人民生活等,都有生动的描绘。他提到当时北京居民戴面纱的习惯:

> 这里在多灰尘的季节,任何阶层的人想要外出时,不管是步行或乘交通工具,都要戴一条长纱,从帽子前面垂下来,从而遮蔽起面部。面纱的质料非常精细,可以看见外面,但不透灰尘。它还有其他好处,即一个人只有他愿意被认出时才能被人认出。他避免了无数的招呼和问候,并可以根据他喜欢的任何方式和任何价钱出行。(中译本页329—330)

现代的北京人早就不知道他们的先辈在明代戴面纱的习惯了,但利玛窦的记载却给我们留下了这一痕迹,供研究民俗学者参考。

利玛窦还在书中谈到明末上海的情况。他说上海地方不大,户四万,人口三十万,其中从事纺织的就有二十万人。这二十万人的数字可能有些夸大,但却说明了16世纪时上海一带纺织手工业已相当兴盛了。

《中国札记》一书共记载了明万历年间五十多位有名望的人与利玛窦的交游情况,这为明代人物传记补充了许多有用的资料。如书中叙述徐光启(书中称为徐保禄)、李之藻(李我存)、瞿太素等人的事迹,都可补中文史料的不足。还值得一提的是利玛实与著名学者李贽的交游。李贽在《与友人书》(见《续焚书》卷一)曾这样提到利玛窦:"西泰大西域人也。……凡我国书籍无不读,……今尽能言我此间之言,作此间之文字,行此间之仪礼,是一极标致人也。……但不知到此何为,我已经三度相会,毕竟不知到此何干也。"李、利二人是怎样"三度相会"的,李贽没有具体谈到,也不见于其他史籍。但此事在《利玛窦中国札记》中,却完全得到了证实。该书第四卷第十章叙述到利玛窦第二次进京,道经山东济宁时就记述了利玛窦与李贽三次会见的具体经过。由此我们也可以看到此书的史料是相当准确可靠的。

3.关于中西文化交流

由于利玛窦受过高等教育,具有较高的西方科学文化知识和通晓中国语文,了解中国国情,这使得他有前所未有的优越条件来充当中西文化交流的使者。前面已经指出,他沟通中西文化是为传教服务的,因此他介绍的西方科学技术就有很大的局限性,这方面本文不打算多所论述。这里主要谈谈他沟通中西文化的主要内容及其影响。

首先谈利玛窦绘制的世界地图。

利玛窦在中国曾经绘制了《山海舆地全图》、《坤舆万国全图》。特别是后者,利玛窦化了巨大的精力从事绘制和刻印工作,前后共绘印了三次。这是最早的一幅中文世界地图,经纬度用投影法绘制,有五大洲三大洋和大量的世界各地地名,这在我国都是空前的。

利玛窦的世界地图第一次打破了中国人天圆地方的传统地理观念;了解到中国只是地球的一小部分,这大大开拓了中国学者的眼界。他所介绍的西方地图测绘学,在清代取得了杰出的成就。清康熙年间主要由传教士测绘的《皇舆全览图》,是第一部最详尽精确的中国地图,这幅图证实了经度长度因纬度上下而有不同,并由此证明地球是扁圆的事实,彻底打破了中国传统舆地学观念。

西方的天文历算学也是利玛窦介绍西学的主要内容。我国古代的天文历算,在世界上是比较先进的,到元代又吸收了阿拉伯人的历法、算学,到明末又吸收了欧洲的历法、算学,在这基础上由传教士主修的《崇祯历书》共一百多卷,这是一套我国封建社会最完备的历算全书。由于当时明王朝已经濒临崩溃边缘,所以崇祯新历来不及推行。但利玛窦介绍的西方天文历算在中国起了深刻的影响,明末清初主管天文历法的钦天监,就有不少传教士在其中工作。利玛窦又和徐光启合译了欧洲的数学名著《几何原本》前六卷,被清人称为"西学之弁冕"。在利玛窦的直接讲授和影响下,徐光启、李之藻等又撰写了不少著名的有关天文和数学的书,如《浑盖通宪图说》、《同文算指》、《测量法义》等,这些译著,无疑起了开一代之风尚的作用。明人为学素以空疏著称,但到明末清初却一变而为讲求经世致用的实学,这与讲求实际的西方科技知识的传入是有关系的。徐光启的杰出著作《农政全书》,就明显地受过"西学"的影响。

最后还要谈一下利玛窦把中国文化介绍到欧洲的情况。

利玛窦是西方第一个掌握中国语文并对中国典籍进行研究

的学者。他把他在中国所见到的一切上至国家政体,下至吃饭用筷子等都一一向欧洲人做了介绍。当我们读到中译本页 67—72 中关于中国人举行宴会的描述,就象我们亲自参加了一次明代的社交活动一样。有趣的是利玛窦还是最早向欧洲介绍中国茶叶和喝茶法以及中国漆的人。他还证实了过去欧洲人间接得知的契丹就是中国,这揭开了欧洲中世纪有关契丹的种种迷雾。

利玛窦还将中国儒家文化介绍到西方。他在《中国札记》中对孔子就有比较客观的评价:

> 中国哲学家之中最有名的叫作孔子。……他既以著作和授徒也以自己的身教来激励他的人民追求道德。他的自制力和有节制的生活方式使他的同胞断言他远比世界各国过去所有被认为是德高望重的人更为神圣。的确,如果我们批判地研究他那些被载入史册中的言行,我们就不得不承认他可以与异教哲学家相媲美,而且还超过他们中的大多数人。(中译本页 31)

中国文化传到西方以后,对欧洲 18 世纪的思想和文化的觉醒,甚至还起过刺激作用,一些先进思想家如莱布尼兹、乌尔夫和伏尔泰等,即都受到中国文化的影响,这却是利玛窦所始料不及的。

总的来说,在明末清初这一长达三百年的历史时期里,中国和西欧的文化开始了直接见面,相互传播。传教士充当了这一交流的主要角色,利玛窦的开创之功是不可埋没的。他所写的《中国札记》真实地记录了这段历史的开始,这是我们今天研究明史、基督教史和中外文化交流史的很有价值的历史资料。

(《文史知识》1984 年第 6 期,中华书局)

利玛窦贡物中的《万国图》辨正

一

利玛窦于明万历二十八年十二月（1601 年 1 月）在天津由太监马堂手下人带进北京，在呈献给皇帝的贡品中，有一件至今尚有分歧的贡物。在最早记录贡品的汉文资料艾儒略《大西利先生行迹》中说："利子始偕伴八人出入燕都，献天主圣像、圣母像、天主经典、自鸣钟大小二具、铁弦琴、《万国图》。"（1620 年，北京刻本）此《万国图》显然系一简称，后来遂出现了《万国舆图》和《万国图志》两种说法。前者是一幅地图，后者是一部书，两者差别很大，究竟谁是谁非，很有辨正的必要。

由台湾光启出版社、辅仁大学出版社 1986 年出版罗渔译《利玛窦全集·书信集》的附录中，根据宛杜里（Tacchi Venturi）所辑之意大利文本收入的利氏《奏疏》，其中正文作"《万国舆图》一册"（页 551），而所附的《贡物清单》则作"《万国舆图》一幅"（页 552）。名称虽同，但"一册"与"一幅"却有矛盾。由香港城市大学出版社 2001 年出版和复旦大学 2002 年出版的朱维铮主编《利玛窦中文著译集》收入的《上大明皇帝贡献土物奏》和所附的《贡物清单》中，亦同。这是"《舆图》说"。

由台湾华冈出版公司1977年出版方豪著《中西交通史》第四篇第六章第二节中则称此贡品为"《万国图志》一册"。他还说这是利氏根据奥代理乌斯(Ortelius)著的《地球大观》(*Theatrum Orbis Terrarum*)译出的(页823)。王庆余的《利玛窦携物考》一文(载《中外关系史论丛》第1辑,世界知识出版社,1985年)则明确说《万国图志》是利玛窦于1595年在南昌时编纂的,并说它是"我国第一部世界地理著作"(页93)。这是"《图志》说",认为它是利玛窦翻译或编著的书。

由中国社会科学出版社1996年出版的林金水著《利玛窦与中国》第二章第九节中则直接引述了崇祯十一年刻版的《熙朝崇正集》卷二所载的利氏《奏疏》和《贡物清单》,均称"《万国图志》一册"(页86、87)。但林氏并没有认为它是利玛窦所翻译或编著的书。这是非利氏撰的"《图志》说"。

以上三说,我认为以林金水引《崇正集》说最具权威性。因为罗渔说、朱维净说、方豪说、王庆余说都在不同程度上缺乏史料根据。利氏《奏疏》不见于《明实录》及《明史》诸书。《熙朝崇正集》(四卷)是艾儒略于崇祯十一年(1638)避地福州时辑印的,印数不多。它辑录了万历以来有关天主教的许多原始文献,极具史料价值,利氏《奏疏》原文,即始见于此。后来黄伯禄曾选其中一些文献并补充一些新材料编成《正教奉褒》(二卷)一书,《熙朝崇正集》更少有人见到了。

二

但如果仅靠《熙朝崇正集》中的《奏疏》原文作《万国图志》,来证明《万国图》即《万国图志》,那也只是一条孤证,还缺乏说服力。要论证利氏入贡的是西方带来的书《万国图志》,还需要其他有力的佐证。现再举其他有关例证,论述于下:

　　首先，利氏在《奏疏》一开始就说："为贡献土物事"，其后又说"谨以原携本国土物"，最后又说"将所献土物俯赐收纳"。利氏反复强调所献的是"土物"，即均为西方制造之物。其贡物中的《天帝图像》、《天帝母图像》、《天帝经》、十字架、自鸣钟、西琴都是从西方带来的，《万国图志》自然也不能例外。如果它是利氏在中国绘制的《万国舆图》，或者如方豪、王庆余所说的是利氏在中国据《地球大观》译成的《万国图志》，这怎么说得上是"本国土物"呢？利玛窦面对的是强大的明帝国，他是无论如何也不敢将在中国绘的《万国舆图》或在中国译写的《万国图志》说成是"本国土物"。只有他从西方带来的奥代理乌斯著的 *Theatrum Orbis Terrarum* 一书（中文译名《万国图志》）才是货真价实的"西方土物"。

　　其次，艾儒略在天启三年（1623）写的《职方外纪自序》中说道："昔神皇盛际，圣化翔洽，无远弗宾，吾友利氏赍进《万国图志》。"（《职方外纪校释》，页1，中华书局1996年版）艾氏在万历四十八年（1620）写出的《大西利先生行迹》中称利氏贡物为"《万国图》"，三年后则在《职方外纪自序》中称"利氏赍进《万国图志》"，均同为一事。可见《万国图》与《万国图志》均为同一书，前者不过是后者的简称而已。

　　再次，与利玛窦一起入京进贡物的西班牙籍耶稣会士庞迪我在万历四十年（1612）上皇帝的奏疏中称："又臣国尚有刊刻《万国图志》一册，其中各国图说至为详备，又皆臣国人游学经商，耳闻目见，并无凿空驾造之说。其书曾经臣等贡献御前，但皆西国文字，未便观览。臣伏蒙圣恩，豢养有年，略通经书大义，如蒙钦命发下原书，容臣等悉译以中国文字，上尘圣览，即四方万国地形之广袤、国俗之善恶、政治之得失、人类之强弱、物产之怪异，一览无遗。"（《职方外纪校释》页17）庞氏与利玛窦同为入京进贡的当事

人,他说"《万国图志》一册……曾经臣等进贡御前",就明白无误地
说明进贡的是《万国图志》而不是《万国舆图》;"但皆西国文字,未便
观览",则清楚地说明了《万国图志》是西方原书,不是中译本;"容臣
等悉译以中国文字上尘圣览",也说明利玛窦并没有译过此书。

从以上几条材料看,艾氏在《行迹》中所说的《万国图》即《万
国图志》应是无可置疑的了。

三

最后,谈一下《万国图志》(即《地球大观》)作者其人和它究竟
是一本怎么样的书,以及它入宫后的下落。

此书的中文译名,除《万国图志》、《地球大观》外,还有刘俊余、
王玉川据意大利文本的《中国传教史》译作《世界现状》(《利玛窦全
集·中国传教史(下)》页 339);何高济等据加莱格尔(Gallaghet)英
译本译作《世界舞台》(《利玛窦中国札记》(下),中华书局 1983
年,页 394);林金水的《利玛窦与中国》(页 80)则译作《世界剧院
图册》(The World Theatre),何、林显系误译。作者奥代理乌斯
(1527—1598)是比利时地图绘制家、地理学家。《地球大观》初版
于 1570 年,内有地图 70 幅。此后多次增补修订重版,是 16—17
世纪间最受读者欢迎的世界地理图集。他还写过很多著作,曾被
西班牙亚力二世任命为地理专家。

李之藻在《刻职方外纪序》中称《万国图志》"其山川形胜之
详,别有巨册,已藉手进大内矣"。可见此书是一本厚厚的大书。
台湾版的《利玛窦全集·中国传教史》中则称它"外皮是烫金的,
装订得很好"(页 339),应是当时欧洲流行的羊皮封面精装的大开
本书。书中主要是世界各国地图,包括了地形、民俗、文化、政治、
历史、物产各方面的图画和说明文字,即庞迪我在他写的第二道

奏疏中说的"即四方万国地形之广狭、风俗之善恶、道术之邪正、政治之得失、人类之强弱、物产之怪异,具载无遗"(《职方外纪校释》页18)。此书图文并茂,现在我们看到利氏《坤舆万国全图》(1602)中的不少图画,就是从《万国图志》(即《地球大观》第二版)中直接描绘出来的。《地球大观》第二版出版于1595年。利氏在肇庆时绘的《山海舆地图》(1584年,原图已佚,只能看到苏州的石刻版,非常简单),参考的是《地球大观》第一版(1570)。后来利氏在南京根据奥氏1595年再版的《地球大观》绘成《山海舆地全图》(1600),因此,利氏所贡呈的《万国图志》,应是从南京带进北京的奥氏《地球大观》的第二版。

《万国图志》进呈后,由于它是拉丁文无人能识,皇帝对外国书也毫无兴趣,便被打入冷宫,束之高阁。所以万历四十年庞迪我上疏奏请发回此书翻译时(见前引文),竟没有下文。此后《万国图志》也就无人提及,被人遗忘了。

据王庆余《利玛窦携物考》一文中说:"原北堂图书馆藏该书(指《万国图志》)1570年、1595年两版。"则北堂此书,应是后来传教士从西方带来的,很可能是艾儒略于1620年由欧洲重返中国时所带七千册书中的一种,后来才辗转传入北堂。最近听说北京图书馆已将北堂藏书编出新的书目,未知此书是否仍在其中。《地球大观》是16世纪中期一部图文并茂的地图集,也是西方一部古籍名著,如果幸存的话,希望有心人能将它拍摄复印,或翻译出版,以供学术界研究和地图爱好者观赏。此举亦可实现四百年前利玛窦和庞迪我进贡翻译此书的宿愿,无疑也是一件中西文化交流史上之美事。

　　　　　　　　2002年8月于沪上浦东香山新村

(《书品》2002年第6期,中华书局)

龙涎·鸦片·红丸
——兼与徐朔方先生商榷

《汤显祖集》(上海人民出版社 1973 年版)卷十一有《香山验香所采香口号》一首：

> 不绝如丝戏海龙，大鱼春涨吐芙蓉。千金一片浑闲事，
> 愿得为云护九重。

这是作者在广东香山(今中山县)看见验香时有感而作的。这首诗写的是什么香，由于作者没有标出香名，因而只能从诗的内容去推测。徐朔方先生在诗集的注中，谓此诗所写之香即"阿芙蓉，一名鸦片。"最近徐先生又在《汤显祖与利玛窦》(载《文史》第十二辑，1981 年 9 月)一文中引了这首诗，并称"此诗反映明朝皇帝在澳门采购鸦片(阿芙蓉)的事实"。徐先生进而论证了鸦片即金丹，而金丹就是明末三大案"红丸案"中之"红丸"，因而"红丸"就是鸦片。最后徐先生赞誉汤显祖这首诗"带有敏锐的时代感，可以说不亚于龚自珍在鸦片战争前夕所写的那首同题材的七绝《己亥杂诗·津梁条约遍东南》。我认为徐先生的这些考证和论断都是有问题的。现不揣浅陋，作一小考，并就教于徐先生。

汤显祖在这首诗中写的是什么香呢？从诗的内容可以看出这种香有四个特点：1. 它产生于海上，能引伸如丝；2. 它是春天从

一种鱼吐出来的；3.它价值昂贵，一片千金；4.它可以燃点，化为云烟。根据这四个特点，我们可以毫不费力地指出，这就是宋元以来经常从海外进口的名贵香料：龙涎香。

与汤显祖同时略早的伟大药物学家李时珍在他的名著《本草纲目》卷四三中，就有着龙涎的正确记载：

> 龙涎，方药鲜用，惟入诸香。……又言焚之则翠烟浮空。出西南海洋中，云是春间群龙所吐涎沫浮出，番人采得货之，每两千钱。

所谓"群龙"，即诗中的"大鱼"、"海龙"，这就是抹香鲸。新编《辞海》(1979 年辞书出版社)龙涎香条称：

> 抹香鲸肠胃的病态分泌物，类似结石，从鲸体内排出，漂浮于海面，或冲上海岸而取得。……是极名贵的香料。

龙涎香的昂贵价格，早在宋人笔记中，已有记载。宋张世南《游宦纪闻》卷七有龙涎的详细资料，其中说：

> 诸香中，龙涎最贵重。广州市直，每两不下百千，次等亦五六十千。系蕃中禁榷之物，出大食国。

"百千"就是十万，"五六十千"就是五六万。当时是以贯为单位，一贯千钱，但这里也可能是文。总之，起码十万文一两龙涎，这是很贵的。到了明初，据费信《星槎胜览》龙涎屿条："一斤该金钱一百九十二个，准中国铜钱四万九千文。"即龙涎一两为铜钱三千多文。到了明末，《本草纲目》言龙涎"每两千钱"，价格已下跌多了，但与诸香比较，仍是最贵重的。所以诗中才称它"千金一片"。

明张燮《东西洋考》卷四哑齐条还记载有龙涎香的验香方法云：

> (龙涎香)虽极干枯，用银簪烧热，钻入枯中，抽簪出，其涎引丝不绝。验此，不分褐白、褐黑，皆真。

这种抽丝法就是诗题所称的"验香",亦即诗中之"不绝如丝戏海龙"。由于作者在香山亲眼见到这种验香法,所以才写出这样的诗句。

现在让我们再来看看徐先生认为此诗写的是鸦片所恃的理由。首先,他认为诗中有"芙蓉"一名,因而断定"芙蓉"即"阿芙蓉,一名鸦片"。这是站不住脚的。

这里先简易地谈一谈鸦片之得名及其传入我国的历史。鸦片原是译音,英语为 opium,它源于希腊语 οπlev,由于阿拉伯语无 π(P)的发音,π(P)转为 f,故阿拉伯语称鸦片为 afyūn。8 世纪时鸦片由阿拉伯人传入我国,所以中国人称它为阿芙蓉或阿方音,这是 afyūn 的音译。到 16 世纪后,欧洲人到远东来,带来 opium 一名,据闽南方言译音,我国又称之为鸦片或阿片。《本草纲目》卷二三阿芙蓉条云:"阿片,时珍曰:俗作鸦片,名义未详。或云阿方音。"又云:"以其花色似芙蓉而得名。"因为李时珍不了解阿芙蓉即 afyūn 之对音("名义未详"),便误以"阿芙蓉"因"花色似芙蓉而得名"。徐先生根据李时珍这一错误,以为汤显祖诗中的"芙蓉"也是阿芙蓉,因而把香料当药品,龙涎变成鸦片了。

我国人把鸦片作为吸毒的麻醉药品,应该是在万历末年以后。在此以前,鸦片只是一种作为治疗痢疾的药品。《本草纲目》中的对罂粟和阿芙蓉的记载,就一点也不涉及它是一种慢性的麻醉毒品。明末崇祯时方以智《物理小识》卷九罂粟花条也只说:"鸦片最能滥精。"并未言其有毒。据《不列颠百科全书》(1973—1974)第七卷鸦片条称,远东最早吸食鸦片是在欧洲人发现美洲之后;中国人最初是将鸦片混着烟草吸食。而烟草则是 17 世纪西班牙人从美洲带到菲律宾吕宋岛后,才从吕宋传入我国福建的。这已是万历末年以后的事了。《物理小识》卷九淡把姑烟草条云："万历来，有（自吕宋）携至漳、泉者，马氏造之，曰淡肉果。"
"肉"应是"白"之误，"淡白果"即淡把姑，即烟草 Tobacco 的音译。
汤显祖此诗作于万历十九年（1591），即 16 世纪末，在此时及此时
以前，不仅作为慢性吸毒品的鸦片未见于我国史籍记载，而且连
烟草也还未在我国流传开来。因此，从历史上看，16 世纪末叶便
从广东进口鸦片，这是完全不可能的。

　　徐先生认为此诗写的是鸦片的另一个理由，是诗中有"春涨"
一词，按徐先生的解释，这是指"当时航路受季风的限制，由印度
和麻六甲东来的船舶都在春夏两季到达。"这种推论是否合乎逻
辑，姑置不论，现在仅谈一下"春涨"一词究竟应作何解释。在这
里徐先生把"春"变成了"春夏两季"，"潮"变成了"风"，已是歪曲
原意了；但问题还不在此。问题在于徐先生对东南亚地区的季风
不甚了解。我们知道，这一地区的东北季候风是十一月至次年四
月间，西南季候风是六月至九月间（参看：夏鼐校注《真腊风土记
校注》页 41，注㉑，中华书局 1981 年版）。所以，我国出洋到东南
亚去的海舶都在冬春之间出发，而由东南亚各地到我国来的海舶
都在夏秋之间到达，这是毫无例外的。因此徐先生所说的"印度
和麻六甲东来的船舶都在春夏两季到达"，应是"夏秋两季到达"，
但这一来便无法与"春潮"联系得上了。由于徐先生先下了此诗
写的是"鸦片"的结论，因此才硬把"春涨"一词曲解成"春夏间"的
"季风"。其实诗中"春涨"一词并不费解，不过指的是春天大鱼出
没的时候，亦即《本草纲目》卷四二龙涎条："云是春间群龙所吐涎
沫浮出"的"春间"，如此而已。

　　至于诗中所提到的"芙蓉"，究竟指的是什么？我认为这也是
清楚不过的。芙蓉就是芙蓉，新编《辞海》芙蓉条称"芙蓉，莲（荷）
的别名"，它就是莲（荷）花的别名。"大鱼春涨吐芙蓉"这句诗是

说春天大鱼吐出的涎沫浮在海上，就像生长在水上的莲花一般。这不过是诗人的一种比拟手法。

徐先生在《汤显祖与利玛窦》一文中还将当时由鸦片制成的"金丹"，作为万历四十八年（1620）明光宗服用致死的"红丸"，并谓这"红丸案"是"鸦片进口所造成的统治阶级内部的一次小小风波，它的重要性虽然远不能和二百五十年后的鸦片战争相比，但此一端可见服用鸦片在当时所造成的危害已经不小。"徐先生把红丸说成是鸦片，三百五十年的悬案好像忽然廓清，这也是我们不得不辨的。

我们知道，明末确有一种药丸称作"金丹"的，其成份即由鸦片合成。《本草纲目》卷二三阿芙蓉条云："俗人房中术用之，京师售一粒金丹，云通治百病，皆方伎家之术耳。"又云："一粒金丹：真阿芙蓉一分，粳米饭捣作三丸。每服一丸，未效，再进一丸。不可多服。"接着《本草》列出金丹所治疗的疾病有：风瘫、口目㖞邪、百节痛、正头风、偏头风、眩运、阴毒、疟疾、痰喘、久嗽、劳嗽、吐泄、白痢、噤口痢等等。史籍中并没有"金丹"即"红丸"或金丹有剧毒的记载。徐先生认为"金丹"即"红丸"的唯一根据是："《明史·方从哲传》所记红丸的服法和疗效同《本草纲目》所记十分接近，当是同一药品。"

其实，史籍所载红丸和金丹的服法和疗效并不"十分接近"，更难得出"同一药品"的结论。《明史·方从哲传》载，明光宗朱常洛得病后，方从哲奏李可灼有仙方，"帝命宣可灼至，趣和药进，所谓红丸者也。……（服后）顷之，中使传上体平善。日晡，可灼出，言复进一丸。从哲等问状，曰平善如前。明日九月乙亥卯刻，帝崩"。这里记载是初服一丸疗效是"平善"，再服一丸，过了一个晚上便死去。《明史纪事本末》卷六八《三案》载服第一丸后是"暖润舒畅,思进饮膳,诸臣欢跃而退",可见服第一丸后的疗效是不错的;《明史纪事本末》谓由于第一丸有效所以才再服第二丸。这种服法和疗效与《本草纲目》所记金丹的服法和疗效并不相同。后者是"每服一丸,未效,再进一丸。不可多服。"由于金丹是一分阿芙蓉加粳米饭和成三丸的,因此此药最多大概只能服三丸,超过三丸以上,便是"多服",便有危险了。而朱常洛服红丸是一丸有疗效,二丸便死去。二者并无相同之处,怎么能据此便说红丸就是金丹呢? 况且李时珍只说金丹是一种能治病的药,有微毒,并没有剧毒,只有多食才会中毒。不可能因吃两小颗(其中还有粳米饭)就很快死去。所以"红丸案"之红丸不是鸦片,其道理是很清楚的。

那么明光宗服食的"红丸"是什么药呢? 这本来就是悬案,当时已查不出来,今天就更不容易确定了。仅有的资料是《明史纪事本末》载当时御史王安舜的说法,红丸即红铅,"乃妇人经水,阴中之阳,纯火之精也。"徐先生在文章的注⑧中斥这条资料为"完全不可信"。在今天看来,服用这种药固然是荒谬的,但《物理小识》卷五"红铅"条就详细记载有红铅的提炼方法,并称为"返老还童之宝"。古代科学知识落后,有些人是相信这种"奇方"能治病的;何况术士本来就以此骗人呢! 我们现在不相信它,不等于古人就没有人相信它、服用它。

最后,归结到徐先生对汤显祖这首小诗的评价。徐先生认为它"带有敏锐的时代感,可以说不亚于龚自珍在鸦片战争前夕所写的那首同题材的七绝《己亥杂诗·津梁条约遍东南》。"汤显祖是明末一位杰出的作家,其作品特别是剧本带有敏锐的时代感,自不待言。但汤显祖这首小诗咏的是龙涎,是一种香料;而龚自珍这首诗却写的是鸦片,是麻醉毒品,两者根本不同。前提既然不对,徐先生的结论和评价自然也就有问题了。汤显祖这首诗固然也微讽了最高统治者不顾民生疾苦的享乐生活,但通过这首诗我们还看不出 16 世纪末中国社会已具备象清末鸦片战争前夕社会大变动的条件,还没有这种"时代感"。

　　以上这些虽是徐先生文章中的个别问题,但由此而引出的对龙涎、鸦片和红丸的一些探原和辨正,这对我们怎样正确地理解汤显祖《香山验香所采香口号》一诗的内容和评价,还是有意义的。

　　　　　　　　　　　　　（《文史》第十八辑,中华书局）

附:鸦片输入中国之始及其它
徐朔方

　　拙编《汤显祖诗文集》卷十一有一首七言绝句《香山验香所采香口号》:

　　　　不绝如丝戏海龙,大鱼春涨吐芙蓉。千金一片浑闲事,
　　　愿得为云护九重。

我加了一个小注:芙蓉即阿芙蓉,一名鸦片。

　　后来拙作《汤显祖和利玛窦》(《文史》第十二辑,另见文集《论汤显祖及其它》)引了这首诗,指出此诗反映明朝皇帝在澳门采购鸦片的事实。明末宫廷三大案之一、光宗朱常洛病中服用红丸致死,红丸即由鸦片制成。我指出:"这是鸦片进口所造成的统治阶级内部的一次小小风波。它的重要性虽然远不能和二百五十年后的鸦片战争相比,但即此一端可见服用鸦片在当时所造成的危害已经不小。汤显祖的这首小诗带有敏锐的时代感,可以说不亚

于龚自珍在鸦片战争前夕所写的那首同题材的七绝《己亥杂诗·津梁条约遍南东》。"

现在承蒙方长先生写了批评文章《龙涎·鸦片·红丸》，见《文史》第十八辑。它说"采香"之"香"不是鸦片，是龙涎香；红丸案与鸦片无关；汤显祖写这首诗时，即万历十九年（1591），"从历史上看，16世纪末叶便从广东进口鸦片，这是完全不可能的"。

这些问题不是我那篇文章的主要内容，但它们涉及中西交通史的某些具体问题，讨论一下不无意义。

批评文章写道：这首诗是"作者在广东香山（今中山县）看见验香时有感而作的"。"汤显祖在这首诗中写的是什么香呢？从诗的内容可以看出这种香有四个特点：1.它产生于海上，能引伸如丝；2.它是春天从一种鱼吐出来的；3.它价值昂贵，一片千金；4.它可以燃点，化为云烟。根据这四个特点，我们可以毫不费力地指出，这就是宋元以来经常从海外进口的名贵香料：龙涎香。"

也许正因为"毫不费力"，短短几句话就有四点不能自圆其说。

一、如果如批评文章所说，"海龙"和"大鱼"都是抹香鲸，两句相联，意思重复，这样的诗句岂非太笨拙？

二、采香不是验香。验香是检验，采香则兼有提炼等手续在内。验香对鸦片（一名乌香）和龙涎香同样适用；采香则只适用于鸦片，它有成品半成品之分，龙涎香则不需要加工。批评文章所引的龙涎香检验法："（龙涎香）虽极干枯，用银簪烧热，钻入枯中，抽簪出，其涎引丝不绝。验此，不分褐白、褐黑皆真。"这是验香的过程，怎么能说成是采香呢？难道有什么辞书可以证明"采"与"验"是同义词吗？

江苏新医学院编的《中药大词典》是一本好书，它所征引的原文比较忠实而完整。在批评文章所引的验香法之前,大辞典所引的《峤南琐记》还说:"试龙涎香法:将结块者奋力投没水中,须臾突起浮水面(引用者按,龙涎香比重为 0.7~0.9);或取一钱含之,微有腥气,经宿,其细沫已嘬,余胶结舌上,取出,就湿秤之,仍重一钱,又干之,其重如故。虽极干枯(以下文字,和批评文章所引完全相同)……。"这样一来,验香就不一定用得上批评者所命名的所谓抽丝法了。

三、诗云:"不绝如丝戏海龙。"照批评文章所说的抽丝法,那是极其细心的检验,怎么能说是"戏海龙"呢?海龙如果指肠胃中产生龙涎香的抹香鲸,验香的官员根本见不到牠,怎么去戏弄牠呢?

四、诗云:"大鱼春涨吐芙蓉。"批评文章查过《大不列颠百科全书》。此书对龙涎香确有详细论述。它说龙涎香或者漂浮在海面,或者捕杀抹香鲸,从牠体内取出。新鲜时呈黑色,在海水、空气中,或阳光下逐渐硬化,颜色褪淡,变成浅灰色。漂浮在海上的很少有几盎司以上的,但也曾经有积压成重达一百磅的记录。请问这种色泽的块状物怎么能比作芙蓉花呢?批评者可以随心所欲地把龙涎香比做芙蓉花(这不是汤显祖的原意,功过只能归于批评者的想像力),当他看到《本草纲目》作者李时珍说罂粟花"花色似芙蓉",却又大加指责,何其不公平也。

按照我的解释,"不绝如丝戏海龙",指商船不怕风涛源源而来,海龙指海神:"大鱼春涨吐芙蓉",大鱼指商船,古代海船船头画有龙或鳌鱼的图象,芙蓉指鸦片的另一译名阿芙蓉的省称,吐指卸货。司马迁、司马相如可以省作马迁、马相如,即使汤氏自我作古在诗里把阿芙蓉省作芙蓉也无可非议。

说到"春涨"一词,批评文章指责我"歪曲原意","问题还不在此","问题在于徐先生对东南亚地区的季风不甚了解"。据他的甚了解:"我国出洋到东南亚去的海舶都在冬春之间出发,而由东南亚各地到我国来的海舶都在夏秋之间到达,这是毫无例外的。"愧我无知,只能提供历史文件为证。林则徐、邓廷桢在道光十九年四月初六日联名发出的《夷船呈缴鸦片一律收清折》说:"现值南风司令,各国本年贸易夷船,正应陆续到粤。"时令是初夏,"正应"云云是未来完成式,但前文又说"截止四月初六收清,合计前后所收夷人鸦片共一万九千一百八十七箱又二千一百十九袋"(见中国史学会主编《中国近代史资料丛刊》《鸦片战争》第二册第101—103页,1954年上海神州国光社)。这就包括同年四月初六日前所收之数,正好和"春涨"一词相符。

鸦片何时传入中国是一个有待解决的问题。研究探索需要有点勇气。切不可以为凡是百科全书说了的就是铁案如山,不敢越雷池一步。当然,也不是说可以小看百科全书。但它一般是已有学术成就的总结,反映新的进展不是它的所长。尤其不要在百科全书的某一条目仔细领会以前,就急于把它作为死的教条去硬套。批评文章信从《大不列颠百科全书》(1973—1974)的说法"远东最早吸食鸦片是在欧洲人发现美洲之后"(批评者原文),即1492年之后,拙作说汤显祖写这首诗时1591年已有鸦片从广东进口,两者并不矛盾。而批评者根据这一百科全书认为"从历史上看,16世纪末叶便从广东进口鸦片,这是完全不可能的",真不知道这是什么逻辑。

鸦片传入中国远比批评文章所想像的为早。

《唐本草》译鸦片为底野迦。见《中药大辞典》。

唐代义净法师翻译的《根本说一切有部毗奈耶杂事》卷十已有接近于后代鸦片烟吸食法的完整介绍。试引录如下:

时具寿毕邻陀婆瑳从出家后常婴疾病。有同梵行者来问言："大德起居轻利安乐行否?"答言："具寿我常病苦,宁有安乐?"问言："何苦?"答言："患嗽。"问:"比服何药?"答:"曾吸药烟,得蒙瘳损。""大德,今何不服?"答曰:"佛未听服。"时诸苾刍以缘白佛。佛言:"有病者听吸烟治病。"苾刍不解,安药火上。直尔吸烟,烟不入口。佛言:"可以两椀相合,底上穿孔,于中着火,置药吸之。"事犹未好。佛言:"应可作筒。"彼以竹作,此还有过。佛言:"不应用竹,可将铁作。"彼作太短,佛言:"勿令太短。"彼作太长,佛言:"不应太长。可长十二指。勿令尖利,亦勿粗恶。置椀孔上,以口吸烟。"彼既用了,随处弃掷。佛言:"不应辄弃,可作小袋盛举。"彼置于地。佛言:"不应置地令坏,应挂象牙杙上,或笐竿上。"铁便生垢。佛言:"应以苏(酥)油涂拭。"后于用时洗拭辛苦。佛言:"不应水洗。应置火中烧以取净。"(日本版《大藏经》《小乘律》寒字第一册)

笔记资料中有关明代鸦片服食或进口的记载引录三条如下。

1.明徐伯龄《蟫精隽》云:"成化癸卯(十九年,1482),令中贵收买鸦片,其价与黄金等。"(自前引《鸦片战争》第二册第323页转引)

2."鸦片初入中国,宫禁先受其毒。相传明神宗御极,三十年不召见群臣,即为此物所累。"(见雷瑨辑《蓉城闲话》,未注明出处。录自前引《鸦片战争》第二册第314页)按:神宗在位四十八年,自万历十七年起很少召见群臣,所以说三十年。

3.彭翊《无近名斋文钞》外编《如意公传》云:"明神宗时,利玛窦将至中国,思与畸异之士俱,将以变风易俗,得膏(指鸦片——引用者)大喜……乃行。至闽粤,通交游,见者咸爱暱焉……"(见

前引同书第 533 页）

　　《如意公传》是寓言，它和上面两条具有什么程度的真实性很难确定，但不会都是捕风捉影的无稽之谈。

　　下面请看《本草纲目》卷二十三《阿芙蓉》条《集解》："（李）时珍曰：阿芙蓉，前代罕闻，近方有用者。云是罂粟花之津液也。罂粟结青苞时，午后以大针刺其外面青皮，勿损里面硬皮，或三五处，次早津出。以竹刀刮收入瓷器，阴干用之。故今市者犹有苞片在内。王氏《医林集要》言是天方国种红罂粟花，不令水淹头。七八月花谢后，刺青皮取之者。案此花五月实枯，安得七八月后尚有青皮？或方土不同乎？"

　　王世贞《弇州山人四部续稿》卷十有一首诗《蕲州李先生见访之夕即仙师上升时也寻出所校定〈本草〉求叙戏赠之》。仙师指王锡爵的女儿所谓昙阳子，她在万历八年（1580）九月"上升"，这就是这首诗的写作时间，《本草》在此以前已经完成。王世贞的序言拖延到十年之后才执笔。

　　从李时珍的《阿芙蓉》《集解》看来，鸦片在此时不仅已经进口，而且国内种植罂粟的已经颇有人在。李时珍至少在访问种植者以后才能写出上面所引的关于鸦片原液采集和制作的翔实过程："案此花五月实枯"云云，决不是自作聪明、翻了一二种类书就能信口开河地说出来的。即使上面引的其它记载都被否定或不再存在，这条《集解》就可以证实鸦片的进口、种植、制作以及临床药用在万历八年（1580）已经不是十分稀罕的事了，它比汤显祖的那首诗早十一年。但就涉及鸦片进口和讽刺皇帝吸食鸦片而言，汤显祖这首诗仍不失为开风气之先的作品。

　　既然有鸦片的种植、制作以及临床药用的经验，又有佛经中译本关于近似后代烟枪的制作介绍，两相结合，不难看出汤显祖那首诗的结句"愿得为云护九重",分明是对皇帝朱翊钧吸鸦片烟的委婉讽刺。"护"字指本来以鸦片烟作为提神醒脑之用,事实上适足以害之。如果仅仅指龙涎香"翠烟浮空",这个护字岂不是下得太无着落了吗?批评文章转述并推论《大不列颠百科全书》"鸦片"条的那几句话:"中国人最初是将鸦片混着烟草吸食。而烟草则是17世纪西班牙人从美洲带到菲列宾吕宋岛后,才从吕宋传入福建的。这已是万历末年以后的事了。"年代断限,显然失之过迟,不符合当时事实。

批评文章在引用李时珍《本草纲目》"阿芙蓉"条关于以鸦片为原料的"金丹"之后说:"史籍中并没有金丹即红丸或金丹有剧毒的记载。"

以鸦片为原料的金丹即红丸,一有李时珍所描述的制作方法、疗效及禁忌("不可多服")为证;二有本文作者1935年前后在家乡一家半公开的烟馆中亲见的事实为据。现在应该还可以找到一些老年人听说、亲见或亲自服用过红丸。《本草纲目》说:"不可多服。"这就是它有毒性的含蓄说法。据《中药大辞典》的科学分析,肺心病、支气管哮喘发作期间有应用吗啡(鸦片的主要成分之一)致死的报告。甲状腺机能不足者,小量吗啡即可导致中毒。旧社会以吞服鸦片而自杀的人也时有所闻。光宗朱常洛原来已经病危,这是说他的耐药性很差,因之服用第二颗之后去世。即使他生前完全没有肺心病、支气管性哮喘、甲状腺机能不足等病史,他在身体极度虚弱的情况下,因少量吗啡而中毒致死的可能也不能断然排除。

拙作反对所谓金丹即红铅说,指出金丹"乃妇人经水,阴中之阳,纯火之精也"云云完全不可信。批评文章反驳道:"我们现在不相信它,不等于古人就没有人相信它,服用它。"问题不在于相信不相信,而在于这样的事实:服食了第一颗之后病情有起色,再服第二颗之后病人死亡。只要略有一些现代化学常识就知道:月经即人血加上卵子、若干激素,不管怎样提炼都不可能有如上所说的先吉后凶的作用。

一九八四年二月于美国普林斯敦之希彭楼

此文成后,承来此访问的台湾大学历史系徐泓教授示以北京中华书局 1981 年出版的张燮《东西洋考》第 142 页,万历十七年提督军门周所定的陆饷即上岸进口的税率,其中说"阿片,每十斤税银二钱"。此事也在汤显祖这首诗之前。书此致谢。

（《文史》第二十五辑,中华书局）

再谈龙涎及我国吸食鸦片始于何时

《文史》编辑部送来徐朔方先生的《鸦片输入中国之始及其它》一文校样，征求我的意见。徐先生的文章是针对拙文而写的，对我很有启发。汤显祖诗中的"香"是指龙涎还是鸦片，这本来是个小问题，也不难弄清。但徐文中引述了一些材料，涉及我国人吸食鸦片的年代，我认为还可商榷；而且徐文有曲解了拙文的地方，因此不得不稍作辩白，冀附于徐先生文章之后，并就教于徐先生。

一、徐文首谓"海龙"、"大鱼"如都同指一物，两句意思重复，岂非太笨拙云云，须知汤显祖此诗原是"口号"，即随口吟出，与绝句不一样，岂能以此而论汤诗的工拙？

二、徐文次谓"龙涎"无"采香"问题。我认为恰恰相反，正是龙涎才需要"采香"。叶廷珪《香谱》："龙涎本无香，其气近于臊，……能发众香，故用以和香焉。"李时珍《本草纲目》也说："龙涎方药鲜用，惟入诸香。"这"和香"与"入诸香"便是"采香"。因龙涎有腥气，不能单独成香，需与他香（如沉、速、龙脑等）合在一起采制而成"龙涎香"。徐先生说"龙涎香则不需要加工"，这不是事实。

三、徐文又称："验香官员根本见不到牠（指海龙），怎么去戏弄牠呢?"我认为"戏海龙"并不是指验香的人看见了抹香鲸去戏弄它,而是作者的联想。因为作者知道龙涎是海龙所产,故有此想像,这并不难理解。试看明初费信在《星槎胜览》中的詠龙涎诗:"一片平方面,群龙任往还。身腾霄汉上,交戏海波间。吐沫人争取,拏舟路险难。边夷曾见贡,欢笑动天颜。"此诗明显地与汤诗有共同的地方,难道我们也说费信是在詠鸦片吗?

四、"春涨"问题,徐文举林则徐道光十九年四月初六折为例。但农历四月,已是初夏,不是春天了。况此时已进入19世纪30年代末,欧洲列强商船已不完全依赖季风而能远洋航行。

五、关于鸦片传入中国的问题,徐文又列举了不少材料。但我的原文并没有认为鸦片在明末以前尚未传入中国,而只是提出,"我国人把鸦片作为吸毒的麻醉药品,应该是万历末年以后。在此以前,鸦片只是一种作为治疗痢疾的药品"。不知怎么徐先生却说我认为明末以前中国未有鸦片。明末以前我国已把阿芙蓉作药用,但它与徐先生所说的作为鸦片烟来吸食,这是两种不同的用法。我说万历末年以前我国尚未有把鸦片作为吸食毒品的,主要是还未见到可靠的史料。至于徐先生所引的史料,也见于清道光十三年俞正燮的《癸巳类稿》卷十四《鸦片烟事述》条,但都不足为据。试看:

1.唐义净译的《毗奈耶杂事》卷十的资料。它只说明古代印度有吸药烟事,但它既不发生于中国,而"药烟"指的也不一定就是鸦片。徐先生根据什么理由断定"药烟"就是鸦片烟呢?其实《毗奈耶杂事》是公元前后时期的作品,我们查阅古代印度有关史料,至今尚未发现当时有吸食鸦片烟的记载。

2.《蟫精隽》中的资料,也不能说明当时已是吸食鸦片了。而且该书还提到,"其时金价尚贱,若以今日银价合之,亦不得谓奇货也"。可见亦是普通之物，非"千金一片"可比。

3.关于明神宗吸食鸦片、利玛窦携带鸦片等资料，这不过是后来的传说，也很难说是可靠的。

4.徐文列举了《本草纲目》中的阿芙蓉资料，但值得注意的倒是，李时珍是一位知识渊博的药物学家，他对阿芙蓉可以吸烟而成瘾一事，却只字未提，可见当时确未曾有吸食鸦片烟之事。

5.《弇州山人四部续稿》卷十中的诗，也看不出这是吸食鸦片的迹象。

6.《东西洋考》中的鸦片进口税饷，这并不能说明当时就是吸食用的鸦片。而且十斤税银二钱，可见也是极普通之物。

鸦片本不是香，古人也没有把鸦片称作"香"的。俞正燮在《癸巳类稿》中虽说《大明会典》中的乌香为鸦片，但这完全是附会之谈（把乌香误作乌土）。其实乌香即乌里香，乌里为南海地名，乌香为沉香之一种，这早在叶廷珪《香谱》中已有解释。另俞正燮《癸巳类稿》中引方以智《物理小识》中也说："罂粟津液……或以治泄痢，或用为房中药，性燠而澼，未为大害。古方贡药料之鸦片也。今广福雅片，则别有所谓鸦片土，自西洋红毛荷兰人制者。"我国最早吸食鸦片，很多人也认为是明末荷兰人从东印度群岛传入的，当时又称"广福鸦片"和"鸦片土"。徐先生说："鸦片何时传入中国是一个有待解决的问题，研究探索需要有点勇气。"我国人吸食鸦片始于何时的问题，当然可以继续深入研究；但光凭"勇气"是不够的，还要有实事求是的科学态度才对。

（《文史》第二十五辑，中华书局）

蒙奇兜勒的历史之谜"突破"质疑

读了今年(指 1996 年——编辑注)5 月 14 日《光明日报·史林》第 129 期上刊载的杨共乐先生《中西交往史上的一件大事》一文后,觉得其中一些论点和提法有值得研究之处。由于它涉及所谓"丝绸之路研究的一项重大突破",因此不揣冒昧,也将拙见写出来以便与杨先生共同探讨。杨先生在他文章末段中总结了他对蒙奇兜勒研究的三点意义,现就分别将这三点提出质疑意见。

杨先生说:"首先,它纠正了我们传统把蒙奇、兜勒分成两个国家的看法。"所谓"传统"看法,无外就是根据仅有的古籍所载关于蒙奇、兜勒的两条史料,这两条史料是:

> 西域蒙奇、兜勒二国遣使内附。(《后汉书·和帝纪》)
>
> 于是远国蒙奇、兜勒皆来归服,遣使贡献。(《后汉书·西域传》)

很清楚,前一条史料说的都是"二国";后一条史料说的是"皆",一个国家断不能说成是"皆来归服",所以这也说的是两个或两个以上的国家。而杨先生在文章引文中竟把《后汉书·和帝纪》中的"二国"二字删去,又对《后汉书·西域传》中的"皆"字视而不见,在对史料一点不作论证的情况下,轻易地把二国变成一国,否定传统的说法,这是非常草率的。

杨先生唯一依靠的是对音的方法，但先下结论再找对音比附，这也不是正确的方法。况且拉丁语并不是希腊语，马其顿的对音应该用希腊语才对。

其实蒙奇、兜勒二地在杨先生之前早已有人考证出来了。莫任南先生《中国和欧洲的直接交往始于何时》一文（载《中外关系史论丛》第1辑，1985年，世界知识出版社）引证中外史料，证实蒙奇即马其顿，兜勒即色雷斯希语 θpakη，读如 Träι，二地紧邻，均在希腊北部。读者如有兴趣，可找该文察看，这里就不详述了。

杨先生总结的第二点是，"其次，把中西直接交往的时间推前了67年。"但我认为，首先发现这一推前67年时间的，并不是杨先生，而是本世纪30年代的张星烺先生。是张先生在他的名著《中西交通史料汇编》中首先提出蒙奇即马其顿的。不过他接着又认为兜勒是吐火罗则是错误的，因为吐火罗在中亚，不是"远国"。但张先生首创之功不可没，莫先生的文章就是受张先生论点的启发而写的。杨先生不但对莫先生的文章无一语道及，而且对张先生首先提出马其顿说一点也未提到，反把这一发现记在自己的帐上，这是不对的。更令人奇怪的是近年来一些学者在有关著述中已常常引用张、莫两先生的说法，如丘进《中国与古罗马》第6章第1节注14（广东人民出版社，1990），黄时鉴《插图解说中西关系史年表》公元100年纪事（浙江人民出版社，1994），陈佳荣《中外交通史》第3章第4节（香港学津书店，1987）等，杨先生既已研究多年，为什么对这些著作都不注意呢？

最后，杨先生说，"第三，恢复了蒙奇兜勒商人来华这一事件的历史面貌。"所谓恢复历史面貌，杨先生文章中不过是把蒙奇、兜勒遣使内附之事与西方地理学家托勒密所写的《地理学》（成书于150年）一书中所载的马其顿商人梅斯派遣其手下的人到远东赛里斯国(Seves)，在时间和地理上基本认为是一致的。但这一对比，在莫任南先生的文章中早已有详细的论证。如果这也算是恢复历史面貌的话，那么首先也应归功于莫先生才对。

　　以上仅是对杨先生文章读后的几点不同看法，如有不妥，也请读者指正。

（未刊旧稿）

论齐景公和秦始皇在山东沿海的
航海活动,兼谈徐福史料中的一些问题①

齐景公(在位公元前 547—公元前 490)、秦始皇(在位公元前 246—公元前 211)是我国纪元前两位不同时期的历史人物,由于他们都在山东半岛从事过航海活动,而且都对我国古代航海事业的发展做过贡献,因此合在一起加以论述。徐福是秦始皇时代的一位航海家,但他是否东渡到日本,这是一个尚有不同意见的问题,本文也从史料学的角度,予以论及。

一

关于齐景公航海的史料,见于西汉刘向的《说苑·正谏篇》:

　　齐景公游于海上而乐之,六月不归。

虽然这只是短短的一句话,但却是我国航海史上一条非常珍贵的史料。它至少可以说明三个问题:1. 这是我国见于文献记载的一次最早的海上航行;2. 齐国至迟在公元前 6 世纪时已建立了一支可供海上长期航行的旅游船队;3. 山东半岛沿海是我国最早的航海地区。

我国人航海始见于何时,众说不一。有认为我国北方新石器时代中期已开始航海;有认为夏代已有人活跃于海上,有认为商代已出现航海，甚至还说殷人曾东渡美洲；有认为西周初年箕子就是航海东渡到朝鲜半岛去的，等等。我认为这些可能性都是存在的，但问题是还缺乏具体的史料根据。商周时代，我国沿海居民已经出海从事捕鱼等生产活动，也出现过关于"海"和"舟"等的文字记载（如在甲骨文、《诗经》等），但还不能说这就是"航海"活动的史料。我国出现的最早航海的可靠记载，我认为就是上面所引的齐景公航海。

　　齐景公是公元前 6 世纪春秋后期齐国的诸侯。齐国据有山东半岛，东、南、北三面环海，港湾最多，鱼、盐等海产品丰富，又是当时中国经济上最发达的地区，这对发展海上交通，都是极有利的条件。公元前 7 世纪齐桓公时国富兵强，为诸侯霸主，首府临淄不但是政治经济的中心，又是全国的交通中心，沿海各地的海上交通，很可能这时便已出现，可惜史无记载。直到一百多年后齐景公时，才第一次出现有关航海的记述。齐景公时，名相晏婴相齐已三世，齐国政治经济都在稳定发展。齐景公是在齐庄公被弑后，一个偶然机会中被立为齐侯的。他是个享乐主义者，《史记》上说他"好治宫室，聚狗马，奢侈，厚赋重刑"②。由于齐国富足，因此他耽于游乐，喜欢航海。他"游于海上而乐之"，还说："敢有先言归者，致死不赦。"就是乘船出海旅游，在海上整整游了六个月不想回来。同一时期稍后的孔子曾说过："道不行，乘桴浮于海"③，孔子不过是说说而已，并没有真正出过海航行。而齐景公作为一国之主，可以想象他是带着一班吃喝玩乐的随从和保驾护航的人马（一个船队），出海达六个月的，可见这时航海已有一定的规模了。

　　如果有人还怀疑在齐景公 400 年后才成书的《说苑》中的这条史料可能有失实的话，那么下面这一条资料可以说是齐景公航海的有力佐证：

　　昔者齐景公问于晏子曰:"吾欲观于转附,朝儛,遵海而南,放于琅邪,吾何修而可以比于先王观也。"④

这是仅晚于齐景公约 100 年战国时山东邹人孟子所引的话,它无疑是对《说苑》所述齐景公航海一个很好的注释。它明确地指出了齐景公航海的路线,转附——朝儛——琅邪。转附即今芝罘,朝儛即今山东半岛东北端的成山角,琅邪即今胶南县南部的琅邪山,都在海边。齐景公从临淄出发东北行,可能在登州湾,也可能在芝罘登上旅游船,然后东航到成山角,沿海南下,到达半岛南部的琅邪山。在这条环绕整个半岛东部的航线上,齐景公作了一次漫游,所以来回时间在半年以上(其中包括中途上岸游乐)。在齐景公之前齐侯很可能已在这条航线上航行过,所以齐景公才有"可以比于先王观也"的话。但作为具体见于记载的航行,齐景公是第一次。因此,可以说齐景公是首次开辟了这一环绕半岛的旅游航线。尔后的秦始皇、汉武帝都在这一条航线上作过多次航行,山东的沿海航行就成为公元前中国经常出现的一条航线。这对我国北方航海事业的发展,无疑产生了重大的影响。齐景公作为最早的航海者,其开辟倡导之功是不可没的。《说苑》的作者刘向虽然生于汉初,但他曾披阅了大量皇家秘藏文献资料,《说苑》辑录其中遗闻佚事,应该是有根据的。

　　也就在春秋的后期,紧接着齐景公之后,位于南方江苏、浙江沿海一带的吴、越两国的沿海航行也开始发展起来。这时吴越争霸,不断打仗,为了战争的需要,他们这时都建立了能在海上作战的船队。齐国在北方,在海上紧靠着南方的吴国。齐景公既然有能力作六个月以上的有一定规模沿海航行,我们估计到,他也一定会建立能在海上作战的船队,以便与南方的吴国争霸,和预防吴国从海上进攻。春秋末年,即公元前 485 年,果然齐、吴之间便

爆发了一场我国历史上第一次的海战:

　　(吴)徐承帅舟师将自海入齐,齐人败之。吴师乃还。⑤

这时距齐景公死时还不到五年。齐国在接到吴国要从海上入侵的情报后,迅速出击,在南方吴国海上打败了吴师。可见当时齐国的舟师在海上是早有戒备的。

　　到公元前 473 年越灭吴后,上将军范蠡"自与其私徒属乘舟浮海以行,终不反。……范蠡浮海出齐……耕于海畔"⑥。这时已是战国初期,范蠡从浙江沿海北上到了齐国山东海畔,说明当时南北沿海航行已经畅通。不久越王勾践又沿海北上,把他的势力扩展到了琅邪(一说此琅邪为今江苏赣榆⑦)。"(越王)既已诛忠臣,霸关东,从琅邪起观台,周七里,以望东海,死士八千人,戈船三百艘。"⑧有三百艘战船载着八千军士到琅邪去修筑观海台,这真是空前未有的蔚为壮观的沿海大航行。中国的航海,这时已发展为相当规模的南北通航了。

　　从春秋时代的齐景公航海到战国初的越王勾践海上迁都,这不过短短一百多年,我国的航海事业便从无到有,从渤海发展到黄海、东海地区,实现了南北直接通航,其发展速度之快,实在是惊人的。闽粤沿海由于当时还未开发,东海以南的航海还未见记载。因此,从文献资料来看,中国航海的策源地无疑应是山东沿海,而齐国是我国最早致力于航海的一个政权。

二

　　秦始皇帝扫六合,统一中国后,继承了齐和吴越的航海传统,又把我国的航海事业向前推进了一步。

　　秦始皇于二十六年(公元前 221)灭齐,两年后,即始皇二十八年(公元前 219)便首先在山东半岛开始了一系列的航海活动:

（二十八年）于是乃并勃海以东，过黄（今山东黄县）、腄（今山东福山县），穷成山，登之罘，立石颂秦德焉而去。南登琅邪，大乐之，留三月。乃徙黔首三万户琅邪台下。……既已，齐人徐市等上书，言海中有三神山，名曰蓬莱、方丈、瀛洲，仙人居之。请得斋戒，与童男女求之。于是遣徐市发童男女数千人，入海求仙人。

（二十九年）登之罘，刻石。……旋，遂之琅邪，道上党入。

（三十二年）始皇之碣石，使燕人卢生求羡门、高誓。……因使韩终、侯公、石生求仙人不死之药。

（三十七年）始皇出游。……上会稽，祭大禹，望于南海而立石刻颂秦德。……还过吴，从江乘渡，并海上，北至琅邪。……乃令入海者赍捕巨鱼具，而自以连弩候大鱼出射之。自琅邪北至荣成山，弗见。至之罘，见巨鱼，射杀一鱼，遂并海西。[9]

以上十年间，始皇共出海四次，其范围北起河北秦皇岛，南至浙江杭州湾，但其主要地区仍是在山东沿海。其中最重要的一次航海是最后的一次，这一次的航海时间一般都认为在始皇三十七年，但其实应是三十八年，即二世元年（公元前 209）。据《始皇本纪》，从三十七年十月开始，秦始皇出发南巡。十一月到湖北云梦，然后浮江东下，"至钱唐，临浙江，水波恶，乃西百二十里从狭中渡，上会稽，祭大禹，望于南海，而立石刻。"这时无论如何已到了三十七年的年底。刻石颂德以后，又乘船北上，遵海路到山东琅邪，这一阶段则应为三十八年春天的事。到琅邪后，再绕山东半岛北航，然后"遂并海西"，登陆时，则是初夏。不久始皇于平原津（在今山东平原县）得病，到了七月，便死于沙丘途中。按照这个时间表推算，则这次最后航海肯定应在三十八年上半年内。这次航行,基本上是越王勾践北上迁都琅邪时的航线,即假如从山东沿海北上至渤海湾内莱州湾西岸登陆的航线。因此,这次秦始皇航海,可以说是一次空前未有的长途航行,因为从长江口入海到渤海湾,用现在的算法距离至少有 1000 公里(从上海到烟台是 960公里)的航行。这是皇帝出游,其随从人员之多,规模之大,可以想见。如果秦代没有结构已相当坚固、性能良好的大海船,和相当熟练的沿海航行技术,这样的沿海大巡游是不可能实现的。

始皇热衷于航海,还和河北山东沿海一带的方士有很大的关系。方士即有方术之士,主要是指医卜星相之类,颇带一些神秘色彩,特别是当时流行的能使人长生不死、青春常驻的方术。很能吸引统治阶级。当时燕齐沿海诸地有海外神山、仙人、仙药的传说,这可能与海上常出现的"海市蜃楼"幻象有关。方士们便利用这种幻象宣扬可以到海外寻找不死药。从战国以来,燕国和齐国的统治者曾不断派人乘船到海外寻找:

　　自(齐)威、宣、燕昭使人入海求蓬莱、方丈、瀛洲。此三神山者,其傅在勃海中,去人不远,……世主莫不甘心焉。⑩

秦始皇于二十八年第一次东巡到山东时,"方士之言不可胜数"⑪,他很快就相信了他们的话,派徐福等入海寻找仙药,希望能长生不死。此外秦始皇还崇信战国时齐人邹衍倡导而为方士们鼓吹的"五德终始说",以秦为水德,秦尚水,无边无际的大海也符合秦始皇的开拓性格,因此他从西北来到东方海边,马上就钟情于大海,长期在海上流连忘返。

始皇二十八年(公元前 219)派遣方士徐福率童男女千人入海寻找仙山、仙人、不死药,这是我国大型船队作远洋航行的第一次尝试,为我国航海事业的发展揭开了新的一页。当时为了组织这支航海队伍(除了童男女各一千和一批舟师、船工、后勤管理人员和工匠等外，还有大批粮食、物资给养、淡水等生活必需品），所需经费"以巨万计"[12]。徐福的航海，证明了公元前三世纪在山东已具备了组织这样大规模船队作远洋航行的条件。

徐福航海是我国人民第一次对海外世界进行的探索性航行。探索最后虽然没有成功（见下第三部分论述），但徐福应是我国远洋航海的先驱者。由于当时我国人民的海外地里知识还处于幼稚阶段，徐福航海还带着很大的盲目性和迷信色彩，但他敢于探索的开拓精神和克服困难的勇气，对后人开辟通向海外世界的航线是一很大的鼓励。徐福应作为最早的一位航海家载入中国史册。

三

徐福航海究竟有没有到过日本，或者发现过什么新的陆地，这是长期以来颇有争议的一个问题，但近年来在不少学者的著述和文章中似乎已确定徐福东渡到了日本。我认为从史料学的角度看，这一结论还很值得研究。有关徐福航海的史料并不多，其中最早而又最权威的记载应是司马迁的《史记》，现在就让我们分析一下《史记》中的有关记述。

在《秦始皇本纪》中，司马迁首先记载了始皇二十八年时徐福的一次出航，内容见前述第（二）部份中的引文。这是明确无误地提到徐福的一次航海，但出航的时间应为始皇二十九年，而不是二十八年。因为二十八年只是始皇开始东巡的时间，假定他春三月开始离开咸阳东行，经河南到山东，先到邹峄山石议封禅，后又登泰山立石封禅，然后才来到莱州湾入海，沿着齐景公游乐的航线，又到芝罘立石，再经成山角南航抵琅邪山，在这里又逗留了三个月，然后又立石颂德，下令迁徙三万户于琅邪台下。经过这一连串的长途旅行和立石颂德，这时肯定已是二十八年的下半年了。然后，"既已，齐人徐市上书"，这才第一次提到徐福的名字。接着就是始皇相信了徐福的话，决定派他组织船队和征集童男女千人入海。但要筹备这支上千人以上的航海队伍，并不是一件简单的事。渤海湾内今河北省黄骅县有千童城，东晋时人撰的《齐纪》云："秦方士徐福将童男女千人求蓬莱，筑此城"。征集童男女还要筑城安置，准备各种出海物资，征调航海技术人员，修建适于远航的大海船等，都绝非短期间内就能办成。因此二十八年秋天徐福出航是根本不可能的。而冬天在北方也不是出航的季节，因此，徐福的这次出航，无论如何应在次年即二十九年。《始皇本纪》中没有二十九年的记事，所以司马迁没有具体记载徐福出航的时间，而笼统地归之于二十八年始皇决定派徐福航海的这一年内。

徐福于二十九年出航后，何时归来，史书也没有明文记载，只提到三十二年时，始皇又派燕人入海求仙人，派韩终、侯公、石生入海求不死药，可能这时徐福已航海归来了。始皇再次提到徐福，是在三十五年，这时卢生和侯生等也已空手归来，并畏罪逃亡，于是始皇大怒，列举方士诸多欺骗罪行，其中就提到徐福："徐市等费以巨万计，终不得药，徒奸利相告日闻。"[13] 因此，徐福航海，肯定在始皇三十五年前已经归来，而且毫无结果，根本也没有到过什么"蓬莱"、"瀛洲"等地方，白白地耗资巨万。

所谓徐福的"第二次航海"，许多人指的是始皇三十七年十月南巡，三十八年北返到达琅邪的一次：

　　三十七年十月癸丑，始皇出游。……还过吴，从江乘度，并海上，北至琅邪。方士徐市等入海求神药，数岁不得，费多，恐谴，乃诈曰："蓬莱药可得，然常为大鲛鱼所苦，故不得至。愿请善射与俱，见则以连弩射之。"始皇梦与海神战，如人状，问占梦。博士曰："水神不可见，以大鱼蛟龙为候。今

　　上祷祠备谨,而有此恶神,当除去,而善神可致。"乃令入海者
　　赍捕巨鱼具,而自以连弩候大鱼出射之。自琅邪北至荣成
　　山,弗见。至之罘,见巨鱼,射杀一鱼,遂并海西。⑭

现在许多徐福二次航海论者都认为这是徐福第二次航海的明证。
但仔细分析一下,我认为司马迁这里的"令入海者"应另有其人,
即当地的一些不知名的渔民,而不是入海求仙的方士。因为第
一,如前所述,秦始皇对入海求仙的方士早已识破其计,怎么忽然
又会相信他令他再度带领上千的童男女入海呢?第二,始皇因徐
福、卢生等航海无结果,出了问题后,而推及在咸阳的诸生。从而
引起"于是使御史悉案问诸生,诸生传相告引,乃自除犯禁者四百
六十余人皆坑之咸阳,使天下知之以惩后"⑮。这就是当时震惊
全国的"坑儒"事件,导火线是由徐福等方士引起的。两年之后秦
始皇怎么会忘记了"惩后"而又重新再令徐福入海呢?第三,从上
下文文意看,秦始皇令人入海捕大鱼,其动因并不是由于相信了
徐福的话,而是因他自己做了一个梦,梦见"与海神战,如人状,问
占梦",他相信了身边随行的占梦博士的话,才"令入海者赍捕巨
鱼具"捕捉大鱼的。杨煊先生曾说:"《史记》还说到秦始皇在巡海
途中,曾梦与海神争战,占梦博士说,水神不可见,但却会变化为
大鲛鱼现形,于是始皇便令人携渔具和弓弩入海搜捕,以示对海
神宣战。"⑯杨先生在这里也认为入海搜捕巨鱼与徐福无涉。这
"入海者"分明是入海捕鱼的渔民。如果秦始皇真的令徐福带领
童男女数千人再度入海,对这样大的一件事情,司马迁是不可能
不明确地记下来的。

　　现在再看看《史记》中《淮南衡山列传》中伍被的一段话。二
次航海论者都认为这就是徐福第二次入海、发现新陆地的确证。
但我认为这不过是伍被编造的谎言,并不可信,甚至连司马迁也

不相信。现在就让我们来看看伍被是怎样说的。

伍被是汉武帝时淮南王刘安的谋士,也是一位方士⑰。淮南王想谋夺帝位,广泛招贤纳士,伍被是其中的重要一员。有一次,他在向淮南王分析汉武帝与淮南王双方实力时,举秦始皇时百姓作乱的例子,提到徐福说:

> 又使徐福入海求神异物,还,为伪辞曰:"臣见海中大神,言曰:'汝西皇之使邪?'臣答曰:'然。''汝何求?'曰:'愿请延年益寿药。'神曰:'汝秦王之礼薄,得观而不得取。'即从臣东南至蓬莱山,见芝成宫阙,有使者铜色而龙形,光上照天。于是臣再拜问曰:'宜何资以献?'海神曰:'以令名男子若振女与百工之事,即得之矣。'"秦皇帝大说,遣振男女三千人,资之五谷种种百工而行。徐福得平原广泽,止王不来。于是百姓悲痛相思,欲为乱者十家而六。

请留意,这段引文,完全是伍被所说的话,而不是司马迁的话。从表面上看,伍被确曾说过徐福是前后二次入海,但稍一分析,便发现其内容漏洞百出。举其要者,一、徐福第一次入海,《始皇本纪》明言已带有"童男女数千人",但伍被却没有说,仿佛徐福是单身入海,并已到达蓬莱,遇见大神。这分明是方士编造出来的胡说。二、所谓"第二次入海",据《本纪》所述,应在始皇三十八年夏,但三十八年七月始皇已病死途中,八月胡亥即位,是为二世皇帝。这年冬,陈涉起兵。这时如果徐福要筹备三千以上的大船队远航,恐怕还来不及出海呢! 哪里等到要在徐福出海以后,"得平原广泽,止王不来",然后消息传来,"于是百姓才悲痛相思,欲为乱者十家而六"呢! 三、就算徐福在海外发现了"平原广泽",但既然是"止王不来",不通消息,秦朝的百姓又从哪里知道徐福在海外的发现呢? 四、就算秦朝的百姓当时已知道徐福在海外发现了新的陆地,但这一极为重要的新闻为什么不见秦汉文献记载?特别是司马迁的《史记·秦始皇本纪》不予采用,而仅仅在《淮南衡山列传》中记述伍被的话时,才引录出来呢?可见司马迁自己就不曾相信这一说法。现在有很多人为了论证徐福第二次入海发现新的陆地,竟把伍被说的话说成是司马迁说的话,实在是没有道理的。

还有一个例证说明伍被是个编造历史的"辨士",他在说完上述徐福出海后发现"平原广泽,止王不来"后,接着又说:

> 又使尉佗逾五岭攻百越。尉佗知中国劳极,止王不来。使人上书,求女无夫家者三万人,以为士卒衣补。秦皇帝可其万五千人。于是百姓离心瓦解,欲为乱者十家而七。

这里又是一个"止王不来",可是证之史实,赵佗在始皇时,只不过是一个"南海龙川令",始皇死后,二世时,南海郡尉任嚣病,于是嚣召赵佗来"行南海尉事"。到秦灭以后,赵佗才"自立为南越武王"⑱。而伍被却编造了一个赵陀在秦始皇时便已自立为王的故事。可见伍被是在信口胡说,和徐福的故事一样,不能令人相信。

司马迁指出,淮南王安为了谋反,"积金钱赂遗郡国诸侯游士奇材。诸辨士为方略者妄作妖言,谄谀王,王喜,多赐金钱"⑲。伍被就是这种辨士。司马迁已说他是"妄作妖言"了,可是现在还有人抱着伍被的关于徐福的谎言不放,信以为真,把司马迁在《秦始皇本纪》中已经摒弃不用的材料又加在司马迁身上,不是很荒唐吗?

至于晋以后一些史书又说到徐福曾到过海外的澶洲或蓬莱,后来学者又认为这一地方就是日本云云,这是有关徐福东渡的另一问题,这里就不谈了。

（未刊旧稿）

【注　释】

①这是上世纪 80 年代中期作者参加山东大学历史系举办的一次学术讨
　论会的一篇未刊稿。

②《史记》卷三二《齐太公世家》。

③《论语·公冶长》。

④《孟子·梁惠王下》。

⑤《左传·哀公十年》

⑥《史记》卷四一《越王勾践世家》。

⑦钱穆《越徙琅邪考》,见姚楠等著《七海扬帆》(香港中华书局出版)
　页 24。

⑧《吴越春秋·勾践伐吴传第十》。《史记·秦始皇本纪》二十八年,琅
　邪台《正义》亦引《括地志》云:"《吴越春秋》云:'越二十五年,徙都琅
　邪,立观台以望东海。'"

⑨《史记》卷六《秦始皇本纪》。

⑩同上书,卷二八《封禅书》。

⑪同上。

⑫《史记》卷六《秦始皇本纪》。

⑬《史记》卷六《秦始皇本纪》。

⑭《史记》卷六《秦始皇本纪》。

⑮《史记》卷六《秦始皇本纪》。

⑯杨熺《徐福东渡动因考》,载《徐福研究论文集》页 25,中国矿业大学出
　版社,1988 年。

⑰高诱《淮南子叙》。

⑱《史记》卷一一三《南越列传》、《汉书》卷九五《西南夷两粤朝鲜传》。

⑲《史记》卷一一八《淮南衡山列传》。

"一片汪洋都不见，知向谁边?"

——徐福东渡史料辨析

徐福是我国远洋航海的先驱，他曾在秦始皇时代带领过几千人的船队，作过远洋航海的尝试。但近几年来许多学者发表文章，都说他东渡到了日本，并且说他是最早把中国文化带到日本去的使者。这一说法我却认为大可商榷。有关徐福东渡的史料并不多，其中最早也是最具权威性的史料当推司马迁《史记》中的有关记述。现在就从《史记》中的徐福史料说起，简述我对徐福东渡的看法。

一

《史记》中以《秦始皇本纪》中有关徐福的材料最集中，而且都有系年。为了便于说明问题，我先将《秦始皇本纪》中的徐福史料，摘引三条于下：

> （始皇二十八年）〔始皇〕南登琅邪，大乐之，留三月。……既已，齐人徐市（福）等上书，言海中有三神山，名曰蓬莱、方丈、瀛洲，仙人居之。请得斋戒，与童男女求之。于是遣徐市发童男女数千人入海求仙人。

> （始皇三十五年）侯生、卢生相与谋，……于是乃亡去。

始皇闻亡，乃大怒曰："吾前收天下书不中用者尽去之。悉召文学方术士甚众，欲以兴太平，方士欲练以求奇药。今闻韩众去不报，徐市等费以巨万计，终不得药，徒奸利相告日闻。"

（始皇三十七年）（始皇）北至琅邪，方士徐市等入海求神药，数岁不得，费多恐谴，乃诈曰："蓬莱药可得，然常为大鲛鱼所苦，故不得至。愿请善射与俱，见则以连弩射之。"始皇梦与海神战，如人状，问占梦，博士曰："水神不可见，以大鱼蛟龙为候。今上祷祠备谨，而有此恶神，当除去，而善神可致。"乃令入海者赍捕巨鱼具，而自以连弩候大鱼出射之。自琅邪北至荣成山，弗见。至之罘，见巨鱼，射杀一鱼，遂并海西。

从上述史料可以看出，徐福出海，实际上只有一次，即始皇二十八年到琅邪时的一次。但现在很多人却说徐福出海共有两次，除二十八年外，还有三十七年的一次。这完全是对上述史料的误解。

首先，我认为，徐福于始皇二十八年出海（其实应是二十九年，因为二十八年只是始皇东巡开始并授命徐福出海之年①）后，在始皇三十五年前便已回来，结果是什么也没有发现，什么也没有得到。这在始皇三十五年时，已说得很清楚："徐市等费以巨万计，终不得药，徒奸利相告日闻。"三十七年时，司马迁又指出："方士徐市等入海求神药，数岁不得，费多恐谴。"因此，徐福在经过三、五年海上生活之后，结果是一无所获，空手归来，这在上述引文中是说得非常明确的。

其次，所谓始皇三十七年徐福再度出海事，也属查无实据。始皇于三十七年开始南巡，三十八年北返到达山东琅邪，徐福害怕追究他，便编造出大鲛鱼的故事来搪塞，并请求再出海去射杀大鲛鱼。但仔细分析这一史料，秦始皇"令入海者赍捕巨鱼具"应另有其人,即为当地一些不知名的渔民,而不可能是入海求仙的方士。因为第一,秦始皇在三十五年时,已识破了徐福、侯生、卢生等的奸计,怎么可能忽又相信徐福,令他再度耗资巨万,组织和率领一支数千人的庞大船队重新入海呢? 第二,始皇因徐福、卢生等航海无结果,出了问题后,进而推及在咸阳的诸生,不久就发生了震惊全国的坑儒事件。而两年之后,始皇怎么会又重用徐福,委以重任,令他再度入海呢? 第三,从上下文文意看,始皇令人入海捕大鱼,并不是由于相信了徐福的话,而是因他自己做了一个梦,梦见他"与海神战,如人状,问占梦",然后他相信了占梦博士的话,才令"入海者"带上捕捉大鱼的工具入海的。著名航海史学家杨熺先生在《徐福东渡动因考》一文中也说:"《史记》还说到秦始皇在巡海途中曾梦与海神战,占梦博士说,水神不可见,但却会变化为大鲛鱼现形。于是始皇便令人携渔具和弓弩入海搜捕,以示对海神宣战。"(载《徐福研究论文集》页25,中国矿业大学出版社,1988)杨先生也认为入海搜捕巨鱼与徐福无涉。第四,如果秦始皇真的在这一年又再度令徐福带领数千人入海,而且入海后又发现了前所未知的陆地的话,那么作为一位眼光敏锐的历史学家司马迁怎么会放过这样一条重大"新闻",不写进《秦始皇本纪》中去呢?

司马迁在《史记》卷二八的《封禅书》中,也谈到秦始皇在海上的求仙活动,但只有一次是明确提到派人带童男女入海求仙:"秦始皇并天下,至海上,……使人乃赍童男女入海求之。船交海中,皆以风为解,曰未能至,望见之焉。"这无疑就是始皇二十八年的一次。九年后,即始皇三十七年,《封禅书》又提到:"并海上,冀遇海中三神山之奇药。不得,还至沙丘崩。"这也根本没有提到徐福再度入海之事。《秦始皇本纪》与《封禅书》中的有关徐福航海的记载是一致的。

因此，我认为，徐福航海只有一次，即始皇于二十八年做出决定，二十九年出航的一次。但出航后毫无所获，于三十五年便已回来，也没有迹象说明他曾到过海外任何地方。

二

现在再来看看《史记》卷一一八《淮南衡山列传》中有关徐福的史料，这也是徐福二次入海论者津津乐道的一条史料：

> （淮南）王坐东宫，召伍被与谋。……被曰："……又使徐福入海求神异物。还，为伪辞曰：'臣见海中大神，言曰汝西皇之使耶？臣答曰然，汝何求？曰愿请延年益寿药。神曰，汝秦王之礼薄。……即从臣东南至蓬莱山。……于是臣再拜问曰：宜何资以献？海神曰：以令名男子若振女与百工之事，即得之矣。'秦皇帝大说，遣振男女三千人，资之五谷种种百工而行。徐福得平原广泽，止王不来。于是百姓悲痛相思，欲为乱者十家而六。"

可以看出，上引伍被关于徐福出海的话，显然与《秦始皇本纪》中的记载有很大不同。不同的主要点是：1.《本纪》说徐福带了数千童男女出海后什么也没有发现便回来了；而伍被却说徐福首次只身入海，而且到了蓬莱，见到海神然后才回来。2.《本纪》没有说到徐福再度入海；而伍被却说徐福第二次带领三千振男女入海，并在海外发现了"平原广泽"后，就在那里为王不回来了。现在许多人就根据伍被所述，认为是司马迁已明确说到徐福二次入海，并发现了陆地，这就是日本，云云。这两种不同的说法，究竟谁是正确的呢？

首先要澄清一点，即现在许多人认为《淮南衡山列传》中关于徐福的话是司马迁说的。其实这只是司马迁引录伍被的话,根本不是司马迁的话。而伍被关于徐福的话则不过是他自己编造出来的谎言,连司马迁也不相信。

伍被是在什么情况下说这段话的呢?原来伍被是汉武帝时淮南王刘安的谋士,也是一位方士。淮南王想谋夺皇位,广为招贤纳士,伍被就是其中主要的成员。他是在向淮南王分析汉武帝与淮南王双方实力,举秦始皇时百姓为乱的例子时,讲到徐福的。因此主题是为了说明秦始皇时百姓要作乱。为了证明百姓作乱与徐福出海有直接关系,伍被便编出了上述这段谎言。其所以说它是谎言,因为它漏洞百出:第一,徐福第一次出海,既然已到过蓬莱,遇见海神,为什么第二次带了三千童男女出海,反而见不到神山,而到了不知名的"平原广泽"呢?第二,就算徐福在海外发现了"平原广泽",但既然在那里"止王不来",不通音讯,秦朝的百姓又从哪里知道徐福在海外的发现,从而"悲痛相思"呢?第三,如果这"平原广泽"指的就是日本,那就更难理解:据现在许多航海史专家的论证,从山东半岛东航日本,在秦代航海技术和造船技术的条件下,根本不可能实现短时间内直航,而是必须沿半岛北上,经渤海上的庙岛群岛到辽东半岛南部,再向东沿岸航行到朝鲜半岛的西岸,然后再沿半岛西岸南下到半岛南部,再渡对马海峡,经过对马岛,才到达日本九州岛的北岸。这一漫长的航程中,在朝鲜半岛南部就有许多未为秦人所知的"平原广泽",徐福为什么未能发现它,而偏偏要渡过对马海峡后才发现呢?第四,就算秦朝百姓当时已知道了徐福的海外新发现,但这一条重要的新闻为什么既不见于《秦始皇本纪》的记载,也不见于秦末汉初其他留传下来的史料呢?司马迁仅仅在《淮南衡山列传》中记载伍被的话时,才转录徐福得"平原广泽"的话;司马迁为什么不在《秦始皇本纪》中直截了当地写出来呢？可见司马迁自己就不曾相信这一说法。

这里还可以再举一个伍被编造历史的相同例子。《淮南衡山列传》中在记述伍被说完上述关于徐福的话后，接着又说：

> 又使尉佗逾五岭攻百越。尉佗知中国劳极，止王不来，使人上书，求女无夫家者三万人，以为士卒衣补。秦皇帝可其万五千人。于是百姓离心瓦解，欲为乱者十家而七。

这里又是一个"止王不来"。可是证之史实，赵佗（即尉佗）在秦始皇时，只不过是一个"南海郡龙川县令"。始皇死后，二世时，南海郡尉任嚣病，于是召赵佗来，让他"行南海尉事"，直到秦灭以后，赵佗才开始自立为南越武王（见《史记》卷一二三《南越列传》及《汉书》卷九五《西南夷两粤朝鲜传》）。而伍被却在与淮南王对话时编造了一个关于赵佗在秦始皇时便已自立为王，"止王不来"的故事。这和他编造徐福的出海故事一样，都是信口胡说，令人不能相信。

司马迁已在《淮南衡山列传》中指出，淮南王安为了谋反，"积金钱赂遗郡国诸侯游士奇材。诸辨士为方略者妄作妖言，谄谀王，王喜，多赐金钱。"伍被就是这样的一种"辨士"，司马迁已说他是"妄作妖言"了，我们怎么能抱着伍被关于徐福的谎话不放，信以为真呢？

徐福这位中国最早的远洋航海探索者究竟航海到过什么地方，这始终还是个谜，真是"一片汪洋都不见，知向谁边？"我们允许各种的假设和探讨，但必须有具体的充分的史料根据，才能立论，才能令人信服。有关徐福的航海问题，我也在探讨之中，希望能广泛得到专家、学者和广大文史爱好者的指教。

（《文史知识》1993 年第 2 期，中华书局）

【注　释】

①在公元前 3 世纪时组织一支三千人以上的船队作远洋航海,这是绝非短期内可办到的事。徐福于始皇二十八年夏方被受命组织船队,特别是要征集三千童男女,征集 40 艘以上的大海船(每艘可乘 100 人以上),征集数百人的船工、舟师,都需要一段时间。秋天启航是来不及的。冬天又不是北方的航海季节,因此起码要到次年即始皇二十九年方能启航。又据《元和郡县图志》卷一八,沧州饶安县:"秦千童城,始皇遣童男女千人入海求蓬莱,置此城以居之,故名。"其地在今河北盐山县旧县镇。征集童男女,远在渤海湾内河北、山东交界处,还要筑城居之,可见此项工作规模之大,绝非短期可以完成。故我以为徐福出航时间,应在始皇二十九年或三十年。

呼之欲出的中国突厥学

去冬今春，书市上相继出现了三本关于突厥研究的新书，分别是《唐代九姓胡与突厥文化》（蔡鸿生著，中华书局出版）、《突厥碑铭研究》（芮传明著，上海古籍出版社出版）、《突厥历法研究》（〔法〕路易·巴赞〔L. Bazin〕著，耿昇译，中华书局出版）。这对学术界来说，真是难得而令人兴奋的好消息，中国的突厥学已是呼之欲出了。

"突厥"一名现在知道的人已经不多，但在隋唐时代，它却是一个家喻户晓的令人生畏的名字。突厥原是6世纪上半叶出现于阿尔泰山南麓蒙古高原上的一个游牧部落联盟，不久它南征西讨，建立了历时两个世纪横跨亚洲的东西突厥汗国。陈寅恪先生曾称"突厥在当时实为东亚霸主"，并提出唐高祖曾向突厥称臣。唐太宗时突厥又以20万铁骑直逼京师长安。唐玄宗时突厥混血胡人安禄山还差一点颠覆了唐室。突厥又是中世纪汉文化与漠北草原文化、中亚绿洲文化相互交流的重要媒介，对中亚到西亚各民族的形成和历史发展都有重要影响。西亚西端的土耳其便是11世纪突厥人西徙与地中海东岸民族混合后形成的一个新民族。土耳其（Turkey）一名就是直接从突厥（Türk）一词转变而来的。对突厥历史、语言、文学的研究很早就为西方学者所重视。特别是19世纪末到20世纪初在蒙古高原上发现了五块突厥碑文(即阙特勤碑、毗伽可汗碑、翁金碑、暾欲谷碑、阙利啜碑)以后,突厥学便成为东方学中的重要学科,国际上相继出现了一批著名的突厥学者。举其要者,有丹麦的汤姆森,俄国的拉德罗夫、巴托尔德、伯恩斯坦、克里亚什托尔内伊,法国的沙畹、德尼、巴赞、吉罗、德国的班吉、夏德、葛玛丽、刘茂才,日本的白鸟库吉、护雅夫、内田吟风等。90多年来国外有关突厥的著作、论文不可胜数。可惜的是,突厥资料最为丰富的中国,突厥研究成果却寥寥无几。早期虽有王国维、陈寅恪、张星烺、向达等学者在论述西北史地、隋唐史、中外交通史涉及突厥时提出过一些精辟见解,但只是点到为止,未能作出专门深入的论证。1959年岑仲勉先生的《突厥集史》出版,在收集史料和进行考译方面做了大量工作,并提出了许多独到的见解,可称中国最早一位突厥学者。遗憾的是岑氏不懂突厥语文,他的研究有很大的局限性。80年代以后,耿世民先生在突厥碑文的介绍和翻译方面有所突破。但未能结合中国文献史料作出新的注释。马长寿的《突厥人和突厥汗国》、林幹的《突厥史》是40年来仅有的两部突厥史论著,对突厥的社会性质、制度、文化等都提出不少有价值的见解,但他们都未能利用外国学者大量的研究成果。过去陈寅恪先生是既精通突厥语文又精通中国史、中亚史的学者,曾有人建言请他开创中国突厥学的研究,并开课授徒,然而他却"只开风气不为师",留下一件憾事。直到今天,本世纪的最后一年,我们才看到了三部学术质量很高的突厥研究著译同时问世,确实令人高兴!

但是,应该指出这三部新书的出现并不是突发的,而是40多年来前辈学者辛勤培育和著译者艰苦努力的必然结果。蔡鸿生是我在50年代中期中山大学历史系读书时的同班同学,我和他也共同听过陈寅恪先生的《元白诗证史》课和岑仲勉先生的《隋唐史》课。陈、岑两先生在授课中都涉及不少突厥史事，其中一些精辟论点，蔡鸿生能牢记在心，含精咀华，心领神会。他在《唐代九姓胡与突厥文化》的《后记》中坦陈自己受到陈、岑二师的启蒙和教诲，才走上研究突厥的治学道路。由突厥而延伸到粟特、俄罗斯，身居岭南而心系漠北，我非常佩服他这种问学的无畏精神和勇气。芮传明则是复旦大学教授章巽的最后一位博士研究生，《突厥碑铭研究》原是他的博士论文题目。章先生是西域史和海上交通史专家，素以治学缜密和有独创性见长。晚年他写《桃花石和回纥国》一文，力排众说，独创 Tabrac 即"大汗"说。芮传明在业师的启示下，在突厥碑铭中继之而起又创"大汉"说，可谓青出于蓝而胜于蓝。章先生去世后，芮传明又得突厥语专家龚方震教授的指点，在这条冷而又僻的板凳上一坐就是十年，真是"十年磨一剑"，终于成为中国第一位对突厥碑文进行全面研究和注释的学者。耿昇早年原是法文外交翻译，后来才进入汉学翻译。20年来译出了大量法国汉学名著，嘉惠学林，功不可没。巴赞这部《突厥历法研究》是专业性、学术性极强的书，涉及历史学、民族学、语言学、考古学、古文字学、民俗学、天文学、气象学、星相学、历法学、人类学、动植物学等许多专业名词和专业知识，没有很大的勇气和刻苦钻研的精神是很难啃下这块硬骨头的。

　　这三部书各具特点，反映了当前突厥研究的三种类型。《唐代九姓胡与突厥文化》是综合型的，它由一系列有关突厥史的文章组成，论及了突厥的政治、军事、社会、经济、文化、物产、风俗习惯等各个方面，实际上是一部突厥社会史。作者视野开阔，古今融会，中西兼通，持论谨严，令人信服，是古代民族史中不可多得的力作。《突厥碑铭研究》则是考证型的，作者选择了突厥研究上一个聚讼纷纭，不同意见最多的难点，进行重点突破。作者充分运用汉文史料与突厥文资料相互结合,对突厥碑文进行了全面的考证研究,不但填补了国内研究上的空白,而且也在国际上使突厥碑铭的解读研究获得新的进展。《突厥历法研究》则是近十年国外突厥研究的代表作,它使我们进一步了解西方突厥研究的现状和动向,并更好地借鉴西方的研究成果和研究方法,如重视语言学和自然科学的比较研究及深入细致的演绎分析的方法。但由于作者未能直接运用汉文史料,因此其中某些论述难免感到不足。如谈到突厥的12生肖纪年,巴赞虽然也提出它从中国民间历法借鉴而来,但却缺乏史料论证。实际上在汉文史料中,东汉王充《论衡·物势篇》就有12支配动物的记载,《北史·宇文护传》中也有12生肖纪年的记载,都比突厥地区最早出现12生肖记载(公元571年,粟特文布欲谷碑)要早。在蔡鸿生的书中也引用了不少中文史料,论证了12生肖源出中国。由此可见利用丰富的中国史料对突厥学的深入研究实在非常必要。

三书还涉及中外文化交流史上许多具体而有趣的问题,这里就不再介绍了。总之,有志于突厥历史研究和有兴趣涉猎中外文化交流史的人都可以从这三本书中获得教益。中国的突厥研究现在虽然只有极少数人在孤军作战,但却已取得了不容忽视的成绩;除广州、上海外,在北京、新疆、内蒙也仍具有相当的研究潜力。目前的主要问题是希望能得到有关方面领导和有识之士的积极扶持,培养年青一代的研究人员,并以三书的出版为契机,在不久的将来能召开一次突厥学的学术讨论会,组织人力翻译和出版11世纪中国回纥学者喀什噶里用阿拉伯文写的反映突厥人生活的百科全书《突厥语大辞典》。建立中国的突厥学,此其时矣。

(《光明日报》1999年8月27日)

也谈斯坦因与敦煌文献

敦煌莫高窟,一个举世瞩目的文物宝库。其出土的经卷、文书、壁画、塑像等不但是弥足珍贵的文物,更有着极其重要的史料价值。然而 20 世纪初,以斯坦因为首的西方探险家纷纷来到中国,以各种手段掠走了大批宝藏。敦煌文物的流失,不可否认与王道士的愚昧、清政府的腐败有着密切关系。不久前在某报读到的《敦煌的第一知音》一文对此作了较深入的揭示,然而在对斯坦因的认识上,该文却大有值得商榷的地方。

首先,这篇文章认为,斯氏与王道士之间的敦煌文物交易"是纯粹个人之间的试探、磨合和协商","是一场单个人对单个人的交易,不存在帝国主义,也不存在欺骗"。我觉得这不符合历史事实。斯氏三次中国之行都不是什么个人的行为,他的所有活动都得到英国政府的全力支持,而自 19 世纪中叶以后英国对中国沿海和西北、西南的侵略活动是尽人皆知的。斯坦因于 20 世纪初组织探险队进入中国新疆、甘肃,其背景自然与英国政府的政策有关,这是不言而喻的。何况他在中国私自测绘地图,破坏古代文化遗址,盗走、骗取大量文物,仅在敦煌就骗取经卷、文物八千多件,在高昌故城窃走的文物竟动用了五十头骆驼驮运。由于"探险""搜宝"有功,英国政府授予他多种勋章,请他出任英印政府古物局局长,1912年又封他为爵士。斯坦因和王道士之间的文物交易,能算是"单个人对单个人的交易"吗? 再说王道士,藏经洞的文物虽然是他发现的,但不应归他私人所有,不是他的私产。他只有保管的权利,而且应上报国家、政府。他私售给外国人是非法的,在封建社会里也是"私通外国"罪。只是由于当时官员腐败,清政府已处于风雨飘摇之中,他才得以逍遥法外而已。

　　至于"不存在欺骗"问题,最好还是看看事实吧:在这场"文物交易"中,斯坦因只付出区区四个马蹄银(约合200两银子),而王道士交出的,却是29箱文物宝藏,仅由翟理斯编号公布的敦煌文献就有8102号(件)。就是说,一两银子就可以买到40件敦煌文献了。天下哪有这么便宜的好事? 要知道这是举世无双的敦煌宝藏呵! 这不是欺骗又是什么呢? 斯坦因当时正是欺负王道士的愚昧无知,又利用王道士的私心,才达成这笔"交易"的。

　　该文还提出:"在当时中国人眼里,除了八股文,除了四书五经,其他文献全是垃圾。"不知该文作者为什么会有如此提法,难道在中国的古典文献中,除"经部"外,其他史、子、集部中国人都认为是垃圾? 而那些所谓"八股文",除为应付考试外,倒是近乎"垃圾"的。当然,我猜测该文的言外之意,可能是说当时中国人根本就不注意西北史地研究,也无人会懂得敦煌文献的价值,只有像斯坦因之类的外国人才知道敦煌文献的价值。但这种看法也完全错了。清代自道咸以来,我国学者治西北史地之风大盛,先有魏源、何秋涛开其端,又有洪钧、李文田等接其后,特别是1821年徐松写的《西域水道记》和1897年陶葆廉写的《辛卯侍行记》,都是作者亲自在西北实地考察的有重要学术价值的记录。徐松还著有《汉书西域传补注》、《新疆识略》、《新疆赋》等。法国人伯希和等在进入新疆前后,就参阅过不少中国学者的这类著作,他注意到徐松《西域水道记》中记录了一块唐碑,碑中首次提到了敦煌的"莫高窟",他就以此为向导到敦煌寻访遗址。当时徐松以有罪之身谪戍新疆,但未能来到敦煌,否则他将会是中国学者访问敦煌莫高窟的第一人。

这篇文章还把"敦煌第一知音"的桂冠戴在斯坦因的头上,我认为也是不大合适的。所谓"第一知音",应是指最早一位认识敦煌藏经洞文物价值的人。其实在斯坦因1907年到达敦煌之前,中国学者就对藏经洞的文献作过鉴定了。荣新江教授所著《敦煌学十八讲》中称,1902年初著名金石学家叶昌炽出任甘肃学政,次年12月30日他在日记(即《缘督庐日记》)中就记录了时任敦煌县长汪宗翰送给他的藏经洞经卷:

> 又写经四卷,皆《大般涅槃经》,笔法遒古,确为唐经生派,纸色界画与日本估舶者无毫厘之异,乃知唐人经卷中东同一流传,特以震旦重遭劫火,消磨殆尽。敦煌僻在西荒,深山古刹,宜其尚有孑遗。闻此经出千佛洞石室中,室门熔铁灌之,终古不开,前数年始发而入,中有石几石榻,榻上供藏经数百卷,即是物也⋯⋯

其后1904年9月29日他又记录了汪宗翰送给他藏经洞的宋画绢本《水月观音像》,1904年10月13日又记录了王宗海送给他的唐写经两卷,画像一帧,也是藏经洞中之物,都写下了详细的鉴定。荣教授在书中还引述了叶氏返回苏州老家后珍藏此敦煌写卷和绢画的情况及叶氏逝世后的流传情况。1919年王国维在藏书家蒋汝藻家中曾看到了这两幅绢画,并写成两篇详细的考证跋文(见《观堂集林》卷20)。由此可见,早在斯坦因来到敦煌前三年即1903年,叶昌炽已经看到了藏经洞的经卷和绢画并作出鉴定,认定它是敦煌宝藏。他才是敦煌的第一知音,只不过由于种种原因,他未能亲自来到敦煌探宝,未免留下不足和遗憾罢了。

　　还有一个所谓"历史冤案"的问题。文章认为过去有些人对斯坦因的评论是"历史冤案",甚至连说他是"欺骗""也太重了点儿"。对此,我也有不同看法。过去我们较长时间都习惯称斯坦因、伯希和取走敦煌宝藏为"劫掠""盗取""骗取"等,这是因为自19世纪中期以后,英、法等西方国家确实从中国沿海到西南、西北边疆进行过武装侵略,并劫掠圆明园,又强迫中国签订不平等条约,割地赔款。在这一背景下,斯坦因、伯希和等人以探险队名义进入中国新疆、甘肃从事测绘地图和调查活动,特别是在新疆进行破坏性的掠夺文物活动,受到中国人民的谴责,是理所当然的。他们在敦煌私下与王道士做交易,骗取了大量敦煌文物,显然是非法的。

　　现在历史已经进入了21世纪,时代不同了,中国和西方国家可以进行正常的文化交流。过去被他们夺取骗走的敦煌文物,经过中外学者的合作整理后,也完好地保存在他们的博物馆和图书馆中,可以公开借阅和复印出版了。这是"坏事变成了好事",我们可以不再使用"劫夺""盗取"等词语来叙述敦煌文物的流失。但如果连"骗取""骗去"的词语都不能说,认为"这也太重了点儿",我认为也是不妥当的。因为斯坦因、伯希和正是用欺骗的手法以极低廉的价格从王道士手中购去大批属于国家的敦煌宝藏的,这是不容更改的历史事实,也是毋需隐讳的历史事实。陈寅恪先生曾说:"敦煌者,吾国学术之伤心史也。"伤心就伤在敦煌在中国,而敦煌文献却在国外,中国研究敦煌的学者要到国外去找材料。现在条件虽然改变了,但在叙述敦煌学的历史和谈论敦煌文献流失的经过时,如实地说出他们骗取或骗去了敦煌文物,我认为还是可以而且应该这样的。

于沪上浦东香山新村

（《文史知识》2003 年第 5 期，中华书局）

张星烺先生及其《中西交通史料汇编》

张星烺先生编注的《中西交通史料汇编》(共六册,以下简称《汇编》),是我国目前研究古代中外关系史方面比较完备的资料书,也是张先生从事中西交通史研究多年的主要学术成果。原书初版于1930年,作为《辅仁大学丛书》第一种刊行。后来张先生继续收集有关资料,准备增补;但一直未能如愿,而张先生已于1951年逝世。现在朱杰勤同志将张先生的原书和他遗留下来的部分增补资料,全部加以校补,并由中华书局重新排印出版。

张星烺先生字亮尘,1881年生,江苏泗阳人。早年留学美、德二国,学习自然科学。归国后曾在北京大学、燕京大学、辅仁大学任教授,并专门从事中西交通史的研究。解放前我国研究中西交通史的人寥若晨星;张先生刻苦钻研,惨淡经营,在当时客观条件非常困难的情况下,终于完成了上百万字的《汇编》的编撰工作,为开拓我国中西交通史的研究作了很大贡献。此外,张先生还翻译了《马可波罗游记》玉尔(H. Yule)校注本一部分和拜内戴拖(Benedeto)本等。

《汇编》一书包括八个部分,即:一、古代中国与欧洲之交通;二、古代中国与非洲之交通;三、古代中国与阿拉伯之交通;四、古代中国与亚美尼亚之交通;五、古代中国与犹太之交通;六、古代中国与伊兰之交通；七、古代中国与中亚之交通；八、古代中国与印度之交通。《汇编》的特点，首先是资料比较丰富。书中征引中外书籍共三百多种，所选资料包括有关中外关系的政治、经济、历史、地理、民族、语言、文化、科学技术等各个方面。编注者根据时代先后，将这些资料按国家地区分类排列，并加上标题，便于查阅。如二十四史、《册府元龟》等份量很大的古籍，其中关于西方外国的记载非常丰富，但过去尚未有人加以辑录，现由张先生整理出来，分类加上标题，编入《汇编》之中，对中外交通史的初学者和研究工作者，都带来很大的方便。

《汇编》的第二个特点，就是书中大量引用和介绍了过去外国学者的研究成果。近代西方的一些中国学研究者，利用语言学和考古学的知识，把中国边疆的历史与世界史进行比较研究，取得了不小成果。《汇编》着重地介绍了西方的中国学者如夏德（F. Hirth）、玉尔（H. Yule）、白莱脱胥乃窦（E. Bretschneider）、劳费尔（B. Laufer）等人的研究成果。特别是书中大量地引用了玉尔的《古代中国闻见录》（Cathay and the Way Thither）一书中的材料。这些材料绝大部分我国过去还没有翻译介绍过，对中外关系史的研究，都有重要的参考价值。

《汇编》的第三个特点，是书中包括了不少编注者个人的研究心得。特别是穿插在各章节中的《附录》，这实际上就是编注者的专题研究论著。如第一册附录中的《支那名号考》，文中首先论述了"支那"一名的起源及各家说法，然后详细地论证了"支那"即"秦"的论点，澄清了这个众说纷纭的问题，有很高的学术价值。

《汇编》的整理校订工作主要有下列几方面：1、统一全书体例，调整了一些不合理的章节安排，把引书资料和编注者的话区别开来。2、删去了原书中与中西交通史无关的资料和一些不必要的议论。3、引书原文尽可能找到出处,加以核对。4、原书标点不统一,错字很多,尽可能予以改正。5、增补了一部分编注者拟增添的材料,如第五册中的附录二《唐代西域人组成的军队考》,就是从张先生后来的增补稿中整理新增的。至于本书中译文,则仍保存原译者的风格;其中译文可能有脱误之处,但由于这部分核对工作量太大,很难校改,故一律不作改动。

　　本书原是四十多年前旧作,今天看来,缺点还是很多的。首先是一些材料比较陈旧,编注和校订都未能吸取近三十年来丰富的学术研究成果。其次,书中一些明显的错误,由于已成一家之言,我们也仍保留下来。如第三册《古代中国与犹太之交通》中,编注者将元代之"斡脱"误认为"犹太",将有关"斡脱"的资料编入本书中。实则斡脱为中亚的一种商业组织,不是犹太人,现书中仍保留张先生的观点及资料。又因本书涉及面广,内容丰富,编排体例仍有不周之处。此次重排出版,主要是为了填补目前研究资料之不足。我们希望将来能有一套更完备的古代中西交通史的资料书问世。

（《古籍整理出版情况简报》1979 年第 3 号）

《东西洋考》前言

我国的海上对外交通有着悠久的历史。早在《汉书·地理志》上就有过关于汉使经东南亚到达南亚的记载。自三国以后直到明末,历代有关海外交通和海外各国的记述,不断出现。其中最详而又有代表性的,要数南宋赵汝适的《诸蕃志》、元汪大渊的《岛夷志略》、明马欢的《瀛涯胜览》、费信的《星槎胜览》和张燮的《东西洋考》等书。《东西洋考》虽然比较晚出,所记海外诸国,也没有前诸书之广;但它取材丰富,包括了明代后期有关海外贸易和交通的历史、地理、经济、航海等各方面的知识,对我们今天研究中外关系史、经济史、航海史、华侨史等,都有很大用处。因此,我们将它整理出版。现仅就作者的生平和书中内容作一简单介绍于下。

一

张燮字绍和,福建漳州府龙溪县(今福建省龙海县)人。他的生平不见于明代史传。有关他的事迹,现只能从福建的地方志和有关的文集记载中,略知一二。

据何乔远《闽书》卷一一八《英旧志》的记载,张燮是明万历二十二年(1594)举人;其父张廷榜是隆庆四年(1570)举人,曾做过太平令、镇江丞；其伯父张廷栋曾授行人，出使番国，做到礼部主事；廷榜的曾祖父张绰曾做过刑部郎。《闽书》中有张廷榜的小传，称他"不善事上官，擢镇江丞，竟为上官撼论罢，年方三十余。晚而舟居，泛宅浮家，潇然无系。"《龙溪县志》卷一一古迹云："风雅堂在开元寺左，明里人张廷榜别业。万历辛丑改为诗社，诸名流时往来唱和焉。"从以上资料可以看出，张燮的家世，是一门曾充朝官和地方官的仕宦人家，他的父亲又是一位"不肯为五斗米折腰"的陶渊明式人物。张燮就是在这样一个地方名士的家庭环境中长大的。

张燮的生卒年，据薛澄清《明张燮及其著述考》一文（载《岭南学报》第四卷第二期）的考证，生于明万历二年（1574），死于崇祯十三年（1640），享年六十七岁。这一时期，正是明代封建王朝处于风雨飘摇的衰落时期，社会矛盾非常尖锐，农民起义烽火遍地燃烧。张燮二十一岁中了举人，面对着明末政治腐败，宦官、贪吏横行不法，沿海倭寇猖獗，人民怨声载道的局面，他也和他父亲一样，无心仕途，而寄情于山水之间。黄道周曾称他"游览天下名山"（见《黄漳浦集》卷二五）。张燮在游历中还写下了不少的诗篇，可惜均已不传。当时与张燮有密切交往的，除当地知名文人外（有所谓"龙溪七才子"，见康熙《龙溪县志》），还有著名学者陈继儒、曹学佺、徐霞客、徐𤊟、何乔远等。晚年张燮结诗社于芝山之麓，自题所居曰"霏云居"，而以举人终身。

张燮的著述很多，据薛澄清所考，共有十五种六百九十六卷，其中诗文占了大部分。张燮以"博学"知名于时。当时黄道周在其《三罪四耻七不如疏》中说："志尚高雅，博学多通，不如华亭布衣陈继儒、龙溪举人张燮。"（《明史》卷二五五《黄道周传》）据傅衣凌先生见告，张燮的文集今日本尚存；但国内却很少见到了。

二

《东西洋考》原是张燮应海澄县令陶镕之请而写的,后因事中辍,不久又由漳州府督饷别驾王起宗请他继续写完。次年(万历四十五年,公元1617年),即由漳州地方官主持刻印出版。海澄和漳州的地方官为什么如此重视编写和出版这部书呢?

明代前期,由于封建经济的发展,东南沿海手工业的繁荣,和郑和七次下"西洋"的影响,海外贸易也在发展。另一方面,明代的"海禁"政策不但不能防止倭寇的侵扰,反而使民间走私大增,国家税入大减。"成(化)、弘(治)之际,豪门巨室,间有乘巨舰,贸易海外者。奸人阴开其利窦,而官人不得显收其利权。"(本书卷七《饷税考》)明王朝为了挽救损失,增加税入,到隆庆年间,不得不宣布废除"海禁"。周起元在本书序中说:"我穆庙(明穆宗)时除贩夷之律,于是五方之贾,熙熙水国,刳艅艎,分市东西路,其捆载珍奇,故异物不足述。而所贸金钱,岁无虑数十万。公私并赖,其殆天子之南库也。""海禁"解除后,海外贸易出现了一个新的局面。然而这时历史已经进入了16世纪中叶,西方的武装殖民者,最早是葡萄牙,其后是西班牙、荷兰,相继来到东南亚地区,进行海盗式掠夺和野蛮统治,使我国海外贸易出现严重威胁。明朝统治阶级为了维持"天子南库"的收入,沿海商民也要确保海上贸易的正常进行,他们都需要对海外各国的历史情况,特别是西方殖民者来到东南亚以后的情况和海外贸易,有一个比较全面的了解。这样,编写一本带有这一时代特点的海外贸易"通商指南"性质的书,便提到日程上来了。位于福建南部沿海的漳州海澄,是一个"农贾杂半,走洋如适市,朝夕之皆海供,酬酢之皆夷产"的新兴的沿海通商城市,靠海外贸易为生的人占人口的大半(高克正

《折吕宋采金议》:"澄民习夷,什家而七。"见本书卷十一引)。这里的地方官非常重视发展海外贸易。因此,编写的任务,便由他们承担起来。他们邀请当地的博学之士张燮来担任编写工作。作为明末海外贸易"通商指南"的《东西洋考》,就是在这样的情况下问世的。

三

《东西洋考》共分十二卷,计《西洋列国考》四卷,《东洋列国考》一卷,《外纪考》一卷,《饷税考》一卷,《税珰考》一卷,《舟师考》一卷,《艺文考》二卷,《逸事考》一卷。有关漳州地区海外贸易的各方面资料,几乎都包括进去了。过去曾有人认为张燮从未涉足海外,书中记述那是转录他书或得自传闻,不是第一手资料,因而不予重视。其实这种看法是片面的。

首先,《东西洋考》比较详细地记载了 16 世纪东南亚各国的历史,特别是西方殖民者掠夺和奴役东南亚人民的历史。这是我国与西方殖民者在海外接触的最早资料之一,是中外关系史的重要资料。如卷五吕宋条中,作者着重地记述了当时西班牙殖民者掠夺和奴役菲律宾人民的种种罪行,作者也详细地记述了万历三十一年(1603)西班牙殖民者对旅居菲律宾马尼拉华人的第一次血腥大屠杀和华人与菲人共同反抗西班牙殖民者的英勇斗争。《明史·吕宋传》基本上就是根据《东西洋考》中吕宋的资料抄录而成的。本书很多地方都反映了西方殖民者东来后,当地人民遭受空前浩劫的历史事实。麻六甲(今马来半岛南部马六甲一带)的人民曾把当地的龟龙(指鳄鱼)、黑虎与佛郎机(指葡萄牙人)并称为"三害"(见卷四麻六甲条)。作者还明确指出,葡萄牙人的海盗行径,致使各地经济凋蔽,贸易衰落。同上引麻六甲条称:"既

为佛郎机所据，残破之后，售货渐少。而佛郎机与华人酬酢，屡肆
觕张，故贾船希往者。直诣苏门答腊，必道经彼国。佛郎机见华
人不肯驻，辄迎击于海门，掠其货以归，数年以来，波路断绝。"16
世纪中叶以后，我国的商船几乎绝迹于马六甲海峡以西，葡萄牙
殖民者的武装海盗劫掠，就是一个重要原因。

其次，《东西洋考》保存了大量明代后期漳州地区有关对外贸
易和商品经济发展的资料。《东西洋考》本来就是为适应对外贸
易发展的需要而写的，因此它记载经济方面的资料也特别详细。
它不但详细记述了海外各地的土特产和贸易方面的注意事项，而
且关于当时进入我国港口的商船、货物种类、数量、规格、税收制
度以及税额标准等，都有详细记载。书中还特别为福建税监宦官
高寀写了专传（高寀，不载《明史》），详细地叙述了他在福建任内
无恶不作、横征暴敛、鱼肉商民，和由福建地方官商发起的驱高运
动并取得胜利的经过。从这篇专传可以看出，作者和地方官是完
全站在商人的立场，为商人说话的。这是一篇反映明代后期东南
沿海地区资本主义萌芽，商人势力抬头，并直接参加了政治活动
的不可多得的史料。

再次，本书对有关航海的技术知识和地理知识（如航程、航
路、针路、水深水浅、气象、潮汐等），都有详细的记载。这是作者
根据沿海舟师们多年航海的实践经验写成的，是我国劳动人民航
海经验的总结，对研究我国航海史、交通史有重要参考价值。如
其中关于针路的记载，除个别地方有误外，绝大部分的记载，均正
确无误，验之今地，历历可考。

还必须指出，《东西洋考》中有关台湾的记述，也是很重要的
史料。台湾，本书中称为"东番"，列为《东洋列国考》之附录。这
是因为它在当时已是我国沿海岛屿，所以"不在东西洋之数，附列

于此"(卷五《东番考》)。作者在这里详细地记载了台湾的地理环境、人民生活、经济状况、风俗习惯等,这是关于台湾高山族一篇较详细的资料。清康熙时杜臻在《粤闽巡视纪略·澎湖台湾》卷中曾说到明万历时连江人陈第曾到过台湾,并曾写下详细记载台湾事迹的书。但陈第记载台湾的书现在已经失传,仅在杜臻的书中有摘录。而《东西洋考》中的台湾资料,与《粤闽巡视纪略·澎湖台湾》中所记基本上是相同的。因此,可以认为,张燮写《东西洋考·东番考》时,就是参考陈第(陈比张略早)书中所记东番材料而写成的。特别是,张燮书中有五处引用《名山记》一书的原文,这些原文都可以一字不差地在《粤闽巡视纪略·澎湖台湾》中引陈第关于东番的记载中找到。《名山记》的作者不详,也不见其他著录;现据张燮和杜臻书所引对照,它的作者可能就是陈第。

从以上的引述可以看出,《东西洋考》一书的特点和优点,就在于它大量搜集和记录了 16 世纪中叶以后的当代资料。作者是有意识地这样做的。他在本书《凡例》中明确地指出:

> 诸国前代之事,史籍倍详,而明兴以来为略。即国初之事,掌故粗备,而嘉隆以后为尤略。每见近代作者,叙次外夷,于近事无可缕指,辄用"此后朝贡不绝"一语唐塞。譬之为人作家传,叙先代门阀甚都,至后来结束殊萧索,岂非缺陷?余每恨之。间采于邸报所抄传,与故老所诵述,下及估客舟人,亦多借资。庶见大全,要归传信。

张燮在这里提出了要广采近现代资料的论点,一破过去传统的"重古略今"的思想,这不能不是一个卓见。本书大量地利用了当时政府的邸报、档案文件和从航海商人、舟师采访得来的实际见闻,这就是第一手资料,也是本书最为可贵的地方。

本书也不可避免地存在着一些问题。正如上面曾经说过的,作者从未到过海外,书中的记载就难免有张冠李戴和失实的地方。如把浡泥(在今加里曼丹岛北部)误与大泥(在今泰国马来半岛中部北大年一带)相混(卷三),把大食国资料置于哑齐条中(卷四)等等。其次,由于作者仅从漳州一地来看海外贸易和海外诸国,因此记载就不够全面。明代市舶司设于宁波、泉州、广州三地,本书于泉州、广州二地外贸情况,无一语涉及;而马来半岛以西地区,亦付阙如。还有,本书因为是在地方官主持下编修的,因此就不可避免地带着官方色彩,对当时的一些官员,颇有溢美之辞。而对明王朝的闭塞保守,夜郎自大,又盲目地加以美化歌颂;对海外一些国家、地区人民的习俗,加以歪曲和丑化,这些都是不对的。

　　本书的版本,现在能见到的,有明万历刻本(现藏北京图书馆)、明刻本(厦门大学南洋研究所藏)、清《四库全书》本(北京图书馆藏文津阁本)、清《惜阴轩丛书》本(商务印书馆《丛书集成》本即据《惜阴轩丛书》本排印,《国学基本丛书》同)。现以最早的明万历刻本为底本点校。凡改动之处,均在脚注中写出原因和根据。一些明显的错字,则在文中径改,不另作说明,如原书中"柬"埔寨误作"东"埔寨,"爪"哇误作"瓜"哇等。原书中双行夹注,现均改单行小五号加括号。又本书地名繁多,如在正文中一一注明今地,比较烦碎,现将地名编成索引,并注上今地,附于书后,读者可依笔划顺序进行检索。不妥之处,请读者赐正。

1979 年 7 月 3 日

《西洋朝贡典录》前言

自从 15 世纪初郑和率领庞大船队七次下西洋以后,我国有关南海对外交通的著述便渐多起来。《瀛涯胜览》、《星槎胜览》、《西洋番国志》是记载当时下西洋最著名的三部书。到了 16 世纪 20 年代初,又出现了一部《西洋朝贡典录》。它也纪录了郑和下西洋时南海二十三个国家和地区的情况。但由于它主要是录自《瀛涯胜览》、《星槎胜览》等书的,因此历来人们对它都不大重视。其实,它也是研究明代前期我国对外关系和海外交通的一部重要史籍。

本书作者黄省曾在《自序》中曾说,本书是他"撷拾译人之言,若《星槎》、《瀛涯》、《针位》诸编,一约之典要,文之法言,稽之宝训"而编成的。其中《星槎》、《瀛涯》二书,我们今天还可以看到。冯承钧先生就曾为之作过校注(1954、1955 年中华书局重版)。惟《针位》一书,我们始终还未见过。《西洋朝贡典录》中大部分国家和地区都有针位(又称针路,即《东西洋考》卷九中之"东洋针路"、"西洋针路")的记载,无疑就是录自《针位编》一书的。这可能是一部已失传了的明代前期航海舟师的航路记录,就像明代中叶后出现的《顺风相送》一样(此书已经向达整理,编为《两种海道针经》,1961 年由中华书局出版)。《针位编》很可能就是郑和下西时舟师所用的或其后整理出来的"针簿",正象《武备志》卷二四〇《郑和航海图》的底本就是郑和下西洋时绘制的海图一样。因此,本书各条有关航路的记载,应是研究我国明初远洋交通的十分重要的资料。

本书还可以考订明代的一些海外地名,并纠正过去记载的错误。如《瀛涯胜览》及《西洋番国志》于古里国条有坎巴夷一名(或误作"坎巴美"),有人认为这是印度南部的 Koyampadi,今之Caimbatore(见伯希和《郑和下西洋考》,冯承钧中译本页 127);有人认为这是印度西北部之 Cambay(向达《西洋番国志》校注,页27,中华书局 1961 年版)。按 Cambay 今译坎贝,《郑和航海图》作坎八叶;其名虽与坎巴夷音相似,但《瀛涯胜览)说坎巴夷在古里山之东,而坎贝却远在古里西北,故方向距离均不合。今观《西洋朝贡典录》古里国条谓"东至坎巴夷替国",则坎巴夷应为坎巴夷替之误。而坎巴夷替无疑就是今印度泰米尔纳德邦之科因巴托尔(Coimbatore),古名 Koyampadi,故称坎巴夷替。距离、方向均合。因此,它订正了《瀛涯》等书的错误,也证实了它与《郑和航海图》中之坎八叶不是一地。《西洋朝贡典录》还可以校正《瀛涯》、《星槎》书中不少的文字错讹和脱文。由于《典录》所据的《瀛涯》、《星槎》版本较早,与今通行本均稍有不同,因此,三书互校,都可以发现各自的一些错讹。伯希和与冯承钧就曾根据《典录》校正了《瀛涯》等书中的一些错误(参看《郑和下西洋考》、《瀛涯胜览校注》等书)。举其要者,如《瀛涯》之《纪录汇编》本及《胜朝遗事》本所记溜山国条之海𫚉与海溜鱼,文字有所不同,曾据《典录》校正,应以《胜朝遗事》本为是,《纪录汇编》本应补二十三字,意思方为完整(参见本书卷中溜山国第十四条马鲛鱼注)。有些校改虽然是片言只字,但对理解文义却很有帮助。本书也着重记载了各地的土特产品和"贡品"(商品)的资料,有些为《瀛涯》、《星槎》所无,这对研究明代对外贸易和南海各地的经济状况,都有参考价值。

本书的缺点,比较突出的是作者对海外地理不熟悉,一些地名和材料往往弄错,令人误解。如书中卷上"占城国第一"条中转录了《星槎胜览》有关淡洋的文字;又在卷中"苏门答腊第十二"条列有淡洋之名。这就使人以为淡洋有二,一在占城,一在苏门答腊。其实淡洋即 Tamiang,在今苏门答腊岛东北岸,不在占城。该条的"东西竺"一地误亦同,东西竺在今新加坡海峡中,也不在占城。这都由于作者地理不熟悉,误编入占城国条中。作者又嫌《瀛涯》、《星槎》文字过于粗俗,不够文雅,往往对原文加以删改,但却画蛇添足,弄巧反拙。他又将许多地名盲目地加上一个"之"字,写成"某某之山"、"某某之屿",以致把有些地名弄错了。如榜葛剌国原有浙地港(Chittagong)、锁纳儿港(Sonargaon),港为音译,黄省曾则改称为"浙地之港"、"锁纳儿之港",把"港"字误作"港口"了。黄省曾还在每国之后,加上一段"论曰",借以发挥自己的"忠君"思想和"天朝上国"的大国思想,这种议论也是不足取的。

黄省曾字勉之,吴县(今江苏苏州市)人,《明史》卷二九八附于《文徵明传》,仅云:"举乡试,从王守仁、湛若水游。又学诗于李梦阳。所著有《五岳山人集》。"《明诗综》卷四八谓省曾为"嘉靖辛卯举人",并引《诗话》称其诗"诗品太庸,沙砾盈前,无金可拣"。《明诗纪事》引《列朝诗集》称"勉之文学六朝,好谭经济。有《五岳山人集》,别撰《西洋朝贡典录》、《舆地经》、《老子玉略》"诸书。明周履靖辑《夷门广牍》还收有省曾著的《鱼经》、《稻品》、《兽经》、《芋经》、《菊谱》等。其中比较著名的,大概就是这本《西洋朝贡典录》了。

　　《西洋朝贡典录》约成书于 1520 年间（《自序》末署年代为正德庚辰）。钱曾《读书敏求记》曾著于录，并称此书有孙允伽的跋。《四库全书总目》卷七八《史部·地理类存目》七，提到除孙跋外，还有赵开美的跋。二跋今本已不存。此书流传大致是这样的：钱谦益最早获此书手稿，后孙允伽借以抄录一份，加上跋语。其后钱藏手稿被焚，仅余孙抄本。此本又归钱曾。钱曾《读书敏求记》便记录下来。后来的《四库》著录存目本，可能就是钱曾进呈的本子。此抄本直到 1808 年，才有张海鹏编的《借月山房彙钞》刻本问世，但已无孙、赵的跋了。道光中蒋光煦辑《别下斋丛书》收入此书，但文字稍有出入，未知根据何本。1841 年间钱熙祖辑《指海》亦收入此书，文字与《借月山房汇钞》本基本相同。1850 年又有伍崇曜的《粤雅堂丛书》刻本。据伍在其跋中云，系根据黄石溪藏之旧钞本校梓。现本书以最早见的《借月山房汇钞》刻本（简称《借月》本）为底本，校以《别下斋丛书》本（简称《别下》本）、《指海》本、《粤雅堂丛书》本（简称《粤雅》本），并参校《瀛涯胜览》、《星槎胜览》诸书，作出点校和简释。原正文中的双行夹注，现改排单行加括号。不妥之处，敬祈读者指正。

1981 年 5 月

《西洋朝贡典录》的学术价值

明代正德十五年(公元 1520 年)江苏吴县(今苏州市)举人黄省曾,根据《瀛涯胜览》、《星槎胜览》等书写了一本《西洋朝贡典录》(三卷),书中记载了郑和下西洋时南海二十三个国家和地方的情况。由于作者没有到过海外,此书的材料都是抄自他书,因此过去研究中外交通史的人对它都不甚重视,其实此书的价值不应该被忽视,它也是我们研究明代前期中外交通史和航海史、东南亚史地的一部重要史籍。

黄氏在书中自序中说,这是他"撷拾译人之言,若《星槎》、《瀛涯》、《针位》诸篇,一约之典要,文之法言,征之父老,稽之宝训"而写成的。其中《星槎胜览》、《瀛涯胜览》二书,我们今天还可以看到。惟《针位》一篇,我们至今还未发现,未知所本。《典录》中大部份国家和地方都有针位(即航路,又称针路)的记载,无疑就是采自《针位篇》的。这可能是一部今已失传了的明代初年航海舟师用的航海针经。《典录》把其中有关的一部份抄录出来,这是《典录》一书中最有价值的地方。中国人很早便已参加南海远洋航海活动,《新唐书》中《地理志》就记录了唐贾耽所记的从南海到波斯湾和东非海岸的航程。但明代以前有关远洋航海针路的书和抄本,今天还未见到。明代郑和下西洋时,才有所谓《航海图》。

但我们今天见到的已是明万历年间茅元仪辑的《武备志》卷二四○中的《自宝船厂开船从龙江关出水直抵外国诸蕃图》,这比《典录》成书已晚了一百多年。另《顺风相送》是明代航海舟师的原始航海针簿,其中有颇详细的针路,但我们今天见到的本子,最早也不过16世纪中叶(见向达校注《两种海道针径》,1961年北京中华书局版)。此外,明慎懋赏《四夷广记》和张燮《东西洋考》都载有南海的远洋针路,这也是明代后期万历年间的书了。因此,《西洋朝贡典录》中有关针路的记载,从年代来说,应是现在见到的最早的南海远洋航海的航路记录。这对中外交通史的研究,无疑是很珍贵的资料。

《西洋朝贡典录》中所记载各地的具体针路,与现在的地理及航程比较,也是比较准确的。如书中述爪哇国的针位:

"由占城而往,针位取灵山,灵山之水可六十托,又五十更日蜈蚣之屿,由礁尾屿而西五更平冒山,又十更望东蛇龙之山,贯圆屿双屿之中,经罗纬之山,山之水十有八托。又五更取竹屿。又四更取鸡笼之屿。又十更至勾栏之山,可以治薪水。又三十更平吉里门之山。又五更平胡椒之山。又三更平那参之山,由是而至杜板。又五更而至爪哇之新村。"(按:量水深浅,两手分开者为一托。)

这条针路,是指从今越南中部向南航行,经五昼夜(一昼夜约十更),至蜈蚣屿和冒山(约今纳土纳群岛及淡美兰群岛),后又至鸡笼屿(即今卡里马塔群岛)及勾栏山(即今格蓝岛),越爪哇海三昼夜到爪哇北部海外之吉里门(今卡里摩爪哇岛)。最后向东航行抵杜板(今厨闽)及新村(今格雷西),共计航行一百二十七更,计十二天半。这是明中叶以前中国到爪哇(当时爪哇的政治中心在东部)的传统航路。《元史》爪哇传中载史弼、高兴征爪哇时大军走的也是这条航线。史弼等所经之构栏山即勾栏山，元《岛夷志略》亦作勾栏山，有专条，说明此亦为汪大渊航海所到之地。元明时代到东爪哇的具体航线，最早就见于《西洋朝贡典录》的记载中，证之今地，均历历可考。

《西洋朝贡典录》记载的针路到了印度洋上，还有利用星座来指引航向的具体记载。这也就是郑和海图中的"过洋牵星"。书中溜山国条有这样的记载：

> 由彭加剌而往，取北辰四指有半，又取北辰三指有半，又取北辰二指一脚之半，又取北辰二指半脚，又取北辰一指三脚之半，又取北辰一指三脚。

北辰即北极星，指和脚都是当时用以测量星座高度的单位，一指等于今图一度三十分强，四脚为一指。宋人笔记曾说当时航海"夜则观星，昼则观日，阴晦则观指南。"《西洋朝贡典录》中关于过洋牵星的资料，说明了明代早期航海舟师在印度洋已熟悉运用星座来指引夜间航行。它和《郑和航海图》中的四幅"过洋牵星图"，给我们提供了研究古代利用牵星法技术航海的珍贵资料。

《西洋朝贡典录》虽然主要是抄自《瀛涯》、《星槎》诸书，但反过来它却可以校正《瀛涯》、《星槎》不少的错讹，这也是该书的一个有价值的地方。《瀛涯》、《星槎》等书由于展转抄录，版本不一，现流存下来的本子错讹颇多。而《典录》当时所据的都是比较早的抄本，可以说是更接近《瀛涯》、《星槎》的原本。因此它就可以作为校勘《瀛涯》、《星槎》的一个必须参考的本子。如《瀛涯胜览》古里国条有坎巴夷一地名（他本亦有误作坎巴美者），伯希和认为它就是印度南部的 Koyampacli，即今之 Coimbatore。（见伯希和《郑和下西洋考》，冯承钧译。页 127）向达则认为坎巴夷应是印度西北部之 Cambay（见向达校注《西洋番国志》，页 27）。按

Cambay 今译坎贝,《郑和航海图》中作坎八叶,其音虽然与坎巴夷相似,但《瀛涯》说坎巴夷在古里之东,而坎贝却远在古里西北,方向距离均不合。今观《典录》古里国条谓"东至坎巴夷替国",则坎巴夷原作坎巴夷替,后人传抄把替字省掉了,致误作坎巴夷,向氏又误以为即坎贝。坎巴夷替无疑就是现在印度泰米尔纳德邦的科因巴托尔(Coimbatore),古名 Koyampaedi,坎巴夷替正是它的译音,对音、方位均合。因此,向氏的推论是错误的,伯氏的推论是对的。伯希和与冯承钧都曾经就《典录》与《瀛涯》、《星槎》二书进行过一些校勘工作,指出过《瀛涯》、《星槎》中的不少错讹(见《郑和下西洋考》及《瀛涯胜览校注》)。

《西洋朝贡典录》一书,钱曾《读书敏求记》曾最早著于录,并称此书有孙允伽的跋。《四库全书总目》还提到有关赵开美的跋,二跋今本已不存。此书的流传大致是这样的:钱谦益最早获得此书手稿,后孙允伽借以抄录,加上跋。钱藏手稿被焚后,仅余孙抄本。此本又归钱曾,钱曾《读书敏求记》得以将它记录下来。后来《四库》著录存目本,可能就是钱氏进呈的本子。此抄本直到 1808 年,才有张海鹏的《借月山房汇钞》刻本问世,道光中蒋光煦的《别下斋丛书》亦收入此书,但文字与《汇钞》本稍有出入,应是根据另一抄本。1841 年钱煦祖辑《指海》本亦收入此书,但文字与《汇钞》本相同,可能出自同一抄本或据《汇钞》重刊。1850 年又有伍崇曜的《粤雅堂丛书》本,据伍跋云,系根据黄石溪藏之旧钞本校梓,此本与前几种本子亦颇有不同。因此,现在如需一本比较完善的《西洋朝贡典录》,必需取以上诸本作一详细的校勘。

伯希和早在 1933 年便说过,"现在并无校勒过的《西洋朝贡典录》刻本。诸本皆本于同一钞本,而非彼此互相抄录者,所以必须将诸本皆取来勘对。"又说:"盖我以为《瀛涯胜览》、《星槎胜览》、《西洋朝贡典录》三书之能完全引用,必须根据一切原刻本,甚至旁采改订本中之异文,作一种全部之翻译也。"(《郑和下西洋考》页 87、88)可惜到现在,《西洋朝贡典录》还未有一本经过全面校勘过的版本。《西洋朝贡典录》是一本有用的书,我们非常希望有一部经过校勘整理的好版本问世。

(《南洋商报》1982 年 2 月 22 日)

《咸宾录》前言

明代记"四夷"的书颇多,其中以综合历代记载,博采野史逸闻见长的,有万历中罗曰褧撰的《咸宾录》。此书共分八卷,计《北虏志》一卷,《东夷志》一卷,《西夷志》三卷,《南夷志》三卷。书中所谓虏、夷,都是指我国边远地区的少数民族和东亚、东南亚、中亚、南亚地区的一些国家和地方。作者以明王朝为"主","四夷"为"宾",取"四夷"通贡者入录,故书名《咸宾录》。作者叙论前代对"夷"方略,贬多于褒,而对本朝的对"夷"方略,却赞扬备至。作者站在明朝统治阶级立场上说话,是很鲜明的。

此书所收资料,比较丰富。根据原书开列的《引用诸书目录》,共有三百四十五种之多。其中一些今天已是罕见或失传的书。这些资料,对中外关系史和少数民族史的研究,都有一定参考价值。特别是在《南夷志》中,辑录了大量明代关于云南、贵州、广西的各民族资料,对研究西南地区彝族、苗族、傜族、僮族等兄弟民族的历史,很有用处。

由于作者不熟悉国外地理实况,所以书中辑录的一些外国资料,也有不少是以讹传讹的地方。如苏门答剌原为今印度尼西亚苏门答腊岛北部的一个王国,而书中却把它扩大到包括古代波斯、大食和阿拉伯半岛诸国;牒幹(书中误作牒斡)原为溜山首府所在,书中却将牒斡与溜山分为不同之二地,等等。关于外国地名的今地,本书不拟一一注明;读者可参考《西域地名》(1980 年中华书局版)、《古代南海地名汇释》(1986 年中华书局版)和《辞海》(1979 年辞书出版社新版)等书,便可查出。

作者罗曰褧,字尚之,江西南昌人,明万历十三年(1585)举人。曰褧生平事迹不详。《明史·艺文志》及《千顷堂书目》都列有此书,《四库全书总目》亦有存目提要。《江西通志》艺文目著录有他著的《雅余集》,但书今已不传。作者仅有《咸宾录》流传于世。

现存本书最早的刻本是北京图书馆藏的明刻本。此本编目上注为"万历十九年刻本"。但万历十九年实为刘一焜为此书作序年代,不是此本刻印年代。此本刻于何年,是否初刻本,不可得知。此本凡明代及明帝王均空一格,故为明刻本无疑。《四库全书总目》有云:"是编刊于万历中",北图藏明刻本即"四库"馆臣所见之本,亦有可能。总之,此书以后流传不广。至民国六年(1917)才又有胡思敬辑的《豫章丛书》刻本问世。书后有胡思敬跋、校记及魏元旷跋、校记。胡跋称本书"依千顷堂明钞本付刊",魏跋称本书"仍多阙文,似钞时所见本即不完善",可知《豫章丛书》本不是据明刻本,而是据有阙文的明钞本。今得北图所藏明刻足本,故亦弥足珍贵。现以此明刻足本作底本,校以《豫章丛书》本(《豫章》本经胡、魏二人手校,也改正了一些错字)及有关史书,加以分段标点,排印出版。原书的双行夹注现改为正文中加括号。凡明刻本要改动的地方,均出注说明,明刻本不误而《豫章》本误的地方,就不再出注说明了。另程百二《方舆胜略》(万历三十八年)附外夷六卷,与《咸宾录》内容基本相同,应是据《咸宾录》抄录而成的,现亦取以参校。

1982 年 1 月

《大慈恩寺三藏法师传》点校说明

唐代玄奘是我国著名的僧人、旅行家、学者、翻译家。他不畏艰难险阻，西行印度求法取经，归国后又全力投入佛教典籍的译著工作。他的毕生活动对我国和亚洲许多国家的宗教界和学术界都产生了重大的影响。《大慈恩寺三藏法师传》就是一部记述玄奘生平最早的也是最详的传记。原书共分十卷，八万余字。前五卷主要是关于玄奘早年及其旅游印度的经过；后五卷主要是他归国后从事译著的经过。本书与玄奘、辩机撰的《大唐西域记》堪称双璧。前者以人为主，后者以地为主，都是研究唐代中西交通及中亚、印度历史、民族、语言、宗教的珍贵资料，而前者对研究唐代佛教历史，尤有参考价值。二书叙事层次分明，行文典雅，文字修辞都很有特色，也是我国古籍中传记文学和游记文学的名著。梁启超曾在《支那内学院精校本玄奘传书后》一文中赞誉《大慈恩寺三藏法师传》为"古今所有名人谱传中，价值应推第一"，这并非溢美之辞。

本书原为慧立所撰。慧立为幽州照仁寺住持，后参加玄奘主持的译经工作达二十年之久。唐高宗麟德元年（664）玄奘逝世后，慧立为了表彰其师功业，便将玄奘的取经事迹写成书，即本书的前五卷。初稿完成后，慧立虑有遗缺，便藏之于地穴中，秘不示人。到慧立临终时，方命其门徒取出公之于世。到武则天垂拱四年（688），玄奘的另一个弟子彦悰又将这五卷重加整理，另又自撰五卷（即本书后五卷），合成十卷，署名"沙门慧立本，释彦悰笺"，这就是现在的正文十卷。

本书流传钞刻本很多。一九二三年支那内学院欧阳竟无等以日本《弘教正藏》为底本，校以《高丽藏》本（省称《丽》本）和宋、元、明四本，并参校《大唐西域记》、可珙《音义》、慧琳《音义》等书，校出了一本比较精审的本子；后来吕澂又再加校订，改正了一些误字，补入《奘师表启补遗》作附录。一九三二年日本东方文化学院京都研究所又将《高丽藏》本影印出版，同时并校以日本所见诸古本，写出了详细的《考异》。现在就以吕校支那内学院本为底本，校以日本京都研究所刊的《高丽本》和南宋《碛砂藏》本。原支那内学院本校勘引用诸书（如《大唐西域记》省称《记》，《续高僧传·玄奘传》省称《传》，《开元释教录》省称《录》，《玄奘法师行状》省称《状》，《法师塔铭》省称《铭》，《法师表启》省称《一》或《一本》）所写的旁注及吕校本的《刊误》，日本京都研究所的《考异》，亦尽可能采用。陈垣在《书内学院新校慈恩传后》（《东方杂志》二十一卷十九号）指出原书中某些甲子纪误，亦予参校。点校不妥之处，尚祈指正。

1982 年 2 月

《海外纪事》前言

《海外纪事》六卷,清康熙中广州长寿寺住持僧大汕撰。公元1695年(康熙三十四年)春,大汕应越南顺化政权阮福周之请,渡海赴越,在顺化、会安一带居留一年半,于次年秋归国。大汕将他赴越经过及在越南的见闻,加上他在越南所写的诗文,撰成《海外纪事》一书。此书对了解十七世纪末越南中部顺化阮氏政权的历史和中越关系、海上交通等,颇有用处,因此将它整理出版。

有关大汕的事迹,史籍所载极少。现主要根据本书及潘耒著的《救狂砭语》、《遂初堂外集》等有关资料,略述其生平于下。

大汕原姓徐,名石濂,法号大汕,又称厂翁和上(尚),江苏吴县人。其生卒年月及家庭状况已难稽考。他的同乡潘耒在《与梁药亭庶常书》亦仅言"其所出微,不欲尽言。幼而警敏,善画仕女。作诗有佳句,有故出家,踪迹诡秘。"(见潘耒:《救狂砭语》,《瓜蒂庵藏明清掌故丛刊》,上海古籍出版社,1983年)大约中年以后,大汕来到广州,"自称觉浪和尚法嗣,为龚芝麓宗伯犹子。粤人颇敬重之,初不知其为徐氏子也。"(同上引)觉浪和尚是当时佛教曹洞宗在南京一带的知名僧人,因此大汕打起觉浪的旗号,果然骗取了广东著名学者屈大均(他曾从觉浪学佛,后又师事曹洞宗在广东的知名僧人天然和尚)等人的信任。加上大汕略有文采,善绘花鸟人物画,制造古玩、家具等,得以投靠平南王府尚之信门下。大汕以"学问僧"的面目,出现在广州的官绅、士人中间,声名渐噪。不久大汕在尚藩势力的支持下,当上了广州长寿寺[①]的住持,并侵吞了飞来寺七千余石田租的产业。大汕交游日广,声势日盛,酒色财货,恣情享乐。他本是一个混迹法门,追逐名利的投机家。为了聚敛更多的财富,供其挥霍享受,他还要从事更大的冒险活动。

广州自古以来就是我国海外交通的重要港口,特别与邻近的越南,海上交通往来不断。《后汉书》提到的与我国交往密切的日南,就位于今越南中部一带。到明代,我国商人出入顺化已为数不少。《东西洋考》卷一交阯条中就说到:"顺化多女人来市,女人散发而飞,旁带如大士状。入门,以槟榔贻我,通殷勤。"到16世纪末,越南黎朝又分裂成两个互相对立的政权,即郑氏和阮氏两个封建政权。阮氏政权在顺化,为了与北部的郑氏争雄,阮氏政权一方面招揽中国人;一方面向南扩展,夺取占城的地方。阮福周又想借助佛教作为精神支柱,以维护其统治。于是便派人到广州来请大汕到顺化去主持其事。这正好迎合了大汕向海外寻求财富的贪欲。大汕便不顾艰险,渡洋越海,来到异国。

大汕到了顺化,很快赢得了阮福周的信任,被封为"国师",为大批越南人授戒传法,在顺化时,一次就授戒一千四百多人。但大汕对佛学只懂一点皮毛知识,并无多少学问。他在越南贩卖的是儒、佛、道三教合一的理论。他在越南收受了不少财物和珍宝之后,不到半年,便拟作归计。归途中乘红船到会安,因风阻滞留,不得已又由陆路回顺化。直到次年秋天,始得乘舶返抵广州。在越南后期,大汕将赴越经过及所作诗文,撰录成《海外纪事》一书。他夸耀此书内容"大而纲常伦纪,小而事物精粗,莫不条分缕析,理明词畅。若人从幽暗中挈诸青天皎日之上,其为裨益政治实多。"(见阮福周:《海外纪事序》,此序实为大汕代作。)大汕以为归国后,此书流传会给他带来更大的名利。但事与愿违,他却没有想到,《海外纪事》刊行后,竟成为他身败名裂的祸根。

《海外纪事》首刊于1699年(康熙三十八年)。书出不久,便招来潘耒的指控。潘耒字次耕,曾受业于顾亭林,擅音韵,长诗文及史学,好游历,撰有《遂初堂诗文集》及《别集》共三十九卷。这时他恰巧旅游到广东,看到大汕的《海外纪事》,认为此书"少实多虚,纰缪四出。世间则有伤国体,世外则有碍法门。近之足以生风波,远之足以招果报。"(潘耒:《与长寿石濂书》,见《救狂砭语》)因此致书大汕,劝其毁书敛迹,改恶从善。但大汕没有理会他,于是潘耒便四出投书,揭露大汕种种"不法"之事。现将他在《致粤东当事书》中列举的《海外纪事》中的罪状要点引述于下:

> (《海外纪事》)首称甲戌春将应上召,则并无其事。其航海也,树龙王免朝之旗,又自言有出卖风雷之举,皆诡诞不经。又言常结茅华山,遇异人授异术,而以奇门遁甲之法祭炼日时克配度数,传之外国人,则迹涉妖妄,事属不法。尤可怪者,将安南分部之一岛主尊为大越国王,颂扬之无所不至,……与颂扬皇上无异。……又擅改洞宗世系,删去五代,更换二代,则有绝灭祖宗之罪,故不得不辞而辟之。……
>
> 至其行事,则狂妄更甚。僧家所重者戒律,而彼饮酒食肉,恬不为耻;所喜者朴素,而彼穷奢极侈,自奉拟于王公;所尚者柔和,而彼倨傲偃蹇,目若无人;所取者真诚,而彼大言欺世,无一实语;所贵者慈悲,而彼存心险毒,以倾人陷人为能事。
>
> 其尤不法者,则在通洋一节。海禁虽开,而出洋贸易本

商贾之事。僧而通洋，既非本分，乃石濂之通洋，则多将干禁之物，致诸交人，以邀厚利，有闻之令人缩舌者。……律禁略卖人口，而彼将良家子女买作优伶，节次售之。更闻其伪为当事送礼与交人，每次所获厚报，悉干没入己，此皆闽广商人所共见者。……

区区造孽之僧，亦不足烦白简，污斧锧，谓宜略加惩创，或屏之远方，离其巢窟，使不得作奸，小惩而大戒，小人之福。（引自《遂初堂别集》卷四，亦见《救狂砭语》）

潘耒的揭发，本来并不是什么了不起的罪行，但由于当时大汕的靠山尚藩势力已经衰落，而屈大均等人也已鄙大汕的为人，并公开指摘他窃取别人诗句、欺世盗名的种种秽行（《屈翁山与石濂书》，见《救狂砭语》），于是舆论哗然。按察使许嗣兴将大汕逮治，诘其前后奸状，将他杖押原籍。大汕最后死于回籍途中②。此后长寿寺也日渐荒芜。

乾隆时杭世骏在《过离六堂伤石濂大师》诗（离六堂在长寿寺内）就感叹说：

离六堂深坐具空，低徊前事笑交讧。蹲箐怪鸟穿花当，穴墼修蛇出水筒。瘴海余生惊噩梦，荒涂残劫换西风。纷纷志乘无公道，缔造缘何削此翁！（原注：省府县志皆不言师建寺。）（见杭世骏：《遂古堂集外诗》）

此时距大汕之死大约半个世纪，杭世骏便已对此事颇抱不平，可见当时大汕的确是个颇有影响的和尚。从今天看来，大汕虽有虚伪行骗的一面，但潘耒的揭发，不过是从维护正统的儒家道统出发，对大汕的不轨行为进行攻击而已。大汕的人品本不足取，但他冒险赴越，领历了异国的风光情趣，为我们留下了一本《海外纪事》，这却是值得我们今天称道的。

现在再谈谈关于《海外纪事》一书的内容。

在《海外纪事》中，诚然充塞了不少胡说八道的鬼话，但宗教本来就是骗人的东西，大汕只是由于根基不深，学问不多，因此其议论漏洞百出，为识者笑。但我们排除了书中这些"糟粕"，就可以看出，《海外纪事》还是有不少真实的东西的。这里且举几个例子。

我们知道，越南建国的历史，可以说得上是一部战事连绵不断的历史。仅举交阯和占城的战争，就经历了差不多一千年之久。到了十七世纪，越南的黎氏王朝又形成郑氏和阮氏两大封建统治集团，"阮氏与郑氏的一切政策都是为封建战争服务的。除了郑氏军队与莫氏残军之间的冲突，阮氏与占城及真腊之间的战争之外，最大的战争就是阮氏与郑氏之间的战争了。这个战争绵延百年之久。"（明峥：《越南史略》，中译本，页 220－221，三联书店，1958 年）为了应付战争，顺化政权的各级组织都实行了军事化，军人充斥着各行各业。大汕在越南所看到的人，除封建贵族、僧人和老弱妇孺华侨外，几乎全都是军人。除农业劳动外，其他的手工劳动也全都由服军役的军工负担：

> 因询知国中百工皆军人。每岁二三月时，军人下乡，括民年十六以上体质强壮者充军，械以竹枷，如梯子稍狭。愿从军，令专学一艺。艺成，分拨战船中操演，有事则戎，无事役于官府。未六十，不得还乡与父母妻子相见。所亲岁为衣物，就视而已。故余民皆尫羸残疾，少壮健者。（《海外纪事》卷一）

这种全民终身服军役的制度实际上就是终身徭役制。大汕等居住的方丈五间三十二楹、库寮五间二十楹，就是由"内监官一人、工部官二人、领军工盈千"，"连昏达曙，三日夜而成"的（同上引）。

阮福周还经常参加战象和战船等的操练。书中卷二有对演武操象的叙述，卷三、卷四有对水军的描述，卷五有对抬军的描述。大汕所见虽为顺化政权统治下的部分地区的情况，但即此可见阮福周对军事的高度重视。他要和北方的郑氏争雄，他要向南方占城实行新的扩张和占领，这些都要通过军事力量来实现。从《海外纪事》可以看出，十七世纪的越南顺化政权，就像一座大军营一样。

在顺化政权这种军事化的统治下，越南人民承受着沉重的经济负担，忍受着残酷的经济和超经济的剥削。这在《海外纪事》中也部分反映了这一情况。如书中谈到：

> 国中风俗，民最苦，土田甚稀，谷不足以赡土著。顺化、会安一带俱仰粟他境。土音唤饭为甘，不易得饱。或以鱼虾蔬果当饭，瓮殍无常期也。依山阻海，稍有平沙，即为民居，随户口多少为一社。社有该有长。有田则种稻，输于公者七八，私得二三而已。余但渔樵所得，归于该长，给还而后敢取。然犹税纳身税钱十二千。竹木盐米绫绢一切物料，各随上贡。王有公事，该社差拨往役，裹粮以从。（《海外纪事》卷三）

这苛重的赋税和无穷无尽的服徭役，是越南封建社会长期处于贫困落后的根本原因。越南人民受够了封建主的压迫和剥削的苦难，终于在十八世纪初爆发了自北而南的全国性农民大起义，最后推翻了阮氏和郑氏的封建政权。

关于中国人在越南顺化一带的旅居状况，《海外纪事》一书也有反映。早在阮潢（阮氏政权的创立者）初到顺化的时候，就已招引不少中国人来开垦定居。书中不少地方提到华人在越的活动，而且还沿用"明人"、"大明"等称呼，可见他们在越南已经历了好几个世代。大汕在顺化、会安都见到许多闽粤商人。在会安，还有大批华人聚居长达三四里的"大唐街"：

> 盖会安各国客货马头，沿河直街长三四里，名大唐街。夹道行肆，比栉而居，悉闽人，仍先朝服饰，饰妇人贸易。凡客此者，必娶一妇，以便交易。(《海外纪事》卷四)

这些经商华人，都在该地娶妻生子，历有年所。此外，在顺化还有闽会馆、关夫子庙，会安有华人义冢，尖碧萝有伏波将军庙等中国建筑物。这些都是有关华侨史研究的资料。

《海外纪事》还具体地叙述到当时广州到顺化的海上交通情形。前面已经提到，我国和越南的海上交通，很早便已开始，但主要是通北方交阯和南方占城的航路。至于通往中部顺化、会安港口的航路，则比较晚见。明《西洋朝贡典录》占城国条的针路仅言由福建经闽粤沿海及越南中部海外之外罗山(今名列岛)抵羊屿(今归仁港外瓜岛)，并未言经顺化、会安港口。到明末问世的《东西洋考》卷九《西洋针路》中才有经顺化的航路记载，《海外纪事》又把从广州到顺化间的航程作了具体而生动的记述。这些都是我国航海史的重要资料。

关于越南人的航海技术，过去我们知道得很少，《海外纪事》也给我们提供了一些情况。当时他们还没有能适应远洋航行的海船，书中提到越南海船都是沿海航行的船只，种类有：田姑艇(鱼船)、红船、马艚、淀舍，其中以淀舍较大，红船则长狭如龙舟。大汕对越南水手驾驶红船有很深的印象：

> 船头坐一官，尾立一守舵者。每船棹军六十四人。中设朱红四柱龙架，横搁一木，如梆子，一军坐击之，棹听以为节。船应左则左，应右则右，或耶许，或顿足，无一参错者，悉于梆子命之，乍聆者不知所为音节。船长狭，状如龙舟，昂首尾，

丹漆之。……转至大河，数船雁列，众军鼓勇，行如矢疾，注目两岸，莫辨马牛。（《海外纪事》卷三）

海口发舟。是夕也，……该伯鸣鼓三通，众船齐棹。船中悉灭灯烛，惟该官持火绳一条，立于船头，或左或右，或迟或疾，皆视一星之火为号令，舵楫应之不爽。出至洋边沙碛上泊定，后撤去凉篷，幢然一舟，露寝其上。夜及二鼓，铜鼓复鸣，百桡拨动，波浪如山，震撼崖谷。众军奋力，棹起咸波，尽成碧燄。凝望海中，轰雷掣电，似数十条火龙，飞度冈峦之口，身之彝险，亦不复知矣。（《海外纪事》卷四）

这种全凭人力驾驭的红船快艇只需一个晚上便从顺化海口到达会安海口，可谓快速。"因识红船利涉，为人力强，虽海涛奔涌，而能杀其势使平以随舟也。"（同上引）红船能在晚上快速航行，这非有富于航海经验的舵手导航不可。本书卷一还提到洋船上年青的越南水手阿班，具有熟练的航海技能。这都表明越南人民的航海知识和航海经验，已有相当的水平。

《海外纪事》还记载了顺化阮氏政权的一些重要人物和大汕的交往；记载了越南中部名胜的秀丽风光和人民的风俗习惯，以及现在已极为少见的艾岭上的"白猿"（卷五）等，都为我们提供了不少关于越南中部历史地理的真实史料。

最后还需一谈的是近年来某些越南史学家把《海外纪事》中关于航海的一些记述，歪曲为对我国的西沙群岛拥有主权的证据。越南有一位朗湖，就写了一篇题为《越南的领土：黄沙和长沙》的文章（见《黄沙和长沙特考》，中译本，戴可来译，商务印书馆，1978年），他在引用了几段《海外纪事》的有关文字后，就说："约在十五至十七世纪间，越南对于黄沙（指我南沙群岛）和长沙（指我西沙群岛）两群岛的主权已在多种形式下行使，如向外国船舶征收进口税,设立专门收捡海物的队,以及当地渔民对于两组群岛的切身经验。"(《黄沙和长沙特考》,页183)这里所谓"进口税",就是指大汕在顺化海口见到的:"公堂泊岸,公堂即税馆也,茆营一椽而已。"(《海外纪事》卷一)这明明是指在顺化征收进口商税,丝毫不涉及西沙群岛(长沙)的问题,与西沙群岛的主权更是风马牛不相及。其次,所谓"设立专门收捡海物的队",这不过是越南人到海外去捡拾外国海船抛弃或遗留的破烂,也根本无所谓主权问题。至于所谓"当地渔民对于两组群岛的切身经验",大概就是指书中有对万里长沙的叙述:"去大越七更路,七更约七百里也。先国王时岁差淀舍往拾坏船金银器物云。秋风潮涸,水尽东洄,一浪所涌,即成百里。风力不劲,便有长沙之忧。"(《海外纪事》卷三)这也只是说海船航经万里长沙的危险性,凭这点"经验",就能说明是越南拥有"主权"的证据吗?那么我国航海舟师,早在宋代就有"去怕七洲(洋),回怕昆仑(洋)"(吴自牧:《梦粱录》)的航海经验了。七洲洋即指今我国西沙群岛一带洋面,昆仑洋则指今越南南端东部海上的昆仑岛附近洋面。宋、元、明以来我国古籍都有不少关于七洲洋的航海经验(参见韩振华:《七洲洋考》一文,收入《南海诸岛史地考证论集》,中华书局,1981年)。因此,有关西沙群岛一带的航海经验,最有发言权的无疑应是中国人。越南某些史学家妄图从《海外纪事》中为他们掠夺我国的领土寻找历史根据,那是徒劳的。

大汕的诗文,基本上都收入他自编的《离六堂集》十二卷中,今藏广州中山图书馆。大汕的诗,虽有剽窃他人之弊,但《海外纪事》的纪行诗,却也通俗可读,其中并偶有佳句。大汕善绘画,《离六堂集》卷首就有他绘的人物图三十四幅。现北京大学图书馆还存有大汕绘的《陈迦陵(维崧)填词图》。至于大汕其他作品,目前尚未发现。越南《大南实录》中的《大南列传前编》卷六，有《石濂传》一文，这是越南方面唯一的一篇有关大汕的记载。文中虽有不少讹误，但反映了阮朝对大汕的看法，现编入附录供参考。

　　本书现以北京图书馆藏的清宝镜堂本为底本，其中有残缺部分，以上海进步书局《笔记小说大观》本校补。底本间有错字的，则于文中径改，不再另出校记。大汕的文句，有一些不通和错误的地方，但两本均如此，现一仍其旧，不作改动。在整理过程中曾承周连宽、黄彦两先生提供了一些有关大汕的资料，谨在此表示衷心的感谢。

1984 年 10 月

【注　释】

①长寿寺故址在今广州市长寿路，明万历三十四年巡按御史沈正隆建。谢国桢先生在《救狂砭语跋》中谓长寿寺即六榕寺，误。六榕寺在今花塔街，始建于梁大同年间。

②大汕死于途中，系据清王士桢《分甘余话》卷下所述。但谢国桢在《救狂砭语跋》中说大汕"瘐死狱中"，不知何据。

《殊域周咨录》前言

《殊域周咨录》二十四卷，明严从简著。严从简，浙江嘉兴府人，其生平事迹史传不详。从本书《题词》及署名，知道他在嘉靖年间任行人司行人和刑科右给事中。据《掖垣人鉴》卷一四称，严从简嘉靖三十八年进士，授行人，选工科给事中，迁刑科右给谏。隆庆元年坐谪婺源县丞，历扬州同知，后免官归，云云。可见严从简仕途并不得志，在行人司期间亦未曾被派出使，所以他在明代政治上默默无闻。但他在行人司工作期间所写的，在万历初年完成的《殊域周咨录》，却充分表现了他对当时边疆和外国渊博的知识和深刻的见解。从这部书中可以看出，严从简作为我国历史上一位杰出的边疆史和中外关系史学家，是当之无愧的。

明初我国的对外关系，可谓盛况空前。明太祖朱元璋从参加农民起义开始，经历了十八年的征战，终于削平群雄，推翻了元朝的统治，重新统一了中国。为了向世界各国（主要是周邻国家）及时宣告新王朝的建立，宣扬国威，招徕朝贡贸易，朱元璋向外国派出使节：东方有朝鲜、日本、琉球等国；南方有安南、占城、真腊、暹罗、满刺加、爪哇、三佛齐、浡泥、苏禄、琐里、古里等国，西方有撒马儿罕、哈烈、拂菻等国。远的三五年通使一次，近的一年通使二次。"怀来绥服，宝册金函，灿绚四出，而行人之辙遍荒徼矣。"

（《殊域周咨录题词》）到了明成祖永乐年间，陈诚的驼队三赴中亚，郑和的舰队七下西洋，通使的国家多达三十余国，这真是空前未有的外交盛事。由于开展对外工作的需要，明太祖在洪武十三年便设置行人司，"司正一人，正七品；左右司副各一人，从七品，行人三十七人，正八品。职专捧节、奉使之事。"（《明史》卷七四《职官》）明王朝向外国和边远地区委派的使者，主要就是从行人中选派的。重要使团的首领，则由更高一级的政府要员或太监充任。行人司是明王朝建立的一个专门从事对外工作的人材库。严从简在行人司工作多年，接触过大量四夷外国的资料，见过和听过很多出使异域的使臣归来后所写见闻报告，因此他通晓和掌握了许多有关边疆与外国情况的第一手资料。为了对将来从事边务和外事工作的官员提供参考和借鉴，他立志把这些资料编写成书。他说："虽未尝蒙殊域之遣，而不敢忘周咨之志，故独揭蛮方而著其使节所通，俾将来寅寀，或有捧紫诰于丹陛，树琦节于苍溟者，一展卷焉，庶为辞色进退，将命采风之一助也。"（《殊域周咨录题词》）他写的这部书，就是《殊域周咨录》。

有明一代，记述"四夷"外国的史籍不少，其中内容丰富、史料价值较高的要推这部《殊域周咨录》了。此书的学术价值主要表现在以下几方面：一、它比较全面地记载了我国东南西北边疆及外国的历史情况，而特别侧重于明代，全书差不多等于一部明代万历以前的对外关系史。书中资料，大都根据档案资料和同代人的文献入录，不但信而有据，而且有不少材料在别的书中已很难见到。二、作者多从"边防"的立场出发，叙述了中外关系中的军事方面，因而保存了不少难得的军事史资料。如书中论述北方边疆的鞑靼，就占了七卷，共十余万字。因为明代与鞑靼在北方军事对峙为时最久，耗资巨大，这七卷无疑已成为记述元亡后蒙古人活动的最详细的资料。书中卷二、卷三抗倭防倭和"海寇"的有关资料，对研究明代中叶东南沿海边防，也很有价值。三、书中详细地记述了明代出使外国使节的外交活动，包括一些具体情节，如出使朝鲜、安南使者的不辱国体，顺利完成外交使命的细节，这也是我国外交史的宝贵资料。四、书中还有不少有关明代航海的资料，如关于郑和航海的铁锚，天妃的起源和海神的传说，海船的建造和海上航路等，都是我国航海史上不可多得的资料。此外，本书还引用了多种佚书和今已失传的诗文，保存了一些有价值的文献，这里就不多谈了。

《殊域周咨录》，《明史·艺文志》曾著录，亦见于《千顷堂书目》八、《国史经籍志》三、顾祖禹《古今方舆书目》均作《殊域咨诹录》；但此书《四库全书》未收入，明、清及近代诸丛书亦未见收录。现在我们见到的最早版本是北京图书馆藏明万历刻本。北图还有一部钞本，年代不详。民国十九年（1930）故宫博物院曾据明万历刻本排印铅印本。现以北图藏明万历刻本为底本，点校整理。原书中的双行夹注，均改单行加括号。不妥之处，敬希读者指正。

1986 年 8 月

《西域番国志》版本及校注说明

一、有关本书版本及流传情况，大致如下：

永乐十三年十月，陈诚自西域返京，觐见永乐帝。其《奉使西域复命疏》略云："(臣)周览山川之异，备录风俗之宜，谨撰《西域记》一册、《狮子赋》一册、《行程记》一册，并所写安南辨明地界往复书札，彙呈御览。"陈诚所进的《西域记》等，永乐帝诏付之史官，这就是《明太宗实录》卷一六九《使西域记》节录所本，全文约二千余字。沈德符《野获编》和谈迁《国榷》亦有著录其文；清人辑的《学海类编》中的《使西域记》亦据以编入；商务印书馆的《丛书集成》本《使西域记》又据《学海类编》本印出。以上诸本内容相同，仅文字传抄或刻印稍有不同而已。

明代流传的还有另一种本子，称为《西域记》、《西域行程记》或《进呈御览西域山川风物记录》。最早的是同时人杨士奇、王直为之作序跋，中有称"诏付之史官，而藏其副于家"，这个本子就是根据家藏本刊印的(序、跋见本书《附录三》)。《明史·艺文志》中著录称之为《西域行程记》二卷，黄虞稷《千顷堂书目》卷八则作《西域行程记》三卷，吴骞《拜经楼藏书题跋记》则称《奉使西域行程记》三卷(均见本书《附录》三)。但现在见到的单行本，仅有北平图书馆《善本丛书》第一集中据明钞本影印的《西域行程记》和

《西域番国志》各一卷、上海图书馆的《豫恕堂丛书·独寤园丛钞》本，和北京图书馆藏的《奉使西域行程记》清抄本。这种本子共有六千余字，各本文字亦无大出入，仅传抄稍有不同而已。前二个本子根据影印的都是明钞本；《善本丛书》本的版心上有"独寤园稿"及"淡泉书屋"八字，傅增湘先生在《藏园群书经眼录》中认为"独寤园"本即明代郑晓所藏抄的本子。因此《善本丛书》本和《豫恕堂丛书·独寤园丛钞》本都可能是据郑晓所藏本抄录，而其祖本则出自陈诚的家藏本。至于北图的清钞本，则内有"拜经楼"印章一枚，显然是吴氏拜经楼所藏之抄本。这个本子后附有"葱岭"和"蔷薇露之说"两条，称为"归休补遗"，为前述诸本所无，而与下述的《文集》本是一致的，因此，《拜经楼》本显然是根据《文集》本抄录出来的。

现存另一个本子是《竹山文集》四卷本。《四库总目》著录存目。现仅见于甘肃图书馆所藏，为清嘉庆己卯的重刻本。这是明崇祯间陈诚后人根据家藏旧稿编成的陈诚文集。其中内篇收有《进呈御览西域山川风物记录》，即《善本丛书》本的《西域番国志》，但没有《西域行程记》。末有"葱岭"及"蔷薇露之说"二条称为"归休补遗"，与《拜经楼》本同。因此《文集》本亦即陈诚的家藏本，与上述单刊本内容基本一致，而与前述的二千字的节本差别较大。

二、现我们用北平图书馆的《善本丛书》本为底本，校以《豫恕堂丛书》本、(简称"抄校本")《实录》本、《学海》本、《文集》本、《丛书集成》本等，底本不误而诸本有异的，一般不写出校语；底本有误的，则据校本或他本改正，写出校语。校语在正文括号内，前冠以"按"字，以资区别。

三、本书注释，排在正文之后，前冠以"注释"二字。内容主要

是地名和历史、语言及一些专有名词的考订和解释。校注的主要
工作由周连宽先生负责初稿于 1985 年完成，后来我们又从西北
民族学院借来《文集》本作了一些补充校正，《前言》另请西北民族
学院王继光先生撰写，《附录》则由同文先生辑录。此外一些波
斯、阿拉伯语的拉丁拼音，是历史研究所中外关系史研究室宋岘
同志提供的，并此致谢。

1988 年 1 月

《职方外纪校释》前言

从 16 世纪 80 年代到 18 世纪中叶,西方耶稣会派遣了一批传教士来到中国。他们的宗旨虽然是在传播基督教义,宣扬天主精神,但同时却把西方文化带进中国,也把中国文化传到了西方,为中西文化的交流做了很多工作。其中艾儒略的《职方外纪》一书,就是传教士用西方宗教地理学观点写成的中文版的第一部世界地理,也是传教士众多译著中较有名气的一种。这部书在中国的流传,反映了中西两种不同文化相遇后产生的矛盾、碰撞和融合的情况,是研究明末清初中西文化交流史的重要史籍。因此我觉得有必要将它加以点校和注释,并列入《中外交通史籍丛刊》出版。

艾儒略原名 Giulios Aleni,意大利人,生于 1582 年,1609 年受耶稣会派遣至远东。1610 年抵澳门,1613 年即明万历四十一年抵北京,后历经上海、扬州、陕西、山西等地,进行传教活动。泰昌元年(1620)抵杭州。时值教案事起,护教最力者李之藻及杨廷筠均为杭州人,故当时教士多至杭州,匿于李、杨家中。天启三年(1623)夏,艾儒略在杨廷筠的协作下,完成了《职方外纪》一书,是年秋付梓。天启四年(1624),叶向高由北京告老回归故里福州,道经杭州,延艾儒略入闽。天启五年(1625)艾儒略至福州,在福建开教。明亡后，艾儒略避乱至延平山中，清顺治六年（1649）卒于延平。艾氏在福建二十四年，除宣教工作外，还广泛与闽中文士交往，有"西来孔子"之称。仅《熙朝崇正集》（抄本）就收入闽中文士题赠艾氏诗共七十一人（据方豪《中国天主教史人物传·艾儒略传》）。艾儒略的著述主要有：《大西利先生行迹》、《天主降生言行纪略》、《万物真原》、《性学觕述》、《三山论学记》、《西学凡》、《西方答问》、《职方外纪》等。其中后三种是艾氏介绍西方学术的著述，《西学凡》是介绍欧洲教育及大学所设的课程纲要；《西方答问》是介绍欧洲文化及各种制度的情形，都可与本书相互参看。

　　自15世纪末人类进入地理大发现时代以后，欧洲的世界地理学也起了急遽的变化。不但地圆说、五大洲说、海洋相通说已为人们所实证，而且美洲新大陆、非洲大陆和亚洲远东地区也纷纷被欧洲人所认识，成为地理学的最新内容，人类从此进入了面向全世界的新时代。但是16、17世纪的中国，却仍然牢固地守着天圆地方、中国在世界中央的旧观念，闭关自守，固步自封。15世纪上半叶虽然出现过郑和的伟大海上航行，但郑和以后，不但没有继续前进，反而步步后退。到16世纪，中国的帆船便全部退出了印度洋，而这时西方却在大踏步走向世界。明万历十一年（1583），西方耶稣会士利玛窦进入中国，在肇庆首次展出了他带来的世界地图，接着又亲自绘制了中文的世界地图，使中国人第一次看到了世界的基本面貌，这是对中国传统的地理观念首次冲击。天启三年（1623）艾儒略写成《职方外纪》，这是更为有力的第二次冲击。一部分知识份子开始接受了西方的世界地理观念，对后来中国地理学的发展，特别是世界地理观念的形成，起了深远的影响。关于这一点，我在《〈职方外纪〉和中国新旧世界地理观念的变化》一文（载《中国历史博物馆馆刊》总15期）中已有论述，这里就不谈了。

《职方外纪》明刊本原署名是"西海艾儒略增译,东海杨廷筠彙记",为什么称"增译"和"彙记"呢?

原来艾儒略写《职方外纪》是另有所本的。过去有些学者认为这底本是利玛窦的《万国图志》,但这不是事实。李之藻在《刻职方外纪序》中曾说得很清楚:

> 会闽税珰又驰献地图二幅,皆欧逻巴文字,得之海舶者。而是时利氏已即世,庞、熊二友留京,奉旨翻译。……别又制屏八扇,载所闻见,附及土风物产,楷书贴说甚细。……而庞、熊旋卒于途,其底本则京绅有传写者,然皆碎玉遗玑,未成条贯。今年夏,余友杨仲坚氏与西士艾子为增辑焉。

所谓"底本"就是指庞迪我(Diego de Pantoja)和熊三拔(Sabbathinus de Ursis)所写的抄本。庞氏是西班牙人,闽税珰所献的世界地图可能得自西班牙海舶,故《职方外纪》中的地名译法与利玛窦的《万国全图》中的地名很不一样,《职方外纪》所载西班牙及美洲的材料也特别丰富,主要就是因为它是根据庞、熊二人的"底本"增补写成的。

至于艾氏增补资料的来源,据他在《自序》中所述说:

> 乃更窃取西来所携手辑方域梗概,为增补以成一编,名曰《职方外纪》。……兹赖后先同志,出游寰宇,合闻合见,以成此书。

因此,艾氏增辑材料的来源为:一、他自西方带来手辑的"方域梗概",大概是西方流行的世界地理辑要;一为耶稣会士在世界各地的亲历见闻。艾氏所说的"后先同志",除了庞迪我、熊三拔的"载所闻见"外,可考的还有邓玉函(Joannes Terrenz,即本书卷一印弟亚条之邓儒望)、鄂本笃(Bento Goës,参见本书卷一回回条注释)二人。邓、鄂二氏所提供的,都是西方对印度和中亚地区地理的最新知识。所以《职方外纪》不但对中国人来说是一部陌生的世界地理,而且对西方来说也是一部有着17世纪最新材料的世界地理。

由此可见,所谓"艾儒略增译",其实就是"艾儒略增补",之所以称为"译",是因为增补的材料原来都是欧洲文字,由艾儒略译成中文,正像玄奘的《大唐西域记》原署名是"玄奘奉诏译"一样。至于杨廷筠的"彙记",就是文字上的加工整理,即艾自序中说"订其芜拙",使它适合中国读者的习惯。原书二人同时署名,说明杨廷筠文字整理之功不可没,亦应是作者之一。但更正确地说来,《职方外纪》的作者应包括四人,即:庞迪我、熊三拔、艾儒略、杨廷筠。可是从《四库全书》开始,《职方外纪》仅署名"艾儒略撰",成为一人,以后就习惯将此书称为艾氏一人撰写了。

《职方外纪》一书为17世纪的中国读者提供了大量的前所未知的外部世界的情况,然而其后二百年间,除了康熙四十六年(1707)中国教士樊守义曾陪同欧洲修士艾逊爵游历过欧洲意大利外,竟没有一个中国人走出国门,根据《职方外纪》所提供的"海道"和世界各地情况,作一世界性的航行和游历。直到乾隆四十七年(1782),方始出现了广东人谢清高乘搭外国商船,游历亚、欧、非、美洲各地,这是第一位出游世界的中国人(见所著《海录》,冯承钧注,中华书局1955年)。但是谢清高的周游世界,并不是受到传教士世界地理的影响和启迪,而仅仅是为了谋生才出洋的。他从未见过《职方外纪》一书,因此《海录》中所载世界各地的地名,与传教士所译的地名大相径庭。为什么《职方外纪》问世以后,长期以来中国竟没有人到世界各地去亲历一番,证实一下它是否真实呢? 这原因是多方面的。但从《职方外纪》本身看,主要是由于它存在着两个根本性的缺点，就是它的宗教神学观点和欧洲中心观点，与中国人的传统观念格格不入。因此中国人对它不感兴趣，不予相信，这却是事实。

艾儒略在自序中一开始便说世上万物是"造物主"恩赐给我们的，甚至人类也是"造物主"使产生的。这"造物主"就是"天主"、"上帝"。书中把人类的文明进步都归结为信奉天主；野蛮、落后都归结为不信天主，不奉上帝，而一旦信奉天主以后，则变成文明进步了。书中把许多《圣经》中的神话故事也作为人类的历史来叙述，认为如德亚（犹太）是"天主开辟以后，肇生人类之邦，……至今将六千年"。这都是中国人所不能接受的。书中还对欧洲文明极尽其讴歌之能事，而对中国、印度、埃及和伊朗等国家的伟大古代文明及其影响则避而不谈或有意贬低，特别是对西亚北非的阿拉伯国家采取否定和敌视态度，这都是完全不对的。因此，传教士们的世界地理传入后一直受到许多人的抨击。魏濬著《利说荒唐惑世》中说它是"直欺人以其目之所不能见，足之所不能至，无可按验耳。真所谓画工之画鬼魅也，毋论其它"。（载徐昌治辑《圣朝破邪集》卷三）《清朝文献通考·四裔考》评《职方外纪》说："又其所自述彼国土物情政教，反有非中华所及者，虽荒远犷獉水土奇异，人性质横，似或有之；而即彼所称五洲之说，语涉诞诳，则诸如此类，亦疑为勦说覭言，故其说之太过者，不俱刊而不纪之。"《四库全书总目》也说："所述多奇异，不可究诘，似不免多所夸饰。"中国人长期对《职方外纪》抱不信任态度，这是与书中的宗教神学观点和欧洲中心观点分不开的。直至今日，我们在肯定这本书的历史意义的同时，对书中这两个根本性的缺点，仍是应该否定的。

最后谈谈本书的版本。据李之藻《刻职方外纪序》，《职方外纪》成书于天启三年(1623)夏,刻印于是年秋。但初刻本现在已经很难看到。现在见到的明刻本只有《天学初函》本和闽刻本。《天学初函》明末翻刻本很多,今北京大学图书馆及北京图书馆藏的《职方外纪》五卷本,即为《天学初函》本,为李之藻于崇祯二年(1629)前编刻。闽刻本的单刻本为六卷本,原藏北京图书馆柏林寺书库,现藏北海书库,首页有"闽南黄熵肖岩图籍"图章一枚。王重民先生在美国会图书馆见到的《职方外纪》也是闽刻六卷本,与此相同(见王重民《中国善本书提要》,上海古籍出版社,1983年)。闽刻本除原书各序外,增加了叶向高的序冠于各序之首。叶序中说:"此书刻于涮中,闽中人多有索者,故艾君重梓之。"故此闽刻本为天启五年(1625),艾氏入闽后至天启七年(1627)叶氏逝世前翻刻的,它的祖本就是艾氏从浙江带去的原刻本,因此,此闽刻本在时间上要比崇祯二年前李之藻刻的《天学初函》本要早。

但闽刻本有一个很大的缺点,即刻书时福建士人王一锜妄将原书五卷改为六卷。改的办法是将原书卷四最后一节《墨瓦蜡尼加总说》提出来,再加上一篇王一锜自己写的《书墨瓦蜡尼加后》,作为附录,成为卷五,而将原来的卷五变成卷六,这样就成为六卷本。王重民先生说六卷本是"增补翻刻本",欠当,因为它实际上并没有增补新的内容,只不过是将原书卷四一部分变成卷五,附上王一锜写的一篇完全是画蛇添足的"书后"作附录罢了。(改为六卷之不当,参阅本书卷四《书墨瓦蜡尼加后》注释。)

闽刻本虽然有妄改为六卷的严重毛病,但它仍是一个很重要的本子,因为它除了将五卷改成六卷这一缺点外,它是最接近原刻本的一个本子。这里可举一例:在《天学初函》本五卷本中,卷一如德亚条下,有一双行夹注云:"古名拂菻,又名大秦,唐贞观中曾以经像来宾,有景教流行碑刻可考。"这条双行夹注显然不应为原刻本所有,而是后来李之藻刻《天学初函》时加上去的。因为景教碑最早于天启三年(一说五年)在陕西西安郊外由农民发现的。据耶稣会士阳玛诺(Emmanuel Diaz)在崇祯十四年(1641)写的《景教流行中国碑颂正诠序》中说:

> 是碑也,大明天启三年关中官命启土,于败墙基下获之。奇文古篆,度越近代,置廊外金城寺中。岐阳张公赓虞拓得一纸,读完踊跃,即遣同志我存李公之藻云:"长安掘地,所得名《景教流行中国碑颂》,殆与西学弗异乎?"李公披勘良然,色喜曰:"今而后,中土弗得咨圣教来何暮矣!"

景教碑全文首次发表于《天学初函·天学凡》一书的附录中,碑后并有李之藻写的《书景教碑后》一文,时间是天启五年(1625)六月。据上引阳玛诺文,从天启三年碑出土到置于金城寺、后由张赓虞发现拓碑文,又将所拓碑文送到杭州李之藻处,经李之藻研读,无论如何神速,都很难于当年(天启三年)夏天,便由艾儒略或杨廷筠在《职方外纪》中首先作出报导。而且李之藻写《书景教碑后》是在天启五年六月。很可能是天启三年此碑在西安出土,天启五年李之藻才首先获读此碑。所以现在很多学者都以为景教碑是天启五年出土的(见张星烺《中西交通史料汇篇》第一册页119,中华书局1977年;阿·克·穆尔〔A. C. Maule〕《一五五〇年前的中国基督教史》,郝镇华译,页34,中华书局1984年),主要就是指这一年景教碑才由李之藻释读公布于世。陈援庵先生在《浙西李之藻传》一文中(收入《陈垣学术论集》第一集,中华书局1980年)也指出《职方外纪》成书于前,《景教碑》发现于后。因此,天启三年夏成书的《职方外纪》是不可能出现关于景教碑的夹注的。《天学初函》本中有关景教碑的夹注是天启五年后李之藻加上去的,或由杨廷筠补上去的。此外,我们还看到,闽刻本和《墨海金壶》本《职方外纪》中就没有这一段关于景教碑的夹注，这并不是闽刻时和《墨海》本张海鹏校刻时有意删去，而是闽刻本和《墨海》本是根据艾儒略的1623年原刻本翻刻的，不是根据《天学初函》本翻刻的，原刻本根本就没有这段夹注。因此我们可以看出闽刻本不但要比《天学初函》本要早，而且它也是根据原刻本翻刻的本子。除了它妄将五卷改为六卷外，它是最接近原本的本子。难怪缪荃孙先生误认它是天启三年的原刻本了（见《艺风堂藏书记》卷三）。

北京大学图书馆还有明版《职方外纪》五卷本的单刻本和日本抄本六卷本各一种。单刻本内容和序的顺序、字体、板式与杭州本《天学初函》本完全相同，如德亚条下也有小字夹注。此本可能是从《天学初函》中抽印出来的。日本抄本无抄写人名字，有日文假名注音，为六卷本，叶向高序冠于首，次为李序、杨序、瞿小言、许小言、艾自序，然后有庞迪我、熊三拔的奏疏二本。此奏疏为其他各本所无，应为原刻本所有；卷一如德亚条下亦无小字夹注。抄本最后是熊士旂的跋，迄今所见各本都将熊士旂的跋置于正文之前，由此都可看出此日抄本所据可能即为最早的闽刻六卷本（天启七年叶氏去世之前的刻本），比柏林寺原藏的闽刻本要早。但日本抄本错字很多，也不完整，卷五至王一锜的《书墨瓦蜡尼加后》中的"其人物、土产、政治、风习"一句为止，以下及卷六便阙如了。

《天学初函》在明末翻刻的也不少。陈援庵先生在《重刊灵言蠡勺序》中曾说："《天学初函》在明季流传极广，翻板者数本。"（《陈垣学术论文集》第一集）我没有对《天学初函》的版本进行过调查，但据《中国丛书综录》（上海古籍出版社，1986年）的统计，只有北京图书馆、北大图书馆、浙江图书馆三家入藏。而北大本和北图本的《天学初函》中的《职方外纪》完全相同,均可视为崇祯二年李之藻死前一年所刻。以上所谈的是明版的《职方外纪》。

清代的《职方外纪》则收入于几种丛书之中。它首先收入乾隆时《四库全书》之中(文渊阁本,台湾商务印书馆影印),为五卷本,据《天学初函》本抄录。嘉庆时张海鹏又将《职方外纪》收入《墨海金壶》中,也是五卷本,其中卷一如德亚条下的双行夹注没有,可知它不是据《天学初函》翻刻的,而是据较早刻本翻刻的。道光时钱熙祚的《守山阁丛书》亦收入《职方外纪》五卷本,如德亚条下有双行夹注。此外光绪浦氏辑的《皇朝藩属舆地丛书》亦收入《职方外纪》,也是五卷本。我还未见到清版的六卷本《职方外纪》,大约六卷本明末仅流行于福建,到清代就不再翻刻了。民国时期商务印书馆的《丛书集成》中的《职方外纪》,也是据《守山阁》本影印的。

现本书以北京图书馆藏明刻《天学初函》本五卷本为底本,校以原柏林寺书库藏的明刻六卷本(简称闽本)。《四库》本(文渊阁)、《墨海金壶》本(简称《墨海》本)、《守山阁丛书》本(简称《守山》本)、《皇朝藩属舆地丛书》本(简称《藩属》本)及日本抄本亦用以参校。正文前的序、跋、小言,各本也不一致,现悉数收入,依时间顺序排在全书之前,《奏疏》则据日本抄本补入。书中地图,《万国全图》及各洲图各本均有(《天学初函》本原将各洲图分置于每卷各洲之前,现全部置于《职方外纪首》之前)。闽刻本及《守山》本还有《北舆地图》及《南舆地图》,似为原刻本所有,他本均漏刻,现据《守山》本补入(因闽刻本图不清楚)。书中凡有底本改动之处,均出校勘文字说明,底本不误而诸本有误者,一般不作说明。底本有明显的误刻,如"毫末"作"毫未"(瞿式谷小言末段)、"土鲁番"作"上鲁番"(卷一回回条)等,均径改正不出校。

注释主要是对地名、人名、动植物名和一些专有名词的解释，尽量说明原文及出处、参考材料等。在注释过程中，上海社会科学院宗教研究所龚方震先生和历史研究所吴德铎先生都曾给予热忱的帮助，在此一并对他们表示深切的感谢。为了使索引检查方便，书中各条题目均加阿拉伯数字，各段均加英文字母，表示顺序。书中还有一些未考的地名、人名和动植物名，一时尚未查到出处；有考的也难免有欠当和错误的地方，都热切地希望读者予以指正。

1990 年 8 月于北京西郊翠微路寓所

又记：本书初稿完成后，又从陆峻岭先生处获知日本榎一雄撰有《职方外纪之中央亚细亚地理》（载《和田博士古稀纪念·东洋史论丛》，1960 年）和《关于职方外纪之刊本》（载《岩井博士古稀纪念·典籍论集》，1963 年），并蒙他借阅二文的复印件。榎氏"中亚"一文，指出《职方外纪》中回回条之中亚地名大多参照鄂本笃行纪，与我的意见不谋而合（参见本书卷一回回条有关地名注释）。榎氏版本一文，据日本《内阁文库》及《东洋文库》所藏明刻《天学初函》本，指出《职方外纪》有杭州刊本的五卷本和福州刊本的六卷本二系统，所论亦基本与我相合。惟榎氏并指出《内阁文库》藏本中序言之后尚有庞迪我、熊三拔的奏疏二本；在《万国全图》之后，尚有《北舆地图》和《南舆地图》二幅，然后才是《职方外纪首》。现国内仅见北大图书馆藏的日本抄本有奏疏，为闽刻系统最早的本子。北京图书馆藏的闽刻本无奏疏，有南北舆地图二幅。可能是在翻刻时将奏疏删去了。关于中国所见《职方外纪》的版本及日本所见版本的异同，尚有待将来作进一步研究比较。

1990 年 10 月又识

《职方外纪校释》出版的一点感想

《职方外纪校释》是我在七年前完成的小稿,去年终于印成书出版,这是值得高兴的。因为它到底是明末清初西学东渐时众多的耶稣会士译著中的第一个整理本问世。《书品》的编辑要我写点介绍文字,我想此书文字不多,内容也不艰涩,读者自会看懂,用不着多说了;只是作为校释者,还有些感触,确实感到有些话还可以说一说。

佛教、伊斯兰教、基督教是古代从国外传入而现在还在流行的三大宗教,也是在中外文化交流史上最有影响的三个具有代表性的宗教。佛教文化的影响主要在宗教、思想和艺术方面,由于佛典的大量翻译诠释成为唐以前中印文化交流的主要内容。伊斯兰教文化则由于阿拉伯—波斯科技知识(主要是天文、历法、医药、航海)的传入而成为宋元间中国与伊斯兰文化交流的主要内容。基督教文化所包含的内容则广泛得多,几乎包括了近代学术的各个学科,它由于西方传教士东来后出现的大量译著而成为明末至清末间中国与西欧文化交流的主要内容。佛教文化和伊斯兰教文化在中国的影响和作用,过去已经有许多学者进行过卓有成果的研究,但对明末至清末主要通过西方基督教传教士的文化交流的研究,还很少人涉猎。过去除少数学者如陈垣、向达、方豪、张维华等做过一些开拓性的研究外,几成空白。特别是在改革开放以前,这方面几成禁区,长期以来有关传教士的译著无人问津。这种无视 400 年来中国与基督教国家文化交流(即"西学东渐"与"东学西传")的存在的现象是极不正常的。进入 80 年代后,学术风气日渐好转,我便注意这一个被遗忘的学术冷门,开始组织翻译了《利玛窦中国札记》和《利玛窦书信选》(前者已由中华书局于 1983 年出版,后者因译者钱守朴不幸在苏州逝世,译稿不知下落)。后来又觉得大量传教士译著是研究西学东渐的最好的第一手资料,但却长期被束之高阁。为了引起人们的关注,我便选择其中一本分量不多而影响较大的在我国最早出现的世界地理著作《职方外纪》,进行校点和考释,希望以此抛砖引玉,盼将来能有更多更好的传教士译著的整理本出现。现在看来,这校释本虽然在整理最早的传教士著作方面开了一个头,但还有不少缺点,主要是考释还不够深入,原因自然是我的学殖不足,能找到的参考书太少的缘故。

令人欣慰的是,近几年来,关于明末清初西学东渐和中学西传的研究又逐渐活跃起来,已经出现了来华传教士的传记及其译著的研究。其中特别值得注意的是熊月之著的《西学东渐与晚清社会》(1994 年上海人民出版社)的出版。这是一部很有分量的著作,对从明末直到清末 400 年间以西方传教士为媒介的欧洲文化传入中国的方方面面,都作了论述。书中还提供了很多图表资料,令人信服地说明了明末以来直到清末中国与欧洲的文化交流,即西学东渐,的确对中国的社会产生了巨大影响,对中国旧文化思想的冲击和革新,起了很好的促进作用。当然,传教士的一切活动,包括他们的介绍西学的活动,都是为了宣扬基督教义,使中国人皈依基督教。这是一个涉及宗教与科学、宗教与历史发展的大问题，一时还不易弄清楚。但对来华传教士的功过，我们完全可以根据历史作出公正的分析，不能因他们是为上帝服务，或是为殖民主义扩张服务而否定他们在中国介绍西方科学的作用；就像我们现在还在向西方国家派遣出国留学生，学习资本主义国家的先进的科学技术和管理制度，而不必理会他们是信仰上帝和宣扬资本主义制度的一样。目前，这一认识也已逐渐得到学术界的认同了。

最近还获悉一个信息，说有一些学者正在策划组织整理出版《利玛窦全集》。这无疑又是一个好消息。利玛窦是明末西学东渐的第一人，可以说是开山祖师。他在中国留下了二十多种译著，绝大部分都未经整理，现在要编成全集出版，对研究这一时期的中西文化交流肯定将起促进作用。佛教从公元前后传入中国后，佛教经典历代不断有人翻译讲解编印，最后形成了卷帙浩大的《大藏经》，成为中华民族文化的一个重要的组成部分。基督教在明末传入中国后，传教士们也不断地著书翻译，除讲解基督教义外，还大量介绍西方文化。这些译著的出现对近代中国科学文化的诞生无疑起了启蒙作用。今天我们不应把它埋没起来。传教士的汉文译著，也应视为中国文化的一个组成部分（《四库全书》中就收入了不少传教士的译著），应该加以整理研究，编集出版。在改革开放继续深入的今天，在学术研究的领域中，开展对明末以来传教士译著的研究，是到了提上日程的时候了。

（《书品》1997 年第 3 期，中华书局）

艾儒略及其《职方外纪》

明末清初,欧洲耶稣会传教士来华,写下了一批介绍"西学"的译著,这是中外文化交流史上的又一件大事。这批译著除了直接宣扬天主教义外,还有不少是属于自然科学和人文科学范围的,包括天文学、数学、生物学、物理学、医学、地理学、哲学、伦理学、语言学、历史学和建筑、艺术等。费赖之《在华耶稣会士列传及书目》①一书就列举了耶稣会士的译著共 680 余种。徐宗泽《明清间耶稣会士译著提要》②据徐家汇藏书楼书目的统计,也有 402 种,其中属于科学的有 62 种。目前学术界对明末清初中西文化交流问题的研讨正在开展,但还很少见对传教士译著具体研究的文章。现本文仅就耶稣会士艾儒略的《职方外纪》及其有关问题作一探讨,希望能有助于对这一问题讨论的深入。

一 中国古代对世界地理的认识

中国古代的地理著述,不但起源很早,而且数量也极多。约成书于战国时代(公元前 4 世纪)的《尚书·禹贡》,是最早的一篇地理学著作。此后历代有关地理的著述和图志,种类之繁,卷帙之巨,堪称世界之冠。然而中国人长期以来囿于"天圆地方"、"中国居世界中央"和"夷"、"夏"之分的传统观念,对世界地理的认识,在明末以前却长期处于停止不前的状态。在讨论《职方外纪》一书之前,首先回顾一下古代中国对世界地理认识的演变,是很有必要的。

古代中国对世界地理的认识,大致可分三个阶段:

1.周秦时期　当时人们认识的世界是很狭小的,所谓"普天之下","率土之滨",就是指"中国"及其四周的"蛮夷",而"中国"则仅指黄河中下游和河北省的一部分;四周的"蛮夷"也没有超出今天中国的北方和长江流域的中下游一带。到了战国时代,"天下"的区域逐渐扩大。秦始皇统一中国,这时世界的范围是"六合之内,皇帝之土:西涉流沙,南尽北户,东有东海,北过大夏"③。这就是:东至渤、黄、东三海,南至越南北部,西至青海东部,北至内蒙古。这就是汉代以前人们认识的世界。秦始皇曾派徐福东渡海求仙,没有结果,后来传说到了日本,但无确证。至于战国时齐人邹衍描绘的"九州"和"裨海"世界④,则不过是当时一些知识分子的推想和传说,与实际地理毫无相同之处,不足为据。

2.汉代至明代中叶时期　汉代是中国认识世界的大发展阶段,这主要由于丝绸之路贸易交通的发展。在陆上,张骞的"凿空",使人们眼界顿开,不但向西越过沙漠,越过帕米尔高原,而且远至中亚、南亚。班超和甘英的"远征",更使人们知道了在亚洲西部、欧洲东南部和非洲东北部的罗马帝国东方的领土(大秦、黎轩)⑤。在海上,汉代和东方的日本已经有密切的往来⑥。但海洋世界的扩展,最重要的还是通向印度洋新航路的开辟。据《汉书·地理志》载,西汉时的海上丝路,已有从南部港口徐闻、合浦经过南中国海,向西到达印度南部黄支国的航线⑦。由于海陆丝路交通的发展,汉代人民的世界地理知识迅速扩展,眼界开阔。当时人们认识的世界已经到达了亚洲东部和西部的边缘,甚至已经知道了非洲的东北部和欧洲的东南部,人们称之为海西国的极西世界许多讯息了。

但此后直到明代中叶,在这一千三百多年间中国人的世界地理观念却驻足不前,基本上停留在这一区域之内。其间虽然出现了不少伟大的旅行家和航海家,如法显、玄奘、义净、杜环、汪大渊、郑和等,但其活动范围仍然没有越出这一区域。唐代和宋代与阿拉伯国家交往频繁,有很多阿拉伯商人来到中国,东罗马(拂菻)也有使节和商人来到中国;中国不断得知非洲北部和东部的许多消息,但却极少有人去过这一地区。元代蒙古人的铁骑虽然进入了东欧和埃及,但也只是昙花一现;甚至像意大利人马可波罗在中国旅行多年,在中国的史籍中也没有留下有影响的记载,更不用说地理观念的变革和对欧洲的认识了。明初郑和船队虽曾远航东非,《郑和航海图》也记录了东非的航路,但郑和以后,中国与非洲的来往又告中断,中国对非洲大陆的认识和汉唐时期比较仍无根本性的变化。总之,在欧洲传教士来到中国之前,人们对欧洲、非洲大陆的地理状况仍然很少了解,或基本上不了解。中国商人也可能远航到过非洲南部,但很快又告断绝。中国统治者认为这是"绝远"地区,始终没有决心去探索这未知的和模糊不清的新世界。

3. 明末至清末   从16世纪末到19世纪,这250年间中国人的世界地理观念又进入大变换时期。首开此页的是意大利人耶稣会士利玛窦,他于明万历十二年(1584)在广东肇庆第一次展出自欧洲带来的世界全图,接着又用中文刻印了中国第一幅世界地图,首次向中国人展示了世界全貌。1595年利氏于南昌编写了一本中文世界地理《万国图志》,但它于1601年献入宫中以后,便不复见于世间。天启三年(1623)耶稣会士艾儒略撰《职方外纪》,这是流传至今的第一部中文世界地理。利氏的世界地图和艾氏的世界地理向中国人首次介绍了欧洲的世界地理学说:地心说、地圆说、五洲说、经纬说、五带说和地球上陆地海洋状况,和16世纪世界各国的基本状况。这就从根本上开始动摇了中国传统的固有的天圆地方、中国居世界中央,和"夷""夏"之分的世界观念。但是新的世界地理观念长时间内并未被中国人理解和接受,它只在个别知识分子中得到反映和传播。从明末至清中叶,传统的地理观念仍居于主导地位。新的世界地理观念的建立直到19世纪40年代鸦片战争前夕,才告完成。这一标志便是林则徐的《四洲志》、魏源的《海国图志》、汪文泰的《红毛英吉利考略》、徐继畬的《瀛寰志略》相继问世。从此,中国人才真正摒除了旧的世界地理观念,接受了新的世界地理观念。而这时资本主义列强的枪炮,已经指向中国的大门了。有关明末至清末新旧地理观念交替的一些具体问题,本文后面第四部分中还要论述。

二　关于《职方外纪》的作者及"增补"

《职方外纪》的作者为意大利人耶稣会士艾儒略(Jules Aleni,1582—1649)。艾氏于1610年抵澳门,1613年抵北京,曾在上海、扬州、陕西、山西、福建等地进行传教活动,最后于清顺治六年(1649)死于福建延平。《职方外纪》是1623年他在杭州时写的,由杨廷筠作了润色加工,故书中署名为"西海艾儒略增译,东海杨廷筠汇记"。艾氏的生平和其他译著,详见费赖之《在华耶稣会士列传及书目》和方豪《中国天主教史人物传》[⑧],此处不赘述。但是近年出版的《简明不列颠百科全书》中文版及其所据的英文版[⑨],其中艾儒略条百余字,却有明显失误数处。《不列颠百科全书》为具有相当权威的工具书,其影响不小,故在此略作一辨。

该书卷一艾儒略条首先说他是"进入中国江西省活动的第一

个天主教传教士",按艾氏一生并未到过江西,而最早到江西进行传教活动的却是比艾氏来华还早 13 年的利玛窦。艾氏曾于 1625 年应叶向高之请到福建,但他也只是耶稣会士入闽的第一人,不是入闽的"第一个天主教传教士"。因为在此以前,1575 年天主教奥古斯西会士德・拉达(Martinde Lada)为首的西班牙公使团,已经进入福建活动[⑩]。该条又称:艾氏"1635—1637 年著有《基督传》八卷,此外还有介绍宇宙知识的著作六卷,已译成满文。"但艾氏并没有名为《基督传》的著作,艾氏曾节译《新约全书》中的一部分,名为《天主降生言行纪略》八卷,疑即指此书。但不应称为《基督传》,因为明末的书,称天主、称耶稣、称造物主有之,而未有称"基督"者。此外,关于"介绍宇宙知识的著作六卷",所指也可能是《职方外纪》,因为艾氏再没有别的书谈及宇宙。但《职方外纪》其实也不是谈宇宙的,它只是介绍世界地理,主要是谈五大洲和各国情况的,基本上不谈"宇宙知识"。《艾儒略》条目的作者很可能根本未看过《职方外纪》原书,仅凭传闻纪录写成该条,故有此误。至于《职方外纪》是否已译成满文,目前尚不清楚,有待查考。

现在回到"增补"的问题上来。书中所谓"艾儒略增译",其实就是"增补",因为艾氏是根据西方的材料增补,并经他翻译为中文,故称"增译"。那么艾氏是以什么书为底本,再增补成《职方外纪》的呢? 关于这个问题,还有一些似是而非的说法,需要在这里澄清。

早在 1936 年朱士嘉在《明代四裔书目》一文就说:"是书(指《职方外纪》)即约略增补利玛窦《万国图志》而成。"[⑪] 1985 年王庆余《利玛窦携物考》也说:"艾儒略《职方外纪》……是增补《万国图志》而成的。"[⑫] 1987 年江文汉在《明清间在华的天主教耶稣会士》一书仍说:"艾儒略为它(指利玛窦的《万国图志》)写了说明书,名曰《职方外纪》。"[⑬] 我认为这种说法是缺乏根据的,是不能成立的。李之藻在《刻职方外纪序》中已明确地提到《职方外纪》是根据庞迪我、熊三拔的"底本"，由艾氏和杨氏二人"增辑"而成的，而庞、熊二人的"底本"，则是根据福建税官所献的西洋世界地图二幅翻译为中文而加的说明。李之藻序的原文如下：

> 会闽税珰又驰献地图二幅，皆欧逻巴文字，得之海舶者。而是时利氏已即世，庞、熊二友留京，奉旨翻译。……乃先译原幅以进。别又制屏八扇，载所闻见，附及土风物产，楷书贴说甚细，……今尚庋中城察院云。而庞、熊旋卒于途，其底本则京绅有传写者，然皆碎玉遗玑，未成条贯。今年夏，余友杨仲坚氏与西士艾子为增辑焉。[14]

艾氏的《自序》和杨廷筠序也有相同的记载。艾氏《自序》更申述了增补所用的素材：

> 乃更窃取西来所携手辑方域梗概为增补，以成一编，名曰《职方外纪》。……兹赖后先同志，出游寰宇，合闻合见，以成此书。[15]

艾、杨、李三人在序中都没有提到增补《万国图志》的事[16]，他们很可能连《万国图志》都没有看见过。因艾氏于1613年入京，而《图志》早在1600年便已献入宫中，从此便音讯杳无了。

关于《外纪》与利氏的世界地图的关系，艾氏很可能也参考过利氏的世界地图。因为在此以前，利氏世界地图的版本，已有十二种之多[17]，其影响之大，可以想见。但艾氏最多也不过是参考而已，也没有直接用它作为"底本"，或根据它来作增补。我们发现，甚至在很多地名的翻译上，利氏地图和《外纪》都各有不同。如《外纪》卷一所述亚洲的九个主要国家，就有六个国家译名各异：

《职方外纪》	《坤兴万国全图》
亚剌比亚	曷剌比亚
鞑而靼	鞑靼
印第亚	应帝亚
百尔西亚	波斯
度尔格	土尔客私堂
则意兰	锡郎岛

如果艾氏是据利氏地图的说明做底本，他完全没有必要改"鞑靼"为"鞑而靼"、"波斯"为"百尔西亚"，这是《外纪》不是增补利玛窦地图和《图志》的又一证据。据艾氏《自序》，《外纪》增补所用材料，主要是艾氏带来的"手辑方域梗概"和传教士的"合闻合见"，也说明与《万国图志》无涉。

三　《职方外纪》的内容是"不可究诘"吗

《职方外纪》共五卷（闽本分六卷，以原卷四的《墨瓦蜡尼加总说》分出来为卷五，原卷五《四海总说》作卷六），卷之首有《五大洲总图界度解》。它的内容与我国传统的地理载籍完全不同，对 17 世纪的中国读者来说几乎都是陌生的。但是过去许多人都认为它是"荒渺莫考"[18]、"不可究诘"[19]。甚至近人张维华先生在其《明史欧洲四国传注释》中仍说："按艾儒略所著《职方外纪》，诚不免有神异夸饰之语，《四库全书总目》谓'所述多奇异，不可究诘，似不免多所夸饰'，盖公论也。"[20]《职方外纪》的内容真是"荒渺莫考"、"不可究诘"吗？否！我们用今天的眼光看，《外记》所述内容，绝大部分都是有根据的，是可以查考的，其中有历史，有科学，有古代神话传说，有的还可以从中国古书中找到踪迹。可以说，除了宣扬宗教的内容外，它基本上是"言之有据"的，其中不少地方还反映了地理大发现以来世界地理学的新成果。现将书中几个重点内容略述于下。

1. 介绍了欧洲文明　欧洲文明是西方文化的代表，它起源于埃及文明、西亚文明，曾创造了古代希腊、罗马时代辉煌的文化。中世纪欧洲文明衰落，但文艺复兴运动以来，欧洲文明又恢复了活力。《职方外纪》的重点在介绍欧洲文明，使我们具体知道在古老的辉煌的中国文化之外，还有一个同样古老而辉煌的西方文化。书中除了对文艺复兴以来迅速发展的意大利、法兰西、西班牙、葡萄牙等国的文化有详细叙述外，还对四、五千年以前的埃及、巴比伦文化和希腊、罗马文化也作了介绍。这些内容，对17世纪仍处于封闭状态的中国读者来说，真是既新又奇，也是难于令人相信的。但从今天看来，绝大部分都确凿可考，绝非杜撰虚构。如书中常出现的"天下七奇"和"以西把尼亚（西班牙）三奇"[21]，在当时中国人看来，简直如海外神话，但现在已证实确有其事。"天下七奇"即古代的"世界七大奇迹"，有埃及金字塔、巴比伦空中花园、罗得岛铜人巨像、以弗所神庙、宙斯神像、摩索拉斯陵墓、亚历山大里亚灯塔。"以西把尼亚三奇"即西班牙瓜的亚纳河伏流、塞哥维亚输水道、红褐色花冈岩城堡。这些内容，至今历历可考。在卷二《欧逻巴总说》中，作者还重点地介绍了欧洲当时的教育制度（"建学设官之大略"），从小学、中学到大学的一整套教育制度和学习科目、考试用人制度等，都有述及。而中国则直到清末维新运动时，方开始废科举、兴学校，接受西方这套先进的教育制度和内容。作者在另外两种著作《西学凡》和《西方答问》[22]中，也详细谈到西方的各种风俗制度和文化，这都是介绍西方文化的最早著作。虽然作者突出地表现了宣传基督教义和欧洲文明优越感的思想，但它确实使明末的中国人打开了眼界，使人们第一次看到世界上还有能与中国抗衡的有悠久历史和文化的西方文明。

2.介绍了地理大发现以来最新的世界地理知识 15世纪末到17世纪是欧洲向海外扩张殖民的时代,标志着这一时代的开始是世界地理的大发现。首先是哥伦布的西班牙船队越过大西洋发现了美洲,接着是葡萄牙的船队绕过非洲南部进入印度洋和来到远东,后来便是麦哲伦船队环绕世界的航行,等等。这些重要的探险和发现不但表明地球上的海洋可以连成一片,而且地球上的大陆也已基本上为人们所知晓,这些惊人的地理大发现成果都可以在《职方外纪》中得到反映。书中卷三、卷四分别对非洲(书中称"利未亚州")和美洲(书中称"亚墨利加州")作了总述和分国介绍。特别对哥伦布(书中称"阁龙")发现美洲的经过、麦哲伦(书中称"墨瓦兰")环绕地球的航行以及西方远航海上巨大的"海舶",到远东的航路,等等,都有具体的描述。尤为令人注意的是,在卷四《亚墨利加》中,还叙述了美洲土人(印第安人)的生活状况及其文化,对南美和中美的古老的印加文化、玛雅文化都有述及。这是我国最早的关于印第安人的记载。作者虽然带着强烈的种族意识和救世主的观念,但它为中国人展示了一个前所未闻的新世界,使当代最新的世界地理知识很快传到中国。

3.介绍了世界各地的风土人情、名胜古迹、物产珍奇 这部分有些是来自神话传说、宗教故事,有些则是确有其事,有些则至今仍是个谜;只有极少部分才是道听途说的、虚妄的。如卷一《度尔格》中关于弗尼思鸟的故事,这种不死鸟其实就是凤凰,弗尼思即Phoenix的音译,这是一个西方很流行的传说。又卷四《亚墨利加诸岛》中叙述百而谟达海魔的怪异现象,无法解释,历来认为荒唐。但这其实就是著名的航海禁区百慕大三角区(Bermuda

Triangle),又称魔鬼三角区和丧命地狱,此一海域之怪异现象至今尚无合理的科学解释。又卷二《欧逻巴总说》介绍的阿利襪,即油榄油,直至解放后我国才有引进种植。《职方外纪》中所记载的怪异物产,有些甚至在明代以前我国古籍中已有记载。如卷一《如德亚》中述能治百病的西方神秘良药"的里亚加",其实早在唐代高宗乾封二年(667)已由拂菻国遣使献于中国,当时称"底也伽[23]"。李时珍《本草纲目》谓它以诸(或作猪)胆为主要原料,德国人夏德(F. Hirth)则谓以鸦片为主要原料,为 therioc 之译音[24]。又卷四《字露》中有名"拔尔撒摩"的万能香药:"傅诸损伤,一昼夜肌肉复合如故,涂痘不瘢,以涂尸,千万年不朽坏。"此药唐代名"阿勃参",在段成式《酉阳杂俎》中亦有记载,原自阿拉伯文Afursama,希腊文略去 a—,作 balsam,葡萄牙文作 balsamo,故《职方外纪》译称拔尔撒摩,《澳门志略》则作巴尔酥麻[25]。今英语balsam 即香脂,而尤以南美秘鲁所出的一种高大豆科植物秘鲁胶树所产的香脂最为名贵。这些记载,古今对照,均历历可考。

当然,《职方外纪》也有一些荒诞无稽的记载,如"人身羊足","长人善跃,一跃三丈"。(卷一《鞑而靼》)、"小人国"(卷二《西北海诸岛》)、"海人"(卷五《海族》)和一些难于查考的怪异动植物,这些传闻失实之词,大都是古代和中世纪流传的传说,只占全书一小部分,是不必深究的。总之,从历史角度看,《职方外纪》的内容,基本上反映了 16 世纪欧洲人对世界地理的认识水平;而对中国人来说,则绝大部分都是陌生的、新鲜的。因而明末清初不少人认为"荒渺莫考"、"不可究诘";由于历史条件所限,他们不可能深入探究,这是可以理解的。但现在还有一部分人认为它"不可究诘",这说明传统的说法仍在起作用。看来,目前将《职方外纪》的内容全部作一笺释,说明出处,还是很有用的。

四 《职方外纪》的世界地理观念为什么长期以来未为中国人所接受

《职方外纪》是我国最早的一部世界地理,利玛窦的世界地图是我国最早的一幅带说明的世界全图。二者虽无直接渊源关系,但都取材于 16 世纪的西方地理学著作,很多地方都反映了欧洲地理学的新成果[26]。因此,谈论《外纪》对我国的影响,其实也是利氏地图对我国的影响。这方面过去已有洪煨莲《考利玛窦的世界地图》、陈观胜《利玛窦对中国地理学之贡献及其影响》二文[27]及张维华《明清之际中西关系简史》一书中有关篇章[28],作过详细阐述。陈文还引举了七方面的影响:1. 实地的测量,2. 地名的译定,3. 欧洲地理学界当时的最新发现,4. 世界地图的认识,5. 五大洲的观念,6. 地球圆说,7. 地带的分法。这些都是积极的影响,都是正确的,本文不打算再作论述。现在我要回到本文第一部分的第三点,谈谈新的世界地理观念长期以来为什么未能为中国人所接受的问题。

传教士介绍的西方世界地理,如果说在明代还有部分知识分子理解和接受的话,那么到了清代前期和中期,除了测绘地图以外,就完全受到冷遇了。明末除了李之藻、杨廷筠、叶向高、瞿式耜、李应试等人热情宣传西方的世界地理知识外,还有王圻的《三才图会》、程二百的《方舆胜略》、章潢的《图书编》、潘光祖的《舆图备考》均收录了这方面的知识和地图;可是到了清代,不仅官方的史书否认传教士的世界地理观念,甚至私人的地理著述,也罕有人提到。《明史》和《清朝文献通考》等虽然收录了欧洲的一些国家,但仅是因为他们曾和明朝政府打过交道,有过来往关系,而不是接受了五大洲的世界地理学说。清朝统治阶级否认新的世界地理观念最充分地表现在《清朝文献通考》对《职方外纪》的评论上:"至意达里亚人所称天下为五大洲,盖沿于战国邹衍裨海之说。……夫以千余里之地名之为一洲,而以中国数万里之地为一洲,以矛刺盾,妄谬不攻自破矣。又其所述彼国风土物情政教,反有非中华所及者。虽荒远犷獠,水土奇异,人性质朴,似或有之。而即彼所称五洲之说,语涉诞诳,则诸如此类,亦疑为剿说卮言"[29]。《四库全书》虽然收录了《职方外纪》,但也不是对西方世界地理观念的认可,而是"天地之大,何所不有,录而存之,亦足以广异闻也"(《职方外纪提要》),完全采取保留态度。至于清代的私人地理著述,同样也对西方地理学采取蔑视和否定态度。顾炎武的《天下郡国利病书》就看不到一点西方地理学的影响。图理琛的《异域录》、陈伦炯的《海国闻见录》虽然也记下了游历欧洲的见闻,但他们并没有看过传教士的有关著述,也看不出《职方外纪》对他们的影响。最令人惊奇的是18世纪中叶身为澳门同知的印光任和张汝霖,他们合著的《澳门纪略》一书虽然抄录了许多《职方外纪》的材料,但他们同样否认西方的世界地理观念。书中竟说:"西人浑盖通宪之器,寒热五带之说,地圆之理,正方之法,皆不能出周髀范围。""明郑和七下西洋,……凡数十余国,无所谓意大里亚,亦无所谓欧罗巴者,其说荒渺无考。"那么与他们打交道的葡萄牙人是那里来的呢?他们认为这就是"佛郎机,在占城西南,自古不通中国"[30]。两位堂堂的负责澳门事务的地方官,居然不知道与他们长期打交道的外国人是哪国人氏,来自何方,真是愚昧极了。而这时已是葡萄牙人来澳200多年,《职方外纪》问世也已130年了。清代统治阶级抗拒西方世界地理观念的顽固程度,由此可见!

明末至清中叶间统治阶级对传入的西学,为什么只对天文历算和应用技术(如绘图测量)方面感到兴趣,而对像世界地理这一新观念却毫不感兴趣呢？从总的方面看，这是一个东西方不同文化的差异问题。这方面，法国学者谢和耐《中国文化与基督教的冲撞》[31]一书已有论及，这里也毋需再述。这里需要谈的是从《职方外纪》的本身看，欧洲世界地理观念在明末至清中叶间之所以未能为中国所接受，书中表现的强烈的传教思想、欧洲中心思想和殖民思想，应是主要原因。

利玛窦到中国来后，第一次在肇庆展示出西方的世界全图，吸引了众多的中国人。他便说："实际上正是这有趣的东西，使得很多中国人上了使徒彼得的钩。"[32]艾氏继承了利氏这一衣钵，要用世界地理来宣扬天主教义。艾氏在自序中就开宗明义地点明，"造物主"是驾凌于世界一切事物之上的，是万能的。书中所述各国情况，无不清楚无误地表明，凡是信奉"天主"的国家，都能繁荣富强，人民幸福；凡是信奉"异教"的国家，都是野蛮落后，人民贫穷。这自然为中国统治阶级带来极大的反感。传统的儒、释、道三家思想在中国已统治一千多年，根深蒂固，现在忽然又出现一个驾凌于一切之上的"天主"，这是根本不能接受的。如果说在明末还有少量的知识分子在接受西方知识洗礼的同时，也接受了"天主"的洗礼的话，那么到了清代，特别是康乾时代引发了教仪之争，传教士的地位跌到了深谷，这些带着强烈传教色彩的世界地理，就注定了要被冷落、遭排斥的历史命运。《澳门纪略》一书在引用《职方外纪》中的一些具体材料，同时，又不得不否认它的世界地理观念，就是这个道理。

其次，《职方外纪》中处处表现出的欧洲中心思想，这也是与中国传统的以中国为世界中心的华夷观念背道而驰的。《外纪》一方面对以南欧（从希腊、罗马到西班牙、葡萄牙、法国）为代表的欧洲文化颂扬无所不至，世界各地均受其赐，另一方面又完全否定东方文化,特别是否定伊斯兰文化和中国文化,对伊斯兰文化、中国文化在欧洲、亚洲、非洲各地的重大影响只字不提。这不但使尚处于封闭状态下的明清之际的中国人不能容忍,而且也是对历史的严重歪曲。《外纪》引起许多中国人的蔑视,这也是必然的。

最后,《职方外纪》对西班牙、葡萄牙等西方殖民者的极力美化,也普遍引起中国有识之士的反感。16世纪葡萄牙、西班牙等国通过掠夺和屠杀占领了非洲和美洲大片土地。原来在中、南美洲的五千万印第安人到17世纪被消灭剩下只有四百万人。殖民者大量的财富就是建筑在屠杀和掠夺之上的,然而这些事实在卷四《亚墨利加》中竟毫无反映。16世纪葡、西殖民者来到远东和中国沿海,中国人认为他们是"外夷中最凶狡"的,并要将他们驱逐出中国沿海[33]。《明实录》、《殊域周咨录》、《月山丛谈》、《东西洋考》等明代史籍已有记录在案。《明史·佛郎机传》称其"剽劫行旅,至掠小儿为食",这是明清间中国人对西、葡殖民者的普遍看法[34]。1602年(万历三十年)西班牙在菲律宾对华人的一次大屠杀,使25000中国人丧生,这悲痛的事实也使人们记忆犹新[35]。然而《外纪》对此不但丝毫没有涉及,反而处处为殖民者歌功颂德,仿佛他们就是殖民地人民的救星一样。对西方殖民者这种截然不同的看法和记载使人们完全有理由怀疑《外纪》叙事的真实性。因此,明清间很多有识之士对《外纪》采取否定态度,这也是很自然的。

综上所述,本文可以总结出以下几点结论:

一、《职方外纪》是中国第一部世界地理,也是西方地理学最早的中国版。

二、《职方外纪》的内容并非"荒渺莫考",它基本上反映了 15 世纪以来世界地理的最新成就。

三、《职方外纪》对中国新旧世界地理观念的革新,起了深远的影响。在经历了 250 年之后,中国最终接受了新的世界地理观念。

四、《职方外纪》强烈地反映了西方的宗教观、历史观和殖民观,这是中国人所不能接受的,也是新的世界地理观念长时间内被排斥的重要原因。

(《中国历史博物馆馆刊》1991 年总第 15～16 期)

【注　释】

① Louis Pfister, Notices biographiques etbibliographiques sur les Jesuites de lanciennemission de Chine, 1552—1773。2vols, Shanghai, 1932, 1934。

②徐宗泽《明清间耶稣会士译著提要》,卷一〇,中华书局 1949 年。

③司马迁《史记》卷六《始皇本纪》二十八年《琅邪刻石》。

④《史记》卷七四《孟子荀卿列传》:"(邹衍)其语闳大不经。……中国外如赤县神州者九,乃所谓九州也,于是有裨海环之。"

⑤《后汉书》卷八八《西域传》;《三国志》卷三。引《魏略·西戎传》。

⑥《后汉书》卷八五《东夷列传》。

⑦《汉书》卷十八下《地理志下》粤地条。黄支国据大多专家的考证,即印度的建志补罗,今称康契普腊姆(Conjevaram)。

⑧方豪《中国天主教史人物传》,香港公教真理学会,台中光启出版社,1970 年。

⑨《简明不列颠百科全书》卷一,中国大百科出版社,1985 年。

⑩C. R. Boxer, South China in the Sixteeth century, London, 1953。

⑪朱士嘉《明代四裔书目》,载《禹贡》第 5 卷第 3、4 合期,1936 年。

⑫王庆余《利玛窦携物考》,载《中外关系史论丛》,第 1 辑,世界知识出版社,1985 年。

⑬江文汉《明清间在华的天主教耶稣会士》,知识出版社,1987 年。

⑭李之藻《刻职方外纪序》,见《职方外纪》,《天学初函》本。

⑮艾儒略《职方外纪序》,见《职方外纪》,《天学初函》本。

⑯艾氏的《自序》虽然提到《万国图志》,但并没有说据它为"底本"。艾氏的原文是这样说的:"吾友利氏赍进《万国图志》。而吾友庞氏又奉翻译西刻地图之命,据所闻见,译为图说以献。……偶从蠹简得睹所遗旧稿,乃更窃访西来所携手辑方域梗概为增补,"云云。显然艾氏增补的是庞氏的"所遗旧稿",而不是《万国图志》。然而四库馆臣却首先把它弄混了,把利氏和庞氏连在一起作为"旧本",由艾氏作增补。《提要)说:"自序谓利氏赍进《万国图志》,庞氏奉命翻译,儒略更增补以成之。盖因利玛窦、庞迪我日本润色之,不属儒略自作也。"四库馆臣曲解艾氏自序,以致后人相沿致误至今。

⑰见洪煨莲《考利玛窦的世界地图》,第三部分附表,载《禹贡》第 5 卷第 3、4 期,1936 年。

⑱张廷玉《明史》卷三二六《意大里亚传》。

⑲《四库全书总目》卷七一《史部·地理类四》,《职方外纪提要》。

⑳张维华《明史欧洲四国传注释》页 183,上海古籍出版社,1982 年。

㉑见《职方外纪》卷一鞑而靼、百尔西亚、地中海诸岛条,卷二以西把尼亚条。

㉒艾儒略《西学凡》一卷,《天学初函》本;《西方答问》二卷,明刻本。

㉓宋祁等《旧唐书》卷一九八《拂菻传》。

㉔见张星烺《中西交通史料汇编》第一册页 99 注 12,中华书局,1977 年。

㉕同上书,页 138 注 1。

㉖据方豪《中西交通史》第四篇第六章第二节《利玛窦之世界地图与中国地图》(岳麓书社 1987 年重刊本)中称,"利氏所本者为奥代理乌斯

（Abraham Ortelius)著《地球大观》(Theatrum Orbis Terrarum)，其书有各家所绘图五十三幅。"艾儒略《自序》中提到的"窃取西来的携手辑方域梗概为增补"，这"方域梗概"很可能也是奥氏的《地球大观》，因为此书是当时西方最著名的世界地理，北京原北堂图书馆尚藏有该书的 1570、1595 版本。

㉗俱载《禹贡》第 5 卷第 3、4 期，1936 年。

㉘张维华《明清之际中西关系简史》后编第二章《西方传入中国之地理学》，齐鲁书社，1987 年。

㉙《清朝文献通考》卷一九八《四裔考》六《意达利亚》。

㉚以上所引均见印光任、张汝霖《澳门纪略》下卷《澳蕃篇》，广东高等教育出版社，1988 年。

㉛〔法〕谢和耐《中国文化与基督教的冲撞》，于硕等译，辽宁人民出版社1989 年。

㉜《利玛窦中国札记》，何高济等译，页 180，中华书局 1983 年。

㉝参阅张天泽《中葡早期通商史》第三章《外国人被驱逐出中国与禁止对外贸易》，姚楠、钱江译，1988 年香港中华书局。

㉞此说直至 19 世纪中叶我国史籍仍有记载，清光绪年间王之春《清朝柔远记》仍持此说。

㉟张燮《东西洋考》卷五《吕宋》，页 89—93，中华书局 1981 年。

博取中外之长，纵考古今之变

——喜见《大唐西域记校注》出版

　　唐代玄奘是我国著名的高僧，也是杰出的翻译家、语言学家和旅行家。由玄奘口述、他的弟子辩机笔录成书的《大唐西域记》，记述了公元627至645年他游学印度沿途所经和传闻得知的一百三十八个国家、城镇、地区的情况和民间故事，是一部中外著名的历史地理学和佛学文献，有很高的学术价值。《大唐西域记》取材谨严，内容丰富，文笔雅致流畅，堪称我国古籍中的一朵奇葩。但这部名著在问世后一千二百多年的漫长岁月中，却很少引起我国学者的应有注意，也没有人对它进行过整理和研究。只是到了近代，一些中外学者才开始对它进行了翻译和注释；但我国学者的研究成果仍然很少，甚至还没有人对它进行过校注整理。现在，由季羡林、张广达、朱杰勤、杨廷福、耿世民、张毅、蒋忠新、王邦维、范祥雍等同志共同撰写的《大唐西域记校注》已由中华书局出版，它将使人们比较清楚地认识原书的夺目光辉，有较高的学术水平。我有幸先看到此书样本，故在此不揣浅陋，略作介绍。

　　让我首先对一百多年来《大唐西域记》的整理研究情况作一简单的回顾。

　　《大唐西域记》是一部比较难读、难懂的古书，就连清代以博学著称的纪昀对它的学术价值也不甚了了。他曾说："此书侈陈灵异，尤不足稽。然山川道里亦有互相证证者，姑录存之，以备考焉。"（《四库全书总目提要·史部地理类四》）由于我国封建社会长期闭关自守而统治者又盲目自大，对记载远方异域的书视为怪诞，不予重视，而过去的学者统不识中亚和印度的语言文字，也不谙中亚和印度的历史地理，看不懂此书的价值，所以此书就长期束之高阁，无人问津。直到鸦片战争前后，由于西方殖民主义势力在我国西北步步进逼，一些有识之士便逐渐把注意力放到西北边防上，于是西北史地之学，一时成为风气，《大唐西域记》才开始为人们所注意。如徐松、张穆等人考订西域的著作，就经常提到此书。但他们并没有对《西域记》进行过专门研究，因此也没有什么成绩可言。

　　最早对《西域记》进行专门研究的是西方学者。1834 年德国东方学家克拉勃罗德（J. KLAPLOTH）以《玄奘在中亚与印度的旅行》为题，在柏林地理学会发表学术讲演，首次论述了此书对研究中亚和印度历史地理的重要意义。此后一个半世纪，国外研究玄奘及其《西域记》的专著及论文不断涌现，而且名家辈出，各有所长。其中影响较大的译注本就有下列七种之多：1、儒连（S. JULIAN）法译本，1857 至 1858 年，2. 比尔（S. BEAL）英译本，1884 年；3、瓦特斯（T. WATTERS）英译本，1904 至 1905 年；4、日本京都帝大校本，1911 年；5、堀谦德日译解说本，1912 年；6、足立喜六日译研究本，1942 至 1943 年；7、水谷真成日译注释本，1972 年。其他诸家著述纷呈，难于胜数，在广度和深度上都取得了很大成绩。

　　我国最早研究《西域记》地理考证的专文是清末民初丁谦的

《大唐西域记地理考证》(收入《浙江图书馆丛书》第二集,1915年)。其后到了1957年,才出现了由吕澂校勘的整理本(南京金陵刻经处刻本)。1963年,向达曾计划将《大唐西域记》作简要的校勘和注释,但到"文化大革命"前仅完成了校勘底稿(现存北京大学图书馆);注释还未着手,他便在1968年不幸去世。1977年,上海人民出版社出版了章巽的点校本,又在吕校本的基础上提高了一步。1981年中华书局出版了向达在一九六四年辑的《大唐西域记古本三种》,为校勘《西域记》提供了三种古本残卷,1984年中华书局又出版了周连宽的专著《大唐西域记史地研究丛稿》,这是我国唯一的一本研究《大唐西域记》的著作。从这些材料可以看出,我国对《西域记》的整理与研究,仍然处于起步阶段。和国外的研究相比,无论数量和质量上,差距都是很大的。

　　《大唐西域记》之所以能够吸引众多的中外学者作出如此不断的探讨和研究,这主要是因为它给我们研究南亚史(特别是印度史)、中亚史、中外关系史、边疆史、民族史、宗教史和语言学、哲学、考古学、文学等学科提供的资料,实在是太丰富了。这里我仅举印度史的研究为例。由于古代印度本国缺乏历史记载,许多重要史实都靠外国史书才保存下来,玄奘的《西域记》就是其中最重要的一种。书中不但对七世纪前后印度的政治、经济、文化有翔实的记载,而且对许多城镇、寺院、村落、交通等都有非常具体的记述。象著名的阿育王、毗卢释迦王、戒日王,著名学者波你尼、马鸣、龙猛、提婆、无着、世亲,佛教史上的几次著名大辩论、大小乘部派的变化和著名的佛学中心那烂陀寺等等的记述,都是印度史上非常珍贵的文献资料。而规模庞大的那烂陀寺遗址和艺术瑰宝阿旃陀石窟等著名文化古迹,就是主要根据《西域记》所提供的线索发掘和复原的。现在,我们几乎找不到一部谈印度历史而不引用《大唐西域记》的科学论著。难怪本世纪初英国的印度史学家史密斯(V. SMITH)在他著的《牛津印度史》中说："印度历史对玄奘欠下的债是决不会估价过高的。"(意即"无论怎样评价也不会过高"。)

《大唐西域记》对研究我国新疆地区各民族的历史和中外交通史，也有重要意义，这里就不多谈了。

对《大唐西域记》进行全面的校勘和注释，确实是一项非常繁重的工作。校注者除了具备中国古典文献学和历史学的专门知识外，还必须熟悉南亚和中亚的历史和文化，特别是对佛学应有相当的研究；还必须懂梵文、巴利文、波斯文、阿拉伯文和具有英、德、法、日、俄几种外语的阅读能力。在目前我国的条件下，要能找到这样兼具多种学科知识的校注者，确非易事。中华书局编辑部经过认真调查和广泛了解之后，决定组织集体力量，进行校注。经过前后九年的努力，现在，这部有十位学者参加，并由著名中印文化史专家季羡林同志定稿，长达一千二百多页、六十三万余字的《大唐西域记校注》终于问世了。

新的整理本《大唐西域记》在校注质量方面，究竟有哪些特点呢？过去一般的古籍注释，主要是音义的解释和人名、地名、典故、专有名词的出处、沿革、变化等，参考的书籍也仅限于汉籍方面。《大唐西域记校注》则大大超出这一范围。它参考和利用了大量中外文献资料，考释的内容也比一般古籍校注要复杂得多。"博取中外之长，纵考古今之变"，可称本书校注上的二大特点。所谓博取中外之长，就是举凡中外学者有关《大唐西域记》研究的重要成果，书中都注意引用和吸取。本书附录的重要参考书目，就不下五百种。除了前述的七种重要的译注研究本外，如马夸特(J. MARQUAT)、米诺斯基(V. MINORSKY)、痕宁(W. B.

HENING)、康宁哈姆（A. CUNNINGHAM）、斯坦因（A.
STEIN）、伯希和（P. PILLIOT）、巴托尔德（M. BARTHOLD）、白
鸟库吉、寺本婉雅、高桑驹吉、马宗达（R. C. MAJUMDAR）、劳氏
（B. C. LAW）等人的重要著作，都得到广泛的利用。许多释文都
是总结了大量前人研究成果而写成的。例如关于窣利及其文字
的注释（卷二，页 73—75），就是一篇很好的关于窣利（即粟特）及
其文字在半个多世纪以来的研究总结和资料。又如关于缚喝国
的注释（卷一，页 115—116），详细地引述了从公元前六世纪的波
斯碑文到中国南北史等大量的中外文献资料，说明了缚喝国即大
夏国，并列举了希腊语、亚美尼亚语、古波斯语、中古波斯语、叙利
亚语等的转化对音，指出其国家及都城的今地所在。又如关于侨
赏弥国的注释（卷五，页 466—468），扼要地介绍了一百多年来关
于此国地望争论的诸家不同论点，然后才根据可靠的文献记载，
结合近年印度发表的考古发掘报告资料，考定了今地所在。可以
看出，这些注释都是作者付出了很大的劳动，在综合和总结了大
量前人研究成果的基础上写出来的。在近数十年来的古籍注释
本中，这样广泛地占有材料的注释还是很少见的。

　　所谓纵考古今之变，就是注释能从历史的角度考察和研究问
题，解决问题。不少的注文本身就是一篇出色的论文，是作者多
年来的研究成果。如关于"四吠陀论"的一条注文（卷二，页 188—
191）共二千五百字，就比较全面地论述了这种印度最古老的文
献，提出了玄奘叙述中的差异问题，论证了玄奘和玄应、法云、慧
沼及印度昙丁等叙述的区别，解决了历来未曾解决的正、副吠陀
问题。又如原书中多次提到"大乘上座部"，过去的研究者都认为
这是一个难以解决的问题，注释者经过多年研究，提出了"受大乘
影响的小乘上座部"这一独到见解（卷八，页 694—695），解决了多

年迷惑不解的问题。书中对许多印度古国的注释，也都有全面的论述，并注意突出古代中国和印度的友好关系。在词句的解读和地名考订上，注释还纠正了前人研究中的不少错误。此外，对一些名词除解释它的含义外，并追根寻源，指出了它的来源和演变，如对刹那(页171)、药叉(页143)、观自在(页143—144)、解脱(页687)、族姓(页197—200)、大千(页14)、贝叶(页25)、业报(页152)等的注释，都比一般的辞书解释要准确。对原书中许多佛本生故事和民间传说，注释也都指明出处，方便查考研究。过去一些人认为古籍整理不是学术研究，或者认为它比学术研究容易，现在从《大唐西域记校注》可以看出，校注的难度，其实比一般的科学研究要困难得多。

至于本书的校勘，整理者也付出了艰巨的劳动。本书是一个详校本，计用于校勘的共十四个本子，用于参校的共十一种书。凡不同的文字，都一一作出校定，写出校记，可以说是一个集诸本之长的精校本。其中有一些校勘虽有繁琐之嫌，但象《大唐西域记》这样一部重的古籍，搞一个详校本，把各种本子文字演变的资料保留下来，也是很有必要的。

此外，还值得一提的是本书除"正文"外，还有配备齐全的附件：卷首有季羡林同志撰写的长篇《前言》，对原书内容进行了详细的分析介绍，还有《说明》和《校勘凡例》，交待了本书校注的过程和作技术性的说明；卷末则附录有参考书目、地图、索引等资料，为读者查阅本书和进一步研究提供方便。象这样附件齐全的古籍整理本目前在国内也是少见的。

对《大唐西域记》进行校注，这在我国还是第一次，当然，校注还有不少可待改进的地方。如有些注释比较粗糙，可供商榷和尚待证实的问题还不少；校注是出自多人之手，各人的行文和取舍标准乃至见解也会出现歧异之处,甚至译名和标点也有前后不统一的地方,这些均有待将来进一步改正提高。但《大唐西域记校注》的出版,毕竟标志着我国学者对这部名著的研究进入一个新的阶段,它肯定将受到学术界的欢迎。听说季羡林等同志另有《大唐西域记今译》,即将由陕西人民出版社出版;《大唐西域记校注》的英译也在计划着手进行。《大唐西域记》这朵奇葩今天终于在祖国的大地上重放异彩,这的确是令人非常高兴的。

(《古籍整理出版情况简报》第 140 期)

二十六年间

——记《大唐西域记校注》的出版兼怀向达先生

> 慈恩顶骨已三分,西竺遥闻造塔坟。
>
> 吾有丰干饶舌悔,羡君辛苦辍遗文。
>
> ——陈寅恪《甲辰春分日赠向觉明》

这是著名史学家陈寅恪先生于 1964 年春赠向达先生的一首诗。所谓"辍遗文",指的就是从 1962 年起向先生致力于整理研究《大唐西域记》一事。当时向先生久仰陈先生在佛学和梵文方面的造诣,特地从北京专程到广州中山大学陈先生寓所请教《西域记》中有关佛学和梵文的问题,故诗中有"吾有丰干饶舌悔"之句。二位学者不远千里相会,共同切磋学术问题,一时传为佳话。现在,陈、向二先生早已作古,而由季羡林等同志新校注的《大唐西域记校注》最近已由中华书局出版。我是此书的责任编辑,也是二十六年前向先生等着手整理此书的联系人,抚今追昔,感慨良多!最近有一些同志常向我问及新校注本和过去向达先生、章巽先生等整理此书的关系,因追忆其事,写成此文,并作为对已经辞世的前辈向达先生的怀念!

《大唐西域记》是唐代高僧玄奘游学印度归国后写的关于中亚和南亚历史地理的名著。但此书长期以来,在国内却很少有人进行系统的整理研究,更没有一个比较完善的点校本和注释本。而在国外,特别是西欧和日本,早已有好几种不同的译注本和大量的研究论著发表。因此,解放以来,整理出一个完善的《大唐西域记》校注本,是许多学者的共同愿望。

最早提出整理《大唐西域记》的是北京大学历史系的向达先生。1958年,向先生拟定了一个《中外交通史籍丛刊》计划,共收录古籍42种,准备陆续整理出来交中华书局出版。所列的第二种书,就是《大唐西域记》。当时我是向先生《蛮书校注》一稿的责任编辑,经常拜访向先生,并向他请教;我局的总编辑金灿然同志就让我担任这套《丛刊》的责任编辑,与向先生联系。当时向先生正在整理《西洋番国志》、《郑和航海图》和《两种海道针经》三书。《西域记》工作量较大,他要留待以后再进行。

不久,1959年4月,金灿然同志收到中华书局上海编辑所主任金兆梓的一封信,信中说到:

> 日前章丹枫(即章巽)、范祥雍两同志交来整理《大唐西域记》计划一份,我已略读一遍,似与尊意尚为相符。章、范两同志并面称志在超过国际水平,不仅赶上国际水平也……(摘自中华书局业务档案卷,下文所引未注明出处的材料,均摘自业务档案卷)

金兆梓的信中并附有章、范两先生整理《西域记》的计划一份。灿然同志即征求陈乃乾先生和我的意见。陈先生完全同意接受此稿,我也觉得向先生当时尚无力顾及此书,即使将来愿意搞,也可采取共同协作的形式进行。于是灿然同志便决定接受章、范二人约稿,并把他们拟的《西域记》整理计划打印出来,分别向各大专院校及研究单位、专家征求意见,很快便得到了各方面的热烈支持。1959年底,我们又将章、范两先生的《西域记》校注本列入组稿计划,并预定于1962年发稿。

　　与此同时,1959年7月范祥雍先生又就《西域记》的整理问题到北京来拜访向达先生,向先生当时也表示愿意支持章、范两先生的工作。他在给中华书局编辑部的信中说:"我所藏关于《西域记》的材料不多,已同范祥雍先生谈过。他们如果认为有用,我都可以奉借。"由于向先生当时已被错划为"右派",像整理《西域记》这样复杂繁重的工作,没有校方领导的布置和支持,不能贸然进行。当时他整理《西洋番国志》等书,也是经过系领导同意的。灿然同志曾对我说:"向先生的稿子来了,可以加工付排,付型后先放着,待他帽子一摘,我们就马上付印出书。"果然,向先生在1961年"摘帽子"后,他的《蛮书校注》和《西洋番国志》、《郑和航海图》、《两种海道针经》等四种书很快就出版了。

　　但是,在1961年1月间,北大历史系又向我们提出了一个整理《大唐西域记》的计划。现将当时系主任周一良同志给金灿然同志的信摘录如下:

　　　　关于《大唐西域记》,我们成立了一个小组(包括向达、邵循正、季羡林、邓广铭和我),由向达提出了几点初步意见,并就几个问题进行了讨论。汇报如下:

　　　　一、关于校注的要求,我们认为应当超过所有外国的译本,表现出我国学术水平,体现批判继承文化遗产和古为今用。

二、关于注释工作，我们认为应当在吸收中外学者已有成果之外，还有新的成就。苏联和印度学者关于中亚和印度的考古发现，足以与本书相印证的，都应当吸取。

五、范、章两先生原订计划是六二年完成，我们考虑仍旧以此期限为目标，争取提前……希望和范、章两先生联系，了解一下他们的校勘工作进展情况，有些已作的工作不便重复。请中华召集一个会，北大同志之外，请周叔迦（佛教会）、石峻（人大哲学系）、夏鼐（考古所）、贺昌群（科学院）等参加。

对于北大历史系提出的这个计划，我们很快就赞同了。这主要是不但校注阵容强大，而且完成时间也能提前。我们同时有了南北两个约稿对象，既可以出两种本子，必要时也可合起来出一种。我们当时完全过高估计了北大组织的集体力量。其实，除向先生外，其他诸人都各有自己的研究工作和社会工作，很难抽出来搞《西域记》的校注；而南北合作，事实上也存在很大的困难。不久之后，我们就收到章巽先生的复信："今承告贵局决定委托北京大学历史系主持其事，甚表赞同，以后如有需要协助之处，凡力所能及，自乐于从命。"于是，原来是向先生支持章、范两先生搞的，现在变成了章、范两先生支持北大搞。而北大历史系除提出计划外，却久久无行动，会也没有召开，只有向先生一个人常向我发点牢骚，说工作开展困难，没有资料，无法单干下去。实际上当时高等学校正在"拔白旗"，开展对资产阶级思想的批判，谁还敢闭门搞古籍整理呢？上海章、范二先生因不了解北大的情况，工作也停顿下来。因此，原来希望南北两家共同整理《西域记》的可喜局面，到了1962年，实际上已宣告流产了。

以上是整理《大唐西域记》的第一个阶段。

1962年，随着《蛮书校注》等书的陆续出版，向先生的精神也振奋起来。这时他又向我们提出他酝酿已久的整理《西域记》的三步计划，并决心以余生的精力独自来完成它。他在1962年5月给中华书局写了一个报告，就提出了这一设想：

> 一、关于影印本问题（即将现存的敦煌残卷本、福州藏残卷本和赵城藏残卷本三个古本《西域记》辑在一起，加上序言，予以影印出版。略）

> 二、关于底本和简注本问题。简注本除本文详细校正，分段落加标点外，并于费解的辞句、典故、古代地名、宗教派别等等，与以简单的注释，附带地图以表明玄奘的行程，并将道宣的《高僧传》中的玄奘传作为附录，以供一般读者参考之用。《西域记》本文约十万字，简注本大概有二十万字。

> 三、关于详细的校注问题，这个问题比较复杂些。既有批判继承问题，也有推陈出新的问题，既要总结过去的成绩，也要反映出今天的研究水平。

向先生提出了要搞影印本、简注本、详注本三种本子，我们当时是完全予以支持的。在1965年以前，他差不多主要就是搞影印本和校勘标点本的工作。1963年，他在北大历史系与中文系合办的讲座中主讲《玄奘和大唐西域记》一课，并将他收集的有关玄奘和《西域记》的资料，在教室内举办了一个小型展览会，共展出文物图片40余件，很受学生欢迎。其后，为了查阅资料方便，向先生独自移居西四广济寺中国佛教协会内，专心致志地从事《西域记》版本校勘工作。1964年春，他又自费专程去广州拜访陈寅恪先生。1964年夏，三种古本残卷的影印辑编工作首告完成，向先生撰写了《前言》，由佛教协会王德鹏先生送到中华书局。

可是，时机又一次不利。1964年，已经在全国开展"社会主义教育运动"，"以阶级斗争为纲"的口号已经占领了各个领域。下半年，学术界的气氛也顿时严峻起来。作为敏感部门的出版界，在"政治第一"的口号下，更警觉起来。我向金灿然同志汇报了《西域记》影印稿完成的情况，他马上把影印稿和前言要了去，亲自审阅。过不了几天，他就做了如下批语：

> 从向的序文看，赵城藏本和福州藏本似乎都没有太大的价值，要不要印，需要研究。向的序文有些说话可以研究。又如称伯希和、羽田亨为"教授"，称玄奘为"法师"，等等。此外向的序文还谈到苏联科学院拍摄敦煌卷子的事，批评了苏联，这段话，涉及国家关系，是否要写上，怎么写，也须郑重。

这个意见使我很为难，因为以此为拒绝出版的理由，是不够充分的。同时如果影印本被否定，势必影响到向先生整个《西域记》整理计划。我和古代史编辑组组长赵守俨同志商量后，又写了一个报告，提出了内部出版少量印行的办法。但领导上几经研究之后，仍是觉得以暂时不出版为好，要我找向先生委婉地说明原因，另写了一个书面意见退稿给佛教协会。大约 1964 年 10 月间，我到北大燕南园向先生寓所向他陈述了中华书局的意见，希望他的校注工作仍旧继续进行下去。但他那无可奈何的表情使我至今记忆犹新。在平常我去看他时，他总是娓娓不绝地向我谈中外交通史研究上的一些问题和他的看法，使我从中得到不少教益。但这次谈话却引起了他的满腹牢骚：没有助手帮助抄写、找资料；到图书馆查阅资料困难重重，很多外文书不出借；国外的研究状况很不了解，等等，研究工作真是寸步难行。他又说目前搞版本校勘，尚可应付，以后要开展注释，真是无从下手。我只能安慰他将来情况总会好转的。可万万没有想到，更严重的打击还在后面。到了 1965 年，已是"文化大革命"前夕，"大批判"步步开展。

向达先生在北大也不可避免受到冲击折磨，终于在 1966 年 11 月因病去世。整理《大唐西域记》的第二阶段，自然也就"寿终正寝"了。

"野火烧不尽，春风吹又生"。十年动乱之后，学术界和出版界又逐步恢复了工作。1976 年下半年，中华书局整理出版的"二十四史"工作接近尾声的时候，整理《大唐西域记》又重新被摆到日程上来。从 1976 年到 1985 年，这是整理《西域记》的第三阶段。

我是 1976 年初回到北京后才恢复工作的。在重新拟定《中外交通史籍丛刊》选题计划的时候，我自然而然地想到《西域记》的整理出版。但哪里去找整理者呢？"物换星移几度秋"，我的信心不足，只有从调查研究入手。

我首先到上海拜访章巽先生。章先生告诉我一个令人兴奋的消息："文化大革命"中，他在家中仍坚持做《西域记》的点校整理工作，目前已经完成，交上海人民出版社出版。他还说出版社认为他的校勘太繁琐，大部分要删去。对此他非常不满。他愿全力支持中华搞一本详细的校注本，并愿将他的全部校勘记交给我们参考。他还介绍了范祥雍先生的情况。于是我又去找到范先生，范先生曾校注过《洛阳伽蓝记》，对版本校勘素有研究，在"文革"中被抄家后，一家人住在一小间屋子，仍受着街道居委会的"看管"，生活非常艰苦。他希望我们能够帮助他摆脱困境，以便为校勘《西域记》尽力。后来我又到广州拜访了朱杰勤先生、周连宽先生和金应熙同志，他们都非常支持校注《西域记》工作，并愿意为此出力。这增强了我的信心。回京后，我又走访了孙毓棠先生和历史研究所的一些同志，使我逐步形成了一个想法，即借调外地一些同志，加上北京的一些同志，组成一个《西域记》的校注工作班子,用集体的力量,花两三年时间,整理出一个《大唐西域记》的详细校注本。这不但是必要的,也是完全可能的。我的设想得到领导的支持,便于1977年开始筹备这一工作。

筹备工作包括三个内容,即确定人选、拟定计划和准备资料。首先是确定人选,这时我在北京又物色了张广达、耿世民、蒋忠新三位同志。他们都是专攻中亚和南亚历史、语言的中年学者,而且都愿意为整理《西域记》而贡献自己的力量。王利器同志则向我推荐在成都农机学院教英语的张毅同志,谢天佑同志则向我介绍上海教育学院的杨廷福同志。于是我又专程到成都和上海拜访了张、杨二同志,准备借调他们来京工作;并准备聘请范祥雍先生来京任中华书局特约编辑。这时,有关中亚、南亚历史、地理、语言和宗教、辞语、校勘等各方面的专家都齐备了,但还缺乏一位能负起全书定稿责任的,具有多方面学识的专家。最后我们决定邀请北大东语系主任季羡林同志。我带着出版局的公函,经北大校方领导同意后,就去找季先生。在"文革"前我和季先生就有过接触,这次承他一见如故,慨然允诺。我大喜过望,决心也下定了。

与此同时我们就拟定整理计划,借调杨廷福、张毅二同志来中华书局,并请张广达、耿世民、杨廷福三人写出卷一、二的部分样稿,广泛征求意见。又请傅振伦、姚鉴二同志分别收集西、日文有关《西域记》资料,我收集中文有关《西域记》资料,编成一本《西域记研究资料索引》。1978年8月18日,在北大东语系,由季羡林同志主持召开了《西域记》第一次工作会议,有孙毓棠、朱杰勤、宿白、张广达、杨廷福、张毅、耿世民、蒋忠新、赵守俨和我参加。会上决定了由范祥雍先生在上海单独负责标点校勘,由季先生在北京主持注释工作,具体分工如下:耿世民负责新疆部分,张广达负责苏联中亚及阿富汗部分,朱杰勤及张毅、蒋忠新负责印度部分,杨廷福负责原书三篇序及佛教名词、辞语部分,蒋忠新查对全书梵文,宿白负责全书插图照片(后因困难较多,没有进行),章巽负责绘制详细地图(后章先生因眼睛不便,也没有进行),季羡林最后负责修订定稿和撰写前言。会上并根据卷一、二的样稿具体讨论了注释的标准和要求,还讨论了关于向达先生过去整理《西域记》的成果尽量了解和吸取的问题。会上决定由宿白、张广达、杨廷福和我到北京大学图书馆查阅馆藏向先生的全部图书、手稿及资料。我们在那里查阅了几天,仅发现《西域记》金陵刻经处本上向先生在书的天头上写的许多校勘记,蝇头小字,笔划清楚整齐,体现了向先生多年的心血。我们商得馆领导同志同意借出参考。后来我将它送到上海范先生处,请他尽可能将向先生的校勘记吸取参考。现在新校注本中,凡是向先生的校勘可参考的地方,我们都在校勘记中一一作了说明。

大约经过了两年多时间,到了1980年底,各人分工写的初稿先后写出来了,范先生的标点校勘也完成了,借调的同志也返回原单位。在此期间,我局将向先生"文革"前未能出版的《大唐西域记古本三种》影印出版了,周连宽先生的《大唐西域记史地研究丛稿》也加工发稿了。接着,我又花了半年多时间,将《西域记校注》初稿整理删补,统一体例,并将分散的校勘、注释和正文剪接连贯起来。1981年下半年,我将粗具规模的《大唐西域记校注》初稿送季羡林同志审阅。

这时季羡林同志已在动手写他的长篇文章《西域记校注》前言。在审阅初稿中,他不但逐字逐句地阅读进行修改,而且还亲自改写了不少注释条目。如长达3000字的《四吠陀论》的注释,就是他全部改写的。他还亲自查阅了注释的引文,发现大部分的引书都有问题，又请王邦维同志将全部中外引书的引文核对一遍。这样又花了一年半时间。到 1983 年 7 月，经他审定后的修改稿，交回编辑部。我又用了约四个月时间，将全稿作最后的加工整理，统一体例编排，选定了 20 多幅装饰插图，然后才于 1983 年 12 月发稿。至此，63 万字的校注本，经前后二十多年的努力，总算告一段落，我也深深地舒了一口气。

现在，《大唐西域记校注》已经呈现在读者面前了，它的质量如何，尚有待读者的检验和评价。但它毕竟是这部重要史籍的我国第一个比较全面的校注本，而且几经曲折，有着二十六年的历程。而首创其事的向达先生已于 1966 年去世，后来参加校注的杨廷福先生也在 1984 年因病逝世，都来不及见到此书的出版了。季羡林同志曾说过："靠个人的能力要完成这件工作，在目前是不可能的，只有依靠集体力量。现在参加校注工作的同志都是很难得的一时之选，今后再也不可能集中这样一批人来搞这一工作了。"由于此书经历时间较长，参加的人也比较多，而我则始终参与此一工作的全过程，因志其事，略述如上，作为二十六年间此书整理出版过程的一个小结吧。

　　　　　　　　　　　　　　（《书品》1986 年第 1 期，中华书局）

《大唐西域求法高僧传校注》简介

唐代赴印度求法的著名僧人，首推玄奘，其次便是义净。义净著有《大唐西域求法高僧传》和《南海寄归内法传》，均为研究唐代佛教史及中外交通史的著名史籍。王邦维同志在北京大学从梵文学家和中印文化交流史专家季羡林先生攻读硕士和博士研究生时，便开始对二书进行详细的研究，最近中华书局出版的《大唐西域求法高僧传校注》(《中外交通史籍丛刊》之一)一书就是他研究的成果之一。

《大唐西域求法高僧传》叙述了唐代太宗到武后四十余年间的五十七位到印度和南海求法的僧人事迹。义净本人曾旅居印度十余年，后归国时又在南海一带停留十余年，周览了海外大量佛教遗迹，书中对此均有记述。其中特别是对印度那烂陀寺详细的描绘，为佛教史和印度历史极为珍贵的资料。书中所记赴印僧人，除中国外，还有新罗、高丽、交州、爱州、覩货罗、康国等外籍和尚。他们有从中亚去印度的，有从西藏、尼泊尔去印度的，有从云南、缅甸去印度的，有从南方海上出发经东南亚去印度的。本书充分反映了当时佛教兴盛和中印交通频繁的状况。

义净本人精通梵文，著译甚多，仅译经就有六十一部二百三十九卷。这部《西域求法高僧传》过去国内还没有人作过整理，外国译注本则已有多种。这次校注，用影印《碛砂藏》本为底本，用赵城藏、高丽藏、洪武南藏等十一种本子和有关书籍校勘。对书中人名、地名、宗教、历史、语言等专有名词都有诠释；并能在过去学者研究的基础上，提出自己的见解。书末附求法僧一览表、义净生平编年、义净籍贯考辩，引用书目、中外文索引、地图等，可称一部比较完备的整理校注本。

（《古籍整理出版情况简报》第 209 期）

《玄奘年谱》简介

玄奘法师（唐三藏,唐僧）是我国家喻户晓的僧人。他的年谱,七十年前梁启超就曾计划撰写,惜未成稿,仅留下简单的提纲和体例。其后有刘汝霖《唐玄奘法师年谱》(载《女师大学术季刊》第一卷第三期、第二卷第一期)、曾了若《玄奘法师年谱》(载《中大文史研究所月刊》第三卷第一期),但都很简略;陈思复《唐玄奘法师年谱》(《东北丛镌》第十七、十八期)也只是摘录旧文,稍作排比,且未完稿。近几十年有关玄奘的论著虽不少见,但有关玄奘年谱的著作,仍未出现。杨廷福于三十年前就开始搜集资料,撰写《玄奘年谱》,现他的这部著作已由中华中局出版。

这部《玄奘年谱》不仅资料丰富,记事准确,而且对玄奘历史上有不同意见的学术论争,也作了详细探讨。如玄奘西行始于何年,历来有贞观元年、二年、三年等说,迄未定论。《年谱》不但详细介绍各说的论点,而且引证了大量史料,考证了三年说之可信,为玄奘西行出发时间提供了可靠的论证。该书还附有:一、玄奘在国内的师承,二、玄奘在国内外受学经论及师资表,三、玄奘开创法相宗在国内的先行者,四、玄奘西行求法的先驱,五、玄奘同时中国佛教各派的主要人物,六、玄奘的翻译先辈与前代著名僧侣,等等,对我国佛教传播的研究,都很有参考价值。

（《古籍整理出版情况简报》第 209 期）

苏继庼撰著《岛夷志略考释》

苏继庼最近撰成《岛夷志略考释》一书,共二十五万多字。

《岛夷志略》原为元汪大渊所著。汪氏年青时曾两次浮海远游,经历数年,远至印度洋北岸一带。元至正九年(1349),泉州路达鲁花赤偰玉以泉州地志《清源前志》(泉州在唐天宝初为清源郡)散失,《后志》止于淳祐,中隔百有余年,乃属吴鉴修《清源续志》。又以泉州为市舶司所在,诸蕃辐辏,不能无记,以汪大渊曾亲至海外,因属以撰《岛夷志略》一种,附于《续志》之后,这是《岛夷志略》成书之始。以后汪大渊又以《志略》可作专书行世,于是开始在其家乡南昌刻印单行本问世。现在流传的《岛夷志略》,有《四库全书》本(原天一阁明钞本)、丁氏竹书堂钞本(今藏南京图书馆)、彭氏知圣道斋钞本(今藏北京图书馆)和龙氏知服斋丛书刻本。《清源志》和明南昌原刻本今已亡佚,现在所传各本原来是根据《清源志》的或根据南昌原刻本的,都不可考了。

过去对《岛夷志略》曾经做过注释工作的,除零星散见的考证外,大致有三家:一、沈曾植的《岛夷志略广证》(1912—1913)。二、日本藤田丰八的《岛夷志略校注》(1915)。三、美柔克义的《岛夷志略选译》(1915《通报》)。他们的考证虽间有可取之处,然缺漏失考者甚多,讹误之处亦在在皆是。《岛夷志略》所收南海地名,多至二百二十个以上,他们所考均不足半数,而半数之中,也还有很多是不完全确实的。《岛夷志略》是我国古代南海交通的重要典籍,上承《诸蕃志》,下启《瀛涯》、《星槎》诸书;如果《志略》中的地理考证能够基本解决,对我们古代与南海交通和东南亚各国史的研究,无疑是有很大帮助的。

苏继顾对《岛夷志略》的考释,有三个主要的特点:一、材料搜集比较完备。《考释》除广泛采用古今中外各种有关典籍资料外,对过去中外学者的研究,都能加以罗列比较。二、能够提出自己明确的见解,不盲从旧说,立论也比较谨慎,有分析考辨;广泛地包括了历史、地理、语言、宗教、生物、矿物、考古、航海等各种专门知识。三、校勘细致、可靠。《考释》以《四库全书》文津阁本为底本,这是现存最早的可靠钞本,过去学者没有利用过。又以丁氏竹书堂与彭氏知圣道斋二旧钞本之过录本、龙氏知服斋丛书刻本为比勘;并以《诸蕃志》、《事林广记》、《星槎胜览》、《寰宇通志》等书有关部分参稽,各正其得失,而取其合理有据者,作为定本。

《考释》还附有《岛夷志略地图》一幅和三种索引:1. 地名索引,2. 外语地名索引,3. 物产货品索引。

（《古籍整理出版情况简报》1962 年第 8 号）

《唐大和上东征传》校注本即将出版

　　鉴真是我国唐代著名僧人,他于晚年以六十七岁的高龄东渡日本,为中日文化交流做了很大贡献。《唐大和上东征传》("和上"即"和尚",上、尚古通)一书记载了鉴真生平及其东渡的主要事迹,为现存有关鉴真的最完整而详尽的资料,也是唐代中日关系史的重要文献。此书现由汪向荣同志校注,作为《中外交通史籍丛刊》的一种,将于九月份由中华书局出版。

　　鉴真俗姓淳于,今江苏省扬州市人。十四岁时在扬州大云寺(今扬州法净寺)出家,二十六岁开始讲律授戒,以后任扬州大云寺住持,为江淮一带知名高僧。玄宗天宝元年(742),日僧荣叡、普照来扬州请鉴真往日本弘法宣教,鉴真允其请,于次年出发东渡。鉴真一行连续九年,经五次努力,东渡均告失败。鉴真历尽艰辛,双目失明,但仍百折不挠,终于在天宝十二载(753)第六次东渡成功。鉴真一行抵日本后,受到日本僧俗的盛大欢迎。鉴真在日本的十年间,不但开创了日本的律宗,使日本的佛学得到新的发展;而且他带去了大批唐代的图籍、工艺品和日用品,对日本文化的发展(特别是美术、建筑、医学等)产生了不小影响。公元763年,鉴真逝世于日本。日本人民深深怀念这位对中日文化交流做了重要贡献的中国僧人,称他为"过海大师",奈良唐招提寺的鉴真干漆夹纻坐像成了日本的"国宝",鉴真东渡的事迹成了中日人民友谊的千古佳话。

《唐大和上东征传》为日本真人元开撰。真人元开即奈良时代的学者淡海三船(722—785年)。他出身皇室贵族,曾受鉴真教化,与鉴真的弟子思托很友好。鉴真逝世后的第十六年即公元779年,他根据思托所撰的《大唐传戒师僧名记大和上鉴真传》三卷写下了这部《唐大和上东征传》。思托的书今已失传,只剩下部分佚文,于是《东征传》就成为现存最完整而详细的有关鉴真的资料了。

《唐大和上东征传》今天流传有很多不同版本。早期的都是抄本,由于辗转传抄,各本差别不小,因此很需要有一部经过仔细校勘的比较完善的本子。现在新的校注本以日本《群书类丛》本作为底本,这是1721年据南部宪乘二条法印抄本传抄而得的,是一个讹脱较少的本子。用于校勘的本子有:1、观智院本,有甲、乙两种本子,甲种本是10到11世纪时的卷子本,为现存的最早一种抄本;乙种本为14世纪中叶前的抄本。2、高山寺本,为日本14世纪中叶的抄本。3、《金泽文库》本,为日本镰仓时代的抄本。4、唐招提寺本,是17世纪80年代的抄本。5、戒坛院本,是1762年日本东大寺戒坛院刻印的刊本,也是日本最早的刊本,曾经校勘,是一个比较可靠的本子。其他本子还有《内阁文库》本、东大史料编纂所本、《成篑堂文库》本、北川智海刊本、《大日本佛教全书》本、《大正藏》本等等。我国史籍如新旧《唐书》等有关部分,也用作参校。

本书的注释注重于人名、地名、历史事件、年代、专有名词等。有关的前人研究成果(如日本安藤更生等人对鉴真的研究)尽量予以吸取,有错误的予以订正。为了使读者查阅方便,本书在正文之前,校注者还写了《鉴真简介》、《〈唐大和上东征传〉作者及版本简介》二文;在正文之后,附有有关鉴真的其他文字资料和鉴真年表、图片等,可供研究者参考。

(《古籍整理出版情况简报》1979 年第 2 号)

海内遗珠

——《回回药方》探源

明初成书的《回回药方》(原书三十六卷,抄本,现仅存四卷,其中目录一卷),是我国极为稀见的一部古代伊斯兰药典,它不仅保存了大量的古代阿拉伯医方和药物知识,而且还包含了不少古希腊罗马时代和古印度波斯时代的医学理论和资料。这是一部研究中外医学交流史的极为珍贵的资料,遗憾的是它长期深藏在北京国家图书馆中,很少为人所知和加以研究利用。最近中国社科院世界历史研究所宋岘先生的《回回药方考释》即将在中华书局出版,这的确是难得的好消息,对中国医学发展史和中外文化交流史的研究将起促进作用。现仅就所知,对此书的渊源略作介绍。

中国的传统医学有着悠久的历史,但它在发展过程中不可避免地也和西方的医学接触交流。唐以前就有不少印度药方和印度医生来到中国。《隋书·经籍志》收入了汉译印度医书十余种,如《龙树菩萨药方》、《婆罗门诸仙方药方》、《耆婆所述仙人命论方》、《西域诸仙所说药方》、《婆罗门药方》等。陈寅恪先生曾著文考证过三国时华陀的外科治疗手术与印度佛经故事相类,"华陀"一名亦有梵语"药神"的痕迹。唐孙思邈《千金翼方》中也有天竺按摩法和耆婆疗恶病方,并将印度医学理论引入其著作中。唐中叶后波斯、阿拉伯人入居中国,与此同时回回医药也进入中国,唐段成式《酉阳杂俎》就记载了不少伊斯兰药物,郑虔的《胡本草》和波斯移民后代李珣的《海药本草》都专门记述了伊斯兰药物,也为后来中医广泛吸收,不少胡药成了中医用药。元代进口的胡药大增,许多城市都有专业的回回医生,中央政府设有广惠司,掌修制御用回回药物及和剂;又在大都及上都设回回药物院,掌回回药事。可见元代伊斯兰医药已相当流行。可能就在元末,药物院的回回医官开始根据波斯传入的伊斯兰医方编译《回回药方》一书。元亡后这些医官流入民间,继续完成此书。由于书中有“北平”一名,因此我们推测,此书可能完成于明初洪武二年至永乐元年之间(1369—1404)。《回回药方》三十卷共载伊斯兰药方五千余首,包括了伊斯兰医药的几乎所有门类,是一部包罗万有的古代方书。书中药剂不少是中、胡药并用,在三卷残卷中,大约是胡药占三分之二,中药占三分之一。此书实开中胡药物共同使用以治疗疾病之先河,是我国最早的一部中西医结合的医药典籍,其内容之丰富,令人惊叹!

但最令人兴奋的是我们还从《回回药方》一书中发现了回回医学的多源性。这是宋岘先生对此书多年研究的一项重要成果。他在考释中指出,回回医学在它的发展过程中,除了主体阿拉伯医学外,还吸收了古代希腊、罗马、犹太、波斯、印度等医学。《回回药方》在中国的出现,是东西方间一千五百多年来医药交流的体现。

解开《回回药方》渊源之谜的关键是从解读书中引述大量的阿拉伯语人名、书名开始的。宋岘先生考释的主要方面就是书中人名、书名、药名、地名的阿拉伯语的还原解读。在人名中,许多从未见过的名字,如忽儿木思、卜忽剌忒、阿剌思他他黎西脱、扎里奴亚、法里甫而欲西、补里西、阿不阿里撒纳……等等,究竟是哪一国人,何时代人,初看令人如堕五里雾中,不得其解。经过深入研究,谜底揭开了,"忽儿木思"原来是一位古希腊先知、神医埃斯克雷比亚,"卜忽剌忒"原来就是古希腊医圣希波克拉底,"阿剌思他他黎西脱"原来就是希腊大哲学家亚里士多德,"扎里奴亚"即罗马帝国名医盖伦,"法里甫而欲西"即拜占廷的希腊医学家菲里胡而尤斯,"补里西"即拜占廷医学家保罗,"阿不阿里撒纳"即阿拉伯医圣阿维森纳。这些都是古代西方显赫的医学家和哲学家。尤其是其中亚里士多德和阿维森纳二人,前者是公元前384—前322希腊百科全书式的大思想家,对政治、文学、哲学、医学、生物学、物理学都有杰出贡献。现在一般认为我国在明末欧洲耶稣会士来华后才第一次知道这位西方哲学家:天启三年(1623)艾儒略《职方外纪》中称"昔名士亚利斯多遍究物理",此名士即亚里士多德;天启七年傅汛际、李之藻合译《名理探》,则是第一次将他的名著《逻辑学》介绍到中国。但实际上早在明初中国人就知道这位古希腊最伟大的学者了。至于阿维森纳,这位生于波斯的伊斯兰最杰出的哲学家和医学家,他的名著《医典》早已享誉中世纪的欧洲,但何时传入中国,尚未确定。有人据(元)《秘书监志》卷七,至元十年(1273)秘书监天台司已使用了"忒毕医经十三部",认为"忒毕"即阿拉伯语"医学"的音译,"忒毕医经"即阿拉伯语医典,此医典很可能就是著名的阿维森纳《医典》。但明确引用阿维森纳《医典》药方的,应是明初《回回药方》一书。据宋岘的考释,书中的"阿不阿里撒纳"等阿拉伯的名字的汉译名,就是此人拉丁文的汉译名阿维森纳。这是将《回回药方》中许多药剂与阿维森纳《医典》中的方剂对比后发现它们完全相同,才得出的结论。至此，我们对《回回药方》的渊源和主流关系，才有比较清楚的认识。

以上仅是从中外文化交流方面举些例子来说明《回回药方》的研究价值。至于它在医学科学方面的研究价值，那只有等待医学史专家特别是伊斯兰医学家对它进行专门研究了。我国是多民族的国家，其中不少是信仰伊斯兰教的民族，我国的回回医学即伊斯兰医学已成为我国传统医学的一部分，《回回药方考释》的整理出版，对我国民族医学的继承和发展，也将是大有裨益的。

不似词书，胜似词书

——谈《古代南海地名汇释》的编写特色

　　五十多年前，中西交通史学家冯承钧先生曾应西北科学考察团之请，编写了一部小型的地名词典《西域地名》。此书虽然比较简略，但几十年内不断重印，至今仍不失为中亚历史地理及考古工作者常用的一部工具书。冯先生生前还有志于编一部同类型的《南海地名》，可惜始终未能实现。去年，中华书局出版了陈佳荣、谢方、陆峻岭编写的《古代南海地名汇释》（以下简称《汇释》），不但完成了冯先生的这一遗愿，而且由于它搜罗宏富，资料翔实，学术性强，大大超越了一般词书的范围。真是"不似词书，胜似词书"。这里主要谈谈它的两点编写特色。

　　我国古代文献中保存着极为丰富的外国史料，著名的英国东南亚史学家霍尔（D. G. E. Hall）在《东南亚古代史研究的新趋势》一文中曾说："要获得关于东南亚原始历史的任何知识，中国史料是不可缺少的。但这些史料使研究者遇到莫大的困难。"这困难之一就是许多古地名难于查考。由于古今历史变迁，东南亚民族的成份和语言又很复杂，一地多名和一名多地的情况大量存在，再加上古籍记载又常有错讹，这一切都给古地名的考订工作造成了极大的困难。一百多年来，许多中外史学家为此做了大量的考释工作，取得了很大成果。但把这些研究成果综合起来，系统地编一部古地名词书，却还不曾有人做过。现在，《汇释》正好补了这一空缺，它不仅给研究海外交通史、中外关系史和亚洲各国历史地理带来很大方便，而且在编写的资料性和学术性方面，也都富有特色，达到了新的水平。

翻一翻这部一千多页的《汇释》，使人突出地感到它好像一座古代南海地名的资料库。它不但囊括了古籍记载中的南海各国地名，而且于每条释文之后，都全部列出所见书名、卷数，具有资料索引的性质。据统计，《汇释》全书共收录中文地名 4,697 条，外文地名 800 多条；引用古籍计 217 种，包括了"二十四史"、"十通"及《永乐大典》等卷帙浩繁的大型古籍；参考现代学者著作达一百多种。从这些数字可以看出，编写者们在力图求"全"的过程中，付出了多么艰巨的劳动。这种囊括式的收录，对于读者使用来说无疑有着很大好处。这里随便举个例子：不久前我国放映了中菲合拍的电影《苏禄国王与中国皇帝》，有人看了以后问我：历史上真有这件事吗？苏禄国是怎样的一个国家？有什么资料可查看？我一时回答不清楚，就想到这部《汇释》，请他去查一查看。果然他查到了书中的苏禄条，该条不但回答了苏禄国今天在什么地方，而且还列举了有关苏禄的全部史料的索引，其中包括《岛夷志略》、《渤泥记》、《星槎胜览》、《寰宇通志》、《明一统志》、《明会典》、《西洋朝贡典录》、《广舆图》、《明四夷考》、《殊域周咨录》等，共计 49 种之多。从这个索引可以找出原书，编出一份有关苏禄的全部古籍记载的资料。可据此进一步考察和研究苏禄国的历史及其与明朝的关系史。这就大大减轻了读者和研究者去寻找第一手资料的麻烦。这是一座多么有用的资料库啊！

《汇释》编写的另一特色是具有较强的学术性。这主要表现在它的释文之中。书中每条释文,凡今地有不同说法而未能确定的,都介绍了过去比较流行的各家之说,并揉合了编写者自己的见解,尽量为读者提供一个比较可信的今地名。如"赤土"一名,各说分歧很大,《汇释》的释文是这样的:

> 诸家对其今地的考订不一。初多认为在今泰国的湄南河流域,后来此说渐被否定,代之以马来半岛或印度尼西亚苏门答腊岛的巨港等说。多数主张在马来半岛,但说法也不尽相同:一说在泰国的宋卡、北大年一带,其地土多赤色,……一说即羯荼的同名异译,在马来西亚的吉打州一带,……一说在泰国的高头廊府或洛坤府一带。一说在泰国的万伦府,或位班纳县的废址池城及其附近。一说在马来半岛中南部,位马来西亚的吉兰丹、丁加奴或彭亨州。也有的认为跨有马六甲海峡两岸之地,或主张在新加坡、加里曼丹岛甚至斯里兰卡。……

接着,释文还订正了《星槎胜览》、《西洋朝贡典录》中误把赤土作为印度西南岸第一赤泥的错误。这样就使读者对赤土一名的今地考订有了一全面的认识,并确认它在马来半岛是基本可信的论点。如果编写者没有掌握有关赤土研究的全面资料,这样的释文是很难写出来的。

不久前中华书局出版的《文史》第二十七辑中曾载有陈连庆先生的《大德南海志所见西域南海诸国考实》一文,如果将它与《汇释》中所载的南海地名比较,便可发现,陈文中认为《大德南海志》中"今地不详"或"今地无考"的三十多个地名,绝大部分都可在《汇释》中找到恰当的解释。这里试举其中三个地名:迫嘉、亭停、宾陀兰纳,陈文都认为"今地不详"。但在《汇释》中都有着正确的解释:迫嘉(第 518 页)、亭停(第 608 页)、宾陀兰纳(第 679

页),其释文在这里就不一一列举了。

此外,陈文中一些解释错误或不全面的地名,在《汇释》中也都有正确的释文。如吉柴,陈文认为"不详,或以为交趾的异译,非是"。其实吉柴即明代的鸡唱门,指吉海,在越南东北岸外。《汇编》的解释是对的(第320页)。又如登流眉,陈文谓即今柬埔寨的Liger,《汇释》谓即丹流眉,在今泰国的洛坤,为其古梵名Tambralinga的译音(第796、213页);又如不剌,陈文认为即Perlak对音,但又说今名佩雷拉克地在苏门答腊岛北部马六甲海峡沿岸。其实Perlak与佩雷拉克是两个不同地名,Perlak即马来西亚的霹雳,而佩雷拉克(Peureulak)则在苏门答腊岛北岸,《汇释》的解释是正确的(第181页);又如禧里弗丹,陈文谓疑即肯尼亚的Kilifi,《汇释》则谓即沙里八丹,今印度Nagapatam(第864页),其他可举出不少例子,《汇释》的释文都要比陈文正确。

《汇释》中还对古籍记载南海地名中的一些讹误,作出了校正。如《郑和航海图》中的"士员屿",应是"吉贝屿"之讹;《明史》卷三二三中的"速儿米囊、葛卜"二国,应连上读为"番速儿"、"米囊葛卜"二国;《太平寰宇记》中的"名蔑"应为"多蔑"之误,等等,这都可为古籍校勘提供可靠的论证。

古代南海地名还有一个较麻烦的一地多名和一名多地的问题,在编工具书时,必须予以妥善解决。《汇释》对这个问题,做了恰当的处理。如今孟加拉一地,我国古代就有"榜葛刺"、"榜葛兰"、"邦哈刺"、"傍葛刺"、"傍伽喇"、"朋呀喇"、"鹏茄罗"、"孟加腊"、"孟阿腊"、"孟雅拉"、"孟嘉腊"等十多个不同的名称。《汇释》不但一一录出,而且都注明出处。至于一名数地问题,则在该名下,用(一)、(二)、(三)、(四)顺序,分别举出同名的几处不同地方。如"马鞍山"一名(第169—170页),书中便列出了六个地方,分别写出释文、今地和索引。这样,无论任何一个古地名,都能在书中找到出处,一地多名和一名多地的复杂问题,也就迎刃而解了。

《汇释》也有一些不足和值得商榷的地方,如释文中对一些今地的考订没有指明是谁提出来的,这样就不易于作进一步查考;某些论证也有可存疑的地方;像《明实录》这样有众多的南海地名的书,却没有将它收入(也许编写者觉得《明实录》这样的书需要专门编一本地名索引才能解决),等等。但应该说,这是一部虽无词典之名而确有词典之实的工具书,也是近数十年来,不可多得的古地名工具书。编写者的艰巨劳动是应予充分肯定的。

（《书品》1988 年第 1 期,中华书局）

冯承钧《中国南洋交通史》导读

一

　　冯承钧先生的《中国南洋交通史》撰于 1936 年。在介绍此书之前,有必要对此前半个世纪以来我国史学界在中外交通史研究方面作一简要的回顾。

　　清代道咸以后,由于西方列强的步步东侵,我国历史学者首先关注西北史地资料的整理与研究,出现了如何秋涛《朔方备乘》,李文田《元朝秘史注》、《朔方备乘札记》,洪钧《元史译文证补》,屠寄《蒙兀儿史记》,丁谦对史书中《外国传》地名的考证等诸家。与此同时,海上对外交通之记述亦纷起,如魏源《海国图说》,徐继畬《瀛环志略》,梁廷枏的《海国四说》、《夷氛闻记》等,均为中国史学注入了前所未有的新内容。进入 20 世纪后,学贯中西的史学家梁启超写出了《中国殖民八大人物传》和《祖国大航海家郑和传》,激发了人们对古代我国向外开拓的英雄人物的崇敬和研究。不久,在文化古都北京,史学大师王国维进入了蒙古学、敦煌学研究领域;另一史学大师陈垣则在西域人华化、古代西方传入中国的宗教史研究上取得了开创性的贡献。到了 20 世纪 30 年代初,一门中国史与外国史贯通的新学科"中西交通史"便呼之欲出。不久,史学界中几乎同时出现了以"中西交通史"作为毕生治学方向的三位学者:冯承钧、张星烺、向达。他们早期的研究成果为我国"中西交通史"学科的建立打下了扎实的基础。

冯承钧(1887—1946),湖北汉口人。清末张之洞任湖广总督时,冯尚年少,然聪慧过人,因被荐出洋到比利时读中学①,毕业后又转赴法国入巴黎大学读法科。1911年毕业后回国,初任职教部,编写法制史。后到北京大学任教。他熟谙法、比、英文,还学习了梵、蒙、越等文字,对法国汉学家的著述特感兴趣。不久,便开始致力于西方学者对西域南海史地考证的翻译与介绍。出版了沙畹(E. Chavannes)之《中国之旅行家》、《摩尼教流行中国考》;费琅(G. Ferrand)之《苏门答剌古国考》、《昆仑及南海古代航行考》;伯希和(P. Pelliot)之《交广印度两道考》;马司帛洛(H. Maspero)之《占婆史》和大量的西域南海史地考证的论文,使中国学者大开眼界。他又撰写《历代求法翻经录》、《景教碑考》、《元代白话碑》、《成吉思汗传》等。进入1930年代后,他译著成果更多,如翻译《郑和下西洋考》、《马可波罗行纪》、《多桑蒙古史》、《入华耶稣会士列传》,校注《瀛涯胜览》、《星槎胜览》、《诸蕃志》、《海录》等。

在这里需一提的是,20世纪20年代中期以后,冯先生患了风瘫之症,停止了教书生涯,从此经济来源陷于窘境,只靠译著稿费维持一家生计。后来他竟卧床不起,连执笔也有困难,其译著都是由他口授,经他的长子先恕笔录完成的。抗战期间,冯先生在日军占领下的北平生活更加清苦;抗战胜利后不幸于1946年2月以肾炎不治逝世。

张星烺(1888—1951),江苏泗阳人,为地学家张相文之子。幼承家学,及长,赴美国、德国留学。归国后先后在北京大学、厦门大学、辅仁大学任教，专治中西交通史。著有《欧化东渐史》，翻译玉尔（H. Yule）《马可波罗游记导言》等。1928 年，在厦门大学任教时，曾到泉州访古，写有《泉州访古记》，为我国最早对海上丝路港口访问的学者。他前后又费十余年之力，广搜中外有关史料，于 1930 年编成《中西交通史料汇编》六册，由辅仁大学出版。此书出版后不久，冯承钧和张星烺先后在《大公报》和《地学杂志》发表了评论和答辩文章，引起了学术界的广泛关注和兴趣。

向达（1900—1966），湖南溆浦人。1925 年南京东南高师文史部毕业。1926 年在《学衡》上发表《龟兹苏祇婆琵琶七调考原》，一举成名，从此开始走上了专治中西交通史之路，不断发表有关中西交通史的文章。1930 年向达应北平图书馆赵万里之聘，任北图编纂委员，次年又应聘在北京大学开设"中西交通史"课。1933 年在《燕京学报》上发表代表作《唐代长安与西域文明》长文。1934 年写成《中西交通史》一书，由上海中华书局出版，这是我国首部系统论述中西交通史的著作。

与此同时，在南方广州还出现了一位中西交通史的业余研究者岑仲勉，他在其任教的圣心中学刊物《圣心》上连续发表了多篇短小而质量很高的中西交通史考证文章，深得时在北京的陈垣、陈寅恪、傅斯年的好评②。次年，岑仲勉又在上海商务印书馆出版了《佛游天竺记考释》一书。1935 年 2 月 28 日及 5 月 23 日天津《大公报·图书副刊》刊出了向达和岑仲勉二人关于《佛游天竺记》名称的讨论文章。

由此可见，到 20 世纪 30 年代初，中西交通史作为一门新兴史学已在我国学术界崭露头角，但当时的研究主要是在西北陆上对外交通方面，而海上对外交通还少有人涉及。冯承钧先生的《中国南洋交通史》就是在这一时期内，适时问世的。

二

早在冯先生着手翻译西方汉学家有关西域南海的著述时,他已有感于南洋交通研究之不易。在本书《序例》中,他说:"南洋范围广大,涉及语言甚多,非有鸿博学识不足办此。《南海地名》撰辑已有数年,而尚未敢示人者,职是故也。"原来冯先生在1930年编撰《西域地名》的同时,也陆续在做《南海地名》的资料收集工作③,此后又继续做《瀛涯胜览》、《星槎胜览》的校注工作。但1935年商务印书馆约请他撰写《中国南洋交通史》时,他还不敢贸然接受。直到是年年底,他收到了向达从英国寄来费琅辑注的《大食波斯突厥交涉及远东之舆记行传》④法文本后,认为此书"于考订地名上得大助力,余意遂决"(《序例》),这才开始撰述本书的。这里尚需一提的是,向达先生是1935年10月作为中英图书馆互换馆员到伦敦考察英藏敦煌文献的⑤,他在离京前曾受冯先生嘱托购买费琅此书。可以推测冯先生收到向先生从英国寄来此书时应在1935年末或1936年初。而本书完稿时间是在1936年9月(《序例》所署年月),因此本书写作时间前后不过九个月。一位久已卧床不起也不能执笔的病人竟能在如此短的时间内完成一部我国海外交通史的开山之作,这确是很不简单的。

在《序例》中,冯先生开宗明义道:"兹编重在考订地名。"又说:"兹所采者,Hirth、Rockhill、伯希和诸氏之说为多,藤田丰八之说亦瑕瑜互见,仅择善而从。诸说不必皆为定谳,采其立说较长者而从之。"这正反映了我国早期中西交通史研究主要是吸收外国汉学家研究成果的真实情况,这也是一种"拿来主义"。当时张星烺的《中西交通史料汇编》六册西方文献部分主要也是根据英国汉学家亨利·玉尔的《中国及通往中国之路》(*Cathay and* the Way Thither)辑注的。但冯先生并不是简单地盲从或博采众说，而是"采其立说较长者而从之"，"择善而从"。这不仅反映了冯先生严肃认真、实事求是的研究态度，也说明了他娴熟中西史料，有着很高的分析和驾驭史料的能力。

三

本书的"南洋"是地区的泛称，不但指"散在亚洲东南、大洋洲西北之无数岛屿"⑥，也包括了亚洲大陆南部沿海地区。书中分上、下两篇。上篇以事件为主，按时间顺序分十个专题（章），叙述了汉代到明代与南洋的交通情形；下篇以地区为主，按从东到西顺序分七个专题（章）叙述。以下便按章次内容作一重点述评。

上篇的第一章到第四章是从西汉到南北朝时期，这是中国与南洋交通的初期阶段，史料记载比较简略，可考的航海人数、次数也不多。第一章《汉代与南洋之交通》首先引述了《汉书·地理志》粤地条的史料，这是公元前1世纪中国人最早远航印度洋的确证，即汉使从南方的合浦出发，沿中南半岛海岸南航，再经过马来半岛到达缅甸南岸，然后乘当地海船渡孟加拉湾抵印度东南岸的大国黄支国。沿途经过的地方历来诸家均各有说法。其中黄支国冯先生据藤田丰八、费琅说确认为印度之建志补罗（Kancipura）音译，即今之康契普拉姆（Conjevaram），已成定论。至于最后之已程不国，岑仲勉先生曾首创为锡兰⑦，即今斯里兰卡，目前亦为学术界普遍接受。

冯先生评述《汉书·地理志》这段史料说："此文虽简，要可考见汉代与南海交通之梗概。一可知发航地在今之雷州半岛，所乘者是中国船舶，在远海中则由蛮夷贾船转送。二可知入海者是属黄门之译长，赍黄金杂缯而往，市明珠、璧流离、奇石、异物而归。

黄门隶少府,证以唐宋市舶多由中官兼领一事,可以推想汉代通南海者亦为中官。"由此可见当时中印政府间海上交通贸易之盛,并不在西北陆上交通贸易之下。冯先生最后还指出:"南海道之开辟,或更在西域道之先。……是欲寻究佛教最初输入之故实,应在南海一道求之。"20世纪80年代我国学者曾在江苏连云港孔望山摩崖上发现了汉代佛教造像⑧,已为冯先生此说提供了明确的物证。

东汉时这条海上航线向西延伸,便到了罗马帝国东部,即"大秦国"。《后汉书·西域传》:"桓帝延熹九年(166)大秦王安敦遣使自日南徼外献象牙、犀角、瑇瑁,始乃一通焉。"大秦为罗马帝国东部地区,强盛时其领土东至波斯湾头。安敦即罗马帝国皇帝Marcus Aurelius Antoninus。大秦使臣于波斯湾出发,经印度洋辗转在交州登陆。但大秦和汉通使主要是经西北陆上,大秦使者从海上仅偶然辗转间接而至日南,汉使也从未从海上出使大秦国。和帝时班超从西域遣甘英出使大秦,仅至波斯湾,未渡海而还。故冯先生此书不录入大秦国史料。

到了三国吴国时,南洋海外交通又出现了通使的记载。这就是第二章记述的康泰等之使海南诸国。吴黄龙三年(231),孙权派遣宣化从事朱应、郎中康泰"南宣国化,暨徼外扶南、林邑、堂明诸王各遣使奉贡"(《三国志·吴志·吕岱传》)。朱应、康泰出使的间接原因,冯先生认为是黄武五年(226)大秦贾人秦论来见孙权后秦论返回本国引起的。冯先生又说:"窃以为康泰等足迹似未逾满剌加海峡,或曾附扶南舶,历游南海诸岛,绝未亲至印度,可断言也。"冯先生的意见是对的。因为现存散见于《水经注》、《北堂书钞》、《艺文类聚》、《通典》、《太平御览》诸书所引朱应、康泰著的《吴时外国传》、《扶南记》等(原书均已失传)的引文,涉及南海地名 34 处,其中绝大部分都在东南亚;涉及印度洋地名仅 10 处,冯先生认为印度洋的地名是朱应、康泰在扶南时听说来的。

第三章则专论东晋时僧人法显之归程。东晋时佛教已盛行,但佛经的翻译都由从西域来的印度和中亚的外国僧人主持,他们的汉语知识比较浅薄,故其译经多有失真且颇多难解之处。当时高僧释道安就已注意到这个问题,因而希望中国本土有学问的僧人西行印度取经,回来翻译。他写的《西域志》介绍当时西域和印度情况(其资料得自西域来华的僧人)就是一部引导中国僧人直接赴印旅行学习的导游书。道安在北方各地讲学授徒时,法显对大名鼎鼎的道安仰慕不已,正是这部《西域志》促使他以近 60 岁高龄踏上到印度去的征途。法显于东晋隆安三年(399)发自长安西行,于义熙十年(414)才从海路回到中国,按常规应在广州登岸,因遇大风吹至山东青州登陆。法显归国后在译经之余,写下了记述其旅途经历的《佛国记》(一名《法显传》)一书,其中有他从印度航海回归中国的全过程。冯先生特将此段全文录出,略加注释。20 世纪 80 年代章巽先生曾著有《法显传校注》(上海古籍出版社1985 年版)一书,对法显的海上归航有详细的注释,可以参看。

从法显的归航我们可以看出 5 世纪初中国与南洋的海上交通情况:一、从中国到印度还没有出现直航,一般都在耶婆提(今苏门答腊岛东部或西爪哇)中转。二、从耶婆提到广州已有定期商船往来,都是外国(婆罗门、扶南)商舶。三、商舶大者可乘二百人,除法显外,还未见中国僧人和商人。四、从耶婆提到广州一般五十日便到。法显乘的船遇大风,经一百天后才在山东牢山登岸。

到了南北朝,来往于南洋的中外僧人才逐渐增加,南洋的海上交通也进一步发展起来。第四章《南北朝时往来南海的僧人》介绍了十一位有名可考的中外僧人,均见于《高僧传》和《续高僧传》中。他们是：觉贤、求那跋摩、求那跋陀罗、僧伽婆罗、拘那罗陀（以上为印度人），智严、法勇、道普（以上中国人），僧伽婆罗、曼陀罗、须菩提陈（以上扶南人）。他们有航海至广州登岸的，有至交州登岸的，有至山东沿海登岸的。他们所乘的海船都是外国商舶，其中主要是"扶南舶"。

扶南是1至7世纪时的南海大国，其盛时包括今柬埔寨和越南南部、老挝南部、泰国南部到马来半岛北部一带。前述三国吴时朱应、康泰曾出使其国。在南北朝时，中、扶关系更加密切，梁武帝曾在首都建康（今南京）设扶南馆专门接待其使者和从扶南来的高僧。康泰于《吴时外国传》中曾记载了扶南舶的形体："扶南国伐木为舡，长者十二寻，广肘六尺，头尾似鱼，皆以铁镊露装。大者载百人，人有长短桡及篙各一，从头至尾，面有五十人或四十二人，随舡大小，立则用长桡，坐则用短桡，水浅乃用篙。皆当上应声如一。"⑨这种船长而狭，主要靠众多人力，无樯帆，用长短桡，只适于沿海航行，即沿中南半岛和马来半岛航行；西出印度洋，便要换乘宽大而高的婆罗门舶即印度船了。大约到了唐代，印度舶开始直航广州；而到唐末，中国的海船才出现在印度洋上。

四

从第五章到第八章是隋、唐、宋时期。这是中国南洋交通的发展阶段，也是中国帆船从南海进入印度洋，并在世界航海史上开始领先的时期。

第五章《常骏等之使赤土》是继吴时朱应、康泰出使扶南后南洋航海又一件大事。南北朝时中国长期处于分裂状态，至6世纪80年代隋朝建立，南北始恢复统一。统一后隋朝国力倍增，经济发展，炀帝时除大力经营西北外，还在海上出师流求，兵加林邑到大业三年(607)更派遣特使二人出使赤土国。

　　赤土国位于泰国湾之南,马来半岛的中部和南部,是进入印度洋必经之地。炀帝为了与赤土修好,派出两位主管外事的官员常骏和王君政"赍物五千段(丝织品)以赐赤土王"。十月,自南海郡发舟,到赤土国边境后,其王"遣婆罗门鸠摩罗以舶三十艘来迎,吹蠡击鼓,以乐隋使,进金锁以缆骏船。月余至其都"(《隋书·赤土传》)。由此可见隋使携带礼品之多,和欢迎仪式之盛。常骏等在赤土国逗留了一年多,到大业六年(610)使还,国王又"礼遗甚厚",并派王子随骏入朝贡方物。这次出使去回都是乘中国使者的专船,而且是直航,不用辗转换乘。这是中国海船首次有历史意义的南海全程航行,标志着南洋航海的新时期的开始。

　　进入唐代,中国与南洋的直接交通便频繁出现。第六章《贾耽所志广州通海夷道》和第七章《唐代往来南海之僧人》便是唐代与南洋交通发展的有代表性的两种记述,前者为官方的记录,后者为民间的记录。

　　贾耽是唐中期(730—805)主持各国来往朝贡的高官,在任职期间,他注意搜访海外各国史地,记录交通路线,著有《海内华夷图》、《古今郡国县道四夷述》、《皇华四达记》等。《新唐书·地理志》附录就引述了他的《四夷述》,其中《广州通海夷道》则详记从广州海行到大食国(主要在两河流域)的航海路程。这也是我国最早记述通向西亚伊斯兰国家的航程。大食国是当时西亚最强大的伊斯兰国家,领土远至非洲北部一带。而恰在此时,即代宗宝应元年(762),曾在中亚怛逻斯之战中被大食军队俘去的军士杜环在游历了大食国诸地后也从波斯湾头乘商船循海道回到广州。杜环归国后写有《经行记》,原书已失传,仅在《通典》中记录了其片断,其中就有海上的"师子国"(即今斯里兰卡)一条⑩。贾耽记述海程最远的是三兰国,"(大食)其西最南谓之三兰国"。此"三兰国"张星烺先生曾指出应在"更南东非洲沿岸,已无可疑矣"[11]。岑仲勉则具体指明三兰国应是 Dar es Salam,为今坦桑尼亚之达累斯萨拉姆,盖粤语"三兰"与 Salam 音完全相同[12]。是则三兰为唐代印度洋上交通已知的最远之地了。

至于唐代我国来往南海之僧人也已为数众多,其中最有名并留下著述的则首推义净。义净于咸亨二年(671)从广州登舶往天竺,在外共 25 年,游历 30 余国,于长寿二年(693)才动身归国。他在出国途中先到南海的佛逝国(今苏门答腊岛巨港一带)停留六个月,学习梵文,然后才西航,抵印度进入著名的那烂陀寺学习。十年后他又带大批经卷返国。回国途中他在佛逝又逗留了四年。有趣的是他在这期间曾渡海北返广州住了三个月,然后再返佛逝译经,由此可见他对南海的眷恋之情。除译经外,他还写了《南海寄归内法传》和《大唐西域求法高僧传》二书。书成,他先派人渡海北上送到长安。直到证圣元年(695)他才北返,回到洛阳。崇信佛教的女皇武则天曾亲自到上东门外迎接义净,这也是中国皇帝仅有的一次对海外归来和尚的最高礼遇[13]。

《大唐西域求法高僧传》记述了唐代前期往来于南海的僧人33 人;此外还有见于《续高僧传》、《宋高僧传》者 6 人,再加上义净总共 40 人。另外还有唐中期一位海去陆归的新罗僧人慧超(曾著《往五天竺国传》)。他们不但为中印文化交流做出了贡献,也是中印海上交通的亲历者。冯承钧先生在本章结束时指出:"此姑就僧人来往之行程言之,东西商贾所莅之地,似不仅限于此。广州为通商之要港,固不待论,余若交州、泉州、扬州甚至长江上游亦为蕃舶所已经,特不及广州之盛耳。"可惜史籍中有关唐代海外贸易方面的资料不多,现在只能从贾耽所记的海外交通线和来往僧人的一些记述,以及史料笔记中有关海外香药等的报道中略知一二。

　　至于唐代中国商船是否已进入印度洋,中国史籍仍无明确记载。冯先生仅谓"贾耽所志通海夷道,盖为当时波斯大食舶往来之要道",暗示尚无中国商船出现于印度洋上。鉴真和尚在8世纪中叶在广州珠江看到"江中有婆罗门、波斯、昆仑等舶,不知其数,并载香药、珍宝,积载如山,其舶深六、七丈"[14],也没有见到中国远洋海船。但到9世纪以后,在阿拉伯、波斯人的著作中,却已有中国商船出入印度洋港口的记载:"货物从巴士拉、阿曼以及其他地方运到尸罗夫(Shiraf,波斯湾内大食港口),大部分中国船在此装货。"[15]又说:"(在Quilon,今印度西南端港口奎隆)对中国船征收关税,每艘中国船交税一千迪尔汗(dirhems),其他国船仅交税十到二十迪纳尔(dinar)。"[16]据此,则至迟唐末五代时,中国商船确已进入印度洋波斯湾贸易,且中国船交税要比其他国家交的多,因为中国船体比其他国家船体大得多。

　　进入宋代,中国海外贸易有了更明显的发展,特别在南洋交通中,中国海船出入频繁,海商已经完全代替了过去的使者和僧人,成为中外交通的主要角色。本书第八章《宋代之南海》中便主要是经济交流方面的材料。冯先生在此章中介绍了两种与海外商业贸易有密切关系的书,即北宋周去非的《岭外代答》和南宋赵汝适的《诸蕃志》。周去非,浙江温州人。淳熙间曾任广西钦州教授、县尉,他留心搜访地方文史。钦州是粤西的对外贸易港口,很多外国商舶在此停泊,从而得以收集了大量有关外国及外商资料。后来他便将这些资料收入所著《岭外代答》一书中。此书卷二、卷三《外国门》记述了南洋各地交通、贸易、特产、土俗的情况,不仅包括西方大食(阿拉伯)诸国,而且远至极西的木兰皮国(在今西

班牙南部及非洲西北部)和非洲东岸的昆仑层期国。层期即 Zangi
之译音,昆仑指黑人,昆仑层期即今之桑给巴尔(Zamzibar)。书中
称该国产"骆驼鹤,身项长六七尺,有翼能飞,但不高耳。食杂物
炎火",此即东非及阿拉伯半岛所产之鸵鸟。这些都是前所未知
的海外世界;《代答》记载仅凭耳闻,对远在地中海西岸及非洲东
岸地方的记载竟能如此准确不差,令人惊叹!

此后四十年,另一位浙江临海人赵汝适出任福建路提举市舶
并专职泉州市舶。这时泉州已是仅次于广州的对外大商港。赵
汝适利用职务之便,"询诸贾胡,俾列其国名、道其风土,与夫道里
之联属、山泽之蓄产,译以华言,删其秽渫,存其事实,名曰《诸蕃
志》"(《诸蕃志·自序》)。此书也参考了《代答》的有关内容,但比
《代答》更为详备。如记环地中海国家,还有勿斯里(Misr,指今埃
及)、陁盘地(在尼罗河口)、遏根陀(今亚历山大港)、斯加里野(今
西西里岛)、芦眉(今罗马)、默伽腊(即马格里布,摩洛哥之原名)
等国。至于非洲东岸,则起自东北角的弼琶罗国(今索马里的柏培
拉),中经层拨国之大山(坦桑尼亚之乞力马扎罗山),南到昆仑层期
之大岛(今马达加斯加岛),均有记述。东非的动物,又增加了"徂
蜡"(giri,索马里语长颈鹿)、"三色相间、纹如经带"的"骡子"(即斑
马)、"大鹏"等。使中国对非洲动物的认识又前进了一步。

唐代在广州首设市舶使,主管进出口商船和贸易。宋代则在
沿海多处设市舶司,其中最大的市舶司是广州、泉州、杭州。中外
商人只要交纳市舶税,即抽解式的实物税,按粗细从十五分抽一
到十分抽二不等,即可进行自由贸易。市舶司官员除将少数税物
留存地方充饷钱(大多数是中饱私囊)外,其余即由专使押送首都
内库供皇家享用。宋初还为此专门开辟了一条从广州至汴京的
水—陆—水的联运线,专门运送解京洋货[17]。

宋代的海洋造船业也有新的突破。徽宗时吴兢著《高丽图经》就记述了福建海商造的"客舟"："长十余丈,深三丈,阔二丈五尺,可载二千斛粟。"而使臣所乘的"神舟"更"三倍于客舟"。这虽有夸大之嫌,但(宋)吴自牧《梦粱录》卷一二说："大者五千料,可载五六百人,中等二千料至一千料,亦可载二三百人;余者谓之'钻风',大小八橹或六橹,每船可载百余人。"应属可信。(宋)朱彧《萍洲可谈》(卷二)又说："舟师识地理,夜则观星,昼则观日,阴晦观指南针。"指南针用于航海,这已是当时世界上最先进的航海技术了。

唐末以后,远方的阿拉伯商人来华贸易不归者也渐多,至宋代在广州、泉州渐有形成豪门大族者,如其中的蒲姓,《宋会要》称："大商蒲亚里者,既至广州,有右武大夫曾纳利其财,以妹嫁之,亚里因留不归。"宋末有蒲寿庚者竟出任泉州市舶司,擅番舶利者三十年[18]。其居住地则形成蕃坊,"置蕃长一人,管勾蕃坊公事"[19]。在广州蕃商所建的怀圣寺、光塔和泉州清净寺等宗教建筑,至今犹存,已成为海外交通史的著名遗迹。

五

本书第九章、第十章分别介绍了元代到明代中叶时期的南洋交通。从13世纪到15世纪,这是中国与南洋交通的繁荣时期。中国海船已不断出没于南海与印度洋之间。有元一代仅由官方组织的大型航海活动就有:一、杨廷璧四使俱蓝国(在南印度);二、杨枢两次出使波斯湾;三、周达观出使真腊;四、史弼远征爪哇;五、马可波罗附元舶送公主抵波斯。至于私人出海经商则更为普遍,其中最著名并留下著述的就是汪大渊游历东西二洋。冯先生在本书第九章中介绍了汪大渊及其著作《岛夷志略》。

　　汪大渊，南昌人，于至顺元年(1330)、至元三年(1337)两次附舶航海。归国后于至正九年(1349)撰《岛夷志略》，述其在海外东西二洋的见闻。书中共收海外地名多至220余条，其行踪已远抵红海、东非沿岸一带。阿拉伯半岛的哩伽塔(在今亚丁港附近)、天堂(今麦加)、东非的层摇罗(今桑给巴尔)、西印度洋中的北溜(今马尔代夫群岛)都留下他的足迹。成书于大德八年(1304)的《大德南海志》卷七列出与广州有通商关系的南洋各国交通路线有干线、支线之别，其所经的海外航路及地名，二书均有相同记载，实际上元代中国商船已深入到南洋地区各大小港口和岛屿之间了。

　　冯先生在本章中所考的《岛夷志略》地名，主要是根据藤田丰八的《岛夷志略校注》(1914年)和罗克希尔(Rockhill)的注释(1914年)，但未考之处尚多，已考的也有可商之处。原商务印书馆编审部长苏继顾先生(1894—1973)于1965年完成的《岛夷志略考释》(1981年由中华书局出版)，是迄今为止的最佳校释本，读者可以参看。

　　元代商船与宋代比较又有新的发展，其形体之大、设备之完善，堪称世界一流。当时的阿拉伯旅行家伊本·巴图塔(Ibn Batūtah)在其旅行记中对此已有描述。此书现也有马金鹏的中译本，1985年宁夏人民出版社出版，读者也可参看。

　　如果说元代民间海外贸易的繁荣得力于元朝的海外开放政策的话，那么明代厉行的民间海禁政策则把官方的朝贡贸易和官方航海活动推向了新的高峰，出现了由国家组织的郑和七下西洋的航海壮举。本书第十章《郑和之下西洋》则记述了"下西洋"的七次行程，并引《瀛涯胜览》、《星槎胜览》及《明史》的有关资料作了考释。在1935年前，冯先生便已校注了《瀛涯胜览》、《星槎胜览》二书,在商务印书馆出版。冯先生分别为二书写了长篇序言,对郑和下西洋的具体人员、行程、所到地方、二书版本等问题都有考证。另冯先生还同时译出了伯希和的《郑和下西洋考》,介绍了当时西方汉学家对郑和研究的成果,也由商务出版。20世纪50年代此三书曾由中华书局重印出版,可以参看。

　　现在我国有关郑和下西洋的论文及著作已经出版不少,近年来讨论的问题也相当热闹。如郑和下西洋的原因、宝船的大小、航程是否已到非洲南岸或已绕过好望角到了美洲、《郑和航海图》的历史价值等等。此外,我认为还有一个较重要的问题,也需进一步研究,即郑和以前,中国帆船早已抵达非洲东岸,按郑和船队的航海技术,完全可以比前人走得更远,但为什么郑和以后便后继无人? 更令人难以理解的是郑和第七次下西洋回来不到40年,朝中一位兵部车驾郎中竟敢将兵部库藏的下西洋文书图籍窃取回家中私匿,最后又付之一炬,片纸不存;而此人竟因此而升官当上了兵部尚书,举朝上下何以昏庸若此? 这些问题,我认为只有深入联系到明代社会的政治经济结构中去才能找到答案。但到目前为止,这方面还没有充分开展讨论。20世纪80年代初武汉大学历史系教授吴于廑等曾从世界史的角度对这一问题作过很有益的探讨,可惜其后没有朝这一方向继续下去(见《十五十六世纪东西方历史初学集》,武汉大学出版社,1989年)。20世纪90年代则有山东大学历史系陈尚胜提出郑和航海是明代海防战略(海禁)的一部分,其次才是发展贸易(见其所著《闭关与开放——中国封建晚期对外关系研究》,山东大学出版社,1993年)。21世纪初,万明在其新著《中国融入世界的步履》(社会科学文献出版社,2000年)提出郑和下西洋是明代海外开放政策成功的标志。但周宁则在《中西最新的遭遇与冲突》(学苑出版社,2000年)一书中认为郑和七下西洋"种种表现都暴露出其非现实性与非理性色彩"。可惜的是这些不同论点都没进一步深入讨论下去。

两年前有位英国人孟席斯(G. Menzies)曾著书提出郑和海船发现美洲说,引起了国内郑和研究的一阵骚动和兴奋,其实这不过是一位业余历史研究者的缺乏证据的推想。他所引述毛罗(Mauro)地图中的文字,也只能说明中国帆船到过莫桑比克中部港口,如此而已。关于这一点,我国学者沈福伟在《中国与非洲》(页458—459、489—490,中华书局,1990年)一书中对莫桑比克中部港口比剌和孙剌早有论证。最近澳门学者金国平、吴志良对孟席斯的"发现论"又有一篇很有说服力的评论(《〈1421年——中国发现世界〉中葡萄牙史源之分析》,载《九州学林》2004年二卷一期),都可参看。

<h1 style="text-align:center">六</h1>

本书下编共七章,分别以地区为顺序,从东到西汇编了"正史"和地理纪行书中有关南洋各国传的资料,并略加注释。现将各章略加评述。

第一章《扶南传》和第二章《真腊传》基本上说的是今柬埔寨的历史,但地区大小有别。扶南是3至7世纪间包括湄公河下游、老挝南部到泰国湾、马来半岛南部一带的东南亚大国,也是中国向印度洋航海的必经之地,受印度文化影响较深,航海事业发达,而以"扶南舶"扬名于东南亚各国和中国。三国吴孙权时扶南开始与中国通使,其后往来不断。《晋书》、《南齐书》、《梁书》、《新唐书》均有《扶南传》。公元7世纪初为其属国真腊所代,势力范围也缩小在中南半岛东南部一带,其后又称柬埔寨。《隋书》、《旧唐书》、《新唐书》、《宋史》、《明史》及《诸蕃志》等均有《真腊传》,元代又有《真腊风土记》记述其灿烂辉煌的"吴哥文明",可谓资料丰富。而尤其需要一提的是从公元3世纪到近代,中国和扶南—真腊—柬埔寨一直友好相处,从未兵戎相见,经济文化交流不断,这一传统一直延伸到现代,在世界各国关系史中堪称典范。有关资料可以参考伯希和《扶南考》(冯承钧译,收入《西域南海史地考证译丛》七编,中华书局,1957年)、夏鼐《真腊风土记校注》(中华书局,1980年)、陈显泗等《中国古籍中的柬埔寨史料》(河南人民出版社,1985年)。

　　第三章《阇婆传》和第四章《三佛齐传》、第五章《南海群岛诸国传》均为西太平洋中诸岛屿,是仅次于扶南、真腊的与中国有密切来往关系的岛国。阇婆是Java之古译,东汉时译称叶调(Yavadvipa),东晋时法显归国时曾到其地,称为耶婆提国(曾兼有苏门答腊岛东部),至南朝宋时始称阇婆,唐代则作诃陵国(Kalinga),元代以后则称爪哇。元世祖时曾发舟千艘、兵士数万征讨爪哇,是亚洲古代历史上征途最远的一次海外战争。明代郑和七下西洋,每次均至其地修好。随郑和出使的马欢、费信、巩珍均有书记爪哇最详,称已有大批中国人"流居此地","中国历代铜钱通行使用"等。本书引述马欢《瀛涯胜览》中爪哇国条也最详备。

　　第四章之三佛齐,源于其地梵名Śrivijaya,又译称室利佛逝,简称佛逝或佛誓。在苏门答腊岛东北部,为通向印度洋的交通门户,商贸发达。唐义净曾旅居此地译经。元代称巨港,一名旧港,马来语称Palembang,故又称浡淋邦。明代广东人梁道明、陈祖义、施进卿、张琏等先后都曾在此地垄断海上贸易,雄据一方。

　　第五章《南海群岛诸国传》之岛国则为小岛国,其中重要的有:

　　一、须文答剌:即今苏门答腊岛西北的亚齐(Acheh)特区,又称巴斯(Pasè),在今巴斯河下游一带,为南海诸岛中最接近西方印度的地方。《岛夷志略·须文答剌》称"其酋长人物修长",《明史·苏门答剌传》称其酋长名宰奴里阿必丁,显然不是原住该地的马来人,而是来自波斯或印度的穆斯林,他们将伊斯兰教带入南海诸群岛。

二、浡泥国:即今加里曼丹岛西北的文莱国(Brunei),宋代至明初称浡泥(Boineo),明中叶后或称婆罗或称文莱。其地包括今文莱国、马来西亚的沙劳越州、沙巴州及印尼西加里曼丹的一部分,与中国关系密切。宋代已有泉州人侨居其地不归。1972年在文莱曾发现南宋景定甲子年(1264)的泉州官员蒲公墓碑[20]。《明史·勃泥传》还详细记载了永乐六年(1408)浡泥国王全家来中国访问,归国时突然病逝,赐葬于南京石子冈,其墓至今犹存(在今雨花台东石子冈乌龟山上)。

三、三屿、麻逸、吕宋诸岛:即今菲律宾群岛,在16世纪西班牙人来到此地之前,早已有福建人侨居其地经商务农。西班牙人从太平洋西来占据吕宋岛,这是继葡萄牙人东来到达广东后中国与西方欧洲国家的又一次接触。其后西班牙人以吕宋为基地开拓了中国—吕宋—墨西哥—西班牙的环球海上交通贸易航线,即太平洋大帆船贸易,其中南洋一段即中国—吕宋的交通贸易在明代张燮的《东西洋考》中还有详细记述。

第六章《马来半岛诸国传》包括11个小国,其中最有影响的是满剌加,其地即今马来西亚之马六甲(Malacca),在马六甲海峡中部北岸,扼太平洋与印度洋交通的咽喉之地。满剌加于明初始通中国,郑和下西洋时曾在此建立了最大的中转站和仓库。永乐九年(1411)满剌加国王曾率领540人的庞大使团访问中国,中、满关系密切。明正德六年(1511)葡萄牙军队从印度科钦出发航海东来占领了满剌加。正德十二年(1517),葡船又从满剌加来到广州，这是中国和西欧国家的第一次正式接触。不久葡人入据中国领土澳门，从此开辟了澳门—满剌加—印度—葡萄牙的远东直达航线，中国与欧洲的经济文化交流也在这时出现。本书此处曾引《明史·满剌加传》略记其事，稍详的则可参见《明史》外国传中的《佛郎机传》。1934年，时在燕京大学的张维华先生曾著《明史佛郎机吕宋和兰意大里亚传注释》，对此考释甚详[21]，可以参看。

　　第七章为《印度沿海诸国传》，包括今印度、孟加拉、斯里兰卡、巴基斯坦和岛国马尔代夫五国。中、印海上交通早在西汉时便已开始（见本书上编第一章），但后来中印交通偏重陆上，海上反而少见。到唐代才逐渐增多起来，至宋元时商船已有定期往来。明代中印海上贸易发展，郑和下西洋时就记录了南亚港口和岛屿共13处。《瀛涯胜览》、《星槎胜览》等还有专条详述印度的大商港小葛兰（今称奎隆）、柯枝（今称柯钦）、古里（今称卡利卡特）和岛国溜山（今称马尔代夫）的情况，这在本书均有引述。此外在《郑和航海图》中也绘有印度沿海港口、斯里兰卡全岛、马尔代夫群岛的全图、印度洋的航路和过洋牵星图等。《郑和航海图》有向达先生的整理本（中华书局2000年重印），也可参看。

　　下编所述海外各国即到印度为止。印度以西，即波斯、阿拉伯沿岸及以西各地，冯先生认为已不是本书"南洋"论述的范围，所以他在《序例》中便说"阿剌璧海西岸诸地不录"了。

<h1 style="text-align:center">七</h1>

　　最后，再谈一点书中的不足以及半个世纪前的"中西交通史"与现在的"中外关系史"的继承关系。

　　由于作者的特殊写作条件（长期卧床不起），不能广泛查阅有关资料，本书所述也有欠缺之处。如关于吕宋的资料，书中仅录

《明史·吕宋传》的资料而不录《东西洋考》中《吕宋考》的资料;关于麻六甲的资料,书中也仅录《明史·满剌加传》的资料而不录《东西洋考·麻六甲传》有关佛郎机的资料,这都是很不够的,都反映不出16世纪初西方葡萄牙人、西班牙人东来后南洋交通的巨大变化。吴晗在1936年写的《十六世纪前之中国与南洋》(载《清华学报》第11卷第1期)中曾说,16世纪西方人航海东来"是中国史上一大转变,也是世界史上一个大转变"。《东西洋考》是明万历间漳州举人张燮写的反映这一大转变的我国最早的史籍,其中卷四的"麻六甲考"、卷五的"吕宋考"、卷六的"红毛番考"、卷七的"饷税考"对此都有专门论述。也许冯先生还未意识到这一转变对中国与南洋的关系及对中国社会带来的重大影响,因而没有介绍此书并录出有关资料,这是未免令人稍感不足和遗憾的。

　　历史在不断前进,学科也不断在发展。80多年前出现的"中西交通史"到了20世纪80年代后,便已发展成为"中外文化交流史"和"中外关系史",从"交通史"扩展到"文化交流史"和"关系史",标志着研究已深入到经济、政治、文化诸领域中。1985年我国成立了全国性的学术团体"中外关系史学会"和1987年由周一良主编、有20多位专家参加撰写的《中外文化交流史》的出版,是这一发展的重要标志。1979年在福建厦门成立了"中国海外交通史研究会",现已拥有大量会员;还定期出版《海交史研究》刊物,至今不断。1992年又出版了由朱杰勤教授主编的带总结性的《中外关系史辞典》(共148万字)。其他有关中外关系史的专著、资料汇编、古籍整理、翻译等更不胜枚举。这与80年前"中西交通史"研究人员寥寥无几、研究著述难得一见的情况相比,真有天壤之别。但如果没有当初冯承钧先生等几位开拓者荜路蓝缕、辛勤耕耘的创业和后来一代又一代学人薪火相传的精心培育,中外关系史研究也不可能有今天这样的发展规模和丰硕成果。现在我们重温冯先生 68 年前的这部名著，不仅可以从中学到中外关系史的许多基本知识，更可加深我们对中西交通史创业者的深切怀念和敬仰。

2004 年初秋于沪上

【注　释】

①冯承钧先生童年赴比利时读中学是否官派，由于尚未找到有关资料，待考。

②见陈智超编《陈垣往来书信集》，页 377、568—599，上海古籍出版社 1990 年版。

③冯承钧先生《南海地名》遗稿后由其婿陆峻岭整理，收入《南海地名汇释》中，中华书局 1986 年版。

④费琅此书在 20 世纪 80 年代有中译本，书名为《阿拉伯波斯突厥人东方文献辑注》（全二册），耿昇、穆根来译，中华书局出版。

⑤见《中华书局收藏现代名人手迹》（影印本），页 109，中华书局 1992 年版。

⑥《辞海》"南洋"条，上海中华书局 1936 年版。

⑦原文见《圣心》1932 年第一期，页 138—139，亦见岑仲勉《中外史地考证》（中华书局 1962 年版）上册，页 101—103《西汉对南洋的海道交通》一文。

⑧《连云港与海上丝绸之路》，海洋出版社 1990 年版。

⑨《太平御览》卷七六九"舟部"。

⑩见张一纯《经行记笺注》师子国条，中华书局 1962 年版。

⑪见张星烺《中西交通史料汇编》第三册，页 118 注二八，辅仁大学 1930 年版。

⑫见岑仲勉《自波斯湾头至东非中部之唐人航线》,载岑著《中外史地考证》下册,页402—403。

⑬见王邦维《南海寄归内法传校注·前言》,页19,中华书局1995年版。

⑭见汪向荣《唐大和上东征传校注》,页79,中华书局1979年版。

⑮见穆根来等译《中国印度见闻录》,页7,中华书局1983年版。

⑯见穆根来等译《中国印度见闻录》,页8,中华书局1983年版。

⑰《宋史》卷二六三《刘熙古传》附《刘蒙正传》:"岭南陆运香药入京,诏蒙正往规划。蒙正请自广、韶江沂流至南雄,由大庾岭步运至南安军,凡三铺,铺给卒三十人,复由水路输送。"

⑱蒲寿庚家族事迹参见桑原隲藏原著,陈裕菁译注《蒲寿庚考》,中华书局1954年版。

⑲朱彧《萍洲可谈》卷二。

⑳见庄为玑《文莱国泉州宋墓考释》,载《海交史研究》1990年第2期。

㉑此书张维华于20世纪80年代重新整理,改名为《明史欧洲四国传注释》,上海古籍出版社1982年版。

蔡鸿生《中外交流史事考述》序

蔡鸿生教授和我是上世纪 50 年代(1953—1957)在广州中山大学历史系读书时的同班同学,毕业后他留校任教,我则到了北京中华书局当了一名小编辑。工作单位和性质虽然不一样,但我们却对中外关系史有着共同的关心和爱好,因而便结下了半个多世纪的同窗和同道的特殊友谊。现在,已是中外关系史研究方面有着重要贡献的资深学人的他,却从不张扬自己,他的单篇研究成果也很少结集出版。为此,我曾力促他完成这一工作。最近他终于同意了,但以邀我作序为交换条件。我也觉得有些话可以说,就不避嫌在此为他"张扬"一下。

首先,老蔡在中大读书时,便是班上一位超级的读书迷。当时各种政治"运动"很多,真正读书的人寥寥可数,班上多的是球迷、棋迷、舞迷、歌迷、小说迷、唱片迷,书迷却很少,而像老蔡这样"苦读"的书迷更少。他是除了上课外就跑图书馆,宿舍经常有一大堆借来的古今中外的各种名著、杂书。他别无爱好,就爱读书,整个课余时间、晚上,几乎都埋在书堆中了。四年间他博览群书,这为他日后理解和继承陈寅恪、岑仲勉两位大师的学术遗产打下了坚实的基础,也为自己开辟了脱俗求真做学问的广阔空间。

其次,老蔡在校读书期间,同时受到陈、岑"二老"的直接教导。当时陈老讲的是《元白诗证史》课，开始时我也去听了，但冥顽不灵，听不懂，就知难而退了。而老蔡则不然，他越听越有味，结果是得其真谛，现在不但对"陈学"深有领悟，也是金明馆门人中的佼佼者。读者在阅读本书的时候，最好能参读他写的另一本书《仰望陈寅恪》(中华书局 2004 年版)，便可有更多的领会。至于岑仲勉师，则早在上世纪 30 年代便以他独特的"南学"见知世，后被陈寅恪推荐进入史语所(见本书附编二《岑仲勉中外史地考证的学术风格》)，他在《隋唐史》课及《中外史地考证》一书中多处反映了他的"南学"研究风格和成果。老蔡从此无疑也是心领神会，在本书"下编"有关海外交通史的考释中也多处可看到岑老"南学"的影子。

最后，关于老蔡的学术风格，在此似乎也应一提。他一贯的风格是"务实"，不作空泛议论，不写高头文章。他曾说"略人所详，详人所略是我一贯的著述原则"。因此本书并无长篇大论，但却要言不烦，充满新鲜感，读了令人眼界为之一开。尤其如"上编"的九姓胡礼俗、突厥法、哈巴狗源流等篇，"下编"的俄罗斯馆纪事、"商队茶"考释和广州行商的西洋观等篇，都可领略其中闪闪发光的亮点和妙趣横生的特点。读者自可深入体会，这里就不必多说了。

中国学术的发展一向重视传承。现在，令人高兴的是中山大学历史系的中外文化交流史研究在蔡鸿生教授及其同门师弟姜伯勤教授(主攻敦煌学、宗教文化史、澳门史)的率领下，已培养了一批新人，其研究成果也已陆续问世(已出版的有《中外交流历史文丛》三种)。半个世纪以来，除中山大学外，还有不少高校的中外文化交流史研究都有名师高徒在做传承发展工作，如北京大学、南京大学、山东大学、浙江大学、厦门大学、暨南大学等，现在都新人辈出,出版社除了关注新人和新成果的问世外,也应注意老一辈学者毕生研究成果的结集出版工作,这样才更有利于学术研究的传承和交流。我这一想法虽然有点侈想,但只要有人关心,出版社愿意,逐步去做,相信是会做到的。

2007年是蔡鸿生教授从教和从事科研工作五十周年,此书能在此时得以出版,仅在此向他一并表示祝贺。

2006年6月5日于沪上浦东寓所

《西域行程记·西域番国志》、
《往五天竺国传笺释》编者赘言

《西域行程记·西域番国志》(校注)和《往五天竺国传笺释》二书终于在最近出版了。《书品》的编辑同志约我写一篇有关文字,我觉得二书的内容和学术价值在书中的《前言》都已经写得很清楚,毋需我再饶舌;但转而一想,作为二书的编辑和这套《丛刊》的主编,我似乎还有些话应该说一说,因而作为"赘言",写成是篇。

明人陈诚的《西域行程记》和《西域番国志》,曾于1987年由杨建新等同志作过简单的注释,收入《古西行记选注》(宁夏人民出版社)出版,这是陈诚著作最早的一个注释本,但现在中华版的《西域行程记·西域番国志》(校注本)中,无论在《前言》、《说明》和内容上,都没有提到杨注本,这是什么缘故呢? 我觉得应该把情况交代一下。

原来早在1983年时,我便约请中山大学周连宽先生为《西域行程记》、《西域番国志》做校注。他很快便答应了,我即将二书列入《中外交通史籍丛刊》出版计划之中。1985年,周先生将完成的初稿寄给我,我看后觉得字数太少(全文不足五万字),又没有《前言》、《后记》,还需扩充和加工方能成书。为此我致函周先生,请他再作补充修改,可以改成像他已出版的《大唐西域记史地研究丛稿》那样。但周先生复信说他年事已高,目力不济,此稿是他勉力才完成的,如何扩充,可由我全权处理。我尊重周先生的意见,争取他的劳动成果能早日出版,便请王继光先生为此书写了一篇较长的《前言》;请宋岘同志为书中的波斯语注出原音。又鉴于《明史》中陈诚、李暹无传,我便将史籍中有关陈、李的资料辑出,还有有关该书的序跋、书录的资料,当时西行送行的诗文等等,都辑录在一起,作为附录。好不容易全书凑齐了十万字,才于1988年初发稿。这期间,周先生和我都没有见过杨注本,因而书中也无从提起。至于发稿后长时间未能出书,后来才见到杨注本,那是另一种情况了。

《往五天竺国传笺释》的作者张毅先生,是我在18年前认识的朋友,于去年11月不幸去世。张毅的名字在史学界还比较生疏,所以我在这里也趁此机会将他稍作介绍,也算是对故人的一点怀念吧。

张毅先生是四川成都人,1924年生,幼年失父,家境坎坷。他于1948年四川大学外语系毕业,历任外语教师。"文革"时被清洗出门,寄居农村山中。他通晓德、法、英、俄、日语,对印度史、西藏史、航海史有浓厚兴趣并有研究。当我于1977年为《大唐西域记》组织校注班子时,与蒋忠新同志(当时在社科院历史所)二人到四川郫县农村他的家中拜访了他。令我吃惊的是他在像贫民窟一样的环境下,居然还在破乱不堪的旧物中,找出几本外文的印度史和梵文书来给我们看,并饶有兴味地谈起他将来的研究和他正在学习的藏文。在当时还是"四人帮"横行的年代,面对这位干瘦的、额上布满皱纹而又高度近视的中年知识分子,我确有一种在荒漠中发现珍宝的感觉,马上表示愿意为他参加《大唐西域记》的校注班子而努力。一年后,在多方的支持下,他果然被借调到北京中华书局来,同时借调来的还有上海教育学院的杨廷福先生。从此开始了张先生全力以赴地从事学术研究的新时期。《往五天竺国传笺释》就是他在完成了《西域记》校注工作后,我请他搞的。后来他返回四川以后,我又请他翻译了英国赫德逊的名著《欧洲与中国》(多人合译)中的第一、二、三章,此书不久后亦将由中华书局出版。

张毅先生还著有《古代中国与亚非地区的海上交通》(四川省社科出版社出版)和有关中外关系史的论文多篇。由于他在学术上的成就和贡献,1989年被聘为四川社科院历史研究所研究员。张先生长期刻苦自学,在极端困难的条件下仍然坚持不辍,锲而不舍,这种不达目的誓不甘心的学习精神,实在令人敬佩。

但张先生也有一个很大的弱点,就是他的狷介性格和固执的脾气。他对人不会应酬而又多疑,自以为是,因此经常开罪于人,甚至与领导发生顶撞,丢了工作也在所不惜。我就曾收到过不少的他从四川寄来的"告状"信。去年11月底,他的噩耗传来后,我忽然感到我有负于张先生,非常不安,原因就是这部《笺释》在中华书局已经八年过去,还未能出版。我想张先生大概是带着遗憾,未及见到他的著作成书而离开人世的。现在这部书终于得以问世,我也稍可告慰于张先生的在天之灵了。

(《书品》1995年第1期,中华书局)

中世纪阿拉伯世界地理的
奠基之作《道里邦国志》

中世纪阿拉伯人在地理学上的贡献是举世皆知的,且不说那些著名的大旅行家如马斯欧迪(ALI-el-Mas'udi)、巴图塔(Ibn Batuteh)及其游记,仅以叙述世界地志的著作而论,也是其他国家很难相与比拟的。其中伊本·胡尔达兹比赫(Ibn Khordadhbeh？820—912)的《道里邦国志》就是最早的也是最翔实的一部世界地理。

阿拉伯地理学是吸取了希腊人、波斯人和印度人的地理学知识发展起来的,托勒密的关于世界地理的理论和波斯人的制图学、印度人的天文学都给予阿拉伯地理学著作的发展以很大的影响。九至十四世纪这五百年间,阿拉伯地理学著作有如突发的火山,大量涌出。1889 年荷兰学者德·胡耶(De Goeje)曾将大部份阿拉伯古典地理著作收集起来,加以校勘,编为《阿拉伯舆地丛刊》共 8 卷行世。《道里邦国志》和《税册》都收入在第 6 卷中。《道里邦国志》成书于 9 世纪中,《税册》成书于 10 世纪中,都是早期同一类型的著述。《道里邦国志》还记述了中国和远东地区,是阿拉伯人最早提到中国的一部著作。

中世纪阿拉伯地理学迅速兴起,有其内在的因素,即八世纪初伊斯兰教的向世界传播和阿拉伯商人的走向世界。阿拉伯人建立了一个地跨亚、非、欧三大洲的辽阔的伊斯兰国家,这个国家阿拔斯王朝(我国史籍称黑衣大食)建立了一套非常完备的邮驿制度;道里交通发达;加以世界各地的穆斯林又有一生必须朝拜圣地麦加的习惯;阿拉伯商人遍布世界各地,这就大大促进了阿拉伯人对世界地理的认识和对世界观念的扩展。因而反映在阿拉伯人的著述上,以地理知识或游记的题材特别丰富。

《道里邦国志》的作者伊本·胡尔达兹比赫曾担任过阿拔斯王朝杰贝勒省(在伊朗西部)的邮政和驿传长官,是哈里发最有影响的亲信之一。哈里发出于统治的需要,十分关心国家统治区内的税收和世界各地的物产、商业贸易等情况,对世界各地的山川、道里、交通、地理风貌、经济状况、风俗习惯等知识都有浓厚的兴趣,便授意伊本·胡尔达兹比赫撰述一部关于世界地理的书。伊本·胡尔达兹比赫利用他担任省邮驿长官,主管交通驿务之便,开始搜集有关资料,经过前后四十年的努力,终于完成此书。

《道里邦国志》不愧为中世纪阿拉伯世界地理的奠基之作。它以巴格达为中心,记载了阿拉伯人所知道的世界各地的道路交通和自然地理、人文地理的情况。其范围包括了除北极圈之外的整个欧洲、西伯利亚之外的整个亚洲和非洲的大部分,大大超过了希腊人、罗马人和中国人所知道的世界。本书第一次记载了巴格达北到中亚、南到印度的道路。书中有各地之间的路程、各地的商货及其价格、商路上的食宿条件、海港与海上航行等情形,无疑等于一部九世纪的国际贸易指南和路线图。它还记录了阿拔斯王朝的土地税收、行政区分、民族迁徙与分布、农田水利兴废等情形。波斯萨珊王朝和罗马帝国的情况也有记载,这也为我国了解唐代波斯、大食、拂菻诸国的历史提供了重要的资料。对于中世纪的丝绸之路,我国史籍大多只记述东半段的路程,对于中亚石国(今塔什干一带)以西的西半段则不详,《道里邦国志》则详细地写出了丝绸之路西半段直到欧洲的情形,基本上弥补了这一空白。

《道里邦国志》对中国和远东地区也不乏记载。早在八世纪中叶:我国唐天宝年间杜环就曾被俘于大食军中,周游波斯阿拉伯国家,归国后著有《经行记》一书,这是中国人最早介绍阿拉伯国家的书。一百年后出现的《道里邦国志》则是阿拉伯人最早谈到中国的著作。它不但记录了通往中国的海上交通情形,而且还记录了唐代中国的港口城市鲁金(Luqin,龙编)、汉府(Khanfu,广州)的情形,这些都是唐代阿拉伯人聚居的城市。书中又提到:"全中国有三百座人口稠密的城市,其中较著名的有九十座。中国疆界起始于海洋,经吐蕃、突厥,终至西面的印度。"在谈到从巴士拉到中国的海上航路时,也和唐贾耽所记的广州通大食的海道基本相合。书中还谈到最东部的瓦格瓦格(倭国)、新罗、麻逸和香料群岛的情形,所有这些海上交通所到国家的情况,无疑都是根据阿拉伯人在海外各地经商时带回来的材料写成,也基本都是正确的。

阿拉伯地理著作的一个普遍缺点是大量猎奇,而且互相抄袭,又不注明出处,很多荒诞不经的东西混杂书中,以讹传讹,以至真伪莫辨。但《道里邦国志》却不存在这一问题。由于它成书早,作者又是一位有才学的官员,它采集的材料,都经过严格挑选、核正,有很大的真实性,因此,此书在同类的阿拉伯著作中,就以翔实可靠著称。欧洲的东方学家和阿拉伯学家很早就注意此书的版本整理和研究。我国研究中亚史、西亚史、中外关系史、海外交通史的学者目前还很少利用阿拉伯人的地理著作,这是一个很大的缺陷。《道里邦国志》最近已由宋岘同志从阿文直接译出，中华书局出版。这不仅稍能弥补此缺陷，有助于我国阿拉伯学和中亚学研究的开展，而且对增进中国与阿拉伯民族间的传统友谊，也是一件很有益的工作。

（《书品》1992 年第 2 期，中华书局）

研习明史不妨一读

——简说《十六世纪中国南部行纪》

季羡林先生曾在《品〈书品〉》(载《书品》1990 年第 4 期)一文中,说到一些外国汉学家的撰述,"由于文化背景不同,心理素质不同,因而思想方法也不同。他们探索问题,往往有新角度、新观点,这些往往都是为我们所忽视,同时又正是我们所需要的。"当代英国东方学家博克舍(C. R. Boxer)编注的《十六世纪中国南部行纪》一书,对我国研习明史和中外关系史的人来说,正是这样一部需要一读的书。

外国人笔下的中国,最早而最有名气的要数马可波罗的东方游记了。但当时西方许多人都怀疑它的真实性,而他所写的"契丹",人们也不了解就是指中国。因此,当 16 世纪葡萄牙人、西班牙人(明代史书称为"佛郎机")来到中国沿海的时候,他们所写的有关中国情况的报道,便强烈地吸引了欧洲人。16 世纪末最知名的一部著作,就是西班牙人门多萨(J. G. de Mendoza)写的《大中国史》。它于 1585 年初版于罗马,不久就风行全欧,15 年间出现了三十多种不同文字的欧洲版本,大受人们的欢迎。而这部书的材料,主要就是根据 16 世纪西、葡人到东方来写的行纪,其中就有葡萄牙人加斯帕尔·达·克路士(Gaspar da Cruz)的《中国志》

和西班牙人马丁·德·拉达(Mardin de Rada)的《记大明的中国事情》。克路士的《中国志》部分则采自另一葡人盖略特·伯来拉(Galeote Pereira)在中国被俘的回忆报告。这样,伯来拉、克路士、拉达三人有关中国的撰述,就成为十六世纪西方关于中国的最早和最详细的报导。(这一时期也有另外一些葡人的报导,如平托(Pinto)的《游记》和另一俘囚的《中国报告》,但不是不大可靠便是过于简略。)门多萨把这些报导纳入他的《大中国史》中,正好适应了西方向海外扩张和到东方寻找财宝的需要,因而一版再版,其知名度远远超过了马可波罗的东方行记。由于它翔实可靠,西方人也一直把它作为了解 16 世纪中国的第一手资料。博克舍有见及此,本世纪五十年代初便开始将伯来拉、克路士、拉达三人的中国行纪从手稿和最早刊本中重加整理校正,并加上注释和长篇《导言》,合成一书,名为 South China in the sixteeth century,由英国哈克鲁特学会出版。本书就是它的中译本。

博克舍在其《导言》中,详细地论证了三位作者到东方来的过程及其行纪的史料价值,这是一篇运用中西史料研究明史和中外关系史的出色论文。博克舍精通多种东西方语言,甚至对福建方言也很有研究,这为他解读葡萄牙人、西班牙人最早的东方行纪带来了极大的便利。博克舍在《导言》中对当时的历史背景作了分析,指出这时正是嘉靖中叶海禁政策严厉实施的时候,"我们从明代中国文献得知,葡萄牙走私者和日本海盗有时在中国沿海相互勾结,尽管在欧洲著述中极少提到他们的联合行动。……日本人也被明朝统治者禁止访问中国,违者处以死刑。葡萄牙和日本的贸易增长,导致他们在中国沿海活动的增加,这又和倭寇的劫掠增加相一致。北京的朝廷终于振奋起来显示一阵力量。一个叫做朱纨的御史,忠贞,能力强,在 1547 年被委派为福建和浙江的总督和长官,同时地方官奉命装备一支舰队去清除沿海的日本海盗、葡萄牙走私者和中国的合谋者。"(《导言》页7)结果就发生了浙江宁波的双屿之役和福建诏安的走马溪之役。中国史籍对这两次中葡之战均语焉不详。幸有伯来拉的记述,才使我们得以稍为了解当时的情况,伯来拉就是在走马溪之役中被明军俘获的。被俘后他从福建被押送到广西。伯来拉在他的回忆中对明朝的司法机关和审判制度给予很高的赞扬,但博克舍指出,"然而看看中国文献,我们却不得不得出结论说,御史及其同审官这样做,不是出自对葡人处境的同情,更不是执法严格,而是要不惜一切代价取得总督朱纨的罪证。"(页10)博克舍的这一分析,证之中国史籍中所载的海禁派和反海禁派之间的斗争,无疑是很有见地的。

奥斯丁会修士拉达的行纪,则为我们展示了一份早期西班牙殖民者在中国的真实情报。其中不但提供了中国史籍所无的中西两国官员在福建秘密会谈的一些情况,而且也纠正了《明史》记载中误将海盗林凤作为另一海盗林道乾的错误。博克舍指出,拉达的福建之行主要使命就是促成西班牙和明朝官员合作消灭林凤,"若萨尔西多杀死或者俘获了林凤,那么西班牙人极可能得到厦门湾的一个类似葡人之在澳门的据点,以协助抑止当地海寇的活动。"(页26)但林凤在菲律宾的意外突围,终于使西班牙和明朝官员的希望落了空。西班牙殖民者和明朝统治者勾结起来消灭林凤这一秘闻,我们只有在拉达的纪行中才获悉其事。博克舍略带嘲讽地评述西班牙人说:"当拉达及其一行人在1575年9月开始从厦门返回时,他们在甲板上被指给看可能划给西人作为贸易点的地方,如果一切顺利的话,这显然就是浯屿岛或者厦门港南口有南太武石塔的山下海岸的某处。由于萨尔西多在彭加丝兰的战术错误,也由于桑德博士恼人的狂妄,西班牙人再没有取得这个据点。"(页26)博克舍的这一见解,也是非常富于启发性的。

上面我仅就书中对明史研究有参考价值的材料及论点,略举两个例子。这些材料,都不见于中国史籍记载,但它对明代的海禁和反海禁的斗争,对嘉靖中叶海盗的活动和明朝官员与葡萄牙人的交往,都提供了相当重要的史料。目前我国史学界对明代海禁和海盗的评价还有很大分歧,明代海禁是否一无是处,应否全盘否定?海盗是人民起义,代表进步力量,还是破坏力量,应受谴责?对这些问题,本书都会给我们一些新的材料、新的观点和新的启发。至于书中的其他许多材料对中西关系史研究的重要意义,那更是不言而喻的,在此就不多说了。总之,"他山之石,可以攻玉",我们对外国人撰述的有关中国的著作,过去介绍和利用得很不够,今后要加强这方面的工作,以更好地促进我国的史学研究。

（《书品》1991年第1期,中华书局）

《中外关系史名著译丛》的来历和今后的打算

　　《中外关系史名著译丛》是中华书局目前唯一的一套翻译读物。从 1982 年到现在,它虽然只出版了七种(计有:《海屯行纪·鄂多立克东游录·沙哈鲁遣使中国记》、《东印度航海记》、《中国印度见闻录》、《利玛窦中国札记》、《一五五○年前的中国基督教史》、《柏朗嘉宾蒙古行纪·鲁布鲁克东行纪》、《希腊拉丁作家远东古文献辑录》),但却受到不少读者的热情关怀和欢迎。还有人来信问及这套书的编辑出版计划如何,为什么没有见到它的《编辑缘起》或《出版说明》,今后还有什么书要出版等等。为了对读者的关心表示感谢,并回答读者的提问,我想在这里将这套书的产生经过和今后的打算等向读者作一说明,这也算是编者、读者、译者的一次交流吧。

　　早在 60 年代初,中华书局要出版向达主编的《中外交通史籍丛刊》时,我就萌发过这样的念头:既然我们现在要出一套中国古籍的《中外交通史籍丛刊》,那么在国外,从中古时代阿拉伯人关于东方的著述到近代欧洲学者关于中外交通史的许多论著,都是我们研究中外关系史不可缺少的原始资料和参考资料,为了开阔眼界,扩大视野,也应该将它翻译出版。但不久我就暗自放弃了这一想法。因为当时国内学术界对待西方学者,除社会主义国家外,无不斥为"帝国主义代言人"、"资本主义御用学者"、"文化特务"等。近现代的不必说了,连早在 16 世纪的利玛窦,也被冠上"西方殖民主义的鹰犬"、"披着宗教外衣的间谍"的帽子,给予否定,要翻译出版他们的著作,真是谈何容易! 记得大约 1963 年,出版局还布置过一次书籍质量大检查,中华书局领导曾就 50 年代重印的冯承钧翻译的《西域南海史地考证译丛》一至九编,要我写一份质量检查报告。我当时只好按照流行的说法,写了一份原作者斯坦因、马斯伯乐、伯希和等人都是盗窃我国文物和搞情报的"帝国主义文化特务"、他们的"研究"都是为了歪曲中国历史和丑化中国人民等的检查报告,结论是,这样的书我们不能再出版了。这一情况在今天看来,诚然简单得滑稽可笑,但当时大家都怕惹出是非,都需要这样说。因此,连冯承钧的旧译都不能出,我的要出一套新的译丛的想法,就只好在娘胎中夭折了。

其后经历了十年的"文化大革命"。风暴过后,很快到了 70 年代末,进入"文艺复兴",出版界也逐渐活跃起来。介绍西方思想的学术著作也出现了,商务印书馆的《汉译世界名著》恢复出版了,中华书局的《中外交通史籍丛刊》恢复出版了。这使我又想起了出版一套外国的关于中外交通史译丛的问题,我必须利用当前的有利时机,促成它早日问世。我首先向副总编赵守俨谈了这一想法,他非常同意我的意见,并提议我去找商务印书馆吴泽炎同志,征求他的意见。因为:一、从 1958 年后,中华、商务有过明确分工:中华出版本国文、史、哲古籍及学术著作,商务出版外国哲学社会科学著作;现在我们出一套译丛,会不会与商务撞车? 二、吴泽炎同志对中外文化史素有研究,曾翻译出版过卡特的名著《中国的印刷术及其西传》,当时又是《辞源》修订本的主编。我向他请教出版中外交通史方面的翻译书稿问题,真是正得其人。他了解了我的想法后，非常支持中华出这套译丛。我说，我们人力不足，又缺外语的审稿人材，能否出好，没有把握。他鼓励我说："你们出这一套书，只要心中有数，不必事先定计划去广泛组稿、作宣传，有一种算一种，慢慢来，摸索经验，积少成多，待出了十几种后，再作宣传未晚。"我听了他这段话，心中顿时明朗起来，信心也有了。从八十年代开始，这套书便开始列上了我的工作日程。

我首先考虑这套书的书名。这是一个颇费踌躇的问题。我开始时想用《中外交通史译丛》这一名称。"中西交通史"是过去张星烺、向达、方豪等前辈学者常用的学科名称，但它今天已很难概括其所包含的内容，因为起源于丝绸之路的中西交通史研究，今天已扩展到政治、经济、文化、语言、科技各领域的中外关系史的研究了。当时孙毓棠、马雍等同志正在发起成立"中外关系史学会"，我觉得"中外关系史"这一名称比较切合实际，它界于中国史和外国史之间，两者都有，不能分割，而以中国为主，因此我就采用了《中外关系史名著译丛》这一书名。我加上"名著"二字，表明它的入选标准，是世上已有定评的，不是一般的、普通的读物，从而规定了它的质量必须具有较高的水平。

关于这套书的具体内容，我初步认为可以包括三个方面：一、古典的中外关系史名著，即 16 世纪以前阿拉伯人和欧洲人有关中国的著作和资料。古代日本、朝鲜、越南方面的著作都用汉文，因此不包括在内。二、16 世纪后欧洲传教士、商人、政治使者来华的著作及资料。三、18 世纪后外国学者对中外关系史的研究成果。外国汉学家对中国的其他各种研究，因为数量太多，不包括在内。我初步估计，这套《译丛》大概可出三十种左右，就可以把上述三方面的内容，基本包括进去了。

在进行组稿工作的同时，我还必须向有关的一些专家学者求教,一方面要了解学术动向,一方面要取得他们的帮助。我首先拜访翁独健、孙毓棠、夏鼐等老一辈学者,他们都非常赞成出版这一套书,认为它早就该翻译过来了。翁独健先生把他刚得到的一套三大卷伯希和著的《马可波罗游记札记》给我看,说这是伯希和的名著,是中外交通史的集大成的著作,但国内很少人能见到,应该赶快组织人力翻译出版,他并表示可以提供原本和负责审校。我非常高兴地接受了他的建议。夏鼐先生则鼓励我说:“期以十年,必获硕果。”孙毓棠先生还向我推荐了刚到中国社科院历史所不久的一位年青的法文翻译耿昇同志,说过去百年间外国人研究汉学,法国人成绩最大,但现在懂法语的人极少。要我务必去找他,把法国的有关研究成果翻译出来,促进我们的研究。后来耿昇同志果然成为《译丛》的主要译者,对我的工作帮助很大。我还不断得到季羡林、张广达、朱杰勤、姚楠、韩振华、何兆武、陆峻岭诸先生的鼓励和帮助,他们都给找出了不少好主意,推荐译者和原书,有的并帮助审稿、覆校。如果没有他们的支持和帮助,要出版这套《译丛》也是很困难的,在这里我谨向他们表示深切的谢意。

由于中华书局出版任务主要不是搞翻译,而我也没有很多时间去投入《译丛》的工作,因此几年来《译丛》的出版始终是在低速度中进行,平均每年只出一种。我并不急于马上出一批书。因为这些书很不容易翻译,要找合适的译者很难。如组稿不慎重,或催译者过急,都会影响到质量问题,因此我们宁可慢些,也要好些。如《利玛窦书信选》一稿,原文在汾屠立(Tacchi Venturi)编的《利玛窦全集》第二卷,是意大利文写的,要找一位兼懂16世纪的意大利文和古代中外历史的译者,这真是凤毛麟角。我们好不容易经人介绍找到苏州的钱守朴先生担任这一工作。钱先生已是七十五岁高龄的人了,视力很差,又缺乏参考书,译起来也有不少困难,我们便多方面尽量帮助他,让他有充裕时间把书译出来。现已经过了六年的翻译时间,还未完稿,估计此书译好,还需要再过几年。总之,由于人力物力及各种条件的限制,我们出书不可能快,只是有一种算一种,因此《译丛》出得很慢,这是要请读者谅解的。

目前,《中外关系史译丛》除了已出版的七种外,还有五种在排校过程中,有六种在翻译和准备发排过程中。这排校中的五种是:1.《阿拉伯波斯突厥人东方文献辑注》(〔法〕费琅辑注),2.《十六世纪中国南部行纪》(〔英〕博克舍辑注),3.《中国漫记》(〔罗尼·斯·米列斯库著),4.《道里邦国志》(〔阿拉伯〕伊本·胡尔达兹比赫著),5.《罗马与教廷》(〔法〕伯希和著)。正在翻译和准备发排的六种是:1.《入华耶稣会士列传及书目》(〔法〕费赖之等著),2.《利玛窦书信选》(〔意〕汾屠立编),3.《欧洲与中国》(〔英〕赫德森著),4.《马可波罗游记札记》(〔法〕伯希和著),5.《中华大帝国史》(〔西〕门多萨著),6.《丝绸之路——中国波斯关系史》(〔法〕马扎海里著)。今后,殷切地希望广大读者和译者能就《译丛》的选题、约稿、出书质量等更多地向我们提出意见与建议,以便能及时改进工作,提高质量,更好地为读者服务。

(《书品》1989 年第 1 期,中华书局)

古代希腊罗马和穆斯林著作中的中国观
——兼评《希腊拉丁作家远东古文献辑录》和《阿拉伯波斯突厥人东方文献辑注》

近几年来,在翻译西方"当代"和"未来"的学术著作大量涌现的时候,出现了两部关于古代希腊罗马和穆斯林著作辑注的中译本,这颇令人感到有点冷僻和不合时宜。这些文献原是西方的老古董,又都是在八十年前辑录的,现在再提供给我国读者,究竟有什么价值?《书品》的编辑张世林同志要我谈谈这一问题。我只好不避浅陋,仅就古代希腊罗马和穆斯林著作中的中国观这一问题,谈谈自己的看法。

不少人以为,古代西方对东方特别是对中国的认识,是从13世纪末的《马可波罗游记》开始的,这其实大谬不然。西方人认识中国,就像中国人认识西方一样古老,甚至还要更早。《希腊拉丁作家远东古文献辑录》(耿昇译,以下简称《辑录》)和《阿拉伯波斯突厥人东方文献辑注》(穆根来、耿昇译,以下简称《辑注》,二书俱收入中华书局出版的《中外关系史名著译丛》)就给我们提供了十四世纪以前西方人的中国观的大量材料。由于记载这些史料的西方古籍我们已很难见到,即使找到,今天也很难将它全部翻译出版,因此我们只能利用外国经过翻译整理编注的资料。幸而一百多年前欧洲的东方学家早就着手进行了这一工作，并有着丰富的成果。《辑录》就是法国东方学家戈岱司于 1910 年根据希腊罗马古典作家的著作辑录而成的。戈氏是远东古文字和碑铭学专家，曾任法国亚细亚学会会长，编译此书自然是驾轻就熟。《辑注》则是法国东方学家费琅于 1912 年译注的，费氏长于东方航海史和语言文字的研究，曾任亚细亚学会秘书，他译注此书也是得心应手。二书早在二十年代便已蜚声学术界，我国学者如向达、冯承钧就曾多次介绍过。冯氏的《中国南洋交通史》中的地名考订主要就是参考费琅的书写成的。

《辑录》一书几乎囊括了从公元前 4 世纪到 12 世纪间希腊拉丁作家有关远东的文献记载共 90 多种。有关印度和斯基泰人的资料还没有包括在内，因为这方面的资料更多，应另辑专书。故此书实际是有关中国的资料。但希腊罗马人并没有直接到过中国，他们的中国知识大多得自丝绸之路上的商人。这些商人实际上也只到过中亚和印度，他们从中亚知道东方有一个盛产丝绸的地方，他们称之为赛里斯国，或赛里斯人。有些学者认为赛里斯国指中亚某一地方，有些学者则认为赛里斯国指中国西北部某一地方，我认为后者比较合理。不仅因为古代盛产丝绸之地非中国莫属，而且玄奘在《大唐西域记》中曾记载了瞿萨旦那国（今于田）从"东国"传入蚕桑的故事传说，证明了关于丝和养蚕的知识是从中国内地传到中亚，再传向西方的。希腊人从西亚和中亚商人那里得知东方有一个产丝的国家，但他们对东方的地理知识，还处于非常模糊阶段，充满猜想。他们视丝绸为一种神秘的东西和华贵的标志，在文学作品中以谈论丝绸为时髦和风尚，并对赛里斯国充满赞赏之辞，如称"高度文明、开化"、"充满正义"、"亲睦和气"等等。后来他们辗转从西迁的大月氏人那里才获得关于秦、秦奈、秦尼斯坦等中国名称。但他们并没有将它和赛里斯国联系起来,而以为这是两个不同国家。到了后来,中西交通渐趋密切,有关秦尼的中国知识逐渐丰富,赛里斯这个名称才渐渐退出了历史舞台。

从《辑录》中我们可以看出丝和蚕丝技术传入西方的轨迹:最早提到赛里斯人的是公元前 4 世纪的希腊人克泰夏斯,他把赛里斯人和印度人相提并论,称都是身材高大和长寿(《辑录》页 1)。其后维吉尔在《田园诗》(公元前 30 年)中说到赛里斯人"从树叶上采集下非常纤细的羊毛"(页 2),这已隐约地提到桑树。直到公元 2 世纪包撒尼雅斯《希腊志》中,才说丝是从一种饲养的小动物名"赛儿"肚子中取出的(页 54)。5 世纪的赫希昔攸斯则指出,"赛儿"和"赛隆"都是制造赛里斯丝的虫子(页 88)。到 6 世纪普罗科波在《哥特人的战争》中,才首次叙述到东方的养蚕缫丝技术从赛林达地区传到欧洲的过程(页 96—97),赛林达即指今南疆一带地区。这是一则经常被学者引用的珍贵的史料。此外还有希腊罗马文学作品中对丝绸的大量赞美之辞,都充分表现了欧洲人对产丝之地的仰慕之情。

《辑录》一书中值得提出的还有托勒密的《地理志》(页 19—51)。托氏是 2 世纪希腊著名天文、地理、数学家,他代表了希腊时代世界地理认识的最高水平,对后来地理学的发展产生了很大影响。可惜他的《地理志》尚未有中译本出版,现在我们只能在《辑录》中窥见其叙述远东的一小部分。他认为赛里斯国在远东之北,秦奈则在其南,而秦奈是已知世界的极东边界。书中对通往远东的各地区、地形、道路、距离、经纬度和居民等都作了叙述,但由于他的远东知识也是得自传闻和推测,因此,他的叙述还有很多混乱和想当然的地方。托氏值得称道的是他根据马其顿商人梅斯和地理学家马利奴斯之说，记述了从西亚到中亚石塔，再从石塔到赛里斯国首都赛拉城的道路。这和中国古籍所述的通西域道路大致相同，证实了公元前后确已有沟通东西方的后人称之为"丝绸之路"的存在。希腊罗马人有关中国的知识，几乎都是从丝绸之路上传来的。近一百多年来，"丝绸之路"的研究竟成为一个热门学科，而且至今仍为世界各国旅游者所向往。托氏的记述，对西方来说确有首创之功。

费琅《辑注》一书可说是《辑录》的姐妹篇。它包括了九至十七世纪穆斯林作家关于南亚、东南亚和中国、朝鲜的记述共七十多种。八世纪以后，欧洲史地著作衰落，穆斯林作家出现，他们不但继承了希腊罗马地理学的传统，而且有了进一步发展，地域更广阔，内容更丰富，记载更准确。有关远东的地理著作，数量上和质量上穆斯林学者都超过了希腊罗马学者。阿拉伯地理学可称中世纪地理学的代表。这主要得力于伊斯兰教在各地的迅速传播、伊斯兰国家内交通驿站制度的完备、航海和商业的发达，还有大批阿拉伯波斯人侨居国外和一年一度的穆斯林朝圣旅行等等。因此阿拉伯地理学大都植根于亲历见闻，不像希腊罗马人富于推测和想像，他们对有关中国的记述自然大都比较可靠，对中国文化的敬仰和对中国人的尊敬友好，也跃然纸上。费琅的《辑注》收入中世纪穆斯林的著作共七十多种。遗憾的是费氏辑录的重点不在中国，而在南亚和东南亚，特别是海上交通方面：辑录中国方面的资料也很简略。但中世纪东南亚与中国的关系已非常密切，从费氏此书可看出中国文化对东南亚有很大影响。当然，费氏此书还包含了他对南亚、东南亚语言、地名和物产研究的许多成果，这主要表现在他的注释之中。这方面要谈的东西很多，由于这不是本文的主题，所以这方面只好从略。

《辑注》首先列出的是伊本·胡尔达兹比赫的《道里邦国志》(844—848),此书也是首次提到中国的最早穆斯林地理著作。作者曾任伊拉克邮政总管,掌管着驿路交通,因此他具有丰富的世界地理知识,他记述了从巴士拉沿波斯海岸到东方去的路程,至今历历可考。他说抵达中国的第一站是龙编(穆、耿译作鲁金,误。据日人桑原氏考证,即唐代之龙编,今河内。另岑仲勉认为即比景),其次为中国的港口广府(今广州)、泉府(今泉州)、江都(今扬州),并叙中国风土及物产。他还记述了中国西部的甘州和吐蕃,中国的出口品白绸、彩绸、锦缎、麝香、芦荟、马鞍、貂皮、陶瓷、麻醉药品等。值得注意的是,他还提到新罗国已有阿拉伯人定居;中国的东方有瓦克瓦克国,这很可能就是指倭国日本。这说明了9世纪阿拉伯人的地域观念,的确已经到达了亚洲的东部边缘,比希腊罗马人认为秦奈是极东边缘前进了一大步。

稍后的苏莱曼纪行对中国则有更详细具体的记述,但费琅的引述极其简略。幸而苏莱曼的纪行和另一部阿布泽德整理的纪行,我们已合并为《中国印度见闻录》一书出版(1983年)。苏莱曼在其纪行中第一次向西方介绍了中国的茶,说"此种干草叶比苜蓿的叶子还多,也比它香,稍有苦味,用开水冲喝,治百病。盐税和这种植物税就是国王的全部财富。"他把中国和印度比较,说"中国更美丽,更令人神往","中国人比印度人更健康","在中国所有土地均被耕种,全国各地人口密集","中国人比印度人好看得多"等等(均见《中国印度见闻录》)。中国的文明给这位早期的阿拉伯来访者以极深刻的良好印象。10世纪的马苏第是阿拉伯另一位著名的旅行家,他写的《黄金草原》对中国的繁华景象也有不少描述。他还说到在广府河入海处(即珠江口)"从巴士拉、锡拉夫、阿曼、印度各城、阇婆格诸岛、占婆以及其他王国来的商船,满载着各自的商货逆流而上"(《辑注》页114),这和鉴真的《唐大和上东征传》中所述广州情况相同,充分表明了唐代广州的世界贸易大港的地位。

在众多的穆斯林著作中,我只能最后谈谈《伊本巴图塔游记》(1335年),此书内容丰富,其中不少篇幅描述了他在中国的见闻。但据费氏书中考证,巴图塔不可能到过中国,因为他在中国的行踪完全是混乱的,不符合实际的(页481)。但我认为巴图塔关于中国沿海城市如广州、泉州、杭州等的见闻仍是大致可信的,不是凭空捏造的。他对中国物产之丰富、生活之安定,充满钦羡之情。书中还有不少篇幅叙述了大量阿拉伯波斯商人旅居中国的情况,他们在中国有充分的自由,生活富足,和中国人友好相处。巴图塔的游记无疑是根据来华的阿拉伯人提供的大量材料写成的。中世纪西方的穆斯林把中国看成是世界最文明最富裕的国家,以致伊斯兰的古训也说:"知识虽远在中国,亦必亲往求之。"大量的穆斯林地理著作给我们提供了中国与阿拉伯人民传统友谊的最好证据。

从公元前开辟的丝绸之路到中世纪阿拉伯人的航海经商,整个远东地区和中国逐步地为西方所认识;东方人也通过自己的活动对西方有了进一步的了解,旧大陆渐渐地缩小了。东西文化交流在不断增加新的内容。《辑录》和《辑注》二书,对于我们了解古代和中世纪中国在西方人心目中的地位和中国古代文化对世界文明的贡献,都是很有益处的。

(《书品》1989年第4期,中华书局)

西方汉学鼻祖:门多萨及其《中华大帝国史》

近十年来,出版界出现了不少介绍海外汉学(中国学)的图书。以定期的集刊而言,就有《国际汉学》、《世界汉学》、《法国汉学》等;以丛书而言,就有《中外关系史名著译丛》、《法国西域敦煌学名著译丛》、《海外汉学丛书》、《海外中国研究丛书》等;以专门机构而言,也有"西方汉学研究中心"、"汉学研究所"、"汉学编辑室"等,这形成了我国空前未有的"汉学热"。这些书的出版,不但可以使一般人了解外国人的中国观,还可使中国的学者更方便地借鉴、比较国外同行的研究成果,从而促进自己的研究工作。但国外的汉学究竟始于何时,多年来却有不同说法。很多人以为始于17世纪初意大利人利玛窦撰的《基督教远征中国史》。其实西方从事中国研究在16世纪80年代便已开始,其代表作就是西班牙人门多萨(Juan Gongzales de Mendoza)的《中华大帝国史》(*The History of the great and mighty Kingdom of China and the situation there of*)。西方的汉学就是从这时诞生的。此书中译本最近已由中华书局出版。

当时正是世界地理大发现以后,西欧几个主要国家疯狂向海外扩张之时。葡萄牙首先绕过非洲来到东方,到16世纪50年代已在中国的澳门建立了一个固定的贸易点。西班牙接着也不甘示弱,在占据美洲后又渡过太平洋占领菲律宾群岛,并以此为基地窥伺中国福建。这样,在葡萄牙人居住的澳门和在西班牙占领下的墨西哥和菲律宾就出现了最早从事中国情报收集和研究的西方传教士。门多萨就是当时最有成就的西班牙修士。他在17岁时来到墨西哥,1564年加入奥斯定会成为修士,在当地热心传教,不久,他对从菲律宾传回来的有关中国的情报和信息感到浓厚的兴趣,接着就开始收集这方面资料,从事中国研究。后来到了1581年,西班牙政府在几次派遣使团出使中国失败后,又策划重新派遣使团时,门多萨以具有对中国的渊博学识被任命为使团团长。但这一遣使计划因国内矛盾重重,没有实现。门多萨于次年回到西班牙。此后两年内,他以从墨西哥带回来的大量有关中国的资料为基础,写成《中华大帝国史》一书,并于1585年首次出版于罗马。其后连续多次重印,并被译成欧洲十多种文字出版,成为欧洲最风行的图书之一。《中华大帝国史》成了16世纪西方了解中国的最主要著作,从此以后,才有入华的耶稣会士所写的大量的有关中国的报导和研究,形成西方首次的"汉学热"。因此,推本溯源,我们称门多萨为西方汉学的鼻祖,这是丝毫也不为过的。

《中华大帝国史》问世400多年以来一直没有中文译本,而世界其他各大语种都已有过译本,这不能不是一件憾事。直到最近,才由中华书局出版了由何高济先生翻译的中文本,使我国广大读者有机会了解这部对西方曾起过很大影响的汉学名著的具体内容,这的确是令人十分高兴的。

这部书的原名很长,全名是:《依据中国典籍以及访问过中国的传教士和其他人士的记述而写成的关于中华大帝国最负盛名的事物、礼仪和习俗的历史》。从书名便可看出,门多萨是西方最早一位利用中国典籍进行中国研究的人。这些中国典籍的来源是 1575 年修士拉达(Matin de Rada)从菲律宾进入福建时收集购买的,他带回菲律宾后,又由该地懂西班牙语的中国译人译成西班牙文,可惜的是这些最早的中国典籍西班牙文本现在已找不到了。门多萨的书中还大量利用了拉达《福建行纪》和葡萄牙人克路士(Gaspar da Cruz)的《中国志》、巴洛斯(Joaō de Barros)的《亚洲志》、洛尔加(Miguel de Loarca)的《信史》等书的资料,这些都是当时关于中国第一流的最新报导和资料,非一般的道听途说者可比。因此,门多萨虽然没有到过中国,但他对中国历史文化和社会状况的叙述,都是比较真实的,可靠的。

《中华大帝国史》内容分两部分,第一部分有三卷,都是中国国情及历史的综述。第二部分也有三卷,是拉达、奥法罗(Peter de Alfaro)和另一位西班牙人的环行世界记。门多萨对中国事物的观察和分析非常敏锐,如他正确指出,在德国人谷腾堡(Joan Gutenberg)发明印刷术之前 500 年,中国人就已经用印刷术印制图书了。令人信服的是他还提出两条印刷术西传的路线,一是由陆路经俄国传入德国,一是海路经红海传入欧洲(第一部第三卷第一六章)。他还说令西方人感到震惊的是中国也有与欧洲相同的火炮(第一部第三卷第一五章)。但他不知道嘉靖万历年间中国沿海用的火炮是正德年间葡萄牙的战船侵犯中国沿海时传入中国,然后由中国人仿造的,当时称为"佛郎机铳"(见胡宗宪《筹海图编》)。欧洲最早传入中国的工艺技术竟是武器制造,这对"文明"的西方人来说,无疑是颇具讽刺意味的。

《中华大帝国史》还有着重要的史料价值,它所叙述的史事不但可与明代史籍相互印证,而且有些还可补充明代史籍记载之不足。如万历初闽粤沿海著名海盗(武装走私集团首领)林凤的事迹,《明神宗实录》万历三年十二月己卯条说,"海贼林凤流突广福,总兵胡守仁追至淡水洋,冲沉贼船二十余只,逃往西番",此后就不见林凤的事迹了。但门多萨书中的第二部第一卷第二章至第十章,却为我们提供林凤"逃往西番",即到达西班牙人占领的吕宋群岛后与西班牙军队苦战,终于失败被困的详细经过。拉达之所以能从吕宋进入福建,也是因为西班牙人围剿林凤有功,明朝廷才破例允许西班牙派使团在中左所(厦门)登陆,北上到福州的。由于书中把林凤的名字写作 Lima-hong,过去曾有人译作李马洪或李马奔,而中国史籍中又从来未见海盗李马奔、李马洪之名,因而长期以来这段史料是否可信,令人怀疑。直到本世纪 30年代菲力普斯(G. Pillips)发表《西班牙与漳州的初期通商》(载 *China Review*,vol. 19,No. 4)一文,才指出 Lima-hong 其实就是闽南语林凤的西班牙语音译,这与中国史籍所载林凤事迹完全相合。又书中的拉达行记中还记录了明朝在海上追捕林凤和护送拉达从吕宋航行进入福建的中国将官 Omoncon。此 Omoncon过去长期也不知是何人,后经我国学者李长傅的考证,才知道此人就是福建巡抚刘尧诲手下的巡海把总王望高(《菲律宾史上Lima-hong 之真人考补遗》,《燕京学报》第九期)。这与《明神宗实录》万历四年九月丙申条所载"巡抚福建都御史刘尧诲奏报把总王望高等以吕宋夷兵败贼林凤于海,焚舟斩级,凤溃围遁,复斩多级,并吕宋所赍方物以进"史实完全符合。《中华大帝国史》中所记述的林凤事迹,应是中国人民在海外与西方殖民者战斗的最早史料,弥足珍贵。

最后简略地介绍一下中译本所根据的底本英译本。这部英译本是根据西班牙初版本译出的最早的英译本,出版于 1588 年,是罗伯特·派克应英国著名地理学家哈克鲁特之邀而译的,距今已经 410 年,也是一本"古籍"了。后来此英译本又由斯汤通编订,麦术尔写了长篇的《绪论》,于 1853 年重印出版。我国于 1940 年在北平曾影印此书,中译本即据此影印本译出。译者何高济先生于 80 年代末移居巴西,中译本是他在旅居巴西时完成的。书中有些中国的地名、人名和职官名,由于原书是据福建方言译成西班牙文的,译者一时还找不出适合的中文原名,只好存疑译出,有待进一步的研究确定。

　　　　　　　　　　　（《书品》1999 年第 1 期,中华书局）

喜见《行历抄校注》出版

我国和东邻日本的古代文化交流到了盛唐时代便进入了高潮,除官方的"遣唐使"次数和人数不断上升外,民间的交往也日益活跃。其中鉴真的东渡(753—763)、圆仁的西航(839—847)和圆珍的西航(853—858),应是中日文化交流史上最令人神往的三件大事,历来传为美谈。有关他们的文字记录《唐大和上东征传》、《入唐求法巡礼行记》和《行历抄》也成为中日文化交流史上珍贵的文献。近百年来日本学者对它们的研究已做了大量工作,取得了很大的成绩。我国学者在近二十多年间也整理出版了《唐大和上东征传》和《入唐求法巡礼行记》的校注本和点校本。但《行历抄》的整理却久未见人问津,这是很令人遗憾的。直到最近,我才读到了由白化文、李鼎霞校注,花山文艺出版社出版的《行历抄校注》。三部珍贵的中日文化交流史籍从此有了完整的中国整理本。我曾从事中外交通史籍整理工作多年,对中外交通史籍一向情有独钟,此书捧读之余,颇有所感。现在不揣浅陋将它写出来,一来可以对此书起点推介作用,二来也算是对《行历抄》的中国版问世的祝贺!

《行历抄》原是圆珍入华求法时写的日记,原名《入唐记》,或称《行历记》。圆珍后来被尊为日本天台宗寺门派的开山祖师,可见他对日本佛教影响之大。《行历记》全文已失传,今仅遗残篇。1915年高楠顺次郎将它整理校勘,辑成《行历抄》一卷问世,共49条,约2500字。中国版的《行历抄校注》除了将49条日记作出详细的校释外,还收入了圆珍的一批珍贵的文献资料。如《在唐日录》、《入唐求法总目录》、《上智慧轮三藏书》、圆珍入华的文书和证件,以及《圆珍传》、《智证大师年谱》、《风藻饯言集》的校注,还有圆珍遗物图片、求法行历的地图和《前言》、《后记》、《音序索引》等(这些资料约占全书的四分之三)。真是一卷在手,有关圆珍的文献、文物尽在其中。这种一网打尽式的全面整理方式在目前的古籍出版物中并不多见,却是非常需要。因为它既可免除读者查阅有关资料之劳苦,也可引导读者全面认识和评价原书的学术价值。现在已出版的许多古籍整理本,不是整理没有到位(或只断句而不标点,或只标点而无校勘,或有校勘而无注释,或有注释而无索引),便是没有附入必要的参考资料和索引,这样的整理其作用和功能便大打折扣。《行历抄校注》麻雀虽小,然而五脏俱全,称之为有全套功能的古籍整理本,是并不为过的。

再看该书的校注文字。虽然它很多地方吸收了日本学者高楠顺次郎、小野胜年、佐伯有清等人的研究成果(在《前言》中已做了交代),但校注者并非人云亦云,而是综合了前人的成果,取其所长,判其所失,化繁就简,再加上自己的研究所得写成的。由于校勘方面比较琐碎,这里暂不举例,仅举注释为例。校注者在《前言》指出:"(古代词语)不能用以词解词的办法来处理,宁可多费口舌,把词语的涵义、使用范围、感情色彩与意味等尽可能地通过注释来表达出来。我们是这样作了。"现在就姑举两例,看看校注者是如何实践他提出的"不能用以词解词"的做法和注文要表达"词语的涵义、使用范围、感情色彩与意味"的原则。

一是原书10页"勾当"的注释说：

> 唐代口语词，有处理、办理、管理之义。作名词用时则指所办理的事情。这个词在口语化的小说戏曲中一直沿用到清代。按，"一切勾当"意为"把所有的事情都给办了"，带有汉语掌握不熟练的日式汉语意味。

"勾当"一词本是口头俗语，现在已演变成带有贬意的名词，但不见于一般的汉语词典。此处仅用寥寥数语，便把它的"涵义、使用范围、感情色彩与意味"都表达出来了，而且也把它的源头、流传以及日语与汉语使用的细微差别表达出来了。释文准确而生动，不落俗套，充分说明了作者语词研究的功力。

二是46页"自恣"的注释：

> 梵文 pravāraṇa 的意译，亦译"随意"，音译"钵剌婆剌拿"，佛教仪式。佛教徒每年安居期满之日举行检举忏悔集会，请别人尽情（恣）揭发自己的过失，自己进行忏悔，同时也随别人的意愿，尽情检举其过。《南海寄归内法传》卷二，"梵云钵剌婆剌拿，译为随意，亦是饱足意，亦是随他人意举其所犯。"此日称"僧自恣日"，也称"僧受岁日"、"佛欢喜日"。汉化佛教的自恣日一般定在阴历七月十五日。

这里也没有"以词解词"，但却使人具体地了解到这是古代佛教徒的一种忏悔仪式，也可以使人联想到现代定期的批评自我批评会。注文不但把"涵义、使用范围、感情色彩与意味"表达出来了，而且把它的源流（从印度到中国到日本）也说明了。校注引用佛教典籍，也有助于读者加深对古代佛教戒律和佛教思想的认识。

以上只是稍举两个注释的例子，它既通俗准确，又简明扼要，像这样的释文全书比比皆是。读者不妨慢慢咀嚼领会，相信定能获益匪浅。

当然,《行历抄校注》也有一些不足之处。主要是技术方面。如注释没有注码,便使人不易找到它在正文中的位置。又书末的《音序索引》仍不够完备,一些注释的条目(如本文的"勾当"、"自恣"二词)也未收入索引。这些都希望能在重印时补入。

(《古籍整理出版情况简报》第 397 期)

在"中西文化交流史(1500—1840)
国际学术研讨会"闭幕式上的总结讲话

　　"1500—1840 年中西文化交流史国际学术研讨会"经过三天紧张而热烈的交流和讨论后,今天就要闭幕了。这次研讨会第一次汇集了史学界、哲学界、宗教界、翻译界、科技界、文物界、出版界共 80 多位专家、学者(包括外国学者 6 人),共叙一堂,集中讨论了明清间中外文化交流史上的重要问题,意味着明清之际中西文化交流史研究从五十年代起经历了 40 年的停顿低迷状态之后,又逐步转入复苏、振兴阶段,它标志着一个新的起点已经到来。因此这是一次意义颇不寻常的研讨会。为了说明这一点,不妨先对八十年来明清之际中外文化交流史的研究历程作一简单的回顾。

　　中外文化交流史过去又称中西交通史、中外关系史,明清之际的中外文化交流史是中外文化交流史上的一个特殊历史阶段,即中国文化与西方文化直接见面,直接交流阶段。对它的研究,也开始得比较晚,在本世纪的 20 至 30 年代,才有学者涉足。当时有三位姓张的学者做了开拓性的研究。张星烺先生首先撰写了《中西交通史料汇编》第一册《中国与欧洲的交通》,其中有专门一章就引述中外史料,勾画了早期中西文化交流的基本状况。特别是他还介绍了当时鲜为人知的葡人巴洛斯（Joao de Barros）在16世纪中叶所写的《亚洲志》（décadas da Ásia）中的重要史料，使我们大开眼界。张维华先生在燕京大学研究院的毕业论文《明史佛郎机吕宋和意大里亚四传注释》则是最早一部研究明清之际中西文化交流的专著。以上二书都是奠基性的著作，至今仍是我们研究者的必读书。张天泽先生则是我国第一位在国外取得博士学位的明清之际中西关系史学者，他的博士论文《中葡早期通商贸易研究》在三、四十年代曾饮誉欧洲汉学界。著名汉学家伯希和曾撰文予以评论，但又批评了书中的两点错误，即认为澳门Macao的语原不是汉语而是从缅语移植来的；葡人初入澳门不在1535年而是在1554年。但现在事实证明却是伯氏搞错了，而张天泽是对的。由此可见当时我们的某些研究已达到了世界先进水平。与此同时，在基督教和西学在中国的传播上，我们还出现了三位世界级的学者：陈垣、向达、方豪。他们的有关著述当时已享誉中外，现在则仍是我们必备的参考书，这里就不一一再述了。总之，我们在明清之际的中西文化交流史研究上虽然起步很晚，但却取得了令世人瞩目的成绩。

但在进入50年代以后，情况却出现很大的变化。由于当时西方主要国家对我国进行封锁和敌视，同时也由于国内学术界受极左思潮的影响，从50年代到80年代初期，明清之际中西文化交流史研究就长期处于停顿甚至倒退状态，有关基督教和传教士的研究几成禁区。直到改革开放以后，八十年代中期，才有两部中外文化交流史的著作出现，一是沈福伟的《中西文化交流史》，一是周一良主编的《中外文化交流史》，二书都有相当的篇幅谈及16—19世纪的中西文化交流，所论虽然还缺乏深度和创见，但对学术界重新关注中西文化交流史和培养新一代的研究人才，起了重要作用。到九十年代开始,有关的著作和论文、翻译就增多了,新一代的学者也出现了,值得介绍的是 1994 年上海出版了熊月之的《西学东渐与中国社会》,它从明末一直讲到清末,把以传教士为媒介的西学东渐与中国封建社会末期的变革联系在一起,在史学界引起了颇大的注意,产生了积极的影响。现在,国内各主要大学和研究单位都有专门从事研究明清之际中西文化交流的学者,并形成了在老学者带领下以中青年学者和博士、硕士为骨干的新的研究队伍。近几年又出版了一批有着颇高质量的关于传教士和西方汉学研究的书刊,学术界重视和开展明清之际中西文化交流史研究的新时期已经来临。可以说,在经历了 80 年的兴衰之后,这一研究终于又出现了振兴的可喜局面。这次杭州研讨会的顺利召开,无疑就是这一振兴的标志。

这次研讨会是由中外关系史学会、杭州大学历史系、北京外国语大学海外汉学研究中心联合主办的。学术会议分大会和小组进行,A 组以西学东渐为中心,B 组以东学西传及其它问题为中心。研讨会共收到论文 60 篇,经过三天半的交流和讨论,大家都对以下问题取得了共识,即:中外文化交流史研究的重点现在已在向明清时期转移;明清之际的西学东渐和中学西传是这一时期的主要内容;西方来华传教士在这一时期的中西文化交流中起了主要的媒介作用。研讨会无论是在宏观研究方面还是微观研究方面,都有比较高水平的论文。概括起来说,就是开辟了新的视野,发掘了新的材料,提出了新的论点,取得了新的成就。

首先在深层次的研究方面,中西思想交流过去是一个薄弱环节,这次研讨会有了可喜的进展。浙江大学哲学社会学系何俊的论文《西方与晚明思想的裂变》,从晚明时期思想变化的角度探讨了传教士带来的西学对中国思想界的影响,提出了传教士客观上以其引入的异质于中国思想文化的西学,溶入了晚明的思想洪流的新论点。这就部分地回答了曾有学者认为传教士仅在物质文化交流领域中起很大作用,而在思想领域中却是聋子对话的问题。这一论点是很值得注意的。中国社科院世界宗教所郭熹微《明清天主教与中国道德重建》则从道德问题探讨了西方对中国的影响。她认为利玛窦等以天主教义对中国儒家伦理进行了某些修正,从而给传统道德注入了新的精神,这也是颇有新意的。南开大学历史系吴莉苇《礼仪之争的背后》指出"礼仪之争"提供了一个深层次的视点。也有些文章从世界史研究的角度来论述中国文化西传对欧洲的影响。如浙江大学历史系严健强《中国文化与18世纪法国社会改造》一文,针对法国"中国热"中的大问题,即1.为什么法国对中国文化具有特殊热情;2.为什么当权者特别重视中国文化;3.为什么知识界会引起对中国文化的热烈讨论;4.为什么"中国热"又突然消失。论文从法国社会内部的变化进行了深入的分析和解答,引起了会上热烈的讨论。黄新宪的《论伏尔泰对中国文化的实用理性倾向》则指出伏尔泰等欧洲启蒙思想家对中国文化的热情只不过是表达自己对现实不满、要求变革的愿望,即所谓"托华改制"。这些论文,都能提出有深度的见解,是不可多得的。

其次,在为数较多的微观研究方面,也涌现了不少好文章。浙江大学历史系季翔翔《利玛窦儒冠儒服若干问题考析》,通过利玛窦着装变换的考证,探讨了传教士初期传教策略的变化;龚缨晏《"牛皮得地"故事的流传》则从中外史籍所载有关故事看出它的流传轨迹,指出它反映了近代欧洲的扩张过程。这些都能从小见大,发掘出中外文化交流史上的一些重要问题。中国社科院历史所万明的论文对意大利籍传教士马国贤的生平作了重要的史实考证,吴伯娅的论文对新出版的珍贵历史档案资料《康熙满文朱批奏折》作了专门研究,指出康熙对西学的积极支持和"度量宏大"推进了中西文化交流的高潮,都有新的见解和论证。外国的同行们也为研讨会带来了他们最新的研究成果。如法国沙伯里博士(Dr. Jean Charbonnier)根据徐德新主教(BIshop Dufresse)的信函提供的巴黎外方传教会传教士在四川一带的传教活动,研究了18世纪末到19世纪初四川民间天主教的情况;美国魏若望教授(Prof. John W. Witek)关于罗明坚编写辞典、绘地图、写中国诗的研究;凯姆普斯博士(Dr. Camps)关于方济各会传教士在中国的研究;香港大学柯毅霖研究员(G. Criveller)对艾儒略的研究;德国弥维礼博士(Dr. Müller)关于基督教与佛教在道德方面的比较研究;柯兰妮教授(V. Collani)关于德国籍耶稣会士纪里安的研究等等,他们不但提供了许多新资料、新论点,而且他们扎实的研究功力和细致的分析方法也给我们许多有益的启示,使我们广开眼界。

此外,还有不少学者在他们的论文中,对明清之际中西文化交流中一些具体事物、文献、史迹做了深入的调查、考证和研究。如对《葡汉词典》、《汉葡词典》的考证研究,对教会典籍书录的调查研究,对景教碑发现地的最新调查研究,对明清易代故事在欧洲文学上的反映的研究,对西方科技在雍正朝的影响、对中国瓷器在欧洲的研究,对伏尔泰钟表贸易计划的研究,对望远镜与《望月歌》、瑞典中国宫、木美人油画和西方美术东传的研究,关于《圣经》二马译本、《天主教要》、耶稣会士书简集、马礼逊翻译的中国文学的研究,以及基督教历代在北京、江西的遗址调查研究等等,都有不少新发现和新见解,引起了与会者的浓厚兴趣,这里就不一一列举了。

这次研讨会的会风也是非常好的。四天的会期紧凑有序,讨论会上发言踊跃,畅所欲言,欲罢不能。只是由于时间太短,有些不同意见还未能展开深入讨论,未免遗憾。研讨会还利用晚上时间安排了两次学术沙龙活动。由于有不少出版界的同志参加,气氛也很活跃。学术沙龙在交流学术情报、出版情报、信息方面也取得了积极的效果。

这次研讨会开得是比较成功的,但它只是一个新起点的标志,很多问题还有待开发和深入,今后的发展还有待于学界同仁的努力。在这里仅提几点不成熟的意见,供研究参考。

一、要注意深层次的研究。这次研讨会虽然已出现了一些深层次研究的质量较高的文章,但与数量众多的有关具体的史料考证研究的文章比较,却感到论证未能充分展开和解决问题。这反映了我们的深层次研究仍处于初级阶段,还需要大力加强,逐步深入。一些重大问题,如明清时期的儒学、佛学、天学(基督教文化)三者之间异同及其社会根源、相互关系等,就是一个很值得研究的大问题。又中国社会究竟从何时开始落后于西方?是明末还是清末?西学传入初期对中国社会的发展究竟起了什么作用?等等,也是一些很有争议的大问题,希望今后能取得更多的进展。

二、要加强科技方面的文化交流研究。西学传入的主要内容在科技方面,但这次研讨会科技方面的学者参加很少,今后应多吸收搞科技史的学者参加讨论。科技是第一生产力,科技的进步在一定条件下反映了社会的进步,因此研究科技的交流很重要。

三、明清来华的西方传教士,有旧教,有新教,各教又有不同的派别和组织。这次研讨会基本上是谈耶稣会士为媒介的中西文化交流,今后要逐步扩大研究面。特别是清末新教传入的西学,对中国社会的变革有着密切关系,从长远来看,新教应是明清时期中外文化交流的重点,是尚待开垦的处女地。

四、要大力加强资料的调查研究。明清之际的中西文化交流史研究由于起步晚,中间又出现 30 年的空缺时期,因此大量的资料还来不及做出调查整理,特别是外国的文献和资料我们基本上未能利用。这是一个很大的缺陷。研究人员要多出国,到国外去找有关资料,进行整理研究。就像敦煌学一样,过去整理研究都要往国外跑,后来国外的情况摸清楚了,大量的资料整理复印回来,国内研究就有条件了。明清之际的中西关系史研究目前主要还在资料的整理研究阶段,这一阶段的工作做好了,下一阶段的研究高潮就会到来。因此目前加强国外资料的调查研究很重要,其中意大利、梵蒂冈、葡萄牙、西班牙、荷兰、法国、俄罗斯等西方国家的原始资料都很需要人出去调查了解。这一工作急需开展。

通过这次研讨会,可以看出新一代的研究人员,即以博士、硕士研究生为骨干的新阶段已经出现。一些过去曾在陆上丝绸之路和海上丝绸之路研究中成就卓著的学者,都来参加这次研讨会,主持并指导工作。一个以 16—19 世纪中西文化交流史为重点的中外文化交流史研究的新时期已经到来。展望未来,我们充满信心,在下一世纪来到的时候,肯定将会涌现出更多更好的研究成果!

(《中国中外关系史学会通讯》总第 15 期,

中外关系史学会编,2000 年 6 月)

读《吴渔山集笺注》偶得

去年蒙中华书局赐寄章文钦教授新作《吴渔山集笺注》(中华书局 2007 年 6 月出版。以下简称《笺注》)一厚册,当时因病后视力不足,未能及时拜读,最近视力稍好,得以捧读一过,深觉此书用力之勤、校勘之细、见解之精,堪为近年难得一见之佳作。

吴历是明清之际的江南才子,又是一位天主教神父,身份特殊。过去人们大都只知道他是诗书画俱佳的文士,对他在中西文化交流方面的贡献少有了解。现我仅就这方面的问题,对《笺注》提几点补充意见,不当之处,并请笺注者和读者赐正。

首先是关于"周铎"是谁的问题。

《吴渔山集·三巴集》中有〈颂先师周铎〉一首(《笺注》页199)。陈垣先生认为周铎应是吴渔山最早的天学师,但西名及生平不详。《笺注》对此也未有新解(《笺注》页 200)。我认为,这位"周铎"是最早到江南传教的一位西方传教士,应从 17 世纪来华传教士的原始文献中寻找线索。为此,我查了《耶稣会士书简集》(中译本,大象出版社 2001 年版),第一卷第二十三函洪若翰神父于 1703 年发于浙江的一封信,其中提到:

> 在我逗留上海期间,曾数次祈祷于以其德行及巨大的魅力著称的刘迪我神父(Jacques Favre)墓前。

以上所云见该书页 275。这位刘迪我，我前所未闻，由此也引起了我的注意。他应是 17 世纪后期在江南地区很受人敬仰的神父，这与周铎的身份相符，时间也一致。于是我又从《在华耶稣会士列传及书目》（中华书局 1995 年版，以下简称《列传》）中找到刘迪我传（页 293—297），传中提到刘于 1656 年来华，在江西遭匪劫受伤，后到江南，在嘉定许夫人（徐光启的孙女，嫁于松江许氏）家中疗伤，此后即在江南地区传教云云。这一情况正与吴历初识周铎的时间、地点相符。因此，我认为这位刘迪我神父很可能就是周铎。

至于他为甚么改名，这也可以理解。因为江南地区文化程度较高，文人入教后就雅称神父为司铎：刘迪我的原文名是 Jacques，"周"是第一个字的读音 Ja 的南方音译，因此文人就雅称他为"周铎"了。周铎于 1676 年在上海逝世，但他的墓碑上仍用他原来的中文全名刘迪我，文献资料记载上也是刘迪我，而他的雅称"周铎"也就失传，无人知晓了。

其次，关于吴历的第三位天学师，也是最主要的天学师柏应理的介绍，《笺注》则过于简略。

柏氏在中国传教二十多年，1681 年离华返欧，吴历受他亲炙达十年以上。1680 年柏氏担任中国教区负责人后，即带领吴历等两位中国神父候选人赴罗马修习神学和拉丁文。但由于吴历年龄较大，远渡重洋风险高，怕吃不消，便留在澳门学习拉丁文。但柏应理后来在 1692 年重返中国途中，却在海上遇难死去。柏应理在中国不但时间长，且与吴历学道密切相关，但书中对他在江南的事迹也少有提及。特别是他写了一篇许母徐太夫人的传记带回欧洲，影响极大，《笺注》中也未提及。

再次，《笺注》中对"罗先生"的解释，则有明显的失误之处。吴历在澳门逗留期间曾赋诗想念不久前离澳西行的"罗先生"，诗中有"不知九万风涛去，归向何人说死生"句，吴历自注谓："罗先生到大西矣。"《笺注》则说："罗先生，亦西洋教士，事迹未详。"又说，这是"返回欧洲的西洋教士罗先生"（页173）。这却是一处明显的失误。其实，这位"罗先生"正是地道的中国人，也是数年后由他授予吴历神父职位的第一位中国籍主教罗文藻是也。其实，本书作者在〈前言〉中已提到为吴历"祝圣的是一位华籍主教罗文藻"（页8），但却未将他与《三巴集》诗句中的"罗先生"联系起来。吴历在澳门时很可能就已了解罗先生到罗马是接受中国教区主教职位的，所以看到风暴骤起，自然而然地便想念到西行途中的罗先生是否已抵欧洲？

　　罗文藻的事迹不见于《列传》中，因为他是"多明我会"中的教士，不是"法国耶稣会"中的教士，所以《列传》中没有他的事迹。方豪的《中国天主教史人物传》（光启社出版，页335－347）中对罗文藻则有详细的记述，可以参看。

　　最后，还有一位江南地区当时最有影响力的女基督徒，对吴历的弃儒归教也很有影响的许母徐太夫人，《笺注》中未见涉及。她出自名门上海徐家，又嫁给松江望族许氏，享年七十三岁，人们都称她为许母徐太夫人。当时在江南地区传教的欧洲神父，包括刘迪我、鲁日满、柏应理前后三位吴历的"天学师"，都受到她的热情关怀和无私奉献。柏应理返回欧洲后，用拉丁文写了一篇〈中国信教夫人许甘第大传〉（"甘第大"是她的教名），在欧洲流传甚广，后来上海徐家汇印书馆又译为中文出版。当时传教士把江南地区视为播撒基督教种籽的天然沃土，这是与许母徐太夫人的帮助和影响分不开的。许母徐太夫人对中西文化交流的影响，还可以举一例。据《列传》之〈柏应理传〉中称：

　　　　应理赴罗马时，许太夫人曾以金爵一及圣饰品若干嘱其代献于圣依纳爵礼拜堂中。松江信教妇女争以戒指、手镯制此类饰品。许太夫人别以献物嘱其供献于果阿城圣方济各墓前,并以本人及其诸女所制之刺绣分赠各教堂。(……)许太夫人知应理必须进谒教皇,曾嘱其购取诸传教士之华文撰述四百余种以献。圣座得之甚悦,命藏教廷图书馆。(页312—313)

按这四百余种中文文献现已成为梵蒂冈图书馆中最珍贵的中文文献典籍。19世纪后西方汉学家研究中国,大多得益于梵蒂冈图书馆内这批中文文献。许母徐太夫人(1607—1680)与吴历既是同乡,又基本上是同一代人(二人都是高寿,徐母七十三岁,吴历七十七岁,共同在世时达四十八年)。吴历的三位天学师都受到徐太夫人的特殊帮助和照顾,但《笺注》中未提到她,似也是一欠缺。1970年台湾光启出版社出版了方豪神父的《中国天主教史人物传》,其中就收入了《许母徐太夫人传》,2003年上海光启社曾重印此书,可以参考。

《文化杂志》2009年)

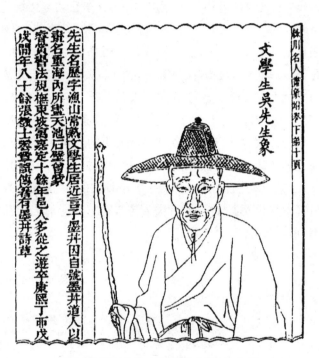

先生名歷字漁山常載文學生居近言子墨井因自號墨井道人以
耕名疊海內所藏天池石壁曾象
嘗覺習法規榘東坡富嘉定十餘年邑人多從之遊卒康熙丁亦戊
戌開年八十餘張領士雲嘗識傳舊有墨井詩草

文學生吳先生象

程祖庆《练川名人画像》之吴渔山像

改造 定位 创业
——记 1950—1965 年的中华书局

一

中华书局成立于 1912 年 1 月的上海，是旧中国仅次于商务印书馆的最有影响的出版企业，迄今将有 90 年的历史。早在武昌起义前，时在商务任出版部长和《教育杂志》主编的陆费逵看到清朝行将崩溃，帝制定能推翻，学校中原有的教科书已不能适应形势发展的要求，需要大的革新，于是与友人合作，一面编写新的教材，一面筹措资金，准备成立新的书局，出版新的教科书。辛亥革命后，以出版新内容的中小学教科书为主的中华书局便应运而生。初期规模甚小，资金仅 25000 元。其后发展很快，除教科书外，还出版儿童读物、翻译读物、杂志、古籍、文学和各类专著。到 1936 年，资金已增至 400 万元。1949 年上海解放前夕，中华书局共计已出书 5700 种，古今俱备，百科兼收，为普及和提高人民文化科学知识，继承和发展中华传统文化作出了自己的贡献。

1949 年解放后，共产党和人民政府对全国私营书刊出版发行业进行了调整和改造。1950 年第一届全国出版会议决定出版与发行分离，中华书局将全部发行业务交给新成立的中国图书发行公司。1952年，又根据出版总署关于出版社专业分工、加强领导的指示，中华书局编辑所从上海迁北京，新农出版社合并入中华书局，中华书局以出版农业、文史、俄语读物为重点。到1954年，全国进入私营工商业社会主义改造高潮，作为私营出版企业的中华书局董事会派出以编辑所所长舒新城、董事潘达人等5人，与公方代表出版总署的黄洛峰、金灿然进行公私合营会谈。会谈结果，中华书局总公司迁北京，与在西总布胡同7号的国营出版社财政经济出版社合并，人员不变，但对外出书仍可用中华书局名义。原财经社的狄超白为社长兼总编辑，常紫钟为副社长，原中华的卢文迪仍为副总编辑，潘达人为经理；在上海的中华书局办事处改称财政经济出版社上海办事处，有着50万册图书的上海中华书局图书馆和《辞海》编辑人员则维持旧名归上海出版局领导。从此中华书局成为国营的财政经济出版社的一部分，对外则挂财经社和中华书局两块牌子，中华书局分工出版古农书和文史读物。

但这一合并明显带有过渡性质。中华书局虽然已成为国营的出版企业，却是"寄人篱下"，它的发展前途如何，是否还能继续存在下去，仍然是个未知数。实际上在合营后的三年中，中华书局的编辑人员和出书数量都在不断的萎缩之中。原编辑所副所长金兆梓和所长舒新城已相继退休。剩下在北京搞文史的编辑寥寥无几，而且也已进入老年期，实际上只有卢文迪、姚绍华、朱彦颍、宋茂华四人。其他搞农业、俄语的编辑不久都调到农业出版社和时代出版社去了。

然而就在这仅剩四员老将的三年中，中华书局仍然坚持自己的高质量出书的特色，出版了一些很有学术价值的文史新书。如汤用彤的《汉魏两晋南北朝佛教史》、罗尔纲的《太平天国史稿》、张相的《诗词曲语辞汇释》、陈裕菁的《蒲寿庚考》等,至今仍是文史学界常用的好书;重印书如《诸子集成》、《中华二千年史》、《二十五史补编》、《马可波罗行纪》等至今仍经久不衰。中华书局出书的学术传统并没有因合并于财政经济出版社而消失。

二

1957年初,对中华书局前途具有决定意义的事件出现了,出版局(这时出版总署已撤销,改为文化部属下的出版事业管理局)决定将成立不到三年的古籍出版社合并入中华书局,原在财经出版社内搞文史的中华书局编辑人员全部迁入东总布胡同10号古籍出版社所在地办公。这不但使中华书局摆脱了寄人篱下的窘境,同时编辑实力也得到了很大的加强。

古籍出版社成立于1954年,是出版总署直属的以整理出版古籍为任务的出版社(有关该社的情况可参见《北京文史资料》第58辑王春撰写的《古籍出版社与〈资治通鉴〉标点本》一文)。这次中华与古籍合并起因,曾听到传闻说是根据毛主席指示办的,但目前找不到文字的直接依据。只有胡道静(原为上海中华书局编辑所编辑,"文革"后为上海人民出版社编审)写的一篇《片断回忆业师陈乃乾》一文(载《回忆中华书局》1987年版)中提到说:

> 毛主席对出版工作规划的指示中有过这么一条,大意是说,过去有很大影响的两家书店,商务印书馆和中华书局,这两块招牌还是应当保留。顾名思义,中华就搞祖国古典,商务就搞洋古典(西洋哲社名著的译本)。这之后,北京的古籍出版社就合并入中华书局,上海的古典文学出版社就合并入中华书局上海编辑所。

毛主席这一指示是在什么时候、什么情况下作出的,胡先生没有说。但很可能就是在 1956 年底或 1957 年初文化部出版局的一个关于出版社专业分工的报告上作的批示，然后才有随之而来的古籍社合并于中华书局的举措，以"保留"中华作为出版祖国古代典籍的出版社。接着到 1958 年又明确了中华定位为出版中国文史哲古籍及其研究著作的专业出版社。可以说，毛主席的指示使中华摆脱了依附于财政经济出版社的附属地位，获得了生机。

中华书局编辑部自搬到东总布胡同 10 号大院后，不仅办公条件大为改善，拥有一座相当规模的书库，而且编辑人员无论数量和实力都大大加强了。现在先说书库的情况，古籍出版社书库的前身是解放前南京国立编译馆的图书馆。解放后 1949 年上半年，出版总署委派金灿然到南京清点接收了这个图书馆，并将书装箱由火车运到北京，归入出版总署图书馆。到 1954 年，这批图书又分别拨给人民教育出版社和新成立的古籍出版社。其中古籍社分得线装书 15000 册，平装书 6000 册，期刊 800 册，都是关于文史方面的书。到 1957 年古籍社合并于中华后，这批图书便全部归入中华书局图书馆。再加上财经出版社将原中华的有关文史图书 4000 余册交还中华书局，这时中华书局图书馆藏书已达32000 册，而且很有价值的线装古书占了一半。这对文史专业的出版社来说真是一笔极为难得的文化资源。

但更为重要的是编辑部实力的大大加强。一批学识深厚、经验丰富的编辑、专家进入了中华书局编辑部。原古籍社的副总编章锡琛成为中华书局的副总编，他早在上世纪的 20 年代便是商务印书馆著名编辑、文学研究会会员，后来又是开明书店创办人之一。老编辑徐调孚也是文学研究会会员，是 30 年代《小说月报》的编辑、《木偶奇遇记》的最早译者；后来加入开明书店，开明版的古典文学书多出其手,开明迁京合并于中国青年出版社,他进入中青社,1954年调入新成立的古籍社,古籍社合并于中华后他即为古典文学编辑组组长。著名版本学专家陈乃乾原为沪上书商,当时版本学界就有"南陈(乃乾)北赵(万里)"之称。1955年金灿然亲赴上海延聘陈老入京为古籍出版社特聘专家。当时陈老偕老伴及家中全部藏书共一车皮举家迁京,决心为新中国古籍出版事业贡献余生。由于他精通版本之学,"文革"前中华许多古籍的点校底本和参校本都是由他提供和决定的,著名的《永乐大典》《册府元龟》《太平御览》《明经世文编》《全上古三代秦汉三国六朝文》《古本戏曲丛刊》《事林广记》等的影印,都是在他的主持和积极参与下完成的。他还无偿地捐献了许多珍藏的古籍供影印和古籍整理使用。但谁能料到,在后来的"文革"浩劫中,陈老竟是受冲击遭凌辱最严重的"反动权威",家中所藏图书文物被抄,损失殆尽,最后又被迫离京返回浙江海宁老家,在孤独凄凉有病无人照料中辞世。

当时随着古籍出版社进入中华书局的还有张静庐(创办上海杂志公司,近代出版史专家)、陆高谊(原世界书局总经理)、曾次亮(古天文历算专家)和丁晓先、冯都良、童第德、徐寿龄、徐溥泽等老先生。解放前上海民营四大出版企业:商务、中华、世界(书局)、开明(书店),除商务外,现在中、世、开三家的负责人都聚在一起了。中华书局从"四员老将"一下增加到二十多员老将,在合并后的第一年,便出版了《续资治通鉴》《宋会要辑稿》《小腆纪年附考》《十三经注疏》《中国近代反侵略文学集》《中国农学遗产选集》等十余种好书,这充分显示了老编辑们"宝刀未老"的实力。

但当时一个明显的缺点是中青年编辑几乎没有,编辑后继乏人。在体制上中华仍是财经出版社的一部分,其行政、出版人员仍与财经结成一体。如不改变，对中华书局的发展是非常不利的。

到了 1957 年 9 月，这一情况开始有了一点变化。中华迎来了首批从大学毕业分配来的年轻编辑，我就是在这时进入中华书局的。我们一批共四人，两人是南京大学中文系毕业的，一人是复旦大学历史系毕业的，我是中山大学历史系毕业的。初进中华，对这里古色古香的环境充满了好奇感。编辑部在一座古老的小四合院中，同事们说的都是吴越方言，轻言细语，对人俱称"先生"，与解放后普遍呼"同志"大异。我被分配在古代史编辑组，组长姚绍华。他交给我看的第一部稿子竟是我的老师岑仲勉的《突厥集史》。我边读边学地看了约三分之一。到 12 月间，我和财经出版社的中青年同志一起参加了文化部组织的干部下放锻炼，到江苏六合县农村"三同"（与农民同吃同住同劳动）去了，到次年 10 月才返回北京。就在我下放的这一段时间内，中华书局竟出现了一次飞跃式的转变，这就是与财经出版社的完全分离，最后完成了出版的分工和定位，从而进入了解放后创业的新时期（1958—1965）。

三

早在 1956 年古籍出版社的《资治通鉴》标点本获得成功并受到毛主席的肯定后，国务院副秘书长齐燕铭便与文化部出版局副局长金灿然，历史学家范文澜、吴晗、翦伯赞等人研究整理出版"二十四史"点校本的问题。在古籍出版社合并入中华后，这一出版任务就自然落到中华书局身上。1957 年 12 月 10 日，齐燕铭向国务院科学规划委员会聂荣臻主任写了一个报告，提出建立整理出版规划小组的必要性和重要性，并建议在国务院科委下成立一个古籍整理出版规划小组,由小组负责拟出一个全国性的古籍整理规划,小组的日常工作和秘书工作由中华书局担任。1958年2月,直属国务院的古籍整理出版规划小组成立,由齐燕铭任组长,中华书局为办事机构。这正是中华书局重振雄风的绝好机遇。于是文化部出版局迅速地调整和安排了中华书局的出书方向和领导班子,任命金灿然为中华书局总经理兼总编辑,另一出版局副局长傅彬然为副总编辑。1958年3月,《人民日报》发布了"文化部重新安排中华书局为整理出版中国文、史、哲古籍,并适当出版现代学者有关古典文学、史学、哲学的研究著作"的消息。中华书局上海办事处也与上海古典文学出版社合并,成立中华书局上海编辑所。北京的中华书局与财政经济出版社正式脱钩,所有中华书局的行政干部和出版、发行、总务部门全部都搬进了东总布胡同10号。

金灿然上任伊始,抓的头等大事就是"二十四史"中前四史的点校工作。首先是落实了点校人员,《史记》为顾颉刚,《汉书》《后汉书》为西北大学历史系,《三国志》为陈乃乾,并想方设法从有关单位商调适合做整理古籍的人员,加强古籍编辑力量。前一年下放到农村锻炼的同志也在这年10月返回北京。

我从农村回到北京后一踏进中华书局,就深深地感到这里正在发生的变化。过去院子内安详、恬静的环境现在充满了紧张热烈的气氛。看到了很多新面孔,而且大多是中青年。当时正处于"大跃进"初期,我很高兴看到"大跃进"也使古老的出版企业焕发了青春。使我特别兴奋的是去年我下放农村前只看了三分之一的《突厥集史》稿,现在已成书出版了。原来我走后稿件由朱彦频接手,这位学识丰富的中华老编辑真正发挥了"大跃进"的冲天干劲,将这非常专业的80万字书稿在不到一年的时间内便完成了从审读到加工发稿、看校样、出书的全过程。使我这初出茅庐的小子万分敬佩。

这时在古代史编辑室内我的办公桌旁边又增加了一位白发长者,他与朱彦颖先生靠窗相对,我的位置则在横头,我们三人呈小三角形。经过姚绍华先生的介绍,我才知道他就是久已闻名的宋云彬先生,我在解放前读中学时就常在《中学生》杂志中读到他的文章,想不到现在居然能同处一室,可以随时请教,令我高兴不已。但宋先生只对我淡淡地点了一下头,便又埋头工作。后来我才了解,他在解放初期便是全国政协委员,曾在出版总署工作,后来回到杭州,任省文联主席。反"右"时被划为"右派",不久前才被金灿然冒着风险把他"请"回北京,进入中华书局参加点校"前四史"工作。《史记》的点校原由顾颉刚负责,他因老病在身,由他的助手贺次君代做,但问题很多,金灿然很不满意,就请宋云彬先生在顾先生的基础上重新再点。这是 1959 年国庆的献礼书,所以他的工作繁重而紧迫。1959 年后,他又继续投入《汉书》的复审工作和《后汉书》的全部点校工作。(《后汉书》西北大学后来无人负责,点校工作也只好全部由宋先生来做。)我与宋老同室办公三年,1961 年 10 月中华迁西郊翠微路后,我与他始分开,受他的教益良多,可以说是他把我带入古籍整理门槛的。目睹他晚年以"待罪"之身(1962 年前尚未摘去"右派"帽子),默默无闻地在埋头工作(《史记》及两《汉书》出版时书中参加标点者均没有提到他的名字)。最后他在"文革"中被抄家,迫害致死。现在想起来,心中还有说不出的难过。

当时被金灿然物色进来的还有一批知名学者和学有专长的中青年。其中有两位是"宿儒"型的学者,即讲"三礼"(《周礼》《仪礼》《礼记》)的孙人和先生和讲"经学"的马宗霍先生,两位平常很少见面,是中华的特级顾问。其他年长而来上班的则有以先秦经史见长的杨伯峻先生、以秦汉史见长的马非百先生和以考古文物见长的傅振伦先生。在中年人中,有从中宣部调来的李侃和从商务印书馆调入的赵守俨。他们不久就分别被任命为近代史组和古代史组的副组长,成为中华书局的骨干力量。赵守俨在1959年后实际上就是"二十四史"具体工作的主持人。他本是解放前辅仁大学经济系的毕业生,但幼承家学,酷爱文史。他的祖父赵尔丰是清末四川总督,伯祖赵尔巽曾任清史馆馆长。中学时就读教会学校,英文很好。特别是经史校雠之学,有很深的功力,是中年人中稀见的古籍整理人才。金灿然慧眼识人,故委以重任。同时调入中华的还有一批年轻人,其中从北京大学中文系毕业的本科生和研究生,就有程毅中、傅璇琮、李思敬、沈玉成、陈金生、褚斌杰等人,不久都成为中华书局的中坚力量。经过金灿然一年多的努力,中华书局在50年代末很快就形成了一支有相当实力的老中青结合的整理出版古籍的编辑队伍。

不仅如此,金灿然和齐燕铭为了培养整理古籍接班人,还采取一项极有远见的措施,即在北京大学中文系开设古典文献专业。1959年3月,在古籍规划小组第二次会议上,决定通过高教部委请北大中文系开设古典文献专业,招生培养新人。金灿然与北大副校长翦伯赞、中文系主任魏建功等经过半年的紧张筹备,古典文献专业终于在当年9月开学。此后每年都招新生。这不仅解决了中华书局编辑力量后继乏人的问题,也为国家培养了一批新型的研究中国传统文化的专家学者。从1964年开始,中华书局的年轻编辑大部分都是该专业的毕业生。现任新闻出版署副署长、全国古籍整理出版规划小组负责人杨牧之同志,就是该专业1966年的毕业生,在中华书局工作二十多年后,才提拔上去的。

　　为了弥补专业编辑人力的不足，金灿然还从社会上吸收一些被"遗忘"的具有真才实学的知识分子，以"临时工"的名义进入中华书局担任编辑工作。其中最典型的是国学大师王国维的儿子王仲闻。解放前他长期在邮局工作，解放后怀疑他与特务组织有关，虽被留用，但只在地安门邮局卖邮票。其后又莫明其妙地成为"右派"，被开除公职。1959年底这事不知怎么被齐燕铭知道了，便介绍他到金灿然处。金灿然正求贤若渴，了解到他对诗词极有研究，便请他负责复审唐圭璋先生的《全宋词》。唐先生与王先生原有旧日交，深知王先生功力，对此极表赞同。于是1960年王先生就干脆以"临时工"的名义来中华书局上班。他为《全宋词》做了大量的复核、改错、订补工作。1964年此书出版前唐先生坚持要补上"王仲闻订补"的署名，但限于当时文化部制定的一个条例规定有严重历史问题的人不能在出版物署名，因而作罢。王先生在中华给人的印象始终是一位不懂世事的学者，是一位真正的"书痴"。他多年写的一稿本《读词识小》曾请钱钟书看过，认为这是"一本奇书"。此稿本拟由中华书局出版，但接着"文化大革命"来了，王先生不能来上班，被街道监管，从此连人和稿都不知下落，奇人和他的奇书就像流星一样消失了。

　　从1959年到1966年间，文化部又任命了三位中华书局领导：梁涛然为副总经理，主管党的工作和行政事务；丁树奇（原复旦大学新闻学系主任）为副总编，主管各编辑室业务；萧项平（原教育工会副主席）为副总编，主管点校"二十四史"工作。中华书局的领导班子得到大大加强。编内人数也成倍增长，达到五十多人。

　　这个时期，古籍已经是成批地出版，传世的经典名著《永乐大典》《册府元龟》《太平御览》《全上古三代秦汉三国六朝文》《观堂集林》的影印本，《史记》《三国志》《明通鉴》《全汉三国两晋南北朝诗》《全唐诗》《国榷》《元曲选外编》《太平经合校》的点校本，和《元明史料笔记丛刊》《清代史料笔记丛刊》《近代史料笔记丛刊》等丛书，都是在这时陆续出版的。一些质量很高的资料汇编，如《古典文学研究资料汇编》《中国哲学史资料选辑》等，也是在这一时期问世的。这时，定位后的中华书局已从解放后呈衰退状态中苏醒过来，一跃而成为中外知名的文史研究专业的出版社了。

四

1961年10月，中华书局从东总布胡同狭小的四合院搬到了西郊翠微路2号原文化学院大楼。这里地方宽敞，办公楼和宿舍都同在一个院内，上班方便，新成立的中华排版厂也在附近，这为中华书局的进一步发展提供了空前良好的条件。

这里只谈三件具体事情：

一是《文史》的创办。《文史》现在已是中华书局的名牌刊物，但它在开始时却是冒着很大风险的。因为它是一个既没有贴上马列主义标签也不谈理论的纯粹是史料考据的集刊；它用的是繁体字，可以是白话文，也可以用文言文，这些在当时的刊物中都是独一无二的。创办的起因听说是齐燕铭与周扬商量决定的，吴晗则是这一决定的坚决拥护者。具体的操作开始时是由《新建设》杂志办，后来干脆就交给中华书局编辑出版。金灿然指定由萧项平负责，由沈玉成做具体编辑工作，并特别交待：不要做宣传，不要出广告，也不要编委会、主编等，要静悄悄地进行。沈玉成就总结了这些特点，在《文史》发刊辞中用"崇尚实学，去绝浮言"作为办刊宗旨。于是解放后早已销声匿迹的乾嘉考据之学又开始登上大雅之堂了。1962年冬，《文史》第一辑出版，几乎全部都是老一辈学者多年未能发表的旧著，有陈垣、顾颉刚、游国恩、于省吾、段熙仲、朱谦之、杨宽等的文章。虽然事前没有宣传，但第一辑印数3000册很快就销售出去了。国内外学术界反映极好，认为它确实体现了"百家争鸣"的方针。以后《文史》每年出一辑或两辑，稿件大批涌来，使编辑应接不暇。《文史》的出版，也大大提高了中华书局在国内外的知名度。不久，上海中华书局编辑所也仿《文史》出版了《中华文史论丛》。《文史》在"文革"前共出6辑，"文革"后又继续出版，迄今已达50多辑，成为文史学术界的权威刊物，可以做广告，做宣传，这是初办时始料不及的。

二是"二十四史"整理班子的建立并集中北京工作。1962年底，《史记》《汉书》《三国志》标点本均已出版，《后汉书》也在陆续排印之中。但以下各史，除《晋书》已基本完成点校外，其余均相差甚远，甚至还未启动。很多点校者都在外地高校，兼有教学和研究任务，也很难保证按时完成点校任务。鉴于此，金灿然便与齐燕铭商量决定打报告给中宣部周扬同志，要求把在外地承担点校"二十四史"的同志借调到北京中华书局来，集中点校工作。1963年，中宣部与高教部联合发函给有关高校借调了唐长孺、陈仲安（均武汉大学历史系）、王仲荦、张维华、卢振华（均山东大学历史系）、刘节（中山大学历史系）、罗继祖（吉林大学）、郑天挺（南开大学）、王永兴（山西教育学院）等教授到中华书局集中进行点校"二十四史"工作。原在京的陈垣、刘乃和、邓广铭、翁独健、冯家昇、傅乐焕则仍在家工作。外地的教授们到京后就在中华招待所内工作，并有炊事员专门为他们设食堂（当时正在"经济困难"后期）。有每周一次的业务会，主要是在萧项平、赵守俨的主持下讨论点校过程中遇到的疑难问题。北京的许多文科教授都对中华此举投以羡慕的眼光。因为当时各院校正在展开对知识分子"白专道路"大批判，许多教授都在整天"学习"，做"检查"，而这批外地来京集中的教授却一天到晚搞点校古籍，既不参加政治学习，又脱离群众"监督"。不久社会上就传出中华书局是"阶级斗争的避风港"的说法，但金灿然仍顶住来自各方面的压力，想方设法保证点校工作的正常进行。到1965年底，"文化大革命"即将来临，"山雨欲来风满楼"，金灿然已无法挡住"革命风暴"的到来，这个"避风港"也只好宣布结束，教授们都纷纷回到学校接受"社会主义教育运动"去了。

　　三是全力支持顾颉刚先生彻底整理《尚书》。《尚书》是"六经"之一，是中国最早的史籍，也是最难读懂的古书。顾先生年轻时就有志于治"尚书之学"，几十年来他从不间断，积累了大批资料和书稿。晚年他准备整理成书，但计划庞大，个人能力无法完成，需要高级助手协助，历史研究所当时无法给予解决。金灿然知道此事后，便给予顾先生全力支持。1962年开始在中华特设一间办公室，先后从南京历史档案馆调来顾先生的得意弟子刘起釪、从河南郑州大学调来青年学者李民二人进入中华，在顾先生指导下搞整理《尚书》工作。但工作不到两年，"文革"开始，此事便束之高阁。幸好所有资料未散失。"文革"后刘起釪从干校回来，转入历史研究所，才得以继续从事这项工作。不久顾先生病逝，刘起釪独立担负《尚书》整理。最近听说此稿即将完成，二百多万字，仍由中华书局出版。刘先生现在已是国内独一无二的"尚书学"专家，如果不是当年金灿然同志的远见卓识，全力支持这一工作，刘起釪先生的尚书研究可能就不会取得今天这样大的成就，而顾先生一辈子搞《尚书》的成果，恐怕也大部分被埋没了。

　　这一阶段中华的出书状况又有新的发展，即除古籍整理外，一批久负盛名的学者专著出版了。如陈垣的《明季滇黔佛教考》、杨树达的《积微居读书记》、于省吾的《双剑誃诸子新证》、汤用彤的《往日杂稿》、陈登原的《国史旧闻》、余嘉锡的《余嘉锡论学杂著》、顾颉刚的《史林杂识》、张舜徽的《广校雠略》、王力的《古代汉语》等；古籍整理则有《汉书》《后汉书》《全宋词》《宋大诏令集》《蛮书校注》《通鉴纪事本末》《全元散曲》《初学记》《海瑞集》《筹办夷务本末·道光朝》等；丛书类有向达主编的《中外交通史籍丛刊》三种、吴晗主编的《中国历史小丛书》100 种、阿英主编的《晚清文学丛钞》等；影印书有《四库总目提要》《琴曲集成》《中西回史日历》等。到"文革"前中华书局已发展达一百多人。对一个专业的学术出版社来说，已经是泱泱大社了。1962 年中华书局在京举行成立五十周年纪念会时，郭沫若在会上题诗道：

　　　　五十年间天地改，中华文运更辉煌。

　　　　梯航学海通今古，鼓扇雄风迈宋唐。

它概括地表达了中华书局在解放后 60 年代初臻于至盛的状况。

　　但到了 1966 年春，厄运来了。首先是从部队派来了工作组进驻中华书局，领导中华开展"社教"，中华一切业务工作停止。不久，"文革"正式开始，"横扫一切"的疾风骤雨来了，中华书局的创业阶段也就戛然而止。以后的事，就不是本文叙述的范围了。

　　最后，在本文结束之际，还有必要对解放后一直为中华书局改造、定位、创业而呕心沥血的金灿然同志作一小传。金灿然（1913—1972），山东省鱼台县人，1936 年入北京大学历史系读书，抗战爆发后参加救亡运动，后到临汾山西民族革命大学学习。1938 年赴延安，在抗大一队学习，参加了中国共产党，并在抗大任职。后到马列学院历史研究室为研究员，并在此期间协助范文澜同志编写《中国通史简编》。抗日战争胜利后任绥南地委宣传部长。解放初曾在中宣部、人民教育出版社任职。后任出版总署期刊司副司长、文化部出版局副局长。1958 年 5 月出任中华书局总经理兼总编辑。1963 年患脑瘤,手术后仍坚持工作。"文革"时以抱病之身不断被批斗,1969 年被赶到湖北咸宁文化部干校劳动改造。其夫人因心脏病于 1971 年去世,金灿然回京后,旧病复发,无人照料,于 1972 年去世,年仅五十九岁。

金灿然在中华书局任职期间,是他一生事业的最辉煌的时期。他把一个正在衰退中的古老出版社办成了全国一流的专业出版社。他团结了一批爱国的、学有专长的知识分子为继承和发扬祖国传统文化作出了杰出的贡献。在他的领导下,中华书局的业务蒸蒸日上,出版了大批好书,培养了一批素质一流的编辑。金灿然不愧是新中国成立后最优秀的出版家。明年将是他逝世的 30 周年,谨在此表示对他深切的怀念和敬意!

2001 年 4 月 28 日脱稿于上海浦东独陋室

三十年来的中华书局古代史编辑室

古代史编辑室是中华书局编辑人员最多的编辑室,也是变动较大和出书任务较重的编辑室。值此中华书局成立七十五周年之际,回顾一下解放后,特别是1958年以后近三十年来的工作历程,还是很有意义的。我到中华书局工作已将三十年,写下这段回顾,固是义不容辞。但岁月变迁,仅凭个人回忆,难免有遗误的地方,尚有待将来补正。

中华书局自1952年由上海迁北京后,编辑部变动较大的是1957年上半年与古籍出版社的合并,同时从西总布胡同迁往东总布胡同原古籍出版社(今人民美术出版社和版本图书馆大院内)的地方办公。合并后编辑部开始分为古代史、近代史、古典文学、哲学四个编辑组(室)。古代史室最早的成员是:原中华书局的有姚绍华(编辑组长)、朱彦颎、朱基俊、宋茂华、沈迈行;原古籍出版社的有丁晓先、侯岱麟、曾次亮、徐溥泽、高尔崧、瞿熙初、原孝铨(后二人为校对,"文革"以前,中华实行编校合一,校对都在编辑室内)、赫书诚(秘书)。我是这一年9月从广州中山大学历史系毕业后分配到古史室的。当时全室共十四人,主要任务是继古籍出版社整理出版点校本《资治通鉴》、《续通鉴》之后,准备整理出版点校本前四史(《史记》、《汉书》、《后汉书》、《三国志》)。

1958年1月到10月，我下放到江苏省六合县竹镇乡劳动。这期间中华书局在调整分工中又迈出了一大步。中央批准了中华书局为整理出版古籍和文史哲学术著作的专业出版机构，金灿然出任中华书局总经理兼总编辑。古史室的力量这时又相应得到了加强：原在中华书局西总布胡同（当时又称财经出版社）的孟默闻、赵琪、陈肇斌、凌珊如、沈芝盈、刘光业、唐珍贤（后二人为校对）均调进古史室；原在总编办公室的张北辰调来担任古史室副主任；原在浙江省文联的宋云彬这时也调来古史室；不久，原在商务印书馆的赵守俨和北京大学的徐敏霞又调来古史室。这一年调离古史室的有：朱基俊、高尔崧、沈迈行，他们因分工的需要调往商务印书馆；侯岱麟因错划"右派"调离职务；赫书诚调北京市东城区图书馆，秘书工作由刘光业负责。

1959年到1960年古史室（后来又曾称历史一组、古代史组，为方便叙述起见，现均称古史室）人员继续调整充实：经古籍整理出版规划小组负责人齐燕铭推荐，著名经学家孙人和、马宗霍调进中华书局古史室；又从历史博物馆调来文物考古学家傅振伦、姚鉴。另原在高教部的高珍、原在国际书店的李易安也调进古史室；原在总工会的萧项平这时也调来中华书局任副总编辑，主管古史室。1960年从北京大学历史系毕业的陈振、厉始焕分配到中华古史室，厉始焕不久即担任秘书工作。同时，中华书局编辑室之间又作了个别调整：杨伯峻自哲学室调来，协助孙人和搞《春秋左传》注释；沈芝盈调总编室，徐敏霞调近代史室。李易安在古史室工作了一年后，调往广州中山图书馆工作，凌珊如调往湖南工作。这一阶段古史室的人数，最高曾达二十八人。

1961年夏，姚绍华调任中华书局图书馆馆长，张北辰和赵守俨负责古史室的领导。1961年秋，中华书局从东总布胡同迁到西郊翠微路原文化学院大院内。不久,厉始焕调浙江定海文化馆,秘书由原文化学院调来的龚梅亭接替。1962年原在南京第二档案馆的刘起釪调进古史室,作为顾颉刚的助手,专门整理《尚书》;原在中华近代史室的章熊,这时也调来古史室;陈肇斌则调往广州暨南大学经济系。这一年冬,张北辰调到财经出版社,赵守俨主管古史室。

从1959年到1963年,古史室还陆续请了几位编外人员来工作。先后有:贺次君(原协助顾颉刚点校《史记》,后来点校《纲鉴易知录》及整理历史地理方面古籍)、汪绍楹(协助搞《晋书》审校工作)、胡昭静(协助审稿,后转到近代史室搞《历史小丛书》)、刘钧仁(协助顾颉刚搞春秋地名考)、李民(协助顾颉刚、刘起釪搞《尚书》)、何聪(原协助邓广铭搞《宋人文集篇目索引》,后任二十四史整理小组秘书)、王文锦等。王文锦原在新华社,1963年经孙人和推荐到中华工作,先后搞过《周礼》注及二十四史部分史书校阅工作。这些编外人员直到"文革"开始时,才停止工作。

此外,属古史室领导的还有一个二十四史整理工作小组。这方面赵守俨同志已有专门文章叙述,这里就不谈了。

从1963年到1965年"文化大革命"前,除陈振调往河南社联历史所外,古史室又增加了新的成员:从文学室调来傅璇琮、吴翊如;1964年北大历史系毕业的张岛瀛(后改名张烈);1965年从北大历史系研究生毕业的邓经元、卢启勋。但这时全国规模的"社会主义教育运动"已开始,室内一部分人下乡、下厂。1965年上半年,室内工作已时断时续,至十年动乱开始,一切业务就陷于停顿,这时的古史室实际上也已不存在了。

如上所述,从1957年到1965年共八年间,古史室已经逐步形成了一支整理出版史部古籍和学术著作的包括老年、中年、青年的队伍,这是与总编辑金灿然多年精心擘划分不开的。与此同时,一批质量较好的古籍整理和学术著作,在古史室同志们的共同努力下,得到出版,如点校本《史记》、《汉书》、《后汉书》、《三国志》、《通鉴纪事本末》、《明通鉴》、《纲鉴易知录》、《元明史料笔记丛刊》(已出三种)、《中外交通史籍丛刊》(已出三种)和《余嘉锡论学杂著》、邓之诚《中华二千年史》、顾颉刚《史林杂识》、岑仲勉《突厥集史》、向达《蛮书校注》、杨宽《古史新探》等,都受到读者的好评。

　　1966年5月"文化大革命"浩劫开始,古史室同样也遭受厄运。1969年岁末,中华书局绝大部分人员到湖北咸宁文化部"五七"干校劳动改造。直到1971年,由于工作需要,整理出版二十四史重新上马,中华书局部分人员才逐渐分批返回北京。这时原翠微路旧址已被工厂占有,只好迁到市内原文联大楼内(即今址)。根据出版局的安排,中华与商务合并为一个出版社,但保持原名出书。原中华编辑部变成第二编辑室,原古史室成为二十四史点校组。从1971年到1975年,陆续从干校调回参加古史组的有:赵守俨、吴树平(1965年北大古典文献专业毕业分配到中华)、魏连科、张忱石(二人均1964年北大古典文献专业毕业分配到中华)、邓经元、张烈、姚景安、崔文印、何英芳(后三人均1966年北大古典文献专业毕业分配到中华)、傅璇琮、刘起釪(后不久调科学院历史所)、谢方。组长:吴树平、赵守俨,秘书吴葆蓉("文革"前在中华任文书)。1976年,领导上宣布赵守俨为中华书局编审,粉碎"四人帮"后又继续负责古史组工作。

　　1979年中华与商务分家独立,第二编辑室恢复为中华书局编辑部,古史组恢复为古史室。赵守俨任中华书局副总编辑,古史室又增加了王文锦(从新华社正式调来)、骈宇骞、李解民、凌金兰(三人均1979年北大古典文献专业毕业)。不久吴树平调任《文史》编辑部主任,古史室主任由傅璇琮接任,魏连科为副主任。1982年傅璇琮任中华书局副总编辑,邓经元接替为古史室主任。其后又陆续增加了一批中青年同志:陈抗、盛冬铃、王瑞来、柳宪、仇正伟、瞿剑、金锋、陈大宇、金英。《文史》编辑部自 1983 年吴树平调往历史研究所后,复归古史室领导。1984 年,魏连科调往河北社科院历史研究所。到目前为止,古史室共有二十三人。

　　自 1971 年逐步恢复工作以后,古史室仍以点校出版二十四史和《清史稿》为主要任务。1979 年,二十四史和《清史稿》的点校本全部出齐,这是中华书局的一件大事,也是古史室自五十年代末期以来长期努力的最大成果。1978 年党的十一届三中全会以后,古史室出书逐年增加,品种也趋多样化。以丛书而论,目前就有《二十四史研究资料丛刊》、《中国古代地理总志丛刊》、《中外交通史籍丛刊》、《中外关系史名著译丛》、《中国古代都城资料选刊》、《元明史料笔记丛刊》、《唐宋史料笔记丛刊》、《中华历史丛书》等八种在出版中。在整理古籍方面,还出版了《春秋左传注》、《永乐大典》(影印本)、《续资治通鉴长编》、《大唐西域记校注》、《岛夷志略校释》、《元和郡县志》、《唐律疏议》、《登科记考》、《清实录》(影印本)等受到读者好评的书。在学术著作方面,组织出版一批当代史学家的论文集,已出版的有:陈垣、郑天挺、齐思和、洪业、柴德赓、唐长孺、周一良、王毓铨、王仲荦等。此外,还有校点本二十四史的各史人名索引、《二十四史纪传人名索引》、《云南史料目录概说》、《中国地方志联合目录》等受读者欢迎的工具书。总之,近三十年中,古史室已经留下了一段值得纪念的足迹。今后,随着全国经济文化建设的不断发展,古史室必将继续发挥自己的作用,为祖国的整理出版古籍工作和促进历史研究工作,作出自己新的贡献。

1986 年 6 月 23 日

玄奘情结和学者风范
——记季羡林先生

季羡林先生是我敬重的一位前辈学者。今年北大东方学系的同志们要为他 85 寿诞出版《颂寿文集》，并向我约稿，要求内容"写实事，讲真话，有教益"。由于整理出版《大唐西域记》的关系，我确实受到季先生的不少教益，因此趁这机会把这段过程写出来，也作为向尊者祝寿的纪念吧。

早在 50 年代中期我在广州读大学时便喜欢读季先生的文章，但到 60 年代初才有幸拜会这位心仪已久的学者，其起因就是《大唐西域记》一书的校注整理，当时中华书局已决定出版此书，而我是出书的责任编辑。我在 1986 年写的一篇怀念向达先生的短文中，曾提到 1961 年 1 月北大历史系主任周一良先生给中华书局的信，信上说："关于《大唐西域记》，我们成立了一个小组（包括向达、邵循正、季羡林、邓广铭和我），由向达提出了几点初步意见，并就几个问题进行了讨论。"（见《书品》1986 年第 1 期，中华书局）我就是在那时候到北大去求教诸位参加整理《西域记》的教授们时，认识季先生的。由于向先生当时是"右派"，不便直接去找不同一个系的季先生，因此向、季间的联系便由我充当。当时我庆幸有这么多的大学者参与此书的整理，特别是季先生精通梵文、巴利文,又是著名的中印文化交流史专家,这是最合适的人选。当我在东语系一间狭小简朴的办公室中第一次见到季先生时,使我深感惊讶的是这位留学西方多年的学者竟如此地平易近人,丝毫没有一点"架子"。他不但表示积极支持向先生完成此书校注,而且谈话之间还流露出对玄奘西行求法精神的无限敬仰之情。他像面对老朋友一样对我娓娓而谈玄奘的贡献,使我深受感动。从这时开始,季先生的"玄奘情结"便给我强烈的印象,由此也种下了我和他经历三十多年的对玄奘的未了情。

　　但60年代初出现的中国知识分子希望之光很快就暗淡下去了,到文化大革命时就几乎熄灭了。《西域记》的整理工作也很快便夭折。"文革"初期向先生含冤去世,几年辛苦的校勘工作付之流水。可是,经过十年风暴之后,整理《大唐西域记》的计划却又奇迹般地重新出现在我的脑海中。这主要原因就是向、季两先生对我的影响太深了。特别是想到季先生的玄奘情结,更使我增加了勇气,使我在1977年便向中华书局领导提出了重新整理出版《西域记》的选题计划,并提出理想负责人就是季先生,但当时"文革"的影响远未肃清,要组织一个古籍整理的学术班子,真是谈何容易!季先生情况如何,我也一点也不知道。

　　到1977年底,我终于征得领导同意,向出版局写了报告,要求开介绍信借调外地专家来中华从事《西域记》的整理工作,同时又请出版局写介绍信让我去北京大学联系请季先生负责《西域记》注释整理工作。出乎我意料之外,当时北大校方领导很快就同意此事。接着我就直接去找季先生。离上次见面一晃已隔十多年,季先生头上虽已添了不少白发,但精神仍不减当年,承他一见如故,当我谈到中华书局计划重新组织人力整理《西域记》,请他出任注释方面的负责人时,我看到他平静的目光忽然兴奋起来,埋在他心中多年的玄奘情结又出现了。他的话多了起来,不但表示尽力支持中华的整理计划,而且和我谈了不少关于整理此书的看法和意见。我和他又研究了参加校注工作的初步人选和资料准备工作。这次见面标志着《西域记》的整理工作又有一个良好的开端,这使我信心大增,我十分高兴。

又经过了半年多的准备工作,到1978年8月18日,我们便召开了《西域记》的第一次工作会议,地点就在北大东语系,由季先生主持,参加会议的还有孙毓棠、朱杰勤、宿白、张广达、杨廷福、张毅、耿世民、蒋忠新、赵守俨诸先生和我。会上讨论了具体分工和计划、进度和质量要求等。大家基本上取得了一致意见。最后由季先生自己掏钱,请我们到当时"豪华"的北京展览馆莫斯科餐厅吃了一顿饭。

季先生的玄奘情结不但表现在他对整理《西域记》的始终关怀上,而且更表现在他对具体工作的积极参与上。他的十多万字的《玄奘与〈大唐西域记〉》(《校注前言》)是最早完成的,然后他留出时间分批审阅各卷的注释稿。在审阅过程中他不但仔细批改,提出中肯的意见,而且对一些不符合质量要求的重要条目注释,还亲自重写。如长达三千字的《四吠陀论》的注释,就是他全部重写的。他发现大部分的引文都有问题,又请王邦维同志全部将中外文的引文都查对一遍。1985年此书出版后,获得了好评,但他仍不无遗憾地对我说:"我们的注释工作虽然已尽了最大的努力,参加工作的同志也都是很难得的一时之选,但现在看来仍有不少缺点。一些外国研究成果和近几年新发现的材料我们还未有充分吸取。过一个时候我想再组织力量对全书作补充修改,然后准备出版一个增订本。"季先生主要是想找几个在80年代培养的研究生参加修订工作。他的这一想法曾几次向我谈起,但后来都因种种条件限制，至今尚未能实现。

季先生对玄奘的眷恋还表现在他对《西域记》和《大慈恩寺三藏法师传》的白话今译和英译上。《西域记》注释工作刚基本完成时，他便马上提出要搞一个副产品，即白话今译本。当时古籍今译还未出现像 90 年代初的热潮，但季先生已看到今译对普及历史知识和弘扬传统文化的重要意义，因此要打铁趁热，马上就成立了一个以他为首的包括张广达、杨廷福、蒋忠新、李铮、王邦维和我的《西域记》今译小组，动手翻译。《大唐西域记今译》很快就完成了，并于 1985 年由陕西人民出版社出版。接着季先生又提出《慈恩传》也要白话翻译。此书是玄奘的传记，是我国古代最长的一部传记文学，在文学史和史学研究上都很有价值。但后来因为客观情况的变化，参加翻译的人也都有其他重要的工作，无暇顾及，此计划便一直搁浅着。至于英译，季先生曾说："《西域记》过去虽有外文本，但都是外国人校的，也有很多错误，我们应有中国人译的英文本，现在今译本、校注本都出版了，这是搞英译的很好的有利条件。"季先生的意思，是想请杨宪益先生英译此书。杨先生中、英文的修养都是第一流的，而且对古代文化交流也很有研究，自然是最理想的人选。可惜后来此事也未见下文。《西域记》的增订和英译、《慈恩传》的今译，都成为季先生玄奘情结的未了缘。现在季先生仍在从事着繁重的研究工作，我衷心地祝愿他和他的后继者们，能够在不久的将来完成他的这一宿愿。

从季先生的玄奘情结，我自然而然地又想到季先生的学者风范。玄奘情结仅仅是季先生学问海洋中的一小部分，然而由此却可以看出他的理想、追求。季先生对玄奘的眷恋，反映了他数十年如一日锲而不舍地对真理的追求。季先生在他的有关文章中曾不止一次地引用鲁迅先生赞扬古代僧人西行求法的精神，并说这就是中国人的脊梁的话，季先生的玄奘情结，正是出于弘扬这种脊梁精神，赞扬为了追求真理，无私、无畏，以至献身。季先生毕生从事的古代南亚、中亚语言研究，佛学研究，印中文化交流史研究，糖史研究以至整个东方学与汉学的研究，就是这种追求的表现。现在季先生已到了耄耋之年，但仍坚持一贯的凌晨起床，从事研究写作五个小时的习惯，这种精神和毅力真令人敬佩不已。他自己粗衣淡食，生活简朴，却拥有一个极为丰富的精神世界。他从不自满、自傲，对青年循循善诱，教育和造就了一大批学者人才。他又是一位勤于创作和翻译的文学家，他的散文清丽脱俗，流畅易读，极富欣赏价值。他的成就是大家公认的，令人高山仰止；他又是那样地平易近人，令人可亲可敬。这才是真正的学者风范！

（《人格的魅力——名人学者谈季羡林》，

延边大学出版社 1996 年）

忆我和向达先生的首次见面

向达先生(1900—1966)，字觉明，土家族，湖南溆浦人，北京大学教授，中国科学院哲学社会科学学部委员，历史学家，敦煌学和中外交通史学的奠基者之一。我在1959年至1965年初在业务上曾受到向先生的指导，获益良多。现在向先生已辞世三十三年，我也在中华书局退休多年，往事如烟，但向先生的音容仍经常出现在我的脑际。蒙张世林同志不弃，屡次促我写一点有关向先生的旧事，因草成此文，也作为对向先生永志不忘的怀念吧！

我在1957年从广州中山大学历史系毕业后，便分配到中华书局当编辑。不久，就下放到江苏六合劳动锻炼。1958年10月回来，在古代史编辑组做《史记》点校本的校对工作，兼审读其他书稿。有一天，总编辑金灿然同志叫我到他的办公室，对我说："我看过你写的审读岑仲勉《突厥集史》的意见了，你是他的学生吧？写得还可以。现在北大教授向达要搞一套中外交通史籍的丛书，由我们出版，就派你去和他联系，负责这套书的编辑工作。他是有名的学者，你也可以向他学好这方面的知识。"原来在1958年七八月间，成立了以齐燕铭为组长的国务院古籍整理出版规划小组，拟定了全国性的《整理出版古籍规划》，其中的历史部分中，就有一套《中外交通史籍丛刊》，是由向先生负责的。我在大学读书时就看过向先生的著作,仰慕他的学识,现在能受他的亲炙,是我求之不得的事,但继而一想,他又是有名的右派分子,他的书还能出版吗?要我公开投到他门下向他学习,立场不是大有问题了吗?正在我犹疑之际,金灿然又补充说:"他的右派问题,你不用考虑,出了问题我负责。只要你好好跟他学,协助他把书稿写出来就是了。稿来后可以先发排付型,等到他帽子一摘,书就可以马上出版。"我很佩服金灿然的胆识,但有谁会想到,在1965年之后,竟会出现更大的政治风暴呢!

这是我生平第一次到教授家中去作客。我走向北大燕南园向先生的寓所时心中充满不安,就像学生进入考场前一样。我曾预先写了一短函给向先生约定时间来拜访,我在门口敲门时他很快就迎出来,大约已是等候多时了。他身材壮实,还未见老态,但却显得憔悴。他招呼我在客厅坐下后,慈祥的向夫人又为我送茶,使我感动。客厅的另一面满是中外藏书,其中就有整套的《四部丛刊》线装本。我说明了来意和表示要当他的学生时,他连说不敢当不敢当。开始时,我们的谈话都比较拘谨,经过反右运动和批判"厚古薄今"、"资产阶级学术权威"后,向先生大概已习惯对青年人敬而远之。但当他知道我曾在中大上过陈寅恪、岑仲勉先生的课后,谈话就开始变得亲近起来。

他询问了我上陈先生什么课和陈先生的健康状况,眼睛视力怎样等。我说听的是"元白诗证史"课,但听不大懂,没有兴趣,只上了一学期便不读了。向先生便说,是的,上他的课,要研究生水平才能听懂的。我又说,学校曾为他在住宅后面院内草坪专门铺了一条白色小路,供他散步,说明他的眼睛对黑白还依稀可辨。我没有说到1958年后陈先生遭受猛烈批判的事,以免影响他的情绪。事实上向先生看报也会知道的,但他也没有再问下去了。

接着我就和向先生谈到《中外交通史籍丛刊》的情况。他几次提起说这是翦老交给他的任务。翦老即翦伯赞先生,当时是北大历史系主任,著名史学家,比向先生只大两岁。向先生在1938年从海外考察归国时,就曾将他在英国、法国、德国抄录出来的几百万字的中文史料带回来,其中有关太平天国和敦煌的史料后来已陆续整理出版。但有关中外交通方面的史料却一直未能作系统的整理。到"反右"以后,向先生才开始埋头整理这些资料,并产生了编一套丛书的想法。翦伯赞了解这一情况后,马上给予积极支持,就提议向先生拟出《中外交通史籍丛刊》书目,并将它列入他主持制定的《古籍整理出版规划·历史部分》中去。所以向先生就说这是翦老交给他的任务。实际上这套书则是向先生个人策划、主编、撰稿的。向先生接着和我谈到这套书的具体内容和编写整理计划。初步拟定这套书共四十一种,目前先进行第一批四种,即《西洋番国志》、《两种海道针经》、《郑和航海图》、《西游录》,第二批是唐以前的,第三批是宋元,第四批是明清。他说他个人只能搞第一批和第二批的一部分,其他的要由中华和北大历史系联手组织人力来搞。后来事实上在1962年中华就顺利地将他整理的前三种书出版了。但在1963年后,这套丛刊的工作就出现难以为继的局面。如《大唐西域记》的整理工作,本来在1962年已开始,但后来断断续续,就搞不下去了。我曾写了一篇《二十六年间》的小文记其事,刊在1986年中华书局出版的《书品》创刊号上,这里就不再谈。当初向先生是满怀信心地提出要在十至十五年内完成这一计划的。50年代末时他还不到六十岁,应该说是没有问题的。而我当时还是青年,正好通过这一工作使自己在专业上得到学习和锻炼,所以听了他的这番话,我也很高兴。

　　接着,向先生又和我谈起了一段他和中华书局的往事。他说,解放前中华书局的老板金兆梓和舒新城都和他相识,舒还是他的同乡,也是湖南溆浦人。1932 年他应舒先生之约翻译《甘地自传》,次年即由中华书局出版;接着舒先生又把他写的《中西交通史》一书列入《中华百科丛书》,在 1934 年出版;不久舒先生又请他翻译斯坦因的名著《西域考古记》。这样,在不到四年间,他在中华就出版了三部书。他深情地说,应该感谢中华书局,使他在这一时期内得到一笔可观的稿酬,才有可能在经济上支持了他在 1935—1938 年间在欧洲的学术考察活动。现在转眼二十五年后,正在向先生精神上处于困惑时刻,又是中华书局来和他联系出版《中外交通史籍丛刊》。抚今追昔,向先生不禁动了感情。这位表情严肃的学者这时一声感叹,使我多少有点意外。

　　后来我就和他谈到几十年来他在中外交通史研究领域内的开拓之功,和请他今后对我多多指导的话。他谦虚地说,要说开拓,他谈不上;真正的开拓者是张星烺、冯承钧两先生。近代以来,外国汉学家在这方面的研究成绩很大,而我们一直停留在传统的用本国古籍来校订古籍的方法来研究,成绩很少。张、冯两先生年轻时留学欧洲,他们原来学的都不是历史,后来读到西方汉学家的著作,深感国内研究的空白,归国后就半路出家,走上了中外交通史研究的道路,特别是冯先生后来翻译了大量汉学家如伯希和、沙畹等的重要著作,使国人大开眼界,知道这门学问的重要性,所以他们两位才是开拓者。向先生还说冯承钧先生是他最要好的朋友,但很可惜于 1946 年初在北平因贫病交加去世了。向先生说:"当时我还在昆明,抗战已经胜利,我以为我们很快就要在北平见面,一别十二年的思念之情就要终结了。但突然传来他逝世的消息,使我十分悲痛,于是就情不自禁地写了一篇纪念他的文章,以寄托我的哀思。"这篇文章近八千字,就发表在当时重庆出版的《文讯》杂志(1946年4月)上。由此可见向、冯两先生的深厚友谊。向先生最后叹息地说:"现在解放已快十年了,但介绍西方汉学研究成果的工作却无人问津,我们的研究和资料整理工作一切都要从头开始,困难很多啊!"向先生这段话使我产生很深的印象,也使我产生了对冯先生的景仰。到80年代初我开始筹划编辑一套《中外关系史名著译丛》时,主要就是从向先生这段话中得到启示的。到1986年初,我又从冯先生的女婿陆峻岭先生处得知冯先生还有一部遗稿《在华耶稣会士列传及书目》共十卷(其中第一、二卷已于1939年由商务印书馆出版),曾于解放初由向先生送交北大图书馆保存(因当时有关教会史的书无法出版)。我便恳请陆先生和北大教授宿白先生设法从北大复印一份出来,经重新整理后于1993年编入《中外关系史名著译丛》出版,也算是了却冯、向二先生多年的心愿。

以上就是我第一次见到向先生时谈话的主要内容,想不到竟给我此后工作产生了重大的影响。从这以后五年中,我差不多每月都有一次到北大燕南园向先生家中向他请教。这期间,向先生也在中华书局相继出版了由他整理校释的《蛮书校注》、《郑和航海图》、《两种海道针经》、《西洋番国志》四种书,影印本《大唐西域记古本三种》和耶律楚材的《西游录》也基本整理完稿。他还编写了由佛教协会主办的鉴真和尚灭度一千二百年纪念集,在北大开设的《中国文化史》讲座中主讲《大唐西域记》,后来又住进广济寺专心致志从事《大唐西域记》的点校整理工作。可以说,这五年是向先生在特殊情况下从事中外交通史籍整理研究的五年。我有幸在这五年中受到他的教诲。直至现在,仍在为完成他开创的

《中外交通史籍丛刊》而尽我的绵力。

（张世林编《学林往事》，朝华出版社 2000 年）

向达《怀章俊之》一文后记

此文是向达先生于 1940 年初在抗战时大后方昆明写的。向先生(1900—1966),湖南溆浦人,北京大学历史系教授,中国科学院哲学社会科学部学部委员,中西交通史学家。此文写成后未见发表过。1986 年阎文儒、陈玉龙两先生编的《向达先生纪念论文集》(新疆人民出版社出版)中的《向达先生著译系年·未发表论文目录》亦未见著录。今年是向先生逝世 40 周年,特将此文录出发表。

大约在 1964 年终,我从京郊怀集农村参加“四清”工作回到单位,当时“大批判”已露出苗头,我到北大去看望向先生,商议《中外交通史籍丛刊》今后的工作。临别时他检出几件旧作给我,其中有纪念鉴真和尚的文章和讲课的讲义以及他抗战时在昆明郊区浪口村写《蛮书校注》时的一些材料,《怀章俊之》一稿也在其中。他说,这些对他没有什么用了,给我看看,做个纪念也好。后来我一直珍藏着。直到最近年高德劭的季羡林先生发出了“我不是国学大师”一句话,他讲真话的精神和勇气引起了我的震动和深思。于是我找出 1987 年北图印的一本《季羡林教授著作系年》,想查一下季老除了我已知的《大唐西域记校注》和有关“糖史”的著述外,还有什么称得上是“汉学”的著述。但我忽然看到一篇《忆章用》的题目，觉得此名有点眼熟，但又忘了曾在哪里见过，其人是谁。于是便打电话给上图历史文献部的许全胜兄，请他查找此文。很快许兄就从季老的散文集中复印出此文寄来，我才恍然知道他就是章俊之。过去我看向文时对俊之曾印象深刻，现在读了季文后更使我感动良久。季老写的是一位早逝的天才诗人，向文写的是一位早逝的天才学者。两位大学者都是知音人，俊之如天上有知，也应感到宽慰了。但向先生的文章长期以来还未为世人所知，我觉得现在是应将它发表的时候了。

向先生文中所记的《僰夷仏历考》，这是现在所知俊之惟一的一篇学术文章。僰夷即汉代的西南夷，仏为佛的异体字。此文当时有否发表过，待查。向先生看到的可能是俊之的手稿或油印稿。章家的后人现在也可能保存有俊之的旧稿和他的诗作以及藏书等，据向文说还有不少外文珍本。至于西南夷的历法，过去从未见人研究过。佛历的传入，肯定是通过缅甸陆上传入的。过去研究者认为佛教最早传入中国有陆上经过中亚、海上经过东南亚到交州两条路线，从俊之这篇文章题目看则还有从缅甸陆路进入中国这第三条路线。但未见到原文，这只是猜测而已。

《中华读书报》2004年9月15日曾刊出樊洪业《竺可桢记"至钱锺书家"》一文，提到1938年4月3日竺氏日记中有宴请马一浮事，席上有钱子泉（钱锺书之父，即钱基博）等名流，还有章俊之作陪。其时（抗战初期）浙大迁至江西，竺任校长，章亦很受器重。

章俊之返国后之行迹，现据季、向二文简列如下：1937年在山东大学数学系任教。1938年，到杭州浙江大学任教。不久又随校西迁江西。暑假赴香港父母家中，9月间与向达见面于香港。1939年初，浙江大学继续西迁至广西宜山。3月向达至宜山广西大学任教，时俊之已在香港治病。8月，向达到昆明西南联大任教。12 月俊之病逝于香港。

2006 年 2 月底于沪上

(《书品》2006 年第 3 辑,中华书局)

记阎宗临与樊守义

——读《选堂序跋集》偶得

一

不久前我读了饶宗颐教授的新书《选堂序跋集》，感到如进入国学大观园中，有目不暇接、美不胜收之叹！但又感到惭愧的是，在林林总总的众多序跋书中，只有两种书是我曾读过的书：一是姜伯勤学兄的《石濂大汕与澳门禅史》，一是阎宗临教授的《阎宗临史学文集》。前者是当今史学界的知名学者，这里自不待言，而后者则是半个多世纪前的中西交通史学大师，可是现在知道和了解他的人已很少了。我忽然想到阎公此书我也有一本，便急从旧籍中觅出，准备重温教诲。不料从书中却发现了一封给我的信和一份《身见录校注》复印件，这又引起了我一声叹息和尘封多年的回忆。现我先将这段往事记下来，再写一点我重读饶公《阎宗临史学文集·序》后的一点心得，也算是我对过去错失出版阎公著作机会的稍赎前愆吧。

大约是1965年上半年间，中华书局还在西郊翠微路的时候，一天忽然有两位山西大学历史系的年青同志来找我，说他们系里有位教师写了一些中西交通史的古籍校注稿，问中华是否愿意接受出版。我过去从未听说山西大学有人搞中西交通史研究，以为作者大概是一般的爱好者，便不问他是谁，就回答说："请他把稿寄来让我们看后再说吧。"此后再过一段时间，我就收到了上面所说的这封信和复印件。信是这样写的：

> 谢方先生：近来可好！从北京回来，又去了张家口。由于大家共知之事，迟迟稳不下心来，信复迟了，请不予计较。《身见录校注》一文，见于山西人民出版社 1960 年出版《山西地方史料研究》，当时正值最困难时期，书的纸质过次，印刷已不清，复印得很不理想。原书实不可能觅到奉赠了。好在慢慢犹可阅读，今奉上请检收。今后这里万一还有需要代为检查者，望不必客气。

信末没有署名和日期，是用山西大学稿纸写的，内容有点神秘。原来这时已是开始对吴晗等"三家村"的揭发批判时候，这就是信中所说的"大家共知之事"。但收到信后使我感到吃惊的是，《身见录》竟是我前所未知的中国最早一部欧洲游记，而校注者又是我前所未闻的一位中西文化交流史学者，他早在 1937 年游学欧洲时便在罗马图书馆发见此稿并拍照后带回国内，于 1941 年首次整理校注在报上公开发表，使史学界大开眼界，而我对此均一无所知。当时我便很想到山大向阎公求教和组稿。但中华书局这时已开始检查书稿政治质量问题，对"涉外"问题要求特别严格。我也未能及时给山西大学历史系复信。不久政治形势越来越紧，1966 年社会主义教育运动全面开展，此后就是"文革"的到来，中华业务全部停顿，我想去向阎先生组稿的事便不了了之。

直到 1998 年秋，在我退休了四年之后，又意外地接到了山西古籍出版社寄来的《阎宗临史学文集》，才惊悉阎公已于 1978 年辞世。也就在这时，我首次读到了阎公写的关于中西交通史的精彩纷呈的文章和饶公为此书写的序言,我才认识到阎公原来是一位真正的中西文化交流史大师,而此前多年我却浑然不觉,令我汗颜。我与山西古籍社此前也素无联系,我估计《文集》很可能是阎公哲嗣守诚兄嘱托出版社寄来的,《文集·后记》的作者就是时在首都师大任教的守诚兄,而早年到中华来找我的山大两位年青教师之一也可能就是守诚兄。此事现在回想起来,仍使我内疚不已。

二

饶公为阎公文集写的序虽然短短 500 余字,但却句句都是实话,而且含义深刻,说到点子上,对整个中外关系史研究,都有指导意义。

饶公在序中首先引述了《孙子兵法》中"知己知彼,百战不殆。不知彼而知己,一胜一负。不知己不知彼,每战必败"的一段话,并指出"治学之道,亦何以异是"。对中外关系史研究而言,所谓"己",就是中国方面的第一手资料;所谓"彼",就是外国方面的第一手资料。当时的中西交通史诸大家,如张星烺、冯承钧、向达等,他们主要是熟悉中国方面的第一手资料,但外国方面的第一手资料,他们均未触及,他们只读过或翻译过外国当代汉学家如夏德、伯希和等的著作和文章,都未到外国的档案馆、图书馆查阅过第一手资料,因此他们实际上未能"中西兼通",只能是"一胜一负"。阎公则不然,他除通晓中国方面的第一手资料外,还到西方图书馆、档案馆查阅了大量有关西方 16 至 18 世纪的传教士第一手资料,因此他对 16 至 18 世纪中西文化交流的研究,能真正做到"兼通东西",饶公称赞他"所造固已出类拔萃,久为士林所推重"。饶公真不愧为阎公的"知音"。

阎公出身于山西五台县农家,早于上世纪 20 年代中期,便独自到法国巴黎勤工俭学,后又到瑞士读大学,在留学期间又到法国、意大利各档案馆、图书馆查阅了西方大量有关资料,写成了博士论文《杜赫德的著作及其研究》(《文集》中的《杜赫德的〈中华帝国志〉》一篇便是这篇博士论文中第四章的中文释文),为导师所激赏。抗日战争初期阎公回国,后在广西与饶公相识,二人同在迁到桂东山区中的无锡国专任教,成为知交。抗战胜利后,阎公曾一度到广州中山大学历史系任教,后又返回山西大学任历史系主任。在任教期间,他主要是讲授汉学史和 16 至 18 世纪的中外关系。他是我国最早也可能是唯一一位能用西方古典原著和中国古籍相结合讲学和写作的教授、学者,因此饶公称他是"中西兼通"、"知己知彼,百战不殆"。此言并非过誉。

这里试举两个具体例子:上世纪 20 年代北京辅仁大学教授陈垣先生发表了《雍乾间奉天主教之宗室》等一系列有关中西关系史文章,揭开了清皇室内部残酷斗争的一幕,使学术界眼界大开,但他仅根据中国故宫所发现的档案资料写成,而未能利用西方传教士方面的档案资料和著述,只能算是"不知彼而知己,一胜一负"而已。

另一例子是,近十多年来我国出现了"澳门史"研究热,也发表了不少质量不错的著作和文章。但所论内容,主要都是根据中国文献资料立论,利用葡文原始资料的研究极为少见,大量的葡文档案资料更无人触及(如葡萄牙东波塔档案),也没有翻译。这样研究澳门史,也不过是"一胜一负",成绩有限。当前内地学者几乎是无人懂葡文的,只希望澳门学者目前多做一点葡文原始资料的翻译整理工作。阎公《文集》中的《清初中西交通若干史实》一文中的第十一、十三、十四节,谈葡使来华及有关澳门史料问题,都是从梵蒂冈图书馆和罗马传信部档案处中的有关文件译出的,亦殊为珍贵,但目前澳门史学者亦少见利用。

三

这里再说一点樊守义回国后的情况。

阎公在《身见录校注·后记》中说,樊于康熙六十年(1721)写成《身见录》后,"并无什么可述的地方,死于乾隆十八年(1753)"。从1721年到1753年,共长达三十二年的时间中,樊守义在国内竟无声无迹,不见踪影,这令我生疑。是否由于当时历史条件的局限,阎公一时尚未查到有关资料,长期以来,这是我脑中的一个未解决的问题。

到了1995年,我读到了法籍耶稣会学者、徐家汇天主堂神父费赖之编著、冯承钧译,由中华书局出版的《在华耶稣会士列传及书目》,第三一○就是《樊守义传》,其中说到他在雍正与乾隆年间曾参与苏努教案事件。苏努一家被放逐到西北长城边口外,《传》中说樊"曾赴西宁慰问苏努全家。守义为华人,不启人疑,是以不难携北京诸神父之巨金往赠被谪之宗室……"最后又说:"苏努全家或殁于谪所,或蒙赐还,以后守义则往来于直隶、辽东一带鼓励教民"云云。费赖之写此传是根据18世纪在巴黎出版的《耶稣会士中国书简集》中巴多明神父在北京写的信中的材料编成的。《书简集》共34卷,阎宗临在《文集》中《杜赫德〈中华帝国志〉》一文中曾有详细介绍,说明他曾翻阅过这一文献,但由于它的数量和内容太庞大了,阎公未能发现其中在巴多明神父的信中谈及樊守义的材料,这是可以理解的;更何况信中只说樊的教名(Louis Fan),而不是他的原名。因此阎公也就无从知道樊守义在康乾间长达三十二年的事迹了。关于巴多明神父的这些信,现在也已经有了中文翻译,见于 2001 年大象出版社出版的《耶稣会士中国书简集》第三卷中,读者可以查阅参考,这里就不详述了。

最后,说一点关于饶公本人就是一位"兼通中西"的大学者。记得在 1988 年,我曾通过在中华书局工作的沈建华女士向饶公组稿,准备出版他的有关中西文化交流史的文集。蒙饶公俯允,并列出了文集的有关目录。内容从中国到东南亚、南亚、中亚、西亚,包括天文、地理、语言、历史、音乐、美术、考古、文学、敦煌学等方方面面。我们商定了以《比较古史学论丛》为总名,分三类:第一类为《近东开辟史诗》之中译本,第二类为《吠陀与中国古史》,第三类为《符号与文明》,洋洋大观,合成一书。但我考虑到此书内容涉及多种西方古代文字,排版困难(当时尚无电脑排字),而中华经济效益又不好,请他在港设法寻找文化基金会予以赞助。他在复信中说:

> 兄主张合为一书,以免零星,难以搜求,甚是。惟以卷帙较繁,整理当需时日,我当尽力为之。至于找寻基金会赞助,当设法进行,俟有解决时,再行函告。

当时是 1988 年 8 月 9 日,其时中华尚在王府井大街。到 90 年代中期,我退休时,中外关系史一时无人接手,饶公组稿的事自然就搁在一边。我至今尚保存饶公过去给我的两封信,现已成为我怀念大师的唯一珍品了。

(《书品》2007 年第 4 辑,中华书局)

双星陨落　痛失贤良

——悼念章巽、姚楠两教授

　　章巽先生、姚楠先生是我国老一辈中外关系史学家，近两年来先后病逝，这是中外关系史学界的一重大损失。从本世纪40年代开始，两先生便开始踏上治西域史、南海史的征途，迄今50余载，成就卓著，蜚声海内外。在半个世纪里，章、姚两先生一直是南国研究西域南海史地的耀眼双星。如今双陨沪上，中外史学界痛失贤良，真有顿感茫然之叹。我虽未能投其门下，受其亲炙，但作为后生晚辈，受其直接和间接的教诲和帮助也很多。因借学会《通讯》一隅，敬申悼念之情。

　　早在1956年我在大学读书时便读过章先生写的《中国古代的海上交通》和姚楠先生解放前翻译的《十七世纪南洋群岛航海记两种》，那时我正在听朱杰勤先生的《亚洲各国史》课，二书启发了我对南海史地的很大兴趣。后来我到中华书局工作时又看到章先生的《中亚古国史》清样，进一步钦仰他的学问。编辑室主任姚绍华对我说："章先生早在40年代初便进入中华编辑所，是我介绍他来的。此稿是在他赴美学习时我们约请他翻译的。回国后他到大学教书，仍和中华的关系很好，你有机会到上海时一定去看望他，可以学到很多东西。"这时我才知道章先生原是我的同行,他能有此学问,使我感到亲切和鼓舞。60年代初我因整理《大唐西域记》事第一次到上海见到章先生,他那和霭可亲的态度和不厌其烦地详细解答我的疑问,给我深刻的印象。直到文革以前,我每年都到上海去拜访章先生,每次都有很大收获。章先生藏书丰富,楼上楼下都是书,谈话中不时从他的书架上检出我要看的材料给我。那时他正参加编绘《中国历史地图》,工作很忙,他鼓励我研究中国航海史,并说他已搜集了不少资料。我也希望他能指导我,可惜不久"文化大革命"开始,一切也告吹了。章先生每次都向我问起在北京中华书局中他的老朋友情况,要我回去向他们问好,当时就只有卢文迪、姚绍华、陈乃乾三人了。

"文革"后,我又到上海去探望阔别多年的章先生,这时章先生的健康已大不如前,糖尿病和视力衰退也更为严重起来。但他仍饶有兴致地和我谈起他今后的打算和对我的工作的关心。令我欣喜的是在"文革"的恶劣环境中他仍坚持对《大唐西域记》的整理研究,并已基本完成点校工作,准备交上海古籍出版社出版。但出版社的编辑说他的校勘太繁琐,大部分都要删去,为此他很烦恼。他非常支持中华出版一部详细的校注本,愿意将他的校勘成果交给中华参考。后来我又为组织《大唐西域记校注》班子时专程去拜访章先生,他又给我们推荐了正在窘境中的范祥雍先生负责此书的校勘工作,而且还不辞劳苦,为我到照相馆去放大翻印了西域记的版本资料,使我深受感动。

1978年,我又为苏继庼先生的《岛夷志略校释》稿的整理问题到上海去请教章先生。苏先生原是解放前商务印书馆的资深编辑,1955年退休后在沪从事南海史地研究,和章先生关系很好。早在1963年时苏先生就把他多年的研究成果《岛夷志略校释》稿交到中华,当时我非常欣喜地阅读了此稿,认为这是解放后研究南海史地难得的优秀著述,但还要作些修改。稿子退给作者后,不久"文革"就开始了。苏先生在"文革"中受打击,生活艰苦,不幸去世,他又没有直系亲属,稿子不知下落。后来我多方寻找苏先生的继承人,才万分庆幸地找到此稿。但原稿是用毛边红栏十行纸毛笔写的,修改时又只在稿上涂改,还有不少遗漏问题未解决,需要找一位熟悉的人再整理一遍,然后誊正,才算定稿。章先生是苏先生的老朋友,因此我请他帮助解决这一问题。想不到他也正为此稿的下落和出版发愁,听我一说,非常高兴,马上就推荐了姚楠先生可当此重任。章先生不但帮助我解决了此稿定稿的大难题,并使我意外地获知多年不知音讯的姚楠先生仍健在沪上,使我真是喜上加喜。

"文革"以后,我主编的《中外交通史籍丛刊》和《中外关系史名著译丛》,也经常得到章先生的指点和帮助。但原来他想把汉唐间中外关系佚书辑录出来列入《中外交通史籍丛刊》,现在已无法实现了。

1979 年章先生抱病从上海到天津参加了中亚文化研究协会成立大会。章先生多年从未离开过上海和参加过外地的会议。这次特别地破例赴会,足见他对未来中亚研究发展的重视。会上他见到许多在北方从未谋面的研究中亚的老中青同行,格外兴奋,畅谈感受。1981 年,中外关系史学会在厦门成立,章先生因病未能远行,没有赴会,但一致被推选为学会副理事长。章先生解放后在上海复旦大学开辟了一个研究西域史和中外关系史的基地,培养了一批又一批的人才。他对学会的工作也非常关心和支持,嘱咐我一定要坚持学会办刊物,不要打退堂鼓,要多联系作者把刊物办好。惭愧的是我未能把《中外关系史论丛》办好。

姚楠先生的大名我是从朱杰勤先生在 50 年初授课时首先听到的,但却到 70 年代末期经过章巽先生的介绍才相识。如前所述，当时我知道姚先生仍在沪上无恙的消息，高兴得跳了起来，马上要了姚先生的地址，到他府上去拜谒。我和他谈起来可说是一见如故，相见恨晚，虽然他在年龄上、学问上都是我的前辈。他说他早就从刘玉遵（我的同学，曾任中山大学东南亚研究所所长）处知道我了。姚先生早在四十年代便创办了《南洋学报》，现在又是上海译文出版社的高级编辑，因此和我也是先后同行，我们有很多"共同语言"。他说苏先生也是他多年的知交。他非常敬佩苏先生在环境不好的条件下刻苦的研究精神，并非常乐意于完成苏先生的未竟之业。姚先生在南洋史方面早就声名显赫，现在甘愿在学术研究上默默无闻的为老朋友做陪衬角色，这也使我深受感动。此稿很快就由姚先校订一遍，补正了不少地方。姚先生还在书前写一长篇前言。我拟在书中署名处写上"姚楠校订"，但他坚决不予同意。

这时我正在策划出版《中外关系史名著译丛》，姚先生非常支持我编辑这套书的计划，当时全国翻译外国的学术图书并编成《丛书》，除商务《汉译世界名著丛书》外，就只有中华这套《译丛》了。姚先生非常乐意把过去曾经译出，但稿子被毁，现在又要重译的《东印度航海记》交给我出版，作为《中外关系史名著译丛》的第二种。他很快便把译稿交来了。译文的忠实流畅自不必说，字迹也很有韵味，一丝不苟，读来令人精神舒畅。这是我从事编辑工作以来难得一见的最省事的好稿子，我没有什么改动和加工，很快就发稿了。姚先生这种优秀的学问修养和认真作风，令我敬佩不已。

姚先生另一本关于南洋的书《海岛逸志校注》却使我感到歉意。80年代中期，姚先生愿意将他为完成好友张礼千先生未竟之志的《海岛逸志校注》交给我编入《中外交通史籍丛刊》出版，我当然是求之不得，非常乐意。我也帮他从北图借出复印版本寄给他校勘参考。但此稿发稿后，中华因经济陷入窘境压着大量稿件，此稿二年内还未能付排。姚先生非常焦虑，便来信要求我将此稿退给他，并交给当时来北京的他的侄子，说他可能在台湾很快就出版此书。我很理解姚先生的心情，当时我虽然不愿意这样做，但我还是同意退了此稿，以为在海外出书很快，可以早日了却老先生的心愿。但两年过去了，仍未见台湾出书。幸好陈佳荣兄知道此事，最后促成和帮助在香港学津书店出版了此书，才了却姚先生40多年的心愿，而我当时未能尽最大力量促成在中华出版此书，至今犹感内疚。

1981年中外关系史学会成立大会上，姚先生一致被推举为副理事长。

姚先生一贯对学会的工作非常关心和支持的。1993年以前学会每次大会和学术讨论会，姚先生都不辞辛劳，莅会指导。学会面临经济困难，几陷于风雨飘摇，姚先生都多方想办法支持克服。如他毅然负起主编《中外关系史译丛》之责，亲自担任组稿审稿和联系出版的工作。从第3辑起，又设法与复旦大学历史系合办，终于出版了5期。

姚先生奖掖后进的精神我也深有感受。我和陈佳荣兄合编了一本《古代南海地名汇释》，当时姚先生和章先生也正在合编一本《中西交通史地名辞典》，不料姚先生却主动为我们写了一篇《弁言》，而且溢美之辞甚多，而他们编的《地名辞典》却一再延期出版。现在听说此稿正在排印中，我衷心地希望此书能早日问世，这是章、姚两先生为学术界留下最后一笔宝贵的精神财富。

（《中国中外关系史学会通讯》总第13期，1997年11月）

不该忘却的长者:宋云彬先生

中华书局三年前庆祝成立 90 周年时曾出版了一册厚重的《中华书局九十周年纪念》,书中以大量的图片和文字显示了中华书局在古籍整理出版方面的业绩,令人高兴。但翻读之余,也使我感到失落,过去我所敬仰的对中华书局有过重要贡献的"凌烟阁"式的人物,如陈乃乾、徐调孚、宋云彬等先生的事迹甚至名字,书中竟只字不提。他们不仅是上世纪 50 年代中华书局的"开国功臣",而且也是上世纪我国文化界、出版界很有名望的人物,怎么可以略去他们不提呢? 但继而一想,这也难怪,现在中华的出版物和一些回忆文章中,也都很少看到他们的名字了,新一代的中华人哪里还知道半个多世纪以前的人和事! 最近我从友人处借到一本宋云彬先生的日记《红尘冷眼》(山西人民出版社),读后感慨良多! 其中记述宋先生在晚年到中华书局从事"廿四史"点校工作期间,在"忍辱负重"的情况下对工作一丝不苟、极端负责的精神和他那很有"名士风度"的不羁性格,都使我记忆犹新,如在眼前,也促使我产生了想写点什么的想法。现在,就根据他在《日记》中所述的片段材料,写一点他在中华书局从事《史记》点校的一些情况,借此也略表我对这位长者的怀念与敬意!

宋先生是怎样进入中华书局的,过去我只知道他是从"上面"

调进来的，但却不知其详。看了他的《日记》，才知道这完全是一次"机缘"。原来宋先生1957年被划为"右派"后，一切职务撤消，由浙江省统战部管辖。部里要他订一个"改造计划"，他便根据自己的特长和爱好（他是著名学者朱起凤的得意弟子，曾在开明书店整理出版过他老师的《辞通》），拟了一个编纂《史记集注》的计划，作为报效人民的具体行动。他在1958年2月23日的日记中说：

> 下午二时，应江华书记之邀，赴大华饭店参加座谈。……
> 余以《编纂史记集注计划》一份交江华。

江华是当时浙江省委第一书记，宋要把材料当面交给他，说明宋先生对此一工作非常重视。接着他又将此一计划用蜡纸刻印60份，分送在杭州和北京的一些要好朋友，征求意见。其中就有他的挚友、北京的叶圣陶先生。宋先生又在3月1日的日记中记下了他的诗作：

> 驱遣牢愁酒一杯，名山事业敢心灰。十年悔作杭州住，
> 赢得头衔右派来。

从诗中可看出，编纂《史记集注》是他多年的宿志，现在才有时间将它作为晚年的"名山事业"来做。

但很快，一个意外的机缘便降临了，3月8日的日记说：

> 上午十时接圣陶函。词意恳挚，雒诵再四，为之泪下。
> 当作复函，并寄去《编纂史记集注计划》三份，请其分别转交古籍整理规划小组历史分组及翦伯赞、胡绳两君。

日记虽未说出叶圣陶信的具体内容，但可以猜到，肯定是叶圣陶把成立不久的古籍整理规划小组（叶是"小组"的成员）的消息告诉了宋先生，并要他把计划寄给小组，供他们考虑。对挚友提供的讯息和帮助，宋先生万分感动，便马上给叶先生复信，再寄去

《计划》三份,请他转交规划小组和蓊、胡二人。宋先生与古籍整
理规划小组最早的联系,就是这样开始的。

　　很快,规划小组的负责人齐燕铭和中华书局总经理兼总编辑
金灿然也获知此事。他们当时正在为问题不少的顾颉刚先生的
《史记》标点稿而骑虎难下(此标点稿原是古籍出版社组的,古籍
社合并入中华书局后,此稿便归中华),在进退两难之际忽然获知
宋先生也要整理《史记》,大喜过望,何不两事合成一事,请宋先生
来处理其事呢! 于是便决定了请宋先生到中华书局来,这既可解
决《史记》标点整理的问题,又可让他负责今后"前四史"的"责编"
工作。在经过中央有关人事、统战部门的"审批"手续后,到 7 月
11 日,宋先生的日记便出现了如下记事:

　　　　省统战部负责人转告说,中华书局要调你入京,参加整
　　理古书工作,有愈快愈好之语。

这表明了宋先生可以入京实现他的"宿愿"了。他马上给在中华
的好友傅彬然先生写信,了解中华对他如何安置;又直接写信给
金灿然,落实赴京日期。

　　9 月 13 日,宋先生终于举家乘火车抵京。次日到东总布胡同
10 号大院内中华书局报到。他在 16 日的日记说:

　　　　上午七时一刻,赴中华书局上工。……历史一组负责人
　　为余介绍同组同志凌珊如、徐溥泽、孟默闻、瞿蜕初、朱彦颎、
　　原孝铨、刘光业。下午,陈乃乾为余介绍彼组丛书组同志章
　　熊、周云青。

这是宋先生上班第一天,他记下同组内许多同志的名字,但他却
没有说出"负责人"和丁晓先二人的名字,却颇耐人寻味。当时历
史一组组长为姚绍华,副组长张北辰,姚是老中华著名历史编辑,
宋先生应认识他;张则是党员老干部,管组内思想学习的。姚可

能当时有事没来,由张来介绍组内同志。宋先生对这种领导已习惯上敬而远之,故日记当天不提其名。丁晓先则是宋先生的老相识了,也在 20 年代参加革命,后来变节,1957 年又被划"右派",故宋先生也不屑提他。陈乃乾则是宋先生敬仰已久的版本专家,也是他的同乡(浙江海宁人),时任丛书组(为影印组前身)组长,故宋先生特地到他的办公室拜望他。我在 1957 年秋进入历史一组,但不久即下放劳动一年,这时还未回来。

宋先生很快就进入角色,开始"廿四史"工作,请看有关日记:

9 月 21 日:余在乃乾之工作室草拟《标点廿四史凡例》。

9 月 22 日:拟《标点二十四史凡例》。

9 月 23 日:拟《标点二十四史分段提行说明》。

9 月 26 日:与金灿然谈《史记》标点问题。将顾标与我标的式样寄聂崇岐等,拟开会讨论。顾之标点问题甚多,改正需要甚长时间。

9 月 30 日:开会讨论标点《史记》问题。有顾颉刚、聂崇岐、齐思和、陈乃乾、章雪村(即章锡琛,曾任古籍出版社总编)、金灿然等。

10 月 16 日:写成《关于标点史记及三家注的若干问题》七千字,交姚绍华转金灿然。

11 月 6 日:中华邀顾、聂、贺次君(按:为顾之助手,"顾标"实际上是他初标的)、叶圣陶、王伯祥(按:《史记》专家,老"开明"人)来座谈《史记》标点及三家注问题。

11 月 11 日:写《标点史记凡例》交姚绍华。

就这样,从宋先生拟标点凡例和对顾标的审读意见开始,经过专家会议讨论到最后通过,用了两个月时间,可见领导上对顾标《史记》处理考虑之慎重。经过了这次讨论,宋先生获得了领导、专家的信任,也一扫一年多来压在心上的郁闷心情,开始以高度的热情投入《史记》的标点工作。

当时正处于"大跃进"高潮,《史记》标点本和陈乃乾先生点校的《三国志》都列入了中华书局国庆十周年的"献礼书",其他的项目都要为它"让路"。宋先生也日以继夜地工作,不多久,《史记》标点便取得了惊人的成绩。他在 1959 年 4 月 17 日的日记中写道:

> 《史记》一百三十卷于昨天点校完毕。日记中断了两个月,其原因为标点《史记》工作之紧张,每夜工作到 10 点左右,筋疲力尽,无兴趣写日记了。

作为一位已年逾古稀的老人,除白天上班工作外,下班后还工作到晚上 10 点,也真正感到"筋疲力尽"了。

也就在这时,一位对古典文献有深厚素养和对编辑工作有丰富经验的中年人从商务印书馆调进中华书局历史一组,这就是后来被金灿然先生委以领导点校"廿四史"重任的赵守俨同志。有了守俨同志的支持和帮助,宋先生的工作也就顺利多了。他在 4 月 21 日的日记中说:

> 上午赴中华书局,与傅东华等讨论前四史标点问题。参加者:陈乃乾、赵守俨、姚绍华、张北辰等。《后汉书》问题最多,决定暂不发稿。

4 月 24 日的日记又说:

> 下午一时赵守俨来,将《史记》目录及附录交给他。如此,全部《史记》点校工作已毕,只《点校说明》未写。

这时,宋、赵二人工作中互相配合,《史记》排校进度大大加快。最后,宋先生还要写一篇《史记》的《前言》。这又是一个难题,解放后整理古籍要强调贯彻"阶级观点",又说标点也有阶级性,可是如何贯彻，如何才能"批判继承"，大家都心中没底。当时许多学术文章也说司马迁的史学观有"人民性"，可是具体如何表现，也不易弄清。赵、宋二人几经研究，决定不在《前言》中乱贴标签，便把《前言》分成《出版说明》和《点校说明》两文。前者主要是交代版本，后者主要是交代标点用法，讲透彻了便可以了。在几易其稿后，宋先生又在 5 月 25 日的日记中写道：

> 上午改写《史记点校说明》毕。……下午赴中华书局。

赵守俨语余：金灿然对改写后之《出版说明》甚满意，嘱油印
　　分送专家提意见。

宋先生写的《出版说明》和《点校说明》最后终于顺利通过。接着《后汉书》点校问题又提出来。由于《后汉书》原点校者傅东华要负责《汉书》的复点统一工作，故《后汉书》又安排由宋先生来点校。有关宋先生此后点校《后汉书》的情况，此处就不谈了。

很快到了 1959 年 8 月，《史记》签字付型毕，终于在国庆节前出书，宋先生这时才把紧张的心情舒解开来。实际上他是在不到一年的时间里，完成了《史记》从审稿到重新标点、看校样的全过程，这也是"大跃进"年代中的"奇迹"，它倾注了宋先生多少心血啊！到 1960 年，宋先生在中华书局也终于摘去被戴了三年的"右派"帽子。这一天他在日记中详细地记录了支部书记王春同志对他的谈话。宋先生日记的文字本来非常简短，寥寥两三行，但这一天记载王春谈话的日记却很详细，几乎占了一页，是日记中最长的一篇。不久，日记又记下了他在参加全国政协会议时，周总理在休息时间到他面前和他握手。解放前宋先生就受过周总理的直接教诲，现在总理仍没有忘记故人，也知道他在点校《史记》上作出了重要贡献，这使他万分感动。

1961 年 10 月，中华书局从东城一隅迁到了西郊翠微路原文

化学院大楼,这里地方开阔,而且众多家属宿舍也在一起,条件大大改善。这时"廿四史"点校工作也开始上升到一个新阶段,即通过高教部抽调了一批专家教授到中华来集中工作;校勘方法也从"本校"扩大到"他校",并强调要汲取前人的研究成果。当时就有十余位专家教授来到中华专门从事廿四史点校,这不但提高了点校质量,也加快了点校进程。在"谈笑有鸿儒","往来皆君子"的环境中,宋先生度过了工作心情最舒畅的一个时期。

可惜的是,这为时并不长,到 1965 年,一场新的阶级斗争又在全国开展了。开始时是所谓"社会主义教育运动",在中华的外地教授们纷纷离京返原单位"学习"。不久,中华"二十四史点校小组"也被人指责为"阶级斗争的避风港"。宋先生意识到有点不妙,本来简短的《深柳堂日记》这时更简短了。到 1966 年,"文革"风暴来临,宋先生自然成为"走资派"重用的"反动权威",被揪了出来。但幸运的是,据我回忆,宋先生只被"陪斗",还未被专门"批斗",未受"皮肉之苦",这大概因他已是"死老虎"的缘故吧!到干校后,开始他是和被揪老人一起参加打扫厕所劳动。后来因为年事已高,又是全国政协委员,他是较早地离开干校返回北京的。此后我便再不知道他的消息了。陈乃乾先生则在"文革"中被街道(他住在城内北长街 99 号)红卫兵批斗,身心受到严重摧残,后来投靠到浙江天台他的女儿处,在凄寂中去世,无片言只字流传下来,其珍贵的藏书也星散了。惜哉!

2005 年 6 月于上海浦东香山新村

忆咸宁干校　思畏友麦一

　　我是 1969 年中秋节过后来到设在湖北咸宁县的文化部五七干校的。干校位于县城西北向阳湖(为斧头湖的一部分)沿岸一带的小山岗上。这时"文革"已进入第三个年头,我觉得它似乎要收场了,办干校也许是结尾的征兆;加上我是南方人,1957 年才从大学毕业来到北京中华书局工作,也希望从干校"毕业"后能有调回南方工作的机会,因此很高兴能到干校来"改造"。孰料我在咸宁干校一"读"就是五年半,直到 1975 年干校宣告结束时,才最后一批结业,又被送回原单位。到现在我离开干校不觉已 27 年,祖国的面貌已发生惊人的巨大变化。追忆往事,真是恍然如有隔世之叹!

　　五年多的干校生活,其中既有条件之艰苦、劳动之辛劳、人性之歪曲和斗争的险恶,也有收获的愉悦、真情的涌动和生活的情趣,这里应有许多可说的话题。但由于时隔已久,又无文字记录可查,许多事情都已淡忘。现只能将印象比较深的几件事在这里说一说。

一

　　咸宁干校是在北京军区军宣队领导下,实行的是部队编制。

中华书局因人数不多,与印刷技术研究所合在一起编为十六连,驻在靠近王六嘴村的湖边小山岗上。劳动是从建造住房、种菜、饲养猪鸡鸭等解决住食生活开始,接下来就是筑大堤围湖造田等强劳动。这对摇笔杆子的人真是"彻底改造"的重大考验。我当时是三十多岁的壮年,自然是属于劳动的"主力"。但在每天下湖出工之前,总看见一小队面无表情的老人从我住处的窗前缓步走过,心中不禁产生了凄然之感。原来这是我连负责打扫厕所卫生的队伍,他们是:中华书局头号"走资派"金灿然和已过古稀之年的"反动学术权威"马非百,二人一矮一高地抬着粪桶走在前面;后面跟着的是第二号"走资派"丁树奇和"反动学术权威"杨伯峻,手拿着清扫工具,连里的男女厕所卫生工作就分配给他们负责。当时金灿然虽只有五十多岁,但"文革"前刚动过脑部手术,"文革"被斗身体虚弱,说话已语无伦次;马非百则已是颓然一老翁;而杨伯峻则是眼睛高度近视,走起路来摇晃跌撞;只有丁树奇身体尚好,走在最后压阵。这样一支扫厕队伍虽然有点滑稽,但我却笑不出来。这些都是军宣队祖父辈的人了,又是既残且病的弱者,要劳动改造的话,完全可以到厨房或菜园里坐在小板凳上做些力所能及的劳动,何必要他们清扫厕所挑粪便呢!连队领导的意图很明显,就是要把走资派和反动权威不但斗倒,而且还要搞臭。打扫厕所目的是要将他们搞臭,这就是"文革"的哲学。在"文革"初期我被监管劳动时,也曾享受过这一待遇,但想不到三年后在干校,仍然看到将它施加在比我年龄大一倍的老人身上,怎不令我凄然呢!

　　另一件事,则使人觉得可笑。到了干校不久,我所在的那个排就开了一次煞有介事的小型批判会。原来一位年轻的五七战士晚上在被窝里听半导体收音机,被人告发是听"美国之音",在那个年代里,这还了得! 被人汇报到连部里,连部指示说要在排内开展批判。次晚学习时间便改为批判会。被批的那人是"文革"前刚从北大毕业分配来的大学生,批判发言的都是他同在北大的前后同学,但"文革"时分属不同的造反派组织。批判者气势汹汹地指出"美国之音"是敌台,"偷听敌台"就是"通敌"。大帽子压下来,被批者只好赶快认罪,那个半导体收音机也被连部没收。后来这位青年私下对我说:"其实我是在找中央人民广播电台,因为讯号不好找,拨台时偶然听到'美国之音'的呼号,就被告发了。"当时我们是十个人同住一间房子,大家都是床靠床,毫无隐私可言。从此以后,我们这些人都知道有人在监视,警惕性也提高起来了。这位被批判的青年原是一位颇有才华的人,后来在深挖"五一六分子"时又挨了边,在干校就始终抬不起头来。以后调返北京工作时,他便要求调到商务印书馆去。但天不假年,到20世纪80年代末,他却英年早逝,非常可惜。

但最令人感到莫名其妙的还是1970年初开展的深挖"五一六反革命分子"的斗争。这场运动来得突然,但结束得也悄然,对我始终是个谜。当时正是湖里翻地造田最紧张的时候,忽然从北京来了两位不速之客,一位是留守在北京中华书局的军宣队连长,一位是"文革"中造反派的年轻骨干。大家都觉得奇怪,猜测可能有什么事情要发生。果然晚上就通知:明天上午不出工了,要开全连大会。次日会上,那位连长就庄严宣布:十六连深挖"五一六反革命分子"正式开始。接着就由他作了动员报告。那位北京新来的造反派骨干则站在一旁,目光炯炯地注视着每个人的反应。但我听了半天,还是不懂什么是"五一六反革命分子",只感到会上气氛紧张,鸦雀无声。最后是连长宣布了运动纪律,要直接向军宣队坦白交代、检举揭发,不许串联,不许写大字报,白天照常劳动,晚上开会"学习"。

这时连队表面上还是一切照常,只是平时高声说话和笑声都听不到了,出工的人数也逐渐减少了,也有些人"失踪"了。人们都在猜想,大概是被提审、写检举材料或被隔离审查了。过了几天,又开了一次大会,连长又在会上说已经有人坦白揭发了,问题确实不少,正在审查,运动在向纵深发展。又重申"坦白从宽、抗拒从严"政策,并带着威吓的语气说:"坐在下面的就有一名尚未坦白的人,她把扎辫子的长发剪了,变成了短发,以为这样就可以蒙骗过关了。"大家都知道他指的是谁,但心中更加疑惑:真的反革命分子难道就是这样蒙混过关吗? 这不是开玩笑吧?

人们在这样疑惧中又过了十多天。忽然,一件意外的事发生了:一位任职排长的原造反派头头在湖里劳动时突然昏厥,抢救不及死去。那天我也在湖里劳动,但和他不在同一个排,不在一起劳动。消息传来,我深为震惊和惋惜,因为他给我的印象是冲锋在前带头苦干的人,群众关系也还不错。但不久就听人们耳语,说他是这次深挖运动中的积极分子,白天带头劳动,晚上还要去提审被隔离审查的"五一六分子";他原来有心脏病,现在白天黑夜不停地战斗,结果旧病突发不及救治才死去的。这一消息更使我骇然,原来还有这回事! 我是个不大过问别人事情的人,这时我才知道隔离审查是怎么回事,一些人"失踪"又是怎么一回事了。对这位排长之死,虽然可悲可叹,却不值得同情。这时我又知道,深挖运动不但神秘,而且还是一场残酷的斗争。原来我以为文化部两大派的斗争已经过去,不料到了干校后仍在继续,而且变本加厉。但这次深挖运动是军宣队领导的,它的发动者究竟是来自何方,是中央"文革小组",还是什么人? 我却始终弄不明白。十六连这位排长死后,当时连队领导居然还认为他是为革命而牺牲的，是"以身殉职"，想向上级校部申请追认他为"烈士"。但后来不知怎么的就没有下文，连遗体告别、追悼会等仪式都没有举行，便不了了之。

五七战士在湖里耙水田

十六连在排练节目（左一拉小提琴者为谢方）

死人的事过了没多久,深挖运动便出现急转直下之势。一天傍晚,我们从湖里收工回到驻地,忽然看见一位久违了的女同志。开始时大家感到有点吃惊,但很快就明白了:她是被释放回来了。又过了一两天,其他几个久违了的同志也陆续出现了。原来他们都是被秘密隔离审查的"五一六分子",隔离的地点我们都不得而知,可能就在附近一些四周无人的旧农舍内。他们回来后,连队也没有宣布,也没有开会说过深挖运动已经终结,更没有人谈到这些人"失踪"和回来的原因。群众也用不着去打听,只见到他们都回来了,也就心里踏实,知道"审查"已结束。此后大家就像深挖运动前一样地劳动、生活、学习,好像什么事都没有发生过一样。

二

到了1971年深秋,干校意外地传出一个惊人的消息:林彪外逃,摔死在蒙古国。我们听了都额手称庆,以为"文革"的灾难将要终结,干校的解散也指日可待了。然而却远非如此,"文革"还在深入,斗争仍在继续,我们干校还在办下去。可是由于形势发生了变化,干校的管理制度毕竟开始松动灵活了。如劳动时间、开会时间少了,自由掌握时间多了;五七战士如是军官家属或因工作需要、特殊照顾的都可以返回北京,一些老弱病人也可以回京治疗休养等。这时北京军区的军宣队也全部撤回北京,干校转交给湖北军区接管。干校进入了后期阶段,管理更放松自由,自己设法调离干校的人也多了。就在这时,我在一次偶然的机遇中,认识了原科教电影制片厂的麦一。

一天,我和连里几位五七战士到离县城不远的一处温泉洗澡。我听说附近山上有不少旧战壕,这一带原是北伐战争时著名的汀泗桥之役的战场,我估计这些战壕可能是当时战斗的遗留。

洗完澡后,便独自上山冈去察看一下。只见山顶上确有蜿蜒很长的旧战壕,但别无什么发现,便赶紧下来。这时同伴们都已走了,我只好独自一人回干校。途中忽然感觉后面有人在赶上来,回头一看,原来也是一位赶路的五七战士。我们是同路人,便边走边攀谈起来。

他先问我的姓名、单位、连队,然后就爽快地自报说:"我叫麦一,'麦贤得'的麦,'一二三'的一。是科教片厂搞置景的,现在干校看仓库。"我说:"姓麦的主要是广东人,你是广东人吗?"他说:"对了! 我原籍广东,后来才搬到北京。"我说:"但'一'是什么意思? 你是老大吗?"他说:"对了! 我弟弟叫麦丁,老二,两画。"我再问:"是不是写过《远方的客人请你留下来》歌曲的麦丁?"他又说:"对了! 他是作曲的,在民族歌舞团。"就这样连续三个"对了",我们很快就有了共同语言,一路边走边谈,也不觉得赶路的疲劳。到了要分手的路口,他要回干校校部452高地(原是一无名高地,按军队习惯冠以海拔高度名称),我则回十六连驻地。临别时他说:"你们中华有不少文史专家,下次我要到你们连来请教。"

不久,他果然到十六连驻地来找我。他说要编绘一套《中国历史图表》,要向我借中华出版的《资治通鉴》标点本来作参考。我感到很奇怪,在干校这个改造干部的地方,居然还有人对歌颂帝王将相的封建史书感兴趣,而且中华书局也不可能有人把这种书带到干校来;那些文史专家对"封建复辟"已是惊弓之鸟,更不会和你谈什么"历史图表"的。我劝他还是打消这个主意,搞点普及科学文化知识的图表。科学没有阶级性,比搞历史要保险得多。他也点头称是,说已经编写了一些旅游名胜的导游图。但没有借到《资治通鉴》,他不无遗憾地走了。

过了一些时候,我又到452高地仓库去看他。他高兴地拿出他新编写刻印的《黄山旅游图》和《武当山导游图》给我看。他说这两年来已游览过不少南方的风景名胜区，武当山、韶山、衡山、黄山、庐山、武夷山、井冈山都去过了，深感旅游可以增加知识，开阔眼界，因此乐意编写旅游宣传品以推广旅游。我看他的《导游图》，篇幅虽然不大，但却包括了地图、文字说明、景点图像、游览路线和注意事项、重点文物介绍等诸多内容。在干校内印发这种宣传品可谓绝无仅有，而"文革"中除全国大串联时的免费旅游外，这样的个人自费旅游并编印资料的人也实属罕见。我开始为他这种精神和热情所感动，从这时起，我也产生了要利用干校这种"有利条件"的想法，想多读点有用的书和外出旅游，以充实自己的知识和专业，不能在这里虚度岁月了。

　　所谓干校的"有利条件"，主要是指当时干校在很大程度上已放松管理。原来文化部已把留在干校的这批人视为"弃儿"，交给湖北军区处理，而湖北军区又感到这些北京来的知识分子是一批"烫手的土豆"，又极力想推回文化部。我们是在前途未卜的阶段中，但又像"无家可归"的孩子般自由自在，各人都可根据自己的爱好找到消磨时间而又有效益的办法。我们除外出旅游和在家读书外，还有玩根雕、竹刻的，有学外语的，有搞美食以快朵颐及相互串门聊天等。如作协的诗人郭小川就常到我们连找人喝茶聊天。我们连的李思敬兄就到十四连（人民文学出版社，在我们近邻）拜文洁若（萧乾夫人）为师学习日语，回北京后就调到商务印书馆当日语编辑，后来当上了商务印书馆的副总编。很可惜20世纪90年代初竟作古了。

　　这时不知道是谁牵的线，十四连和十六连都有一小部分人调到广西桂林的广西师范学院任教。开始时我也跃跃欲试，想到广西去教书算了；但受到麦一的影响，还是觉得利用干校宽松的"有利条件"多读点书充实自己更好,反正将来是会分配工作的。这时我就在上海探亲期间到福州路的古籍书店购买了一批旧商务出版的《丛书集成》单印本(当时是廉价处理书,两三毛钱便可买一本),又选其中几种带到干校来,边读边做标点。其中的《东西洋考》《湛然居士文集》居然在后来回到北京中华书局工作时,又抽空做了校勘整理,达到了可以出版的程度,这也算是我在干校的一项意外的收获。

回头再说麦一。他还有另一爱好,就是西方古典音乐。他知道我也有同好,便在 1974 年元旦过后来找我。他说现在正对天文感兴趣,要画星图,向老百姓普及天文知识,要回北京找资料。又说,回干校时想带一些西方古典音乐唱片回来与我共同欣赏,问我喜欢听什么。我已十年之久没有听到我喜欢的音乐了,便欣然道:"那就随你的意选吧。"

这年春节,我是在干校度过的。春节过后,不久就收到麦一从 452 高地托人带来的口信,说好东西带来了,要我晚饭后去找他。我便如约到校部仓库他的住处。他早已把他带来的"宝贝"摆出来等着我,那是柴可夫斯基的"第六"、德沃夏克的"新世界"、贝多芬的"第九",是老式的胶木唱片;还有一架上海产的新型小扁箱状的内带喇叭的电唱机。我像如见故人般地惊喜,因为早在20 世纪 50 年代初,我在中山大学读书并在广播站编音乐节目时,就熟悉这些玩意儿,那时广播站继承了大批岭南大学的外国唱片。很快麦一和我便进入了角色,思想随着柴可夫斯基、德沃夏克、贝多芬的旋律在飞翔。这可能是向阳湖上空有史以来第一次流淌着的异国古典音乐,它令人想起帝俄时代知识分子的苦闷与无奈、异国人在新大陆的思乡情绪、对未来的光明追求和对欢乐的向往,我们躺在大库的席子上听得如醉如痴。不觉时已午夜,我不得不告辞了。我沿着大堤走在回十六连驻地的路上，月光如水，四周一片寂静。我又回味着刚才听过的乐曲，不禁涌起了白居易《琵琶行》中的诗句："同是天涯沦落人，相逢何必曾相识"，"浔阳地僻无音乐，终岁不闻丝竹声"，"今夜闻君琵琶语，如听仙乐耳暂明"。感谢麦一，我的思想又飞越时空，和一千多年前的江州司马听琵琶曲时的心情起着共鸣了。

以后我和麦一在干校又有两次见面，谈的都是有关旅游、读书、音乐等共同感兴趣的话题。这时他的工作又转向绘制中国古代著名古建筑线图上。中国大型砖木结构的古建筑，是珍贵的历史文化遗存，他想把它的结构缩小，用黑白线图表现出来。但我对古建筑完全不懂，而他也已请教过在干校的故宫博物院的古建筑专家。我也没详细问他，只希望能早日见到他的工作成果。

很快到了1975年春，这时湖北军区与文化部经过多次谈判，最后得到中央同意，决定将仍在干校剩下的学员全部遣返北京，咸宁干校宣告结束。5月间，我与十六连最后一批约20人回到北京原单位。麦一已经在我之前回到科影厂，不久他就到王府井大街中华书局来看我，并给我看了他画的部分古建筑原稿。这是几幅精雕细刻的立体透视的线墨作品，充分显示了作者一丝不苟的工作态度和艺术素养。后来我又到新街口科教片厂和在黔口外他的宿舍拜访了他。他家中乱七八糟，桌上还摆满了扩大器、音箱等，看来已开始搞立体声音响设备。他很忙，我们都无暇谈音乐了。到7月间，他忽然又给我寄来了一份他编刻油印的《看图识星》，就是前面提到的他想做的普及天文知识图，现在成果出来了。其中除星图外，还穿插许多蝇头小字的说明文字，很多都是他创作的歌谣式的解说。如："地球歪着绕日转，太阳躺着绕银河。银河本应当头挂，这下位置就变化。东一榔头西一棒，冬夏竖着春秋横。"这册油印品我至今珍藏着。

　　进入20世纪80年代以后,我们工作都很忙,我又搬了几次家。90年代中华书局搬到西三环南路后,我们就再没有见面了。现在我已退居沪上,但还是常想念他。作为一名普通的科学文化普及工作者和美术工作者,他热爱自己的事业,在十年浩劫中,仍单枪匹马地做普及科学文化工作,不计较个人得失。我们虽是萍水相逢,在干校这种环境下,他对工作的一贯热情深深地感染着我,使我敬畏,也增强了我对前途和事业的信心,不放弃自己的专业知识。现趁北京市政协文史委员会约写五七干校的机会,写下这段与他相识的因缘,也借此表达我对他的敬意与怀念。

　　　　　　　　　　　　2002年岁末于上海浦东香山新村

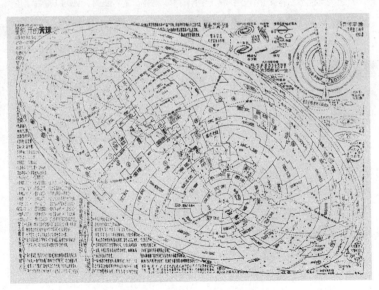

麦一编油印本《看图识星》的首页

作者补记：

此文交稿后，我于 2003 年春节期间来京时，从科影厂老干部处获悉了麦一的住址，终于到了他的家中，畅叙了半日。看到他退休多年后仍执著地画，执著地写，一点也看不出他是已到耄耋之年的老人，我感到非常高兴。今年元旦期间，我又收到了他寄来的贺年信。信中还提到要向上海文化部门提出出版一套东方明珠俯瞰四面转拍摄的风景明信片一套；令我敬佩的是他随信寄来他绘的两幅古建筑透视画，其中一张是《金中都宫城图》。金中都（今北京）宫殿遗址早已荡然无存，但他却根据极少的资料把金宫城内的建筑规模、方位做了鸟瞰式的全景透视，这真令我拍案叫绝！它对今年纪念北京建都 850 周年应是一件很有意思的作品。他是徐悲鸿弟子，继承了师传的透视学，在干校时就曾和我说起要绘一套中国的古建筑线画透视图，这幅图可能就是其中之一。他在信中还透露，将要出版《麦一书画集》。在此我谨向他祝贺，特补记于本文之末。

2004 年 1 月于沪上

（《北京文史资料》第 69 辑，北京出版社 2004 年）

为了法国与中国的文化因缘

——记译坛骁将耿昇

欧洲汉学自 19 世纪开始摆脱了教会的羁绊之后,便在高等学府和研究机构中形成了一门独立的学问。除设立汉学讲座、出版汉学杂志和一批学术专著外,还出现了不少权威性的学者,在法国,就有像雷慕沙、儒莲、沙畹等俨然是执欧洲汉学牛耳的人物,其后又有考狄、马伯乐、伯希和、葛兰言、烈维等名家辈出。在 20 世纪 20 年代以前,法国汉学在欧洲汉学的发展中一直有着重要的地位。到了 20—30 年代,正值中国的中西交通史处于草创阶段,介绍和借鉴西方东西交通史研究的成果成为中西交通史创立的有力催生剂。张星烺、冯承钧两先生为此曾做出了杰出的贡献。特别是冯承钧先生的法国汉学翻译成就突出,共翻译出版了西方汉学名著 40 余种,在数量上和质量上都达到了空前的高水平。他翻译沙畹、伯希和、马伯乐、费琅等人的著作和论文,至今学者仍受其赐。冯先生不但是史学界著名的介绍法国汉学的大家,也是中西交通史的创业者之一。然而自 40 年代中期以后直到 70 年代末,由于冯先生的去世,对法国汉学的翻译介绍都几成空白。而战后法国的汉学不但又重新兴起,而且研究的领域也比过去更广泛、更深入。如韩伯诗、石泰安、戴密微、谢和耐、荣振华等,真是代有传人,名著迭出。但80年代以前中国的中外关系史研究却仅停留在史料整理阶段上。直到改革开放以后,学术研究普遍开展,引进和借鉴国外汉学研究成果才又提到日程上来。于是,在史学界中,一位翻译介绍西方汉学研究的新人便应运而生,这就是本文介绍的耿昇先生。从80年代开始到现在,15年间他翻译法国的汉学名著硕果累累,不但填补了冯承钧去世以后的空白,而且在翻译的数量上和内容的广度上,都超越了前人,成为近年来出现在汉学译坛上一员少见的骁将。

耿昇先生进入汉学译坛纯属偶然。他于1946年生于河北阜平县,1968年毕业于北京外语学院法语系,其后分配到外交部工作。1979年便要求调离外事口,到了中国社会科学院历史研究所。从此他才和史学结了不解之缘,并从一个对中国古代文化知识知之不多的"门外汉",成为在中国很有影响的专业翻译。现在是中国社会科学院译审,中国中外关系史学会副会长兼秘书长。他这中间无疑经历了一个刻苦奋斗的艰辛过程。请看这一不寻常的数字:到目前为止,他已翻译出版了法国汉学专著39种,计1339万字;翻译法国汉学论文187篇,248万字;撰写了介绍西方汉学的文章44篇,54万字;总计已发表的文字达1641万字之多,其数量在当今译坛上尚无其匹。法国政府根据他对中法文化交流的杰出贡献,于1994年特授予他文学艺术勋章。他翻译的《中国和基督教》(谢和耐著)一书也在1993年获中国社会科学院优秀图书二等奖。

耿昇先生翻译介绍的法国汉学主要是历史方面,特别是中外关系史方面的内容,这也是法国汉学的传统和精华部分。原作者大部分都是二战后成长起来的汉学家。从耿昇的翻译中,我们基本上可以看到40年来法国汉学的主要成果。其中大部分都是中国史学界所忽略的。如在敦煌学方面,耿译有《法国学者敦煌学论文选萃》、《敦煌吐鲁蕃历史文书考释》、《伯希和敦煌石窟笔记》;藏学方面有《吐蕃僧诤记》、《西藏的文明》、《西藏史诗与说唱艺人的研究》、《西藏和蒙古的宗教》、《西藏佛教密宗》、《鞑靼西藏旅行记》、《一个巴黎女子的拉萨历险记》和《西藏的金砂与银币》等;西域学方面有《卡尔梅克史评注》、《古代高昌王国物质文明史》、《五代回鹘史料》、《柏朗嘉宾蒙古行记》;基督教传教士来华方面有《中国和基督教》、《明清间入华耶稣会士和中西文化交流》、《在华耶稣会士列传及书目补编》、《中国基督徒史》;文化交流方面的有《中国文化西传欧洲史》、《中国对法国哲学思想形成的影响》、《丝绸之路——中国波斯文化交流史》(获 1994 年中国社科院历史所图书一等奖)、《华乐西传法兰西》、《中国的犹太人》、《丝绸之路》;中国社会史有《中国五——十世纪的寺院经济》、《中国社会史》;在法国汉学方面有《当代法国的中国学研究》,等等。其中不少是享誉世界汉学的名著。借鉴这些著作,不但可使中国史学界拓宽思路,开阔视野,而且还可丰富中国史研究的方法和内容,对提高我们的研究水平大有好处。正如著名学者季羡林先生在读了《丝绸之路——中国波斯文化交流史》(玛扎海里著)后说:"我读了耿译的《丝路》以后,眼前豁然开朗,仿佛看到了一个崭新的'丝路'。我原来根本没有想到的问题,书中提出来了;我原来想得不深的问题,书中想得很深了。这大大地提高了我对'丝路'的认识。……他这一部书,即使难免还有一些不足之处,但总起来看,它超过了所有前人(所写这一题目)的著作。我手不释卷,欲罢不能,在繁忙的工作和会议之余,几乎是一气读完。我应该十分感谢阿里·玛扎海里先生,我应该十分感谢耿昇同志。"(季羡林《丝绸之路与中国文化——读〈丝绸之路〉的观

感》，载《北京师范大学学报》(社科版)1994年第4期)

　　在18年内翻译出1600多万字的汉学著作，也许会有人怀疑它的质量是否可靠，是不是粗制滥造。我也曾请一些熟谙法文的学者对他的翻译作过检查，但都说基本上忠于原著。当然其中也有值得推敲的译文和一些个别的错误。要知道这些汉学原著都是非常专门、生辟的学问，一般人已难于读懂；其中还常常夹有古代的文字，古汉语不用说，还有藏语、梵语、古波斯语、阿拉伯语、拉丁语和多种少数民族语言，连专家也感棘手，翻译时都要查阅多种参考书和工具书，其工作量之大，可以想见。耿译对原书中的大量引用的汉籍引文，都找出古籍原文查对，因此在他的翻译中，人名、地名、官名、制度名物等都很少错误。如谢和耐的《中国和基督教》一书中大量引用传教士和古代中国学者的著作，他都一一查考原书，这就比前此出版的另一译者翻译此书的质量要好得多。至于他译的藏学名著，也是他不断向国内外藏学专家虚心求教，苦学勤查的结果。不少人读了他的译书，都以为译者就是这方面的专家。由此可见他翻译的态度是慎重的，他的成就也是很多人认可的。

　　耿昇对汉学名著的翻译过程，其实也是他对这一问题的研究过程。他在所译各著的前面，都撰有一篇《译者的话》，反映他的研究所得，有些《译者的话》无疑就是一篇很有水平的学术论文。他为《西藏史诗与说唱艺人的研究》一书所写的《译者的话》，就是一篇近万字的研究文章。文中包含了对原作者石泰安生平及著作公正客观的论述，对著名史诗《格萨尔王》的分析评述，同时也指出了书中一些错误论点。由于耿昇善于在工作中进行研究和探讨，因此他在国内敦煌学、藏学、佛学、西域学、中外文化交流史学各领域中，都有建树，成了知名人物。耿昇先生现为中国敦煌研究院的兼职研究员，中国敦煌吐鲁番学会理事，中国中外关系史学会、中国中亚文化学会、中国民族史学会、中国蒙古史学会、中国唐史学会、中国海外交通史学会、中国太平洋史学会、中法比较文化协会等全国学术团体的会员,法国亚细亚学会会员和法国政府文学艺术勋章获得者。

当然,耿译也有粗糙和失误的地方,这是难免的。但他基本上把难啃的东西啃下来了,别人不敢译的东西译出来了,这是主要的成绩。再举一例。冯承钧先生生前曾把费赖之的《入华耶稣会士列传》全部翻译出来了,对我国明末清初中西文化交流史的研究是一很大贡献。但无论费赖之的原书和冯先生的翻译,失误的地方都不少。现在已有人将冯译全稿加以订正,准备出版,这是一件大好事。本世纪70年代法国学者荣振华曾对费赖之书作了许多重要的补充和修正,写成《在华耶稣会士列传及书目补编》,现耿昇又将它译为中文,共70多万字,1995年由中华书局出版。冯译和耿译二书都是必要的,可以互为补充,构成耶稣会士研究的一套完整的资料性工具书,嘉惠学林。因此,缺点和不足是可以补正的,而成绩是有目共睹的事实。

最后,我忽然想起了孙毓棠先生在1979年时对我说的一段话:"我们搞历史的有不少人看不懂外文书,也不了解国外的研究情况,很吃亏。历史研究所最近来了一位青年,法语不错,现在正让他专门搞国外的汉学介绍。我们室(孙当时是中外关系史研究室主任)准备培养他搞中外关系史的翻译研究。"这位青年就是现在驰骋在译坛上的骁将耿昇,他终于不负孙先生的厚望,以他特有的勤奋好学精神迈上了最高学术殿堂。现在耿先生还在盛年,可以预料,在不久的将来,一定会对国外汉学的翻译和研究作出更多的贡献。

(《世界汉学》创刊号,世界汉学杂志社 1998 年 5 月)

教我如何不想她

我曾在上世纪 90 年代初忝任北京市政协文史委员和《北京文史资料》编委会委员。最近蒙编委会不弃，来信邀我写一篇回忆在文史委和编委会期间往事的文章，作为《北京文史资料》70 辑的出版纪念。来信中说："她就像您的孩子，凝结着您的汗水，牵动着您的心。"说得真好，令我感动。虽然我没有流过多少"汗水"，也已离开北京多年，但她却经常"牵动着"我的思念之情。因此，尽管我收到此信时已离截稿日期没几天了，此文也不一定能用得上，但还是争取把它写出来，能向编辑部诸位略表寸心，这就够了。

在开始被邀参加编委会时，我以为编委只不过是挂名的头衔，不大在意。但出乎意料的是在第一次编委开会时，主编便宣布编委要具体参加审稿和定期公开审稿会议的制度；文史委又安排了近期内以保护文物、古建筑、古迹为主的参观视察计划，这都要占去我不少时间，心中老大不高兴。然而不久我就发现，这些活动不仅是委员的应尽义务和该做的工作，而且对个人来说，特别是对我的"本职"工作来说，也是大有裨益的。我是中华书局一个普通编辑，平常多在古书堆中工作，参加了政协文史委和编委会的活动后,使我的眼界大开。还有幸认识了一批学有专长、见多识广的著名人士,如:漫画家李滨声;考古文物学家赵其昌、马希桂;历史学家蔡美彪、刘桂生、王灿炽;文学史家弥松颐、舒乙;剧作家李龙云;档案学家王国华;出版界权威人士薛凡、郑潜等。在开会和参观视察中,我经常获听他们的高论,也是得益匪浅。老赵赠我一本《风雪定陵》,叙述他进入定陵地宫发现宝藏的故事,此书还在我们单位"传阅"了一段时间,不少人还向我打听他的"传奇"经历呢!

　　文史委的活动中最令我难以忘怀的应是1993年9月间"西北之行"的参观活动。这次活动是由年过花甲的文史委主任、抗日爱国名将张自忠之女张廉云率领的,参加者有20多人。在从北京到乌鲁木齐的漫长旅途中,最令我难忘的是乘汽车从敦煌到乌鲁木齐这一段,这也是我最关注、最感兴趣的一段。在80年代中,我曾参与玄奘的《大唐西域记》校注工作,又和孙毓棠先生点校过《大慈恩寺三藏法师传》,对玄奘西行求法的经历比较了解,但却缺乏实际的地理知识,纸上谈兵。这次旅程正好有机会给我补上这一课。我们在离开敦煌后便沿传统的入疆道路从星星峡进入新疆。汽车奔走在一望无际的草原和沙碛之中,昼夜兼程,一天下来已是疲惫不堪,这也令我稍稍体会到一点昔日西行僧人求法的艰辛。第一站便到了哈密。这是我第一次进入伊斯兰世界之中,充满新鲜感、神秘感。第二站便是中外闻名的火州吐鲁番。玄奘从哈密到吐鲁番乘马走了十天,我们乘汽车一天便到,这也反映了时间的流逝,时代的变迁,令我感慨不已。我们在这里参观了千佛洞、火焰山、葡萄沟、坎儿井等,也使我脑海中浮现出《西游记》中的神话世界。在《慈恩传》中又记述了玄奘在高昌国受到国王的隆重接待,在此开坛讲授佛法一个月,足见昔日此地佛教之盛。但我们在参观时,见到的只是高昌故城一片废墟,别无他物。原来到13世纪蒙古军队围攻高昌时,高昌城和高昌文明完全被毁。到19世纪40年代,考古学家才在地下发现了大量汉文和粟特文、突厥文等文书,被称为著名的《吐鲁番文书》,成为历史学家研究西域史极其珍贵的史料。我在废墟中举目四顾,充满沧桑之感,不禁浩叹!

在新疆的旅途中,我们还经常在车中用互说笑话的方式来排遣时间和消除疲劳。其中李老讲的故事妙语连珠,像他的漫画一样令人忍俊不禁,捧腹不已。可惜当时没有人记录下来,否则也可编一册《西行幽默》。在晚上经过达坂城的时候,车上忽然有一位同志要下车,说看看这里的姑娘是不是辫子长又长、眼睛黑又亮。原来有一首新疆民歌是这样唱的。过一会儿他回来说,这里地方很小,也根本没有这样的姑娘。大家大笑,这本是一首创作的歌曲,是艺术家的想象,哪儿就能随便遇上呢!

我们终于到了此行的终点乌鲁木齐市。时正值"乌洽会"期间,街市热闹得很。我们参观了清真寺、市场,又举行了座谈交流会,还在市场购买了维吾尔族的小帽、小刀、珠玉等小特产。最后一天,我们驱车到天山脚下,在宁静的天池边看哈萨克族人骑马放牧,听弹唱冬不拉。看到不远处的博格达雪山,就像身处仙境般地有超凡脱俗的幻觉。在这里,我真正感到这是我生平最难得的一次享受。在这里结束我们这次"西北之行",真是太完美了。

此文行将结束,但似乎仍意犹未尽。一想原来我经常忆及的文史委机关中的同志还未提及,实不应该。在机关工作的大部分是女同志,我虽已离开政协多年,他们中有的同志已升任领导岗位,有的仍在岗位上但工作十分繁忙,有的早已去往其他单位,但她们仍常与我联系,使我一点也没有"人一走茶就凉"的感觉。每次回想起来，心里总是充满了温暖和感动。

稿子写完，正在拟题之际，忽然想起了上世纪 30 年代一首流行歌曲的名字:《教我如何不想她》,正合我心，就借用它作为本文的题目吧。

2005 年 4 月 27 日于沪上浦东

法显

法　　显

　　法显(约341—约422)是东晋时期一位杰出的僧人,也是一位具有划时代意义的游历家。

　　法显俗姓龚,平阳郡武阳县(今山西省临汾县)人。三岁时便被他的父亲送到佛寺去当小和尚。二十岁时,接受大戒,正式取得僧人的资格。青年时的法显,就以志向和行为都很高尚、能严格遵守教门戒律而受到僧徒们的尊敬。

　　当时佛教在中国虽然已很流行,但佛教的戒律尚未完备,教规不严,许多僧人也未能真正遵守,法显认为很有必要到印度去取回佛经戒律,把它翻译过来,以整顿中国教规,建立完整的戒律。于是他立下到印度去取经的宏愿。东晋隆安三年(公元399年),他从长安出发,经河西走廊和新疆地区,踏上了印度之行的长途旅程。这时法显已是年近花甲的人了。

　　法显在赴印途中历尽种种艰难,其中最为艰苦的是过塔克拉玛干大沙漠、度葱岭和越雪山。法显经过巴基斯坦、阿富汗,进入印度。他在印度河到恒河流域中下游之间漫游,到过尼泊尔,最后乘船到达斯里兰卡。他在印度刻苦学习梵文,自己抄写经律。他在中印度的巴弗连邑和师子国(今斯里兰卡)终于获得了一批经律,最后于公元411年带着经律,取道海路乘商船离开斯里兰卡回国。

　　法显在归国途中,在印度洋上遇上风暴,商船几乎沉没,漂流到东南亚的苏门答腊岛东部的耶婆提国。法显后来改乘另一到广州去的商船回国,在南中国海上又遇上台风,桅断帆破,商船只好漂流北上。法显终于在东晋义熙八年(公元412年)秋天,在山东崂山沿海登陆,回到了祖国。法显陆去海回,在外游历达十三年之久,回国时已是72岁的老人了。

　　法显归国后,写了游记《佛国记》一书。并在南京开始了他的译经事业,译出了他带回国的《摩诃僧祇众律》、《方等泥洹经》等经律。法显最后到了荆州新寺,于南朝刘宋永初三年(公元422年)逝世,享年82岁。

幼年出家

　　法显原姓龚，"法显"是他出家后师父起的名字。法显是晋及十六国时期平阳郡平阳县（今山西省临汾县西南）人。关于他的籍贯和生年，有必要在这里先作点解释。根据史书记载，法显是平阳郡武阳县人。但晋及十六国时期平阳郡下属的十二个县中，却没有武阳县，因此，平阳郡武阳县显然有错误。当时平阳郡下属有平阳县，现在多数人认为武阳县就是平阳县的误写，所以现在我们就把法显的籍贯定为平阳郡平阳县。至于他的生年，史书上也没有明确记载，这里是据比较可靠的推断，他生于东晋咸康七年（公元 341 年），当时晋王朝已经迁往南方的建康（今南京），北方则是"五胡十六国"时代。

　　法显的童年，家庭连遭不幸。法显有三位哥哥，都在七八岁时相继死去。他的父亲害怕法显也会早夭，在他 3 岁时便把他送到佛寺剃发做小和尚，以为能在佛祖的庇护下，免遭此难。法显当时因年龄太小，剃发后仍回家中，由父母照顾生活。法显后来忽然患了重病，他的父亲非常害怕，又赶快将他送往寺中。不久，法显病就好了，从此他就不愿意回家了。他的母亲非常想念他，便在住宅旁边另建一间小屋，以便让法显能自由来去，不必进入家中。

法显 10 岁时,父亲去世。法显的叔父以法显的母亲寡居孤独,需要儿子在身边安慰照顾为理由,强逼法显还俗,离开佛寺。但法显坚持要出家,他说:"我本来就不是因为父亲在世才出家的。我是为了离开世俗的纷乱,寻找人生的真理,所以,我不能因父亲逝世便还俗回家。"他的叔父见他出家意志坚定,便不再勉强他还俗。不久,法显的母亲也去世了。法显回家将丧事处理完毕后,又马上回到寺中。

法显在寺中学习期间,有一次,他和数十名小和尚一起在田间劳动,收割稻谷。这时忽然来了一群饥民,要夺取他们的稻谷。小和尚们吓得弃稻而逃。只有法显没有马上离开,他从容地对饥民说:"你们要拿稻谷充饥,可以任意取去;但这是因为你们前世不做善事,没有救济穷人,所以才有今天的饥饿之苦。如果你们现在再去抢夺别人的东西,那么来世肯定还要受更大的苦难。我是为你们担忧,才对你们这样说的。"法显说完后,便回到寺中。饥民们听了法显的话,觉得有理,害怕来世受更大的苦,便放弃稻谷走了。全寺数百名僧人知道此事,都非常称赞法显,说他在危急关头能用佛教宗旨去晓谕饥民,胆识过人。少年时的法显,就这样开始在僧人中享有声誉,为人称道了。

法显 20 岁时,接受了"具足戒",即大戒,取得了正式和尚的资格。原来在佛教中,出家人在童年和少年时,只能充当小沙弥(小和尚),还不是正式僧人、正式和尚。只有在经过若干年的学习以后,到了 20 岁,对佛教教义和戒律都有一定认识时,才能授予大戒,即已具有足够条件接受戒律的约束,所以又称"具足戒"。法显成为正式僧人后,就可以出外寻师访友,云游四方了。从此以后,法显的道德学问日见成熟。后来他到了北方佛教的中心长安(今陕西西安),就以"志行明洁,仪轨整肃"的美名著称于时,受到僧俗人士的崇敬。

当时的长安是苻坚统治下前秦的都城。原来晋朝自4世纪以后，北方各少数民族势力逐渐强大，公元317年，晋室南渡，在南方建立东晋政权，中国的北方，就基本上在少数民族政权的统治之下。从公元304年到公元439年，北方各地曾先后出现过十六个政权，主要是由匈奴、羯、鲜卑、氐、羌五个少数民族建立的，所以历史上称为"五胡十六国"。由氐族建立的前秦是其中一个最强大的政权，在苻坚统治时（357—384），整个北方中原地区都在他的统治之下。法显就是在前秦时期度过他的前半生的。

年近花甲立壮志

东晋隆安三年（公元399年），即后秦的弘始元年，法显已经59岁。在这一年春天的一个早上，从后秦都城长安到咸阳的古道上，有五个行脚僧（古代指步行参禅求法，云游四方的僧人）在向西行进，这就是法显和他的同伴慧景、道整、慧应、慧嵬（wéi）到西方印度去取经的开始。法显为什么以垂暮之年，在动乱的年月中踏上这遥远的征途呢？这首先得从佛教在中国的流传和佛经的翻译情况说起。

印度佛教的东传

佛教在公元前 6 世纪至公元前 5 世纪时起源于印度,是一种主张因果报应和通过修行以求解脱的宗教。它的始创人是古代印度的一个王子,名叫乔达摩·悉达多。他是释迦族人,成佛后,人们管他叫释迦牟尼,意思是释迦族的圣人。佛教于公元 1 世纪左右,即东汉明帝时传到我国中原地区,东汉的首都洛阳是我国最早的佛教中心。相传白马寺就是当时印度僧人摄摩腾、竺法兰用白马驮载佛经到洛阳后兴建的,故名白马寺。此寺今仍在洛阳市东郊,是我国最早的一座佛寺。从东汉到三国时代,传播佛教和翻译佛经都主要由从西域和印度来的外国僧人担任。最早的佛经汉译者是来自安息(主要在今伊朗地区)的安世高和来自月氏(主要在今阿富汗北部)的支娄迦谶。他们在后汉桓帝时来到洛阳,建立了专门翻译佛经的译场(翻译所),对中国初期佛教的传播,起了很大作用。中国人最早参加译经并留下名字的僧人是汉灵帝时的竺佛调。到了三国时代,佛教向南方长江中下游发展,吴国的孙权提倡佛教,吴国的首都建业(今南京)与魏国的首都洛阳并为南北佛教两大中心。建业有著名的西域僧人支谦和康僧会。支谦精通胡、汉语,他翻译了不少佛经,对后来西晋玄学思想的产生和发展有很大影响。康僧会则应孙权之命在建业创建佛寺,名建初寺,为江南地区最早的佛寺。康僧会在寺中说法授徒译经,对江南地区佛教的传播也起了很大的作用。

到了 3 世纪中叶以后,西晋时佛教的传播和佛经的翻译有了更大的规模。据统计,西晋短短的 50 年中,参加佛经翻译的有名僧人就有 12 人,共译出佛经 600 卷。其中汉人参加译经的有 7 人,占译经人数的一半以上,这是以前从来没有过的。西晋时最有成就的译经僧人是竺法护。他的祖先虽然是西域人,但他世居我国西北敦煌郡,8岁出家,因此也可以说是一位中国僧人。他不但精通中国语文和中国典籍,而且通晓外国36种语言和文字,是一位语言奇才。他曾跟随师父在西域各地游学,后来携带大批佛经从敦煌来到长安、洛阳等地,沿途译经授徒,共译出佛经150多部,共300余卷。当时人称他为"敦煌菩萨",梁朝僧祐称赞他:"经法之所以广泛流传中华,乃竺法护之力。"这时,中原地区直接参加译经工作的汉人还有聂承远、聂道真父子,陈士伦、孙伯虎、虞世雅等。

4世纪20年代,晋室南渡后,中国进入了动乱的南北分裂时期。南方为东晋政权,中原文化大量南移。由于战乱频繁,生活极不安定,人们都希望能从宗教中找寻安慰和精神寄托,佛教在这时大为流行。在北方,十六国的最高统治者都大力提倡佛教。仅在后赵时(319—350)就有寺院893处,后赵僧人佛图澄有门徒近万人,位居北方佛教的首席。他的弟子道安成就尤其突出。而道安的弟子慧远,在奠定中国佛学理论基础上更产生了深远的影响。道安和慧远,对法显的西行和译经,都先后产生过一定的影响。

道安(312—385)原姓卫,今河北省冀县人。他的一生,在整理注释佛教经典、确立佛教教规、奠定佛学基础、组织佛经翻译、培育佛学人才等方面,都做出了卓越的成绩。此外,道安还写了一本名为《西域志》的书,这是我国第一部专门叙述从新疆西部到印度的地理著作,内容虽然简略,但却真实地反映了4世纪中国和印度之间的具体交通情况。很可惜这本书在宋代以后失传了,我们已很难看到它原来的面目,只能在《水经注》、《太平御览》中窥见它的一鳞片爪。道安在北方各地讲学授徒时,法显正是青年时代,大名鼎鼎的道安肯定使法显仰慕不已。这部专门讲述西域印度地理的书,法显在去印度之前一定读过。很可能正是这部书才使法显了解中印陆上交通的大致情形,促使他下决心踏上到印度去的征途。我们拿道安的《西域志》和法显的《佛国记》相比,不难发现它们的内容有不少相似之处,这就证明了,法显的印度之行确实曾受到《西域志》的诱导。但道安并没有真正到过西域和印度,《西域志》的材料主要是从他的老师佛图澄和当时来中国的印度、西域僧人那里收集来的。后来法显的《佛国记》无论从质量和数量来说,都比《西域志》丰富得多,这恐怕也是《西域志》后来不受重视而终至失传的原因吧!

慧远(334—416)是与法显同一时代而主要活动在长江中下游的佛教领袖。他在21岁时出家,在北方拜道安为师,45岁时告别道安南下,先到荆州,后到庐山,此后便一直在庐山讲学授徒,并与东晋和北方各地的高僧、名士广泛交游论学。慧远熟谙(ān)中国古典哲学,特别对老子、庄子很有研究,他把魏晋以来社会上流行的玄学和佛学思想结合起来,对佛教的中国化是一个很大的促进。慧远不但是东晋佛教的领袖,而且也受社会上知名人士的敬重。在法显出国前,慧远已在南方庐山定居20年,庐山一时成为佛教徒仰慕的地方,法显对慧远可能也早已产生敬慕之情。法显归国后南下译经,慧远对法显的译经工作还起过重要的促进作用,这在后面《新的征途——译著事业》一节中还要谈到。

以上就是法显西行前中国佛教流传的大致情况。下面再看看当时中国和印度的交通情况。

中印交通的先驱者

早在公元前1世纪,我国就已经知道西方有个身毒国(即印度），也知道有一条从我国西南地区到达印度，和一条从中亚到印度去的商道。但中国和印度的直接来往，却在公元 1 世纪后，随着佛教的东传才正式开始。

在佛教传入中国初期，是印度和西域僧人东来传教，他们沿着丝绸之路东来，到达我国新疆地区，然后再进入中原。到 3 世纪中叶以后，才开始出现中国僧人西行求法取经。但在 4 世纪以前，他们大都只到达新疆和中亚地区，没有到过印度。然而他们都是中印交通的先驱者，法显就是在他们西行的基础上，吸取了他们的经验，才完成印度之行的。因此，在叙述法显创造印度之行这一伟业之前，还有必要对法显之前中印交通的先驱者们作一简略的回顾。

最早一位西行的中国僧人是三国时代洛阳的朱士行。他对当时外国僧人口头传译的佛经不满意，认为不够准确，有失原意，便下决心亲自到西方寻找更完善的佛经原本。他在魏甘露五年（公元 260 年）西行到达于阗（tián）国（今新疆和田），得到了梵文原本《放光般若经》。西晋太康三年（公元 282 年），朱士行派他的弟子弗如檀把佛经梵本带回洛阳。但不久，朱士行便以 80 岁的高龄在于阗逝世。他西行的具体过程虽然不得而知，但他勇敢地西出玉门关，穿越大沙漠，到了我国最西部的辽远地区，并取回了经本，这种不畏艰苦寻求新知识的精神为后来的求法僧人树立了光辉的榜样。由弗如檀带回洛阳的《放光般若经》也在元康元年（公元 291 年）译为汉文，对西晋佛学理论的研究做了很大贡献。

其次是西晋时敦煌人竺法护，就是前面说到的"敦煌菩萨"，他曾跟随师父印度人竺高座游历西域各地，可能已经跨越葱岭到达中亚各国。他通晓 36 种语言，后来回到洛阳译经。到了西晋末年，又有中山（在今河北省中西部）人康法朗，他发誓愿意到西方去瞻仰佛教圣迹,后与同学四人西行,出敦煌,越流沙,到了鄯善国,可能在天山南路一带参观巡礼,后来回到中山。

其他还有前秦苻坚建元(363—384)时,凉州人竺佛念到西域求法。东晋时,有慧常、进行、慧辩曾至西域求法,慧睿甚至还到了南天竺界,僧纯、昙充、竺道曼等到达龟兹。此外不见于记载的西行僧人,特别是商人一定更多,不少人甚至还捐躯于途中。他们的具体行程虽然没有传世,但后来法显的印度之行,无疑就是踏着他们的足迹继续前进的结果。

西行目的——寻求戒律

上面所说的佛教东传和西行的先驱者都是产生法显西行的客观条件,但促使法显在垂暮之年立志西行的主观动机又是什么呢?

法显在他归国后写的游记《佛国记》中一开始便回答了这一问题,就是“慨律藏残缺”。这句话的意思就是说,他对当前佛教戒律残缺不全的状况感到很不满意。因此他下定决心要到印度去寻求完善的戒律,带回中国并翻译出来,这样,中国佛教的戒律就完备了。

所谓“戒律”,简单地说就是佛教徒应遵守的纪律,寺院生活的守则。原来佛教流传下来的典籍分三类:经、律、论。经就是佛教创始人释迦牟尼所说的教义,律就是出家人应遵守的教规、戒律,论就是后人对教义的解释、论述。这三类典籍合称“三藏”,能精通“三藏”的僧人称为“三藏法师”,是很有学问的僧人。因此,“律藏”指的就是有关教规、戒律的经典,“戒律”就是律藏中的具体条文,是出家人应遵守的纪律。

当时,即十六国和东晋时期,中国佛教戒律的状况如何呢?

自西晋以来，佛教发展很快，皈（guī）依佛教的人迅速增加，但佛教典籍的翻译和介绍却做得很不够，而且外国僧人主要是翻译经藏，翻译戒律的极少，因此很多和尚不知教门规矩，出家和在家都差不多。特别到了西晋末年和十六国时期，北方战乱多，出家人多，违犯教规的人也多。最早对这一状况深感忧虑的是道安。他急切地希望能将印度佛教的戒律移植到中国来。他说："云有五百戒，不知何以不至？此乃最急。"于是他千方百计寻找戒律原本，并组织翻译整理。他在襄阳时，曾具体制定"僧尼轨范，佛法宪章"三项，"天下寺舍，遂则而从之"。道安在创定中国佛教戒律方面曾作了奠基性的贡献。但从整体来说，当时戒律尚在草创阶段，印度很多重要的律藏还未介绍到中国来。特别是当时社会混乱，出了家可以逍遥法外，不受戒律约束。胡作非为，欺诳百姓的僧人不少，引起许多人不满。一部分人便针对佛教的这些弊病，起来攻击佛教。教门中一些有远见的僧人都深感建立健全戒律之必要，提出要以印度律藏为根据，以印度寺院为榜样，确立中国佛教徒严格的生活纪律和教规。加上当时已译出的戒律中有不少讹误，不足为据，这都激发起一些僧人要亲自到印度取回梵本经律翻译的愿望。

　　法显到长安后，已是一位修行多年，并以行为高尚、持戒谨严而著称于时。他目睹许多出家人不守纪律，各行其是的混乱情况，非常痛心。认为持戒不严，主要是因为没有完备的戒律。于是便下决心仿效先驱者们西行求法的榜样，到印度去寻求戒律。他的这一想法得到了同时在长安修习佛学的同学慧景、道整、慧应、慧嵬的赞成。于是他们便组合在一起，于前秦弘始元年，即东晋隆安三年（公元399年）的春天，一起从长安出发，踏上到印度去求法取经的征途。

入印前的艰苦历程

度"沙河"

法显一行离开长安西北行，越过陇山（在今陕西陇县西北）后，首站到达乾归国（在今甘肃兰州市西）。这里是当时西秦统治者鲜卑族的首领乞伏乾归的都城，所以法显称之为乾归国。西秦的统治区主要在陇西（今甘肃中西部、青海东南部一带）。法显等到达乾归国时已是春末夏初，便在这里做了西行后的第一个"夏坐"。所谓夏坐，原是印度佛教徒每年夏季固定的一个修习时间，共三个月，禁止外出，只在寺院内修习佛学，接受供养。在印度是从五月至八月，这时正是夏季和雨季，所以称为"坐夏"，又称"夏坐"、"雨安居"、"安居"等。中国的夏坐时间则是农历四月十六日至七月十五日（本书以后说的月份都是指农历）。法显严格执行佛教戒律，在旅途也不例外，所以像往常一样，在这里进入"夏坐"。

在乾归国坐夏休歇了三个月后，法显等继续西北行，经过十六国之一的南凉国都城耨（nòu）檀国（今青海西宁市），然后越过养楼山（在今西宁市北），到达张掖镇（今甘肃张掖县）。这时正值后凉内乱，往敦煌的道路都不通行，占据张掖的段业便挽留法显等人在张掖住下，等待道路通行时再走。法显在这里又遇上几位从中原到印度求法的僧人，他们是智严、慧简、僧绍、宝云、僧景五人，于是引为同志。他们在这里住到次年夏天，即隆安四年（公元400年）四月，又进入旅途上的第二个夏坐。坐夏完毕，道路可以通行了，一行十人便向敦煌进发。

当时的甘肃河西一带已盛行佛教，这里的统治者和地方官对云游四方的行脚僧都无条件招待食宿，并供给行资。法显等到达敦煌后，敦煌太守李暠（hào）热情地招待了他们。法显等在这里又休息了一个多月，正好李暠这时要派使者到鄯善国去，法显等五人便跟随使者一道从敦煌出发，宝云、智严等五人则稍后第二批出发。

从敦煌往西，法显首先看到了许多汉代修筑的为了防备外族入侵的障塞遗址，还有著名的玉门关遗址。从此往西，便是人迹罕至的沙漠了。唐朝诗人王之涣的名句"春风不度玉门关"，就是描写这一带荒凉的景色。这里有汉代西域旅途中人们视为畏途的白龙堆沙，即今新疆东部罗布泊以东的沙丘地带，原是古代湖积层及红色砂砾由于干旱和风力长期蒸发侵蚀的结果。这里没有生命，极目四望，不辨方向，法显称这一地带为"沙河"，因其中还有干涸的河床遗迹。这是法显西行经过的第一个险途，在《佛国记》中，他是这样描写的：

> 沙河中多有恶鬼、热风，遇则皆死，无一全者。上无飞鸟，下无走兽，遍望极目，欲求度处，则莫知所拟，唯以死人枯骨为标识耳。

所谓"恶鬼、热风"，就是指沙漠中突然发生的风暴。唐代到印度取经的大旅行家玄奘归国时经过这里，也有同样描述："夜则妖魑举火，烂若繁星，昼则惊风拥沙，散如时雨。"如果遇上这种"恶鬼、热风",人很快就会被活埋在风沙之中,因此"遇则皆死,无一全者"。解放后我国科学工作者彭加木就是在这一地带被风沙掩埋失踪的。法显等经过这里时,侥幸没有遇上风暴。他们非常恐怖地凭借枯骨为指路标志,在无边无际、毫无生命的沙丘中行走了17日,才脱离险境,到达鄯善国。

过"死亡之海"

鄯善国在今新疆若羌县东部,这是个佛教国,僧徒4000多人。法显在这里住了一个多月后,又西北行,到达乌夷国。

乌夷国即今新疆焉耆,这里也有4000多僧人,但流行的是小乘佛教(佛教有大乘、小乘两个流派,追求"自我解脱"的修行称"小乘",为原教派,鼓吹"救度一切众生"的修行称"大乘",为新教派),对当时信奉大乘佛教的汉族僧人很不礼貌,不愿意招待法显等人。幸好有一位姓苻的贵官(可能是后秦的贵族)子弟在寺院内修行,遇到法显,愿意资助他西行,法显等才在这里受到接待。两个月后,宝云等五人也从敦煌来到乌夷国。

这时摆在法显等人面前的有两条入印度的道路,一条是西南行穿越塔克拉玛干大沙漠到达于阗,再西行越葱岭到印度,这是于阗道;另一条是沿天山南麓西行越葱岭到中亚,然后再南行进入印度,这是一条大多数人走的传统的"丝绸之路"。4世纪时,天山南麓各地流行的是小乘佛教,法显等怕途中寺院不愿意接待,会遇到麻烦,便宁愿选择路程更为艰苦的要越过大沙漠的于阗道。但要越过大沙漠,必须做好充分的物质准备工作。沙漠中也许要走一二个月的无人地带,牲口、粮食、水等都要有足够准备,还要有防寒、防风沙的衣被鞋袜等,光靠苻姓的贵官子弟也难于解决。于是便分出智严、慧简、慧嵬三人到东面的高昌国(故址在今吐鲁番西南)去筹备度沙漠的物资,而法显等七人则从乌夷国先行出发,西南行再次进入沙漠。

这次法显行经的沙漠是我国面积最大的沙漠,维吾尔语称为塔克拉玛干,意思是"进去出不来",故又称为"死亡之海"。这大沙漠东西长约 1000 公里,南北宽约 400 公里,要穿越这一浩瀚的"死亡之海",非有视死如归的冒险精神不可。法显等人为了西行求法,把印度文化传入中国,怀着高度的献身精神,早已把生死置之度外。法显是世界上第一位见于记载的大沙漠穿越者,但在他的《佛国记》中,对此仅寥寥数语:

　　　　　西南行,路中无居民,沙行艰难,所经之苦,人理莫比。

我们无法知道法显在度"死亡之海"时的具体情况,只知道他在沙漠中走了 35 天,才到达于阗国。1500 年后,瑞典的探测家斯文赫定也曾由南往北通过塔克拉玛干大沙漠,走了 41 天,比法显穿越大沙漠的时间多了 6 天。这可能是 1500 年间塔克拉玛干大沙漠逐渐扩大、沙漠化更严重了、绿洲更少了的缘故。斯文赫定在越过沙漠时曾有详细报导。可惜法显对此仅寥寥数语,其中艰苦情形,只能在想象中了解了。

越"世界屋脊"

法显等在过了"死亡之海"后,便到了于阗国。于阗是古代西域著名的佛教大国,在我国新疆南部和田河流域一带,其都城今称和田。公元前 1 世纪时,佛教已从印度传到于阗,到法显西行时,佛法已在这里流行了近 500 年。这里佛教之盛,给法显以非常深刻的印象。

法显等人居住在瞿摩帝寺,这是一所以威仪齐肃、戒律整严驰名的大寺院。寺内 3000 僧众同时就食用餐,鸦雀无声,人人只能用手示意,不能说话,使法显大为称赞。但最使法显感动的,却是于阗国的"行像",这是每年一度的佛教盛大节日。为了观看这个节日的盛况,法显等在这里停留等待了三个月,而让慧景、道整、慧达三人作为过葱岭的先遣队,先行向竭叉国进发。《佛国记》中详细地叙述了于阗国这一节日的盛况:全国14座大寺院,每一寺院都用很多彩车装载着佛像在全城轮流游行一天,这样一共游行14天。彩车是四轮车,装饰华丽,高3丈余,像一座宫殿,佛像在车中,有诸菩萨和众神侍从。车上用金、银、宝石、珍珠等装饰得辉煌夺目,庄严而华丽,而且各车都不一样。彩车所到之处,人人皆以头叩佛足,焚香散花,载歌载舞。国王及夫人、宫女等整整14天都在城门上观看,夫人、宫女在门楼上不断撒放鲜花,有如天女散花。这真是全民欢庆的盛大节日,使法显大开眼界。

　　参观行像之后,僧绍和另一位西域僧人又先向克什米尔进发,随后,法显和其余同伴也离开于阗向子合国前进。

　　子合国在今新疆叶城县,也是大乘佛教的流行地。法显一行在这里休息了15天后,又向前行,到达于麾国,在今叶城西南叶尔羌河中上游一带。这时已是东晋隆安五年(公元401年)夏天,法显便在于麾国夏坐三个月。这是法显西行后的第三次夏坐。

　　夏坐毕,法显便向西行,进入葱岭山中的竭叉国(在今叶城西部山中,塔什库尔干附近)。在这里,法显和先前出发的慧景等三人汇合后,便准备向世界屋脊——葱岭前进,这是进入北天竺前的最后一道险关了。

　　在竭叉国时,适逢这里要举行五年一度的般遮大会(又名无遮大会,是由国王主持向僧徒广泛布施和教徒自由说法的大集会),四面八方的僧徒都要云集竭叉国,参加这个佛教盛会。但法显由于要赶在冬天到来之前越过严寒的葱岭,不能在这里多作停留,因此没有参加般遮大会,便继续向葱岭山上前进。

葱岭是我国西部地区河流与中亚、南亚地区河流的高原分水岭,具体地指我国新疆西南部与阿富汗东北部、塔吉克斯坦东南部交界的地区,今又称帕米尔高原。这里也是亚洲几个最大的山脉,即昆仑山、天山、喀喇昆仑山、兴都库什山交汇的大山结,平均海拔 4000 米以上,有 7000 米以上的山峰多处。这里气候寒冷,山峰终年积雪,人烟稀少。但法显经过这里时,还看见山谷里生长着竹、石榴、甘蔗,可见这里秋天气候还是比较适宜的。但山上气温很低,甚至终年积雪。法显还指出在葱岭以东,百姓的衣着和中原地区大略相同,葱岭以西,就完全不同,完全是外国人的衣冠穿戴了。

法显一行是从塔什库尔干西部南下越过葱岭的,他在《佛国记》中描述度岭的艰苦说:

> 葱岭冬夏有雪,又有毒龙,若失其意,则吐毒风、雨雪,飞沙砾石,遇此难者,万无一全。彼土人即名为雪山人也。

所谓"毒龙",就是指帕米尔高原上特有的烈风。由于这里地势高,风力特别迅猛。如果遇上烈风,夹着雨雪和沙石,就要把人畜击毙或卷走,无人能幸免于难。加上这里空气稀薄,山上终年积雪,条件特别恶劣,葱岭一带居民极少,只有个别被称为"雪山人"的部落。

法显一行在葱岭山区经过一个月的迂回前进,终于进入北天竺国境。

漫游北天竺、西天竺

印度在我国西汉时称为身毒,东汉魏晋南北朝隋时称为天竺,唐以后才称为印度。印度根据地理特点分为五个部分,即北印度、西印度、中印度、东印度和南印度,合称五印度或五天竺,简称五印或五天。古代印度包括现在的印度、巴基斯坦、孟加拉、尼泊尔、不丹五个国家。印度是东方文明古国,公元前 2400 年时,印度河流域文明便已出现。公元前 1000 多年,印度文明扩大到恒河流域地区。公元前 325 年,旃(zhān)陀罗笈多建立了孔雀王朝,统治了几乎包括整个印度的广大地区。他的孙子阿育王(? —前 232)是这个王朝最有作为的国王,他大力提倡佛教,并派人远赴国外传教。佛教就是在这一时期得到很大发展的。后来印度陷于混乱分裂达数世纪之久。到公元 320 年,北印度建立了笈多王朝(320—540),印度的经济、文化出现了空前的繁荣。旃陀罗笈多二世(约 380—415 在位)又称超日王,他在位时,经济、文化的发展达到了高峰。著名的梵文诗人和剧作家迦梨陀娑就生活在这一时期。他的诗剧《沙恭达罗》在本世纪 50 年代被译成中文,并在我国演出,受到我国人民的热烈欢迎和称赞。5 世纪初期的法显,就是在旃陀罗笈多二世在位时来到印度的。

东晋元兴元年(公元 402 年),法显 62 岁,在经过近三年艰苦的旅途之后,到达北天竺。在此后的七年中,法显怀着佛教徒的虔诚和对印度人民和印度文化的友好和热爱的心情,在印度各地参观漫游,主要是巡礼佛教遗迹,寻访佛教经律,学习印度文化。他是第一位周游印度的中国游历家。下面,就让我们跟着他的行踪,看看他对当时印度社会、历史、宗教、文化、风俗习惯和佛教遗迹、故事的记述吧。

见巨佛法显说东传

法显等一行越过葱岭后,便到北天竺的山区小国陀历,也就是现在克什米尔西北部印度河北岸达地斯坦的达丽尔。在这里法显参观了一座很有名的木刻巨佛弥勒菩萨坐像。佛像高8丈,坐着的足也有8尺高。这样的巨佛法显从未见过。相传很久以前此地有一巧匠,被一罗汉(佛教徒修行达到最高的级别)运用神力,将他送到天上,看见弥勒菩萨。他把菩萨的相貌记下来,准备刻成木像,经过三次上天后,他才在地上把菩萨像用硬木刻成。这尊佛像屡次出现灵光,附近的各国国王都来朝拜供奉。

这时随行的僧人问法显道:"佛教到底是在什么时候传入中国的?"法显便指着佛像答道:"我曾问过这里的居民,说是打从这尊佛像建立以后,才有印度僧人从这里渡过印度河,向东方传教的。由此可见,当初东汉明帝(58—75)梦见一位高大而头上有日月光芒的金人,就是这位弥勒佛了。所以佛法东流,就是从这位弥勒佛开始的。"法显把中国史书记载汉明帝梦见金人的故事,和北印度的传说结合起来,证明佛教东传已有350多年的历史了。

登石梯蹑悬索过河

法显等离开陀历后顺着山岭西南行,这里是印度河上游地

区,河水在两岸壁立的山谷中穿行,奔腾咆哮,极为壮观。法显在
《佛国记》中描述这里的情况说:

> 其道艰阻,崖岸险绝,其山唯石,壁立千仞,临之目眩,欲
> 进则投足无所。下有水,名新头河(即印度河)。昔人有凿石
> 通路施傍梯者,凡度七百,度梯已,蹑悬絙(gēng)过河。河两
> 岸相去减八十步。

法显从印度河岸往下看深谷中奔流的河水,不禁头晕眼花。岸上
是人工开凿的栈道,险峻的地方架着梯,走过 700 处架梯,才到一
条横跨两岸的悬索桥。法显等就是攀着这条 80 步长的悬索桥渡
过陡峭和湍急的印度河的。

过了河,便到北天竺大国乌苌国。

寻佛迹周游北天

乌苌国故地在今巴基斯坦北部斯瓦脱河流域,都城遗址即现
在的曼格勒。传说这里是释迦牟尼成佛后说佛法北行最远的地
方,留下了不少他的遗迹。如佛在石上的足迹、佛晒衣服的石头。
晒衣石高一丈四尺,宽二丈多,一面平滑;还有佛超度恶龙的地
方,等等,法显都一一参观巡礼。巡礼毕,慧景、道整、慧达三人先
行出发去那揭国。法显和其余同伴在这里做了夏坐,这是进入印
度后的第一次夏坐。夏坐后,法显等便南下到宿呵多国。

宿呵多国在印度河与斯瓦脱河之间,今名斯瓦斯梯。法显在
这里参观了据说是释迦牟尼成佛前割肉给鹰吃以赎回鸽子的地
方,在这里建有塔。然后法显又从宿呵多国向东走了五天,到犍
陀卫国。

犍陀卫又称健陀罗,是古代亚洲有名的国家(今巴基斯坦北
部白沙瓦及阿富汗东部一带地区)。公元前 4 世纪末,希腊亚历

山大大王东征到达中亚和南亚,希腊文化也随之传到这里。后来犍陀卫国的艺术便受到希腊艺术的很大影响,形成了举世闻名的犍陀卫佛教石刻艺术。这种艺术后来又影响到我国北方早期的佛教石刻造像。因此,犍陀卫国可说是东西方文化最早的交流中心。5世纪初,法显到犍陀卫国时,它的都城在今巴基斯坦白沙瓦东北。当时犍陀卫国还有两个很有名的古城,一称竺刹尸罗,又称呾叉始罗,原是公元前58年大月氏贵霜王朝的都城,在今巴基斯坦拉瓦尔品第西北;一称弗楼沙,是公元2世纪犍陀卫国佛教全盛时期的都城,又名布路沙布逻,故址在今巴基斯坦白沙瓦西北。

　　法显等一行在这个巴基斯坦北部的古代佛教大国进行了广泛的参观,寻访巡礼佛教遗迹,并记录了这些遗迹的许多佛教故事,如犍陀卫国都城有释迦牟尼修行时自己挖去双眼施舍给盲者的故事及遗址;竺刹尸罗有释迦前身割下头颅施舍给乞头人的故事及遗址和舍身喂养饿虎的故事及遗址;弗楼沙有佛钵(僧人盛食物的容器)故事及遗迹,等等。阿育王在世时,这些地方都建筑有装饰华丽的大塔。在弗楼沙国,法显还见到他生平从未见到过的大塔,高40余丈,壮丽无比。这是贵霜王朝的国王迦腻色迦一世时建造的,距离法显时已有450年的历史了。

　　法显一行在弗楼沙参观了大塔和佛钵后,便各奔东西:宝云、僧景回国去了;慧景、慧达、道整三人原先曾去那揭国,后来慧景得病,道整留在那里照顾慧景,慧达便回到弗楼沙国,而慧达这时也随宝云、僧景一起回国;慧应在佛钵寺不幸逝世。这样,一行人就只剩下法显一人继续向那揭国前进。

过雪山风雪悲难友

从弗楼沙西行 16 由延（由延是梵文音译，1 由延约合 5 英里即 8 公里左右）便到那揭国边境上的醯（xī）罗城，进入今阿富汗境内。这里有供养佛顶骨的佛顶骨寺，还有佛齿、佛袈裟等遗物，远近闻名。再北行 1 由延，便到那揭国的都城，故址在今阿富汗东部贾拉拉巴德城以西不远处。

在那揭城南不远处，有一座天然石室，释迦牟尼的佛影就留在石室的壁上。在距离十余步的地方观看壁上佛影，非常清楚，但再走近看时，便模糊了。佛影西行百步，有释迦剃发、剪指甲的地方。还有一座高七八丈的塔，相传是释迦牟尼和诸弟子作为以后建塔的式样而建造的。法显参观时，此塔大约已经历 900 年了。

法显在那揭国又与先到这里的慧景、道整相会。时正值冬天，他们三人便在这里住了三个月，过冬后，准备南下度小雪山。印度人称喜马拉雅山为大雪山，称西北部今阿富汗境内贾拉拉巴德南部的塞费德科山脉为小雪山。

东晋元兴二年（公元 403 年）春天，法显、道整和病后初愈的慧景三人出发南行，要越过小雪山进入西天竺。山顶上冬夏积雪，山的北面还非常阴寒，遇到风雪暴起，过路的人都颤抖说不出话，常常因冻僵而死去。法显和慧景准备从派瓦山口通过小雪山南下。途中寒风突起，慧景已经冷得走不动了，他牙齿打战，口吐白沫，心知自己已无望，便对法显道："我已活不成了，你们继续前行吧，不要管我了，否则会一齐死去的。"慧景说完便逝世了。法显非常悲痛，抚摸着慧景冻僵的尸体，哀伤地呼喊道："你目的还没有达到便中途死去，这难道是命中注定的吗？"法显、道整二人只好忍着悲痛，重振起战胜风雪严寒的无畏精神，继续前进。他们终于翻过派瓦山口，越过小雪山，到达南面的罗夷国。这里是罗哈尼人居住的山区，这时已是初夏，法显便在此地进入旅途中的第五次夏坐，这时法显63岁。

从山地到平原

夏坐后，法显、道整南下到跋那国，这里即今巴基斯坦北部的邦努，在印度河支流的南部。此地有3000僧众，但都是小乘佛教，对往来僧人不予招待，因此法显很快便离开跋那，向东行渡过印度河，从山地走向平原，到达毗荼（pí tú）国。

毗荼国的原意是"五河地区"，今译作旁遮普。这里是印度河流域地区，主要部分在今巴基斯坦东北部，小部分在今印度北部，毗荼国的佛教兴盛，大小乘都有。寺院僧人看见法显、道整二人从远方来到，都非常惊奇地感叹道："唉！这么遥远的边地人也知道出家学道，经过这么多的艰苦才来到这里，佛法真是伟大呵！"他们亲切地接待法显二人，并按寺院规矩，供给法显二人生活和宗教所需的一切东西。

法显自从离开子合国，进入葱岭山区以来，所走的都是崎岖难行的小路，到了毗荼以后，才走上通途，进入人烟稠密的平原地区。这时旅行的条件比过去好多了，特别是在毗荼受到了西天竺僧俗的热情欢迎，精神大为振奋。这时离佛教的中心地中天竺已不远了，法显和道整于是带着兴奋的心情，离开毗荼东南行，向恒河流域的中天竺继续前进。

中天竺、东天竺巡礼

摩头罗国初识种姓

中天竺位于恒河流域中上游地区,也是印度摩竭提国的主要管辖区。当时国王旃陀罗笈多二世(超日王)曾远征西印度和北印度,驱逐了入侵的中亚人,又与西方的埃及等国家开展海上交通贸易,国内政治、经济和文化都得到很大发展,工商业、农业、宗教和文化都呈现一派繁荣景象,法显就是在这一时期进入中印度的。

法显首先到达摩头罗国。这是恒河上游朱木拿河畔的一个城邦国家,都城故址在今北方邦西部马土腊西南的马霍里。这里一片平原,地广人多,人民生活富足,给法显以深刻的印象。因此他在这里特别记下了他对印度世俗情况的认识:

> 从此以南,名为中国(即中印度)。中国寒暑调和,无霜雪,人民殷乐。无户籍官法,唯耕王地者乃输地利,欲去便去,欲住便住。王治不用刑罔,有罪者但罚其钱,随事轻重,虽复谋为恶逆,不过截右手而已。王之侍卫、左右皆有供禄。举国人民悉不杀生、不饮酒、不食葱蒜,唯除旃荼罗。旃荼罗名为恶人,与人别居,若入城市则击木以自异,人则识而避

　　之,不相唐突。

这是一段非常重要的印度社会史料,它涉及印度封建社会的租税、刑法、薪俸等制度和种姓。它对研究印度的封建社会有重要意义,这在后面《〈佛国记〉的历史价值》一节中还会谈到。这里只谈法显提到的种姓旃荼罗。原来印度自奴隶社会以来,就把人分为四种不同的等级。一等称婆罗门,是掌管教权,垄断知识,享有种种特权的统治者;二等称刹帝利,是贵族豪门、大土地者;三等称吠舍,是商人和手工业者;四等称首陀罗,即旃荼罗,是最下等的贱民,从事最卑下的职业。这四种人相互不能交往,不能通婚,也不能共坐、共食,而且代代相传,不可改变。这种把社会上的人和职业划分为不可逾越、等级森严的种姓,在印度已经沿袭了二千多年,是印度历史发展缓慢的重要原因之一。法显一到中印度,便敏锐地观察到印度社会的这种不寻常的现象,特别充满同情心地记述了最下层的"恶人"旃荼罗。法显是最早记录印度种姓的一个外国僧人,他对世俗社会有如此深刻的洞察力,不得不令人叹服。

　　法显还记述了中印度国王、富有的人、商人等兴建寺院和捐赠田产、民户、耕牛给寺院的制度,并说"王王相传,无敢废者,至今不绝"。他又记述了对僧众的衣食所需的布施情况和寺院对客僧到来的接待情况,"圣众所行威仪法则,相承不绝"。这对作为佛教徒的法显来说,到了中印度真是到了西方的"极乐世界"了。

　　法显和道整从摩头罗国东南行 18 由延(约 144 公里),到了僧伽施国。

阿育王石柱传说

　　僧伽施国都城故址在今印度北方邦西部法鲁哈巴德区的桑

吉沙村。这里相传是释迦牟尼为母亲说法后从天堂回到世上的地方。阿育王时,在这里建立寺院、塔和佛像,以作纪念,供后人参拜。

寺院后有一高大石柱,这便是著名的阿育王石柱。阿育王在位时,尊崇佛教,他曾召集全国僧侣在首都讨论如何宣扬佛法和修订佛经,又令人将佛教教义刻在全国各地许多石柱和岩石上,僧伽施国都城寺院的石柱就是其中之一。这石柱高 30 肘(肘为长度单位,1 肘约 1 尺 8 寸),柱身光洁,像琉璃一样晶莹,呈圆柱形,柱内四边有佛像,内外相影,非常清澈。柱顶上的柱头四面有狮子踞坐像,狮子威武雄壮,张开口像在吼叫。相传石柱建成后,有一位信奉异教的论师和信奉佛教的和尚在这里争论,异教论师说这座寺院是阿育王给异教建立的,和尚则认为是给佛教建立的。和尚说服不了论师,便对石柱说:“如果这座寺院是为佛教建立的,那么就马上呈现出征兆吧。”说毕,柱头的狮子忽然大声吼叫,声震四方,异教徒害怕,只好退出。柱头上的狮子,威武雄壮,优美生动,是极为珍贵的艺术品。

寺院内还有一座龙院。相传有一白耳龙住在这里,能使国内风调雨顺,农业丰收,僧徒平安,所以僧众在这里建立龙院供养它。当每年夏坐结束时,龙就会变成白耳小蛇,出来接受供养。僧众们将它盛接在一铜盆中,捧着它在寺院内巡行一遍,巡行后小蛇就隐没不见,年年如此。

法显和道整在龙院中进入夏坐,这是他西行后的第六次夏坐,时为东晋元兴三年(公元 404 年)。夏坐后,法显和道整向东南行,到罽(jì)饶夷城和沙祇大国、拘萨罗国。

畅游祇洹精舍

　　罽饶夷城又称曲女城,即今印度北方邦西部的卡瑙季,在恒河边上。当时这里流行的是小乘佛教,所以法显只参观了几处佛教圣迹,便东渡恒河,进入沙祇大国。沙祇大是古代印度北部拘萨罗国的古都,今印度北方邦哥格拉河旁的阿约底。法显和道整参观了这里的佛嚼杨枝(刷牙净齿)处、散步处、打坐处等圣迹,便又向北行 8 由延,到拘萨罗国的舍卫城。

　　拘萨罗国是古印度北方的著名大国,都城舍卫城在今北方邦北部腊普提河南岸的沙海脱—马海脱。法显到这里时,舍卫城虽然已经衰败,居民很少,但佛教遗迹很多,特别是大部分都集中在著名的祇洹(huán)精舍及其附近,法显和道整二人在这里畅游精舍,饱览佛迹。

　　祇洹精舍(精舍是以佛教寺院为主的园林建筑)在舍卫城南门外 1200 步,是释迦牟尼同时代的须达长者建的一座漂亮的园林。须达长者是拘萨罗国国王波斯匿王的大臣,由于他平日乐于周济贫民,因此又称他为给孤独长者。他听说释迦牟尼舍己为人的崇高品德,对他产生了无限的崇敬,便自动捐建一座园林请释迦牟尼来居住。这座园林就是祇洹精舍。释迦牟尼成佛后在这里住了 25 年,因此这里的佛教圣迹也特别多。

　　精舍内有一释迦牟尼最早的佛像,是与释迦牟尼同时代的拘萨罗国王波斯匿王建造的。相传精舍最初供养此佛像时,国王和人民在精舍内张灯结彩,散花烧香,昼夜不绝。有一老鼠把灯打翻了,火便蔓延开来,酿成大火,把整个精舍都烧光了。国王及人民都非常懊恼。后来忽然在一小院的余烬中发现佛像仍在其中,没有烧毁,于是皆大欢喜。国王和人民又重新捐建精舍,把佛像迎回原来的地方。现在祇洹精舍共有寺院98处之多。

祇洹精舍及其附近的佛教圣迹很多,著名的有得眼林、须达长者布金钱买地处、佛说法处、佛度人处、佛散步处、佛打坐处、孙陀利女杀身谤佛处、外道女怀衣孕身谤佛处、调达害佛处和影覆寺等,法显、道整都一一参观巡礼。

法显和道整刚到祇洹精舍的时候,想起最初和志同道合的僧人一起经过长途跋涉,经历种种困难,才进入印度,现在有的已经回国,有的已经死去,只剩下两人在此巡礼,不禁百感交集,非常悲戚。寺院内的僧人出来,看见法显二人,非常惊奇,便问他们从何国来。法显回答:"从中国汉地来。"僧人们叹道:"真是奇怪啊!这么辽远边地的人竟能来到这里求佛法!我们世代的师父们还未见过来自中国的汉僧呢!"

法显在《佛国记》中还介绍了拘萨罗国其他宗教的情况。这里除佛教以外,还有其他96种宗教教派,其中主要的是婆罗门教。各教派都有徒众,乞食为生,但手不持钵,和佛教不同。有些求福做功德的人,就在郊外田野路边建立福德舍,供给这些人居住、饮食。从这里可以看出,在超日王统治时代,宗教信仰也是很自由的。

在释迦牟尼的故乡

法显和道整从舍卫城东行,便到迦维罗卫城,即今尼泊尔南部的提劳勒科脱。这里是古代释迦族人居住的地方,也是佛教创始人释迦牟尼的故乡。释迦牟尼的父亲白净王,是古代迦维罗卫城的统治者。但法显到迦维罗卫时,这里已经满目荒凉,路上还有野白象、狮子出没伤人,人们都不敢单独随便行走。城中居民稀少,只有几十个僧人和数十户百姓而已。

　　法显和道整在当地僧人的引导下,参观巡礼了释迦牟尼童年和青年时代的遗迹。有:白净王故宫处的太子乘白象入母胎时的像、太子出城东门见病人回车处、阿夷仙人相太子处、难陀与太子扑象比武处、比射箭处、太子成佛后回见父王处、五百个释迦族人出家处,等等,都建有塔做纪念。在城东北数里有王田,这里有太子在树下观耕处。

　　城东五十里处有一王家园林遗址,这就是释迦牟尼出生处的蓝毗尼园。传说释迦牟尼的母亲摩耶夫人怀孕时,到这园林沐浴、散步,散步时手攀树枝,便生下太子释迦牟尼。太子下地便能走,行七步,有二龙王为太子沐浴。浴处后来作井及水池,法显参观时,僧人还在这里取水饮用。

　　法显和道整从蓝毗尼园东行 5 由延,便到蓝莫国,故址在今尼泊尔南部的达马里附近。这里有著名的藏佛舍利(佛骨)的蓝莫塔。相传释迦牟尼肉身焚化后,八位国王曾将烧剩下来的佛骨结晶体舍利分为八份,给各国供养纪念。当时蓝莫国分得一份,便建此塔,将舍利藏在塔下。后来到阿育王时,他要从八个藏舍利的塔中把舍利再分出来,在世界各地建 8.4 万座塔保存。在轮到最后要取蓝莫塔内的舍利时,守护着这座塔的龙便现身带阿育王入龙宫内,参观龙宫内供奉舍利的各种珍宝,并对阿育王说:"你如果能供奉得比我好,便让你破塔取出舍利,否则休想取走。"阿育王知道龙宫内的供品都是稀世的珍宝,自己不能与之相比,便不再破坏此塔,没有取出舍利。因此蓝莫塔得以保存,远近闻名。

　　后为蓝莫塔也逐渐荒芜,无人打扫,只有象群来用鼻取水洒扫和摘取鲜花供养。其他国家有僧侣来参拜此塔时,看见这里由野象来洒扫供养舍利塔,都非常感动。其中有一僧人便自愿放弃和尚的名称,在这里充当沙弥,负责洒扫供奉舍利塔。他又劝国王在此捐建一座寺院,自己充当寺主,供奉此塔。以后这座寺院便相沿以沙弥为寺主,直到法显来巡礼时还是这样。

这里附近还有太子要出家时解去宝衣、璎珞,遣回侍从、白马的地方,也建有塔做纪念。

法显和道整从蓝莫国东行12由延,便到拘夷那竭城,故址在今尼泊尔南境小腊普提河及干达克河合流处的南部。法显到时也是人烟稀少,非常荒凉。这里是释迦牟尼泥洹(即寂灭、死亡之意,又称圆寂,是佛教徒全部修行所要达到的最高理想)的地方。在城北双树间、小腊普提河边上,就是释迦牟尼泥洹处。这里还有释迦牟尼生前最后的弟子须跋得道泥洹处、金棺盛释迦七日处、金刚力士放金杵处和八位国王分佛舍利处,各处都建有塔和寺院,法显都一一参观巡礼到了。

由于释迦的故乡当时已经很荒凉,经常有野兽、盗贼出没,因此法显、道整除了巡礼圣迹外,没有多作停留,便继续东南行向恒河中游的毗舍离国前进。

佛教中心摩竭提国

毗舍离国故址在今印度比哈尔邦北部木扎法普尔地区的比沙尔,这里也有很多佛教遗迹,其中最著名的就是放弓仗塔。相传这是释迦牟尼的前身为一千个小儿,后来认母、放下武器、停止攻伐、两国和好的地方。释迦牟尼得道成佛以后,经过此地,告诉他的弟子们说:“这就是我过去作千子时放下弓仗武器的地方。”后人便在这里建塔做纪念,所以叫做放弓仗塔。

从放弓仗塔东行三四里,也有一塔。传说佛泥洹100年后,毗舍离的僧人歪曲佛教戒律,胡作非为,受到罗汉和坚持原有戒律的 700 位僧人的揭发检举。佛在这里又重新宣明圣教,削除了谬律,建立了严明的纪律。此后佛教又振兴起来。后人便在这里建塔纪念,法显和道整也参拜了。

从毗舍离都城东行 4 由延,便抵达五河合口的地方。五河即印度的干达克河、腊普提河、哥格拉河、恒河、宋河,在这一带合流东下,便是恒河下游。这里的合口处是指干达克河与恒河的合流处。从这里渡河南下,便到当时世界佛教的中心摩竭提国。

摩竭提国是公元前 4 世纪时旃陀罗笈多建立的国家,位于印度恒河中游,首都巴连弗邑即今比哈尔邦的巴特那。摩竭提国是释迦牟尼得道成佛和宣扬教义的主要地方,因此遗留下来的佛教古迹也最多,加上旃陀罗笈多的孙子阿育王大力宣扬佛教,广建寺院,有学问的高僧辈出,讲经说法,藏经特多,僧人也不断从这里出发到全国和世界各地传教,因此,摩竭提国当时自然而然地就成为全印度以至世界各地的佛教中心。法显和道整也以巴连弗邑为中心,向南行到鸡足山,向西行到拘睒(shǎn)弥国,最后又返回巴连弗邑,尽情地参观学习,取得戒律,这真是他们毕生最大的幸福事。

法显在摩竭提国首先参观了巴连弗邑城中阿育王的宫殿。宫殿全都是巨石建筑,"皆使鬼神作,累石起墙阙,雕文刻镂,非世所造。"这座庞大而精美的建筑在法显参观时仍然保存完好,但200 余年后,唐代玄奘到印度时,所见到的阿育王宫殿就已完全荒芜,只存遗址了。接着法显又参观了城东南阿育王塔旁的摩诃衍寺。寺非常壮丽威严,各地的僧人和有学问的人,都来到此寺学习佛学,外地和国外的僧人也在此寺留学住宿。摩诃衍寺是当时全印度的佛学中心。法显后来从波罗栋城回巴连弗邑,就是住在此寺,得到经律,并学习梵文的。

法显还参观了阿育王在这里最早建立的大塔和石柱。他叙述说：

> 最初所作大塔在城南三里余，此塔前有佛脚迹，起精舍（即上述的摩诃衍寺），户北向塔。塔南有一石柱，围丈四、五，高三丈余。上有铭题，云"阿育王以阎浮提布施四方僧，还以钱赎，如是三反。

法显在巴连弗邑又参观了每年二月八日举行的行像。这和他在到于阗国时看到的行像一样，而且规模之大有过之无不及。法显还记述了城中有钱的人专门为穷苦人建立的医院，"凡国中贫穷、孤独、残破、一切病人，皆诣此舍，种种供给，医师看病，随宜饮食及汤药，皆令得安，差（瘥）者自去。"这种慈善机构，令法显也非常感动。

王舍城和鹫峰山

法显和道整又参观了离城不远的王舍新城和旧城。新城故址在今比哈尔城西南的腊季吉尔，这是摩竭提国早期瓶莎王（约前544—前493）时代开始，后由其子阿阇（shé）世王（约前493—前462）时筑成并迁都于此，又称王舍城。另阿阇世王又在王舍城北建立新邑，即巴连弗邑。又从王舍新城往南4里，入山谷中，群山像环绕的城郭一样，这里便是瓶莎王的古都，又称王舍旧城，法显到这里参观时，已经空渺无人，非常荒凉。但城中有许多佛教遗迹，法显都逐一参观巡礼。

在山谷中向东南往上走15里，便到耆阇崛山，这是一著名的佛教胜地，又名鹫峰山。因为这山峰拔地而起，山顶上有几块突起的巨石，远看形似鹫鸟，传说是天魔变化为鹫恐吓佛的大弟子阿难，佛用手驱鹫，今鸟迹、手迹俱存，所以称这里为鹫峰山。这是一大片山岩地区，道路难行。但这一著名佛教胜地法显早就闻名,因此一定要上山参拜。他和道整二人在王舍新城买了香、花和油灯,准备带上山去,在山中过夜。他们先到山下一寺,晚上便住在寺内。次日一早,法显请僧人送他们上山。但寺中僧人劝道:"上山的小路非常艰险难走,而且林中多黑狮子,常出来害人,何必上去呢,在这里参拜便可以了。"法显道:"我不远万里而来,就是为了取经和参拜圣迹,鹫峰是著名的佛教圣地,我难道可以不上去吗?"法显坚持上山,请了寺中两位老僧人为他们带路。好不容易到了山上,天色已近黄昏,两位老寺僧害怕,便告别法显回去了。法显、道整二人独留山中,巡礼圣迹,并摆上鲜花,烧香礼拜。晚上,二人便在山中打坐念佛。法显道:"从前佛在这里为大众说《首楞严经》,我法显生不逢时,没有遇上,现在只能在这里参拜圣迹,朗诵佛经了。"于是二人便在山上朗诵《首楞严经》,直到天亮。次日,二人寻路下山,返回王舍新城。

在迦兰陀竹园精舍

从王舍旧城北行 300 余步,法显又到另一佛教胜地迦兰陀竹园精舍。

迦兰陀精舍原来是旧城最富有的老人迦兰陀赠给异教徒居住的园林,后来迦兰陀老人改信佛教,便驱逐外道,改赠给佛教徒。法显到这里参观时,看见有众僧洒扫,保存完好。迦兰陀竹园精舍后来又经过几次修建,规模日渐扩大,到 6—7 世纪时,已成为全印度规模最大的佛教寺院,也是佛教的最高学府。中国僧人常到这里参观学习,称为那烂陀寺。著名的高僧玄奘和义净都在这里学习过多年。法显是最早到过那烂陀寺的僧人,法显、玄奘、义净三大游历家都对这座印度著名的佛教寺院留下了宝贵的记录。但在 12 世纪后,那烂陀寺被毁,逐渐成为废墟。直到近代,人们才根据中国僧人对那烂陀寺记录的材料,对沉埋多年的那烂陀寺遗址进行发掘,昔日宏伟壮观的那烂陀寺的基本情况和面貌,才得以展示于人们的面前。

法显和道整又从王舍城西行 4 由延,到了释迦牟尼成道的所在地伽耶城,即今比哈尔邦伽耶城。此城在法显时代也已荒废,只剩遗址,今城南 11 公里的佛陀伽耶,就是释迦牟尼成道的处所。伽耶城及其附近有许多佛得道的圣迹,如传说中的苦行六年处、洗浴攀树枝出池处、弥家女奉乳糜处、石窟地动处、佛在贝多树下退魔成道处、成道后七日观树处、散步处、诸天供养处、盲龙绕佛处、梵天来请佛处、四天王捧钵处、五百贾客授蜜处、度迦叶千人处等,都建有塔做纪念,法显也依次参观巡礼。

法显和道整又从伽耶城东南行 3 里,到一山名鸡足山,即今佛陀伽耶东南 20 英里的婆(jù)播山。释迦牟尼的弟子大迦叶就是在这里寂灭成佛的。山中有迦叶遗迹,法显也去参观了。这里山上树木茂盛,又多狮子、虎、狼等野兽,人们都不敢随意行走。

法显和道整于是又北行回到巴连弗邑。

西上鹿野苑

位于摩竭提国西部的迦尸国和拘睒弥国,也是著名的佛教胜地,有不少佛教圣迹,其中尤以波罗㮈城的鹿野苑精舍最有名。法显为了参观巡礼这些圣迹,又从巴连弗邑沿恒河西行,游历恒河中游西部的迦尸国和拘睒弥国。

法显和道整离巴连弗邑西行 10 由延,首先到达旷野精舍,从前释迦成佛后曾在这里住过。法显停留参观后又继续西行 12 由延,便到迦尸国的首都波罗㮈城。迦尸国也是古印度恒河流域的著名古国,首都波罗㮈城即今北方邦的贝拿勒斯,这里是中印度水陆交通的枢纽,是重要的工商业中心。城东北 10 里,有鹿野苑精舍,这里常有野鹿栖宿,故名鹿野苑。相传苑中原有一群辟支佛(不闻佛法,全靠自觉而得道成佛)住着,他们听到天神在空中喊道:"白净王的王子出家学道,再过七日就要成佛了。"辟支佛听说,便马上在这里泥洹。所以这里又名仙人鹿野苑。释迦成佛后,后人又在这里建立精舍,便称鹿野苑精舍。这里是释迦牟尼成佛后初转法轮(即首次说佛法度人)的地方,拘璘(lín)等五位苦行外道就是在这里听佛法后得道的。

法显在鹿野苑参观时,这里只有二所寺院,但 200 余年后玄奘到鹿野苑参观时,这里已发展到有 30 多所寺院,僧徒 3000 余人。可见在法显以后,这里的佛教又有很大发展。

从鹿野苑西北行 13 由延,法显和道整到达恒河与朱木拿河合流处的拘璘弥国,其都城故址为今北方邦南部阿拉哈巴德西南 30 英里的柯散。这里有一座很有名的瞿师罗园。瞿师罗原是拘璘弥国的富有商人,后信奉佛教,将他的园林捐献给僧众为寺院,所以称为瞿师罗园。释迦牟尼成佛后曾在这里留宿。现在这里有很多僧人,但都是小乘佛,对来往的僧人很苛刻,不予接待。从园东行 8 由延,又有释迦牟尼度恶鬼处、散步处、打坐处,也建有寺院,约百余僧人,法显和道整都参观过了。

神游鸽寺

法显在拘璘弥国曾听说从这里南行 200 由延,便可到达南天竺的达嚫(chèn)国(又称南侨萨罗国)。此国在今印度中部马哈纳迪河及哥达瓦里河上游一带。这里有一座著名的鸽寺,原是过去伽叶佛的寺院(传说伽叶佛是释迦牟尼前世之师,曾预言释迦将来必定成佛,他的塑像往往骑一狮子)。但从拘璘弥国到达嚫国要走许多艰险的山路,路上也有很多强盗。要去鸽寺参观,还要用钱和货物买通达嚫国的国王,得到他的允许,然后才由他派人护送和带路。在路上经过几次辗转相送,才能到达鸽寺。法显知道手续如此麻烦,自己也没钱货去买通国王,因此只好放弃去鸽寺的打算,他根据当地土人的介绍,得知鸽寺的规模和传说故事,也算是一次神游了。

鸽寺又名波罗越寺,波罗越是印度语鸽的意思(其实该寺名跋逻末罗寺,法显误听为波罗越,因而误会为鸽寺。跋逻末罗寺,即黑蜂寺,唐代玄奘和义净游历印度时,都有记载)。此寺完全是在一座大石山中开凿出来的。寺共有五层:最下层雕刻很多石像,共有 500 间石室;第二层雕刻很多石狮,有 400 间石室;第三层雕刻很多石马,有 300 间石室;第四层雕刻很多石牛,有 200 间石室;第五层雕刻很多石鸽,有 100 间石室。寺顶有泉水,循石室环绕向下流,直至最下一层顺着各石室流,然后从门户流出外面。各层石室都穿石作窗,有阳光进入,因此室内明亮。石室的四角穿石作梯,各层能缘梯上下。这里附近一带已经无人居住,远处才有一些村民,这些村民既不信奉佛教,也不信奉婆罗门教,只有原始的宗教迷信。外面有僧人来想到此寺参观,向他们问路时,这些人便说:“我看见寺中的人出入都是飞行的,你们为什么不飞进去呢?”僧人幽默地回答道:“因为我们的翅膀还未长成呵!”

法显和道整没有去成鸽寺,便又顺着恒河东下返回巴连弗邑。

喜得戒律经本

法显回到巴连弗邑时,已是东晋义熙元年(公元 405 年),即他西行后的第七年。这时令他特别高兴和振奋的是,他获得了多年梦寐以求的戒律。因此以后的三年中,法显就在这世界佛教之都的巴连弗邑潜心研读梵文和抄写经律。

　　法显进入北印度时,各寺院的僧侣都是口授传经,没有手抄的经本和戒律。进入中印度后,他每到一地都念念不忘地在各寺院寻求戒律,可谓不达目的,誓不罢休。在摩竭提国巴连弗邑的摩诃衍寺,他终于得到了一部戒律,即《摩诃僧祇律》(又称《大众部律》),相传这是释迦牟尼在祇洹精舍居住时定下来的戒律,由佛教最早的一个派别大众部传至后世。佛教内部派别繁多,最早的是上座部和大众部,称为本部,后来由此分出十八部或二十部,各有师承,基本内容虽然相同,但宽严的界限互有岐异。这部《摩诃僧祇律》是各派别共同遵守的戒律,因此特别重要。法显在摩诃衍寺又获得一部《萨婆多众律》(即《说一切有部律》),这是一部以前曾在中国流传的戒律,但都是由外国僧人在中国口授相传,尚未见于文字的,法显在这里得到了这戒律的原文写本,格外高兴。此外,法显在摩诃衍寺又获得了《杂阿毗昙心》、《綖(yán)经》、《方等泥洹经》、《摩诃僧祇阿毗昙》等佛经。在当时抄本不多的情况下得到这些梵文戒律和经本,法显真是大喜过望。面对着这一重大收获,他下决心在这里学好梵文,练写梵字,把戒律抄录下来,以便带回国去。

　　道整自从到了中天竺以后,看到这里佛法兴盛,佛寺众多,戒律谨严,僧侣们的仪表风范都非常令人钦羡;回想到中国中原的佛寺,戒律残缺不全,僧侣违犯戒律的行为比比皆是,差别太大了,他非常羡慕和留恋巴连弗邑这个地方,于是便下定决心,不再回国。他说:"现在既然已经到了佛国,何必再回到那佛法不完备的遥远边地呢!"

　　但法显却不同,他虽然也敬仰印度文化,但他更热爱祖国。

法显到印度的目的,本来就是寻求戒律,把印度文化带回中国去的;现在已经得到戒律,并用了三年时间学习梵文,抄写经律。他还要把经律译成汉文,还要向中国人民介绍印度文化,他必须回国去完成这些工作。于是便不再拖延,准备独自回国。

在东天竺写经画像

法显在巴连弗邑听说从海道可以回中国,他想自己一个人带着这么多戒律和佛经,如按原路从陆上回去,是很困难的,不如从海上乘船回去方便。于是便在东晋义熙三年(公元407年)离巴连弗邑东下,至多摩梨帝国港口再乘海船经师子国回国。

法显乘船顺恒河东下约18由延,便到北天竺东部的瞻波大国,其都城故址即今比哈尔邦东部巴格耳普尔稍西不远。这里也有佛寺和塔,但法显没有多作停留,便在此改为陆行,向东南方的多摩梨帝国进发。

法显从瞻波大国东南行50由延,便到多摩梨帝国。多摩梨帝国是东天竺古国,其都城故址为今印度西孟加拉邦加尔各答西南的坦姆拉克。这里是古代印度东北部著名的海港。唐玄奘游历此地时称为耽摩栗底国,他在《大唐西域记》一书中叙述这里是"国滨海隅,水陆交会,奇珍异宝多聚此国,故其国人大抵殷富"。法显到时,这里佛教也很兴盛,有24座佛寺,都住满了僧人。

当时从印度洋直接航行中国的商船主要是从印度半岛以南的师子国出发,因此法显在多摩梨帝国要乘海船先到师子国,然后再转乘更大的海船东返。由于从多摩梨帝国到师子国的商船不是经常有,而是要等待冬初时孟加拉湾西岸的东北季风开始才能航行。所以法显在这里又住了两年。他利用这段时间不停地写经、画佛像。终于在义熙五年(公元409年)十一月东北季风起时,法显搭上了商船,向西南方印度洋中的师子国航去。

佛教岛国——师子国记游

岛国概述

法显乘商船离多摩梨帝港口向西南航行,经 14 昼夜,到达距离 700 由延的师子国。

师子即狮子,师子国原称狮子岛,为今印度洋上的斯里兰卡。这是一岛国,岛上古代的居民为僧伽罗族,意思也是狮子族,可能起源于这个民族的图腾信仰是狮子。现在斯里兰卡的国徽上仍是狮子。师子国的王城在今斯里兰卡西北部的古都阿瓷(nóu)罗陀补罗。师子国位于热带,接近赤道,周围是海洋,所以《佛国记》说它"其国和适,无冬夏之异,草木常茂,田种随人,无所时节"。师子国又是古代印度洋上东西方海上贸易的中心,因此商业发达。《佛国记》中叙述这个岛国最早的传说:

> 其国本无人民,止有鬼神及龙居之。诸国商人共市易,市易时鬼神不自现身,但出宝物,题其价值,商人则依价置直取物。因商人来、往、住故,诸国人闻其土乐,悉亦复来,于是遂成大国。

这说明师子国是依赖海上贸易发展起来的国家。《佛国记》还说师子国产珍珠,称摩尼珠,产珠的珠池"方可十里,王使人守护,若有采者,十分取三"。珍珠和宝石是这个国家的名产,法显在师子国时,到处都可看见装饰有名贵的珍珠和宝石的建筑物、佛像和饰物。古代中国很多海外传来的珍珠和宝石,就是来自斯里兰卡。

法显还提到师子国的萨薄商人,萨薄是阿拉伯半岛西南部地区的居民,素以善于航海和经商著称,直至近代,阿拉伯商人仍在斯里兰卡的经济生活中占有重要位置。法显提到的萨薄商人已非常富有,阿拉伯商人向以贩卖珍珠宝石著称于世,可见阿拉伯地区早已与师子国有密切来往。师子国位于印度洋中间,是东方(中国和东南亚国家)和西方(罗马帝国和阿拉伯波斯地区)海上交通的中心,物产丰富,气候适宜,又是一个佛教国家,因此法显选择这里为航海归国的出发点。

名副其实的佛国

师子国是一个名副其实的佛教国家。这里不但佛教名胜多,寺院数量多,规模大、僧侣多,而且国王就是一位非常虔诚的佛教徒,以佛教为国教,给以大力提倡和支持。

师子国著名的佛教名胜有:亚当峰山顶和王城北的两处佛足迹,王城北的佛足迹旁有大塔,高40丈,是公元前1世纪时国王兴建以纪念佛足迹的,壮丽非凡。塔旁有寺院,名无畏山寺,有5000僧众,佛殿中有青玉佛像,高2丈余,右掌中有一无价宝珠。佛殿旁有一株高20丈的菩提树(据说释迦牟尼就是在这种树下得道成佛的,菩提是觉悟的意思,后人就把这种树称为菩提树),相传是公元前3世纪阿育王时代佛教传入斯里兰卡时所栽。此外城中还有佛齿精舍、跋提精舍、摩诃毗罗精舍,都各有2000至3000的僧人。国内僧侣有6万人之多,每月三次公开说法。法显在《佛国记》中描述王城敬僧礼佛的情形说：

> 城中多居士、长者、萨薄商人（古代阿拉伯商人）。屋宇
> 严丽，巷陌平整。四衢道头皆作说法堂，月八日、十四日、十
> 五日，铺施高座，道俗四众，皆集听法。其国人云，都可六万
> 僧，悉有众食。王别于城内供五六千人众食，须者则持本钵
> 往取，随器所容，皆满而还。

城中每月三次普遍作群众性的集会说法，这是别处所没有的，而
且还有"众食"，就是专供僧人饮食的免费食堂。全国六万僧"悉
有众食"，这在一岛国内的确是了不起的。而且仅城内就有一座
国王专设的可供五六千僧人饮食的免费食堂，这充分说明了这个
国家的富足状况和不愧为一个佛教岛国。

《佛国记》还有一段国王给寺院大量产业的记载：

> 王笃信佛法，欲为众僧作新精舍，先设大会，饭食僧。供
> 养已，乃选好上牛一双，金银、宝物庄校角上，作好金犁，王自
> 耕顷四边，然后割给民户、田宅，书以铁券。自是以后，代代
> 相承，无敢废易。

国王不但给予寺院以庄园、民户（农奴），而且还亲自参加赠予仪
式，用铁券作为永不改易的契约，交给寺院僧人代代相传，永远继
承下去。法显在中印度摩头罗国也记载有施主赐给寺院庄田的
制度，但在师子国却是国王亲自参加扶犁的赠赐仪式，隆重庄严，
这比中印度又胜一筹了。

睹扇思乡

王城北的无畏山寺是师子国最大最古老的一所寺院，它兴建
于公元前 29 年到公元前 17 年，寺内香火旺盛，参拜供奉的人络
绎不绝。有一天，法显到无畏山寺参拜时，忽然看见那座巨大的

青玉佛像旁边供奉着一把白绢团扇。法显倏地眼睛一亮，故国特有的手工艺品特别眼熟，原来这是一把中国商人放在此地供奉玉佛像的白绢团扇。我国是丝绸之国，绢扇是中国特有的产品，早在春秋战国时代便已流行。法显在异国他乡看见这一故乡特产，睹物思情，不禁又勾起了对祖国的眷恋与怀念，一阵心酸，凄然下泪。这时他已是古稀之年，离开故乡也有10年多了，现在独自一人，故国的情形怎样，一点也得不到消息，怎不令人怀念呢！祖国南北分裂的战乱，会不会对他归国后的译经事业产生不幸的影响？法显思绪纷纷。但他又从白绢团扇中得到很大的安慰。他看出这把扇肯定是中国商人来到师子国王城参拜玉佛时供奉的，因此师子国和中国的海上交通是没有问题的，或者是中国商船来到师子国，或者是师子国商船到中国去。他知道回国的时间不会等太久了，心中也暗自欣慰。

其实，根据史书记载，在法显到达师子国之前，即义熙初年（公元405年），已有师子国的使者来到中国献玉佛像，据说是在路上辗转航行，经过10年后才到达中国的。义熙初年的前10年，就是太初二十年（公元395年），那时法显还未离开长安西行，师子国派往中国献玉佛的使者便已出发了。后来法显在师子国寺院看见中国的白绢扇，也是这一时期中国与师子国通商的见证。这说明了在法显以前，中国和斯里兰卡已经有政治上和经济上的来往。但在法显之前到中国献玉佛的师子国使者和到师子国供奉白绢扇的中国商人，都没有留下名字，也没有什么影响，因此，法显才是打开中国与斯里兰卡友好来往历史的第一人。

更得经本

法显在师子国曾经听过一位印度僧人讲经说法。这位印度僧人不带经本，只是背诵经文。但经文的内容法显从未见过，也未听说过。它的主要内容是讲述释迦牟尼的佛钵流传各地，从人间到天上，和劝人们发慈悲心、修行仁义的故事。法显听完后，便向印度僧人借取此经本，想将它抄录出来，带回国去。但印度僧人说："这是没有经本可读的，我只是根据前人口授相传，背诵经文而已。"法显感到失望，但却把诵经的内容详细地记录在《佛国记》中。

　　法显在师子国候船返国的时间内，又寻求得到四部经律：《弥沙塞律》、《长阿含经》、《杂阿含经》、《杂藏》。加上原来在巴连弗邑得到的六部经律，共得经律十部。法显喜不自胜，想到自己已到古稀之年，时日无多了，必须赶紧将这些经律带回祖国翻译出来，完成夙愿；便一心盼望着西南季候风的来临，以便乘东去的商人大舶归国。

归国途中

印度洋上遇旋风

　　东晋义熙七年（公元 411 年）八月间，法显终于告别师子国，搭乘一艘开往中国去的商船回国。这时他已是 71 岁高龄的老人，离开祖国在外游历也已 12 年了。

　　法显乘坐的海船是一艘外国大帆船,可能是师子国的商船,因为中世纪的"师子舶"就曾扬名于东方。船上共有 200 余人,备有足够的粮食和淡水,还有很多运到东南亚和中国销售的香药、海产、珍珠、宝石。大船后面还拖着一艘小船,万一大船遇上风暴或触礁,船身破坏,人们就可以改乘小船逃生。法显乘坐的商船离开师子国的港口后,在印度洋上向苏门答腊岛东航,准备沿岛的北岸经过马六甲海峡,然后再北上经西太平洋的南中国海回国。

　　商船在启航后的第一天,航行还是比较顺利的;但到了第二天,海上忽然起了风暴。由于阴历八月间正是印度洋东北部西南季风的末期,有时会提前转换东北季风,这时就会出现突发性的旋风。法显乘坐的商船就不幸地遇上了这种旋风,海水像山一样地压过来,商船不堪风浪冲击,船舱进水,情况非常危急。大船上年轻力壮的人都争往小船逃命,商人也抢着要乘小船。小船上的人怕上来的人太多,小船也会沉没,便砍断系在大船上的缆索,离开大船,独自漂流。大船上的人无法逃命,感到危在旦夕,非常恐惧。为了防止大船迅速沉没,商人们将船上所载的货物都丢弃海中。法显也将他自己的贮水瓶和洗浴用的澡罐等物掷弃海中,但经、像是万万不能丢弃的;他害怕商人要他也把经、像掷弃海中,便反复祈祷,请求观音菩萨和在印度归天的中国僧人保佑,让风浪平息,度过此难。幸亏旋风过后,风浪也渐渐地小了,他们终于避免了覆没的危险。但船上的舟师已逃命走了,大船只能在海洋中随风漂流,经过 13 昼夜,最后到一岛边。潮水退去后,他们便上岸把船上破漏的地方修补好。这是一无人小岛,他们不知道是什么地,船修补好后,他们只好又摸索继续向东前进。

　　在茫茫的大海中航行,识别方向是非常困难的。我国是世界上最早将指南针应用于航海的国家,这就是公元 11 世纪北宋时出现的"指南浮针",即水罗盘。法显时代的海船,还没有指示方向的罗盘,只能靠观察天上的日、月、星辰来识别方向。如遇阴雨和风暴,那就毫无办法了。法显当时停泊的小岛,可能是印度洋东部尼科巴群岛中的一个无名小岛。海船如有熟练的舟师驾驶,就可以东航进入马六甲海峡;如果偏南,就会从苏门答腊岛的西岸向东南航行,到苏门答腊岛的南部。法显的海船可能就是走偏南这一航路。这是一段既有海盗抄掠又有礁石隐伏的危险航路。法显在《佛国记》中记述这段航路的艰险情形道:

> 海中多有抄贼,遇辄无全。大海弥漫无边,不识东西,唯望日月星宿而进。若阴雨时,为逐风去,亦无准。当夜暗时,但见大浪相搏,晃然火色,鼋(yuán)、鼍(tuó)水性怪异之属,商人荒遽,不知那向。海深无底,又无下石住处。至天晴已,乃知东西,还复望正而进。若值伏石,则无活路。

法显就这样在异常艰苦的条件下航行了整整三个月,好不容易才到达南海中的大国耶婆提国。

现在也有人认为,法显从尼科巴群岛到耶婆提国这一段海程,无论如何不应走三个月这么长的时间。也许他当时曾一直向东南航行到达今澳大利亚西北岸达尔文港一带,后来才回到耶婆提国。如果这样,法显就是最早到达澳洲的中国人了。

南中国海中遇台风

法显到达耶婆提国时已是当年的十一月底。耶婆提国即在今印度尼西亚爪哇岛西部和苏门答腊岛东南部一带。耶婆提国我国史书又称叶调国,早在东汉永建六年(公元 131 年)时便与我国通好。印度人也很早就到这里经商贸易,成书于公元前后的印度史诗《罗摩衍那》中的耶哇岛，就是这个地方。但法显所到的地方究竟是在爪哇岛西部，还是在苏门答腊岛的东南部，还很难确认。当时这里流行的是印度的婆罗门教，信仰佛教的人很少，因此法显没有什么活动，只是一心一意地等候转换从耶婆提到中国去的商船。在候船期间，他要把身体好好休息调养，以便恢复经过长期航海所消耗的体力，准备下一阶段的最后航行。

法显在耶婆提国候船休息了五个月。到了次年即义熙八年（公元 412 年）四月十六日，法显终于又登上了一艘从耶婆提开往广州的大船。船上也载有 200 余人，主要是商人，带了 50 天的粮食和淡水，向东北方向出发。这一天正好是夏坐的第一天，法显便在船上进行安居，这已是他西行后的第 14 次夏坐了。

商船在南中国海上又航行了一个多月，已经到达我国西沙群岛附近一带，在深夜二时的时候，突然间黑风暴雨铺天盖地而来，海浪滔天。这时正值太平洋西部台风季节的开始，法显乘坐的商船可能就遇上了台风的来袭。船上的商人惊恐异常，像大祸临头一样。法显又像在印度洋上一样，默念祈求观音菩萨及逝世的中国取经僧人保佑商船平安度过黑风暴雨。晚上漆黑一片，也无法辨明方向，商船只好在风浪中颠簸漂流。天亮以后，船上的一群婆罗门教徒看见法显是个佛教徒，便认为商船遭海难的原因是由于船上有一位和尚。他们决定要把法显丢弃到附近的小岛上去，认为这样才能保证商船安全，免遭覆灭。他们正要准备动手，商人中有一位敬信佛教的施主（向寺院和僧人布施财物的富有的人）挺身而出，对婆罗门教徒说："如果你们要丢下这位和尚到岛上去，我到了中国以后，一定要向中国当局报告你们杀害中国和尚的罪行。中国皇帝敬信佛法，肯定会对你们加以严厉惩处。"那群婆罗门教徒听了，也感到害怕，终于不敢动手。

山东登陆

由于商船遇上的风暴并不是在台风的中心地区，所以他们又一次免遭覆没的危险。但风暴过后，又遇上连续的阴天，船上的舟师辨不清方向，不知被风暴吹打漂流到什么地方，于是便错过顺季候风向广州航行的机会，却向东北远离广州的东面海洋漂去。这样顺着海流和风向盲目地航行了70多天。商人们议论说："按正常的航行，50天便可抵达广州，现在已过了许多天，还不见大陆，航向一定是走错了。"于是便改为西北行寻找靠岸的地方。这时船上的粮、水都将要用完，每人分水，一人仅得二升。这样又行了12天，忽然发现前面隐约是片陆地，众人绝处逢生，兴奋异常。急忙靠岸，但岸上看不到人和村落，大家都不知道这是什么地方。法显看到这里有过去熟悉的山水草木，又发现这里有自己童年和青年时常吃的野生植物，心想这里一定就是祖国大陆了。大家便乘坐带来的小船，沿着小河进入内陆找人。他们遇见两个猎人，便叫法显上去问话。猎人看见一群从未见过的外国人和一位僧人，以为是海盗，非常害怕。法显先安慰猎人不要怕，接着便问猎人是什么人。猎人看见他是个出家人，便说："我们也是佛弟子。"法显再问："你们在干什么？"猎人回答说："明天七月十五日是盂兰盆节，我们要到山上摘取桃子，供献佛前，为死者造福。"法显又问："这里是什么地方？"答道："这里属晋朝的青州长广郡。"法显将这话告诉了商人，商人听了，知道确实已经到了中国大陆，大为高兴。原来他们登陆的地点，是北青州长广郡牢山的南岸，即现在的山东崂山县南部海岸，距离广州已经超过2000里之远了。

新的征途——译著事业

南下建康

法显在牢山登陆时,是东晋义熙八年(公元412年)七月十四日。法显自离开长安西行,到这时回国,共度过13年又4个月的游历生涯。这一年法显72岁。

商人们得悉他们已来到中国北方海岸,便赶紧带着他们的珍宝和货物,买船沿海南下,到当时中国著名的贸易港扬州做生意去了。法显更是欣喜异常,13年前的志愿终于变成了现实。印度的戒律终于带回来了,他要赶紧将这一喜讯传递给祖国的人们,便请那两位猎人到长广郡(在今崂山县北)向官府报信,说有往西方天竺取经的僧人回来了。长广郡的太守李嶷是个敬信佛法的人,听说有和尚取经像归来,这是过去从未听见过取经泛海而归的事,他喜出望外,连忙派人到海边将法显和经像一起迎归郡治歇息。

不久,在彭城(今江苏徐州)的兖、青二州刺史刘道怜听说法显从西天取经归来,也要请法显到彭城来供养。徐州一带是魏晋以来佛教流行的地区,从官绅到百姓,很多人都信仰佛教,因此法显的到来很受人们崇敬,引起轰动。法显在彭城住了一冬一夏,并在这里做了归国后的第一次夏坐。相传法显从印度带回了一幅龙华图,刘道怜为此图请法显在彭城主持创建了一座龙华寺。后来中国佛教中的龙华派,就是从这里传开的。法显从印度带回来的两块佛石,据说也作为龙华寺的奠基石埋在土中。一百年后,北魏的郦道元著《水经注》,其中《泗水篇》就提到这两块佛石,说"其石光洁可爱"。

这时法显非常想念 15 年前他在长安时的诸位师友,本想从彭城向西直趋长安,在长安从事译经事业。但他在这里了解到北方经过多年战乱,社会秩序很不安宁,一些著名的佛学大师都已南下;译经大师鸠摩罗什也于公元 413 年在长安逝世,而南方则以东晋的首都建康(即建业,今南京市)为中心,相对安定,文化发展,佛教兴盛。特别是当时的佛学领袖慧远已自北方南下,在离南京不远的庐山定居多年;许多西域和印度的僧人都相继来到建康,这对法显的译经事业,无论是物质上的支持、翻译人材的组织和佛学方面的探讨研究,都有很大好处。因此他放弃了西去长安的念头,准备南下建康译经。

但刘道怜却想方设法留住法显,让他在苏北和京口(今江苏镇江)一带弘扬佛法。京口是当时刘道怜任青、兖二州刺史的常驻地,接近建康。法显推辞道:"我远道到天竺求法,投身于不返之地,目的就在于取回经律,在国内传播发扬。现在虽然已取回来了,但它还没有翻译成汉文,未能在中国的土地上传播开来。京师建康是我理想的译经地方,我怎么能留在这里不去呢?你就让我到京师去译经,完成我未竟的志愿吧!"刘道怜知道他此志不可移,便派人送他南下京口,然后再往西进入东晋的首都建康。

一部杰出游记的诞生

　　法显是在义熙十二年十一月进入南京道场寺译经的。在此之前,他于义熙九年秋便离开彭城南下,义熙十年(公元414年)抵达南京。那么在义熙十年到十二年这两年中,法显在南京做了些什么呢?

　　从《佛国记》中的"结语"和书末的"跋",我们可以看出,法显在这两年中的主要工作是完成《佛国记》的写作和筹备译经工作。

　　自从法显归国以后,他沿途所到之处,都有当地许多僧俗人士要求他讲述这史无前例的印度取经游历经过。那些异国风光和沿途九死一生的冒险经历,以及许多带着神秘色彩的印度神话故事,强烈地吸引着国内的广大听众。法显也很想借此讲述的机会,宣扬佛教的威力无所不在。为了避免到处讲述的麻烦,法显便决定将他游历时所见所闻,用文字写成书,以广流传。因此,到了建康以后,他就赶紧写作,这就是后来人们称为《佛国记》或《法显传》的游记。法显在书末的"结语"中说:"故竹帛疏所经历,欲令贤者同其闻见。是岁甲寅。"就是这个意思。甲寅年即义熙十年(公元414年),一部杰出的自述游记《佛国记》,就是在这时完成初稿的。

　　现在流传的《佛国记》书末还有一个写于义熙十二年的"跋",可能是此书在定稿时抄写人所加的一个按语。跋语一开头就说:

　　　　晋义熙十二年岁在寿星,夏安居末,慧远迎法显道人。
　　既至,留共冬斋。因讲集之际,重问游历。其人恭顺,言辄依
　　实。由是先所略者,劝令详载。显复具叙始末。

这是一段很重要的文字,因为它透露了一些不见于别的史书的史实,即一、庐山的慧远曾派人迎接法显的归来;二、《佛国记》至义

熙十二年(公元 416 年)时又经法显重加修补。关于第一点,我们
在下一节中还要说到;第二点,说明了从义熙十年到义熙十二年
夏,法显在建康除了做译经的筹备工作外,还对《佛国记》进行了
补充。慧远的代表听了法显讲述的印度之行,劝他将《佛国记》写
得更详细些,于是法显便"复具叙始末",重新修订补充了《佛国
记》,这就是今天我们见到的 9500 多字的传世本《佛国记》。

关于这部杰出游记的历史价值,我们在后面还要谈到。

道场寺内建译场

道场寺是建康一座著名的佛寺,是东晋孝武帝太元年间
(376—395)曾参加过威震南北的淝水之战的谢石捐资建立的。
它与建康的另一座佛寺东安寺都是江南名刹,从北方南下的许多
著名僧人,除了到庐山东林寺外,大都到建康道场寺和东安寺。
所以当时有"斗场(即道场)禅师窟,东安谈义林"的美名。曾经与
法显共赴西域,半途而返的智严和宝云这时也在道场寺。智严曾
在克什米尔请来印度的禅学大师佛陀跋多罗(又名觉贤),在元兴
三年(公元 404 年)抵长安。后来智严、宝云又随觉贤南下讲授禅
法(在寂静状态中审思佛学义理的修习方法)和译经。觉贤在庐
山会见了慧远后,在义熙十一年(公元 415 年)也到了道场寺。这
些都是精通梵文和佛学的高僧,法显对他们非常了解,现在都集
中在道场寺,这对法显的译经事业来说,是一个非常难得的好机
会、好地方,于是他在会见慧远的代表后,也许正是由于慧远的介
绍,他进入道场寺,和觉贤、宝云等一起,建立译经班子,开展译经
工作。

我国早期的佛经翻译,主要由西域和印度来的僧人负责。他
们很少带着经本来,多数是背诵经文梵本,然后讲解,由兼懂梵语

汉语的僧人译成汉文；或由一人口传，他们直接译成汉文；间亦有懂梵、汉文的僧人执本直接翻译的。寺院内专门从事译经工作的部门，叫做"译场"。初期的译文，错译、漏译和辞义不当者很多，到道安时主张直译，鸠摩罗什时又提倡意译，而慧远则两者并重。鸠摩罗什是生于新疆龟兹的印度人。后秦弘治三年（公元401年），即法显抵于阗时，罗什至长安，被待以国师之礼，是继道安后北方佛教的首席。后秦政权大力提倡佛经翻译，即由罗什主持译事，十数年间，翻译了大量佛经。这时翻译制度也渐渐严密，参加翻译和听讲解的人很多，但基本上仍是一人主译宣讲，一二人笔受或翻译。后来又有专门负责校正统一译义的，有专门修辞加工的，有负责总复校的。总之力求精密，不出差错；但错误总是有的，只不过在5世纪时，译经的质量已比过去大大提高了。当时有人记译经大师鸠摩罗什的翻译时的译场情况说：

> 手执梵本，口宣秦言（中国话），而译异音，交辩文旨。……与诸宿旧五百余人，详其义旨，审其文中，然后书之。……胡音失者，正之以天竺；秦言谬者，定之以字义。不可变者，即而书之。

这种严谨推敲的翻译作风，是我国古代翻译界的优良传统。觉贤与法显当时在道场寺主持的译场，具体组织究竟如何，我们虽然不可得知，但估计也有一定规模。佛大跋陀与宝云译的《大般泥洹经·后记》中记录说："禅师佛大跋陀手执梵本，宝云传译，于时座有二百五十人。"可见当时在座的也有250人之多，虽然其中大多数都是听讲的，但道场寺译场之盛，可见一斑。南北朝时，道场寺的译场一直是中国南方佛经的翻译中心，法显在东晋义熙末年的译经，是起了很大作用的。

从义熙十二年（公元416年）十一月到十四年，法显等在道场寺译出的经律计有：

　　《摩诃僧祇律》四十卷（法显、觉贤译）

　　《大般泥洹经》六卷（觉贤、宝云译）

　　《方等泥洹经》二卷（法显译）

　　《僧祇比丘戒本》一卷（法显、觉贤译）

　　《杂阿毗昙心》十三卷（法显、觉贤译）

　　《杂藏经》一卷（法显译）

　　法显带回来的经律，可以说大部分都翻译出来了。义熙十四年（公元 418 年），法显已经 79 岁。他以坚强的毅力，在这两年内完成了他的多年的宿愿，这又是一个奇迹！

　　法显带回国并翻成汉文的经律，对我国的佛学发展曾起了很大影响。《摩诃僧祇律》四十卷，是佛教戒律最基本的文献，从此，印度佛教的戒律才真正传入中国，加上法显带回来后来由别人译出的《弥沙塞律》、《萨婆多律》，中国佛教的戒律才算是完备了。法显独自翻译的《方等泥洹经》二卷，数量虽然不大，但对后来中国佛教的传播，对南北朝时玄学的发展，也起了很大的作用。

最后归宿

　　义熙十四年（公元 418 年），即法显归国后的第七年，法显已 78 岁，他带回来的经律已基本上译出。东晋王朝这时已摇摇欲坠，走向衰亡；年迈的法显，也感到已力不从心，是应该找个归宿之地的时候了。在过去的二十年中，这是他毕生最光辉的岁月：他创造了史无前例的陆去海回的印度之行，他写下了一部有深远影响的游记，他翻译了一批对中国佛教有广泛影响的经律，他对中印文化交流做出了巨大的贡献。长期的宿愿已经达到，法显感到现在应是隐退的时候了。于是他毫不犹豫地告别译场，辞谢道

场寺僧众的挽留,毅然离开建康,乘舟溯长江西上。但法显离开
建康的具体时间和到荆州(今湖北江陵)前的具体情况,我们现在
已无法知悉了。

东晋元熙二年(公元 420 年),刘裕终于在建康取代了晋朝,
自立为皇帝,改国号为宋,东晋灭亡。法显在默默无闻中度过一
生中最后的几年,于刘宋永初二年(公元 422 年)在荆州新寺逝
世,享年 82 岁。

对中外文化交流的贡献

法显是一位佛教徒,他千辛万苦到印度去取经,为的是要在
中国广传佛教;但千百年来,为什么他能引起后世的景仰,引起后
人的颂扬呢? 这里分三方面来说明。

划时代的游历家

法显的印度之行,充分地表明了他是我国历史上一位杰出的
划时代的游历家。

我国人民对外部世界的认识,是随着国人跨出国门,一步步
地走向世界而不断发展和扩大的,是随着与世界各地人民不断开
展经济、政治和文化的交流而不断加深认识的。我国古代一部分
商人、使节、僧人,他们率先越过重重的高山,度过荒凉的沙漠,跨

过浩瀚无际的海洋,一代一代地向未知的外部世界前进。他们不但是杰出的国际游历家、探险家,也是中外文化交流的友好使者。由于他们的旅行,给我国人民带来了外部世界的大量新知识和新文化;中国文化也通过他们的游历而传播到世界各地。这样,世界各国文化就在相互交流、相互促进中不断绽开新花、结出硕果。古代这些仅凭人力和畜力跨出国门的游历家,就成为中外文化交流的伟大的先驱者。

最早一位跨出国门,见于史书记载的游历家是张骞。他是公元前1世纪汉武帝时出使西域的使节。他越过帕米尔高原,最远到达中亚细亚锡尔河、阿姆河流域一带。回国后,他带来了大量关于中亚地区的地理、历史知识,引进了不少新奇的动植物,使人们眼界大开。从此以后,在这条通向中亚道路上行走的商人、使节和宗教徒日渐增多。西方希腊、罗马到东方来的商人、使节和宗教徒也来到中亚地区。由于西方对中国丝绸产品的热爱,大量的中国丝绸就从这条道路,通过中亚、西亚输入希腊、罗马等西方地区。后来人们就习惯称这条从中国西北部经中亚、西亚到欧洲的陆上交通道路为"丝绸之路"。与此同时,另一条从中国南海经东南亚、南亚、波斯湾和红海到达欧洲、非洲的海上航路,主要也是贩运中国丝绸和陶瓷的,则被称为"海上丝瓷之路"。这是古代中国通往西方世界的两条水陆交通大动脉。张骞以后,中国行走和航行于这两条大动脉的商人、使节、僧人和其他游历者日渐增多,中国对中亚、西亚、南亚和东南亚各国的知识也不断丰富。

但是真正到过中亚、南亚和东南亚,并留下记述的,法显却是第一人。印度对古代中国人民并不陌生,早在张骞的出使中亚报告中,就叙述到他所听到的身毒(即印度)的情况,并说他在中亚曾看见来自印度的四川出产的竹杖、布,证明从我国西南有道路可到达印度。汉武帝后来派人到四川去打通这条通印道路,虽然没有获得结果,但证实了公元前印度和中国的确已有贸易关系了。公元1世纪后佛教传入我国,中国人民特别是佛教徒对以佛教为主要内容的神奇而灿烂的印度文化充满仰慕之情,心向往之,认为那是西方的极乐世界。2至4世纪也不断有印度和西域的僧人来到中国,人们对印度文化的兴趣有增无减。4世纪中叶著名的高僧道安写了一部专门介绍印度和西域地理的著作《西域志》,这是我国最早的关于印度的著述,是根据他的印度师父佛图澄和其他来华的西域僧人所述的见闻而写成的。在法显之前,虽然也有个别僧人到过西域和印度,但不是没有归来,便是没有留下记述。能周游印度而在归国后又留下游记传世的,法显是第一人。

不仅如此,法显还是我国古代仅有的到印度陆去海回,经历时间最长,游踪最远的游历家。法显以后,我国到印度去的游历家为数不少,其中最著名的有:

姓　名	赴印年代	路程	著述状况
智　猛	404—424	陆去陆回	著《游行外国传》,已佚
昙无竭	420—？	陆去海回	无著述
惠生、宋云	518—522	陆去陆回	有著述,已佚
玄　奘	627—645	陆去陆回	著《大唐西域记》,今存
王玄策	643—661（共三次）	陆去陆回	著《中天竺行纪》,已佚
义　净	671—696	海去海回	著《大唐西域求法高僧传》、《南海寄归内法传》,今存
悟　空	751—790	陆去陆回	述《悟空入竺记》

以上七人，只有玄奘与义净二人的游历和著述可以与法显比美，但游踪最广、陆去海回，仍推法显为第一人。而且也只有法显到过斯里兰卡，并写下关于斯里兰卡的详细记述。因此，义净在他的名著《大唐西域求法高僧传》中一开始就指出：

> 观夫自古神州之地，轻生徇法之宾，显法师（即法显）则创辟荒途，奘法师（即玄奘）乃中开王路。

所谓"创辟荒途"，就是开辟了前人没有走过的道路，义净赞誉法显是中印交通的开山祖师，这并非溢美之辞，而是非常恰当的评价。法显不愧是我国继张骞以后又一个划时代的国外游历家。

和同时代的西方游历家相比，法显的印度之行也是走在世界前面的。欧洲虽然早在公元前 4 世纪希腊亚历山大大王东征时便已到达中亚和南亚北部，但以后几个世纪中，印度对欧洲人来说，始终处于若明若暗的朦胧状态。6 世纪前，希腊、罗马的古典地理学著作中，对印度的知识也大都一鳞片爪，而且多是想象的，不真实的。直到 530 年，希腊人科斯马斯到过印度、斯里兰卡等地经商，晚年著《基督教世界地理》一书，才比较真实地记述了当时印度的情况，但也非常简略，与在他之前 100 年的《佛国记》具体而详细的记载无法相比。西方记述斯里兰卡和印度比较详细而可靠的著作迟至 9 世纪后才出现。这首先是 851 年阿拉伯人苏莱曼游历印度和中国的游记和 951 年马斯欧迪游历东方各地后所写的《黄金草原》。欧洲人主要是通过阿拉伯人这些游记才真正了解印度和东方各地情况的。但如果将《佛国记》和苏莱曼、马斯欧迪的游记比较，就可看出前者要比后者记述真实得多，也深刻得多，而法显所处的时代比苏莱曼和马斯欧迪还要早 400—500 年。因此，我们给法显冠以世界伟大游历家的称号，他是当之无愧的。

《佛国记》的历史价值

法显留给我们最宝贵的文化遗产，是他写的《佛国记》一书。《佛国记》的历史价值，在于它真实地记载了5世纪中亚、南亚和中外交通的实际情况，特别为研究南亚历史和中外文化交流史提供了极其珍贵的文献资料。

《佛国记》一书有多种书名。最早出现的书名是《佛游天竺记》（见梁僧祐《出三藏记集》），后又称为《法显传》或《法显行传》（见北魏郦道元《水经注》）、《历游天竺记传》（见隋费长房《历代三宝记》）、《佛国记》（见唐魏征《隋书·经籍志·地理类》）等。法显原书到底叫什么书名，现在已很难查考。但《佛游天竺记》称法显为佛，显然是后人所加的。《法显传》一名则与本书游记体裁不相称，且法显自撰纪行亦断无称自己的作品为自传之理。至于《历游天竺记传》，既称"记"又名"传"，于理亦不合。惟有《佛国记》一名与作者身份及书中内容相符，因此，这里就用《佛国记》的书名。

为什么说《佛国记》是研究印度和南亚其他国家历史极其珍贵的文献资料呢？我们知道，印度虽然是个文明古国，但它却没有记载历史的书。所以马克思曾经说过："印度社会根本没有历史，至少没有为人知道的历史。"意思就是说印度古代历史没有文献记载，是一片空白，后人要研究印度历史，因史料缺乏，很感困难。现在研究印度历史，主要就是依赖外国人的著述，其中主要是中国的著述。而在中国的著述中，法显的《佛国记》和玄奘的《大唐西域记》可以说是两部最重要的文献。

《佛国记》所记述的印度，适逢5世纪时笈多王朝的全盛时期。这时候国王旃陀罗笈多二世（即超日王）在位，印度由混乱、分裂又走向统一，经济发展，文化繁荣。《佛国记》中不少记述就反映了这一情况。如在中天竺摩头罗国中有一段叙述，即本书前面《摩头罗国初识种姓》一节中引的一段文字，就是超日王统治时期政治、经济状况的宝贵资料，它反映了印度社会的土地制度、法律制度、等级制度的情况。有的学者就据此指出，印度笈多王朝的农民身份是自由的，只有耕种王田时才交田租，去留也不受约束，这是佃农。笈多王朝的建立标志着印度封建社会的开始。当时"人民殷乐，无户籍官法"；刑罚很轻，没有死刑和重刑，一般的仅罚钱而已。说明封建制取代了奴隶制，新的生产关系的确立，生产力得到解放，因此人民富足，社会安定繁荣。这段文字还第一次向人们介绍了印度等级森严的种姓制度，摩头罗国的旃荼罗就被人称为"恶人"，不能与其他种姓的人住在一起，到了城市要敲击身上带的木板，人们听到就知道要避开他。法显还记述巴连弗邑有一位婆罗门僧人，刹帝利出身的国王见了他也不敢和他并坐；国王还捧着他的手以表示尊敬，但过后婆罗门便马上把自己的手洗涤干净，怕国王玷污了他的手。上层种姓界线尚且如此分明，上层和下层等级间的差别之大，就更可想而知。种姓制度破坏了人民的团结，也大大妨碍了生产力的发展，阻碍了社会的进步。人们至今还把种姓制度作为研究古代印度社会的一把钥匙，这不是没有道理的。

《佛国记》中还叙述了印度和斯里兰卡的寺院拥有大量产业的情况，这又为我们研究中世纪的寺院经济提供了非常重要的资料。法显在摩头罗国中叙述中印度寺院产业的来源说：

> 自佛泥洹后，诸国王、长者、居士为众僧起精舍供养，供给田宅、园圃、民户、牛犊，铁券书录，后王王相传，无敢废者，至今不绝。

在师子国时，法显也说国王赐给寺院"民户、田宅，书以铁券，自是已后,代代相承,无敢废易"。这种把土地、田园、户口、牲口一起赐给寺院,而且永远世袭,就发展为中世纪拥有很大经济势力的寺院经济。它独立于国家和政府之外,享有种种特权。我们知道,按照佛教戒律规定,出家人是不能拥有财产的,即不能有八种"不净物"(指金银、奴婢、牛、羊等)。但是,戒律也解释,"不净物"如果通过供养、布施的形式给予"佛"和有美德的僧人后,就会变成圣洁的"净物",出家人就可以享用了。因此,国王等将大量土地、庄园、民户布施给寺院后,世代相传不变,成为寺院的固定财产,不但是合"法"的,而且也不违背佛教戒律。5—10世纪,中国的寺院经济也得到很大发展,对中国的封建社会产生了重要影响,寻根溯源,就是从印度的这种寺院经济移植过来,并加以发展的。

《佛国记》对5世纪斯里兰卡的记述,也比同期西方人的记述要详细和可靠得多。法显曾亲自参观了供养佛齿的大游行,由国王带头,"道俗云集,烧香、燃灯,种种法事,昼夜不息"。法显还参观了由国王主持的一位罗汉的火葬仪式,描述罗汉在一座长、宽、高各3丈余的火葬台上焚化的情景:"酥油遍灌,然后烧之。火燃之时,人人敬心,各脱上服及羽仪、伞盖,遥掷火中。"1500年前的火葬仪式宛如眼前,这些都是极为难得的第一手资料。

《佛国记》还大量叙述了印度、巴基斯坦、尼泊尔、斯里兰卡各地的佛教圣迹、佛教建筑的分布和保存情况,为我们研究南亚宗教艺术和文化古迹提供了极为难得的资料。佛教的四大圣地:诞生地蓝毗尼、成道处伽耶菩提、泥洹处拘夷那竭双树间、成道后最初说法处鹿野苑,法显都一一巡礼,并有详细介绍。著名寺院,如摩诃衍寺、迦兰陀精舍、无畏山寺等,法显都有亲临其地的记述;还有其它大量的佛塔、石窟、佛像、遗迹等的记载,都为研究佛教史和发掘南亚文化古迹提供了重要依据。至于书中屡见的许多优美动人的神话和传说，直到今天，仍是研究古代南亚宗教和文学的重要内容。

因此可以说，研究5世纪的南亚历史，离不开《佛国记》。

不可磨灭的贡献

法显的南亚之行对中外文化交流的意义，那更是非常清楚的。早在西汉时期，印度就以产犀象和漂亮的金银饰物而知名于中国。东汉以后，佛教传入中国，印度又以善恶分明、修行解脱的佛教思想和佛教建筑、雕塑等优秀艺术品使中国人耳目为之一新。后来不少中国人希望能从印度梵本经文和戒律中直接了解佛学真义，这是一种寻求新思想、新知识、新文化的表现。法显就是5世纪初中国向西方寻求新文化的代表。

印度人也早在公元前4世纪左右即我国战国时代，便知道东方有个强大的秦国，称为支那。后来印度僧人向东传播佛教，来到中国，对中国物产的丰富和文化的发达，有深刻的印象。与此同时，中国的丝织品传入印度，大受印度人的欢迎，印度人希望更多地了解中国。印度商人、僧人不断进入中国，但中国人却从未进入印度内地，因此，法显的来到印度，使印度人大为高兴，所到之处，无不盛情款待。如法显到了毗荼城，这是今巴基斯坦东北部的小城，当地人见中国人到来，非常感动和高兴，全部供应法显和道整二人所需要的东西。凡法显所要参观巡礼的地方，无不满足，给以向导和讲解。因此，《佛国记》中得以记录下法显在巴基斯坦、印度、尼泊尔、斯里兰卡各国所见所闻的非常丰富的知识。

法显到了佛教的中心地摩竭提国巴连弗邑后，他不但以这里为据点,向东、南、西、北四方旅行参观,几乎走遍了整个恒河流域的中印度地区,巡礼了著名的佛教遗迹;而且他在这里一住三年,埋头学习印度文化。他在著名的摩诃衍寺修习佛学,得到了两部戒律和四部经文,非常高兴,便在寺内学习印度语文。当时佛经都是用梵文抄写在一种棕榈树的叶片上,这种树叶梵文称为贝多罗,因此中国又称佛经为贝多经或贝叶经。法显在巴连弗邑"学梵书、梵语,写律",就是学习梵文书写、梵文语法和用梵文将经律抄写在贝多叶上(当时印度还没有纸),准备带回中国翻译。后来法显又在东印度多摩梨帝国住了两年,在这里"写经画像",准备把佛教艺术品也带回中国。最后在师子国又住了两年,求得经律四部。法显在这里还聆听了一位印度僧人诵经,法显在《佛国记》中详细地记述了经文的内容,说明了他的梵文听写水平已相当好。法显在国外前后十三年,熟练地掌握了印度文化的各种知识,为中外文化交流做了大量工作。《佛国记》就是这一工作的真实记录。巴基斯坦、印度、斯里兰卡等国人民至今仍盛赞法显在该国留下的美好回忆和为文化交流所做的贡献。

法显从印度和斯里兰卡带回国的十部佛教经律,对中国佛教的发展也产生很大影响:他和觉贤译出《摩诃僧祇律》和不久由佛驮什译出《弥沙塞律》后,从此中国佛教才有了完备的戒律。法显带归并翻译的《杂阿毗昙心》,对南北朝时中国毗昙学派(这是东晋至唐初我国佛教的一个主要学派)的流行起了很大作用。《大般泥洹经》的翻译流传,宣扬"一切众生皆有佛性",对中国佛学的普及和佛教的传播,更起了促进作用。而《长阿含经》、《杂阿含经》等都是佛教极重要的文献,后来也译成汉文。对中国佛教思想的形成和发展,起了重要作用。南北朝时,中国佛教空前兴盛,仅北魏末年洛阳就有大小佛寺1367所,这显然和法显成功的印度之行和戒律的全译，有不可分的密切关系。

　　总之，法显撰述的《佛国记》和他带回国翻译和流传的佛教经、律，为中国和南亚各国的文化交流，作出了不可磨灭的贡献。

法显精神不朽

　　法显以近花甲之年，在没有国家和任何机构的支持与帮助下，仅凭个人努力，踏上万里征途，经历种种艰难曲折周游南亚各国；又以逾古稀之年，浮海东还，饱受风涛之苦，终于归国；最后投入著书译经工作，写下了传世的名作《佛国记》和译出了佛教经律多种。他的成就是伟大的，他的坚忍不拔的意志和克服困难的毅力是令人惊叹的，令人敬佩的。他这种意志和毅力是从哪里来的呢？是怎样产生的呢？

　　这必须从中华民族的历史中寻求解答。中华民族早在4000年前便已立国于黄河、长江流域这片广大的土地上。各族人民经过不断的劳动、开拓，在亚洲的东方创造了辉煌灿烂的中华民族文化。在长期的探索世界、改造世界的过程中，他们形成了敢于追求真理、敢于向一切困难作斗争的大无畏精神，这就是中华民族的精神。法显在南亚之行中表现出来的坚忍不拔的意志和克服困难的毅力，正是这种中华民族精神的具体体现。

　　法显为了探求新知识以丰富和发展祖国的文化，不顾个人安危,勇敢地走出国门,走向中国人从未涉足的世界。他立下这一决心的本身,就是大无畏精神的表现。他在旅途中,度大漠,越天险,攀悬崖,过雪山,历尽千辛万苦,才到达印度。在历游巴基斯坦、印度、尼泊尔、斯里兰卡以后,又带着南亚人民深厚的情谊和高度发展的佛教文化,回归祖国。在归国途中,经历了两次海难,在茫茫大海中与风浪搏斗,前后共漂流了 160 天,才回到祖国大陆。法显在外共 13 年,其旅途之艰苦,在世界游历家中也是少见的。法显西行中先后共有九人参加过他的队伍。但其中除两人死于途中,一人留在印度不归外,其他都是在半途就不再前进,返回中国;只有法显经历了北印度、西印度、中印度、东印度,然后又经师子国从海上归国,走完陆去海回的全程。他始终如一,坚持前进,不达目的,誓不罢休。如果没有坚忍不拔的意志和克服困难的毅力,他是不可能完成这一伟大的旅程的。

　　法显是一位探险家,他有着勇于开拓的冒险精神,敢于走前人没有走过的道路;但他并不是一个盲目的冒险家,他对旅途的艰苦性和长期性早有认识,并做了充分的思想准备,对困难也有充分的估计,并善于在旅途中利用"夏坐"进行休整。在选择道路上,他选择于阗道、陀历道进入克什米尔地区,后又西南行经阿富汗进入北印度。这也是他经过周密考虑作出的抉择,虽然路上艰险较多,但距离较短,而且北印度佛教古迹很多,不能放过参观巡礼的机会。法显能在旅途中克服各种困难,胜利完成求法取经任务,这与他周密的筹划和机智的应变是分不开的。

　　法显具有惊人的毅力和智慧,还充分地反映在他学习梵文、梵书(写)的三年中。他在摩竭提国巴连弗邑时,已是 66 岁的老人,在此以前,他对梵文的知识,可能只是略懂一点,但这时为了要把佛经戒律抄写出来,带回国去,他决心学习梵文、梵书。我们现在无法知道他是怎样学习梵文的。当时印度僧人肯定都不懂汉文,很难充当法显的好老师,又没有任何辞典之类的工具书,三年内老年的法显完全依靠发奋自学,居然掌握了梵文读、听、写的能力。他不但已学会将佛经抄写在贝多叶上,而且在斯里兰卡时,已能完全听懂天竺僧人的诵经说法,并把经文的主要内容记录出来;回国后他又主持译经,完成了六部经律的翻译,可见他的梵文水平已经相当高了。这种学习上的惊人毅力和智慧,也使我们深为叹服。

法显在 59 岁时徒步西行,周游南亚,陆去海回;67 岁时学习梵文;76 岁时翻译经律,都做出了巨大的成绩,为中外文化交流做出了杰出的贡献。这充分说明了法显不愧为中华民族的优秀儿女,他的这种坚忍不拔的意志、克服困难的毅力和顽强的学习态度,就是敢于追求真理,敢于向一切困难作斗争的大无畏精神的表现,是中华民族精神的具体体现。

鲁迅先生曾在《且介亭杂文·中国人失掉自信力了吗》一文中说:

> 我们从古以来,就有埋头苦干的人,有拚命硬干的人,有为民请命的人,有舍身求法的人……虽是等于为帝王将相作家谱的所谓"正史",也往往掩不住他们的光耀,这就是中国的脊梁。

法显就是"舍身求法的人"中一位杰出的代表。他的事迹永远值得我们怀念和崇敬,他的精神永远是我们学习的榜样。法显精神不朽!

郑
和

郑　和

　　郑和原姓马，生于明洪武四年(1371年)云南昆阳州(今昆明市晋宁县)的一个穆斯林家庭。洪武十四年(1381年)，郑和的父亲在明太祖征滇的战乱中死去，12岁的郑和也被明军掳去，在军中供差遣。洪武十六年(1383年)明军班师，郑和便随着大军到了南京。洪武十八年(1385年)，郑和又随着军队来到北平(今北京)驻防，这时郑和已15岁。由于郑和年轻、聪慧，很快就被选入燕王朱棣的府中，成为阉人，服役于内府。在燕王发起的争夺帝位的"靖难"之役中，郑和立了功劳，明成祖朱棣于即位之初，便赐他姓"郑"，并提拔他为内官监太监。

　　明成祖很想与海外各国通好，扩大朝贡贸易，于是便选派智略和胆识过人的青年太监郑和统领一支大规模的船队下西洋。"西洋"在当时是印度洋的泛称。从永乐三年(1405年)到宣德八年(1433年)的28年时间内，郑和率领2.7万余人，乘宝船60余艘，先后七次航行于西太平洋和印度洋上，访问东南亚、南亚、西亚和非洲东部沿岸的许多国家和地方。宝船所到之处，都受到当地人民的热情欢迎和友善接待。宝船队除了赠送和出售大批中国的丝绸产品、陶瓷器、铁器、麝香及日用品外，还采购了大量珍珠、宝石、珊瑚、玛瑙等各种装饰物和各种香料、药品、珍稀动植物等,带回中国。他又派出分遣船队远赴伊斯兰教圣城天方和非洲东部沿岸各地,进行经济和文化交流活动。

　　郑和在第六次下西洋归国后,任南京守备三年,领导了永乐时期最宏伟的建筑工程南京大报恩寺和琉璃塔的营建收尾工程,这也充分显示了他在领导建设方面的才能。郑和在第七次下西洋归国途经古里国时,不幸去世,终年63岁。郑和是我国最伟大的航海家,也是世界上最杰出的航海家之一,值得我们永远怀念。

从军中少年到内官太监

穆斯林之家

明太祖朱元璋在元末农民大起义的烽火中削平群雄，推翻元朝，建立了新王朝后的第四年，即明洪武四年(1371年)，在西南边陲云南昆阳州(今昆明市晋宁县)的一个姓马的世代穆斯林家庭里，一个小儿呱呱坠地，来到人间。这小儿便是35年后率领世界上最庞大的船队远航印度洋，扬名东南亚、南亚、西亚以至东非各地，人们习惯称为"三宝太监"的郑和。

郑和的祖先最初来自西域(今中亚细亚)地区，世代信奉伊斯兰教。元、明两代称国内信奉伊斯兰教的民族为"回回"。据1983年发现的《郑和家谱首序》和《赛氏总族谱》的记载，郑和的先世原是西域普化力(又作不花剌，今乌兹别克斯坦共和国布哈拉)人，北宋神宗熙宁三年(1070年)进入中国；到13世纪蒙古人兴起，有一位名叫赛典赤赡思丁的回回人曾追随成吉思汗和忽必烈西征南下，立下很大战功。至元十一年(1274年)，元世祖忽必烈任命赛典赤赡思丁为"平章政事，行省云南"，即以副丞相的头衔出任云南行省的最高地方长官。从此大批回回人也进入云南，这就是郑和祖先进入云南的开始。

元代蒙古贵族推行种族主义的统治政策,把国内各族分为四等人,政治待遇和社会地位都不一样:一等蒙古人,是贵族;二等色目人,即原居西域的各族人,包括回回人,可以担任高级官员;三等汉人,即居住在北方的各族人,可以担任一般官员;四等南人,即居住在南方的各族人,只能担任下级官员。但蒙古人和色目人很快就接受了汉族先进文化的熏陶,许多回回人从宋代起便已开始汉化,他们渐渐采用了汉人的姓氏。进入云南的回回人也开始采用汉姓。据云南《赛氏总族谱》,赛典赤的父亲原名麻哈木(即穆罕默德),赛典赤的第五个儿子便称马速忽(麻、马、穆同音),开始以马为姓。其后,马速忽的儿子为马拜颜,马拜颜的儿子为马哈只,马哈只就是郑和的祖父,被封为滇阳侯。滇阳为昆阳州的别名,在滇池的南面,所以称为滇阳。马家大约就是在郑和的祖父时,从昆明迁到昆阳定居的。

郑和的父亲原名已不可查考。仅从郑和在永乐三年下西洋前夕请李至刚撰写的一篇他父亲的墓志铭中,知道他的父亲和他的祖父一样,也称马哈只。原来"哈只"是阿拉伯语"朝拜者"的意思,按惯例,凡是到过伊斯兰教圣地麦加朝拜过的穆斯林,都可以称为"哈只"。郑和的祖父和父亲都曾到过麦加朝圣,因此便都称为马哈只。郑和12岁时在战乱中离开家乡,他祖父和父亲原来的名字他可能已经淡忘,而只知道人们都尊称他们为"哈只",所以后来墓志铭上就只称他们为哈只。郑和的祖母姓温,郑和的母亲也姓温。郑和兄弟姐妹共六人,哥哥叫马文铭,兄弟二人。他小时名和,"郑"是后来明成祖朱棣时赐给他的姓,"和"是由于他的故乡和代村(他的父亲便安葬在昆阳和代村)而得名。一说他小名三保,又作三宝,所以后人又称他为"三保太监"或"三宝太监"。

郑和小时候的家庭是比较富裕的。据《马公墓志铭》说,郑和的父亲"性尤好善,遇贫困及鳏寡无依者,恒护賙(zhōu)给,未尝有倦容"。马哈只父子二人都曾远赴西亚麦加朝圣,需要相当的经济能力才能负担如此长途跋涉的费用。郑和祖先滇阳侯的贵族头衔虽然在元末已显衰落,但余荫犹存,仍有相当社会地位。因此,有的人说郑和的出身比较贫困,这是不可能的。郑和出生时,元朝在云南的势力还未垮台,色目人的后代仍是比较优越的。到了洪武十四年(1381年)明朝的大军进入云南,攻克昆明,元朝在云南的势力被摧垮后,郑和的家庭才失去政治和经济依靠,迅速破产没落。

被掳随军

明太祖即位以后,经过南征北战,全国大部分省份都先后归附了明朝。到了洪武十四年,只有南方的云南和北方的部分地区仍在元朝的残余力量统治之下。云南在元代是梁王统治的地区,其统治中心主要是在云南的东部,元朝灭亡后,梁王把匝(zā)拉瓦尔密仍奉元为正统,拒绝明朝的招降。明太祖曾先后派遣王祎、元威顺王子伯伯和吴云三次去云南劝谕梁王归顺明朝。但是不是使者被杀,便是被囚,梁王坚决不肯投降。最后,明太祖下定决心,动用军事力量进取云南。洪武十四年九月,明太祖下令以傅友德为征南将军,以蓝玉、沐英为副将军,率领30万军队出征云南。朱元璋非常重视这次军事行动,亲自到南京的龙江码头(今下关)为将领和官兵送行。这支能征善战的大军乘运兵船溯长江西上,到武昌后,再分兵两路进入云南。一路由傅友德率领主力部队经湖南、贵州入滇,一路由沐英率领支队经四川入滇。

梁王接到明朝大军压境的消息后,急忙派达里麻率兵10余万在云南的东北部曲靖迎战明军。梁王军队哪里是久经沙场的明军对手,很快就败下阵来,达里麻被沐英的部队活捉,梁王军队溃散,傅友德命蓝玉、沐英率师直捣昆明。梁王惊恐,跳入滇池自杀身亡,余部不是被杀便是投降。到这一年的年底,梁王统治下的云南东部地区便基本平定,归附明朝;云南西部的大理地区,这是少数民族统治地区,也在次年相继归顺明朝。洪武十五年(1382年)底,云南平定,至此,元末以来全国分裂的战乱局面,才基本宣告结束。

郑和就是在这关键性的一年卷入明朝征南大军的洪流中的。这时郑和只是一个儿童,元朝的统治在云南的最后覆灭,他并不感到惋惜,只是家庭灾难性的变化,给他幼小的心灵带来了痛苦。据《马公墓志铭》,郑和的父亲死于洪武十五年七月,正是傅友德军队在滇肃清梁王反明残余势力的时候。马哈只死时才39岁,《墓志铭》虽然没有说明他的死因,但显而易见,他是殉梁王而死的,是反抗明军的故元残余势力的成员,因此遭到了镇压,这是后来在明朝宫廷内当上太监的儿子没有在《墓志铭》中述说死因的原因。在战乱中郑和的家庭遭到毁灭性的打击(家人也许已经逃亡、离散),使他流离失所。当时明军在征战过程中,常常发生掳掠百姓和儿童到军中充劳役的现象,无家可归的郑和很可能就是在这时候被明军掳掠随军当差役的。

郑和从小读书识字,受过文化教育,又聪明伶俐,因此逐渐得到明军官兵的喜爱。郑和也就跟随着明朝军队在云南转战各地,开始体验军事生活、戎马生涯。这对郑和日后的成长,从在"靖难"中立功一直到下西洋任总兵官,成为一个杰出的军事领导人才,无疑起了重要的作用。

洪武十六年(1383年)春天,云南的军事行动基本结束,明太祖下诏命傅友德、蓝玉率领南征队伍班师回朝,命沐英带领部分

军队驻守云南。郑和这时也随着大部队离开故乡,随凯旋的明军
到了首都南京。13 岁的郑和从此踏上了一条通向世界的道路。

进入燕王府

我们现在已无法知道郑和是在什么时候和怎样的情况下被
阉割(进入皇宫的太监都要阉割生殖器官),又如何进入北平燕王
府的;只知道洪武十七年(1384 年)郑和随着大部队班师回朝到了
南京,后来于建文元年(1399 年),他在燕王朱棣于北平领导的“靖
难”军事行动中立下了汗马功劳。这中间 15 年的岁月,是郑和离
开云南后参加明初的政治军事斗争,逐渐显露才智,受到锻炼的
重要时期。现在我们只能根据当时的历史背景,对郑和如何从军
队走向宫廷,从一个默默无闻的少年到成为内官太监的过程,作
一简略的概述。

傅友德和蓝玉是明太祖朱元璋手下能征善战的两员大将。
这次从云南班师回南京后,由于征滇有功,傅友德被封为颍
(yǐng)国公,永昌侯蓝玉则允许子孙可以世袭爵位。这时蒙古人
的军事势力仍在北方边境结集。前元太尉纳哈出逃窜蒙古后,多
次侵犯辽东等地。故元王室的残余人马退往蒙古草原后,仍不断
骚扰边境一带。北方的安全已成了明太祖首先考虑的重要问题。
洪武十八年(1385 年),明太祖又以冯胜为征虏大将军,傅友德、蓝
玉为左右副将军率领 20 万步骑兵往北平,北征纳哈出。这次北
征很快取得了成功,纳哈出投降。郑和这时可能仍在傅友德军
中,这是他第一次来到北方,并随着部队进驻北平。

燕王朱棣是明太祖的第四个儿子,洪武三年被封为燕王。洪
武十三年,朱棣离开南京到北平,正式出为藩王,将以前的元宫殿
改建燕王府。洪武二十三年(1390 年),明太祖为了进一步加强北

方军事力量,并使燕王朱棣等得到领导军事的锻炼,又任命晋王枫(gāng)、燕王棣率师北征漠北故元的残余部队,以傅友德为征虏将军,其部队全部划归燕王指挥。朱棣和傅友德一齐出征,一直打到沙漠边缘,蒙古人大批降明。捷报奏闻南京,明太祖高兴地说:"肃清沙漠,燕王功也。"在这燕王领导下的首次战功中,刚满20岁的郑和可能从傅友德军队中划归燕王直接领导;或者燕王赏识他的才干,提拔他进入燕王府为内侍,担任内府保卫工作。

郑和进入燕王府,还有另一种可能,即早在傅友德、蓝玉从云南班师回到南京时,即被选送进入宫中,作为小阉人,侍奉皇帝。洪武二十五年(1392年)皇太子标死后,明太祖曾有立燕王为太子的想法,赋予燕王以统辖北方的重任。郑和也可能在这时被委派北上,留在燕王府内服役,受到燕王赏识。

总之,郑和在明太祖逝世之前,肯定已经来到北平,并成为阉人,在燕王内府中服役。这时郑和在经受家破、身残的痛苦后,参加到新王朝的军中,在明朝初期的政治军事斗争中,逐渐成长。

"靖难"立功

郑和进入北平燕王府中服役后,不久,就发生了明王朝内部争夺皇位的武装斗争,即所谓"靖难"之役。

原来明太祖为了永远保持家天下的统治,在即位之初,便立他的长子朱标为皇太子,指定他将来继承皇位。此外又封其他几个儿子为王,出守边疆地区,作为藩王,保卫大明的天下。这些藩王中,最为明太祖赏识并拥有实际兵权的是燕王朱棣。洪武十三年,燕王来到北平,建立藩王府,统辖今河北北部一带。洪武二十三年,又将当时最精锐的傅友德、蓝玉部队拨归燕王指挥,并取得了对蒙古人作战的胜利。燕王在诸王中的力量是最强大的。洪武二十五年(1392年)九月,皇太子死,明太祖立太子的儿子朱允炆(wén)为皇太孙,准备将来由他来继承皇位。洪武三十一年(1398年)闰五月,明太祖逝世,皇太孙即位,是为明惠帝。于是实力强大的燕王和他的侄子新皇帝之间争夺皇位的斗争便公开化了。

明惠帝首先接纳他的亲信大臣的建议,削弱各地藩王的权力;又派人到北平任军事指挥使司,牵制和监视燕王的活动。这就加速了燕王夺取中央权力的进程。建文元年(1399年)七月,明惠帝派驻北平的亲信开始行动,进行大搜捕。燕王见时机成熟,于是设伏兵首先擒拿惠帝派在北平的官员和亲信,又出兵迅速占据了北平各重要据点和城门;接着打起"靖难"的旗号,公开亮出反对南京惠帝政权的旗帜。所谓"靖难",就是清除朝廷的危难,表面上是要诛杀惠帝的左右亲信,说他们谋倾社稷,实际上是要推翻惠帝,由燕王来继承皇位。"靖难"战争一直打了三年,才以燕兵攻入南京,惠帝不知所终而结束。

郑和是怎样在这场战争中为燕王立功的,史籍上并没有具体记载。《明史·郑和传》只是概括地说:"初事燕王于藩邸,从起兵有功,累擢(提拔的意思)太监。"《马公墓志铭》也只是说:"和自幼有才志,事今天子,赐姓郑,为内官太监。"《郑氏家谱首序》则说:"(和)后有功于郑州,因赐姓郑。"现根据当时"靖难"战争的情况,结合有关资料,可知郑和在"靖难"中立功的经过的大致情况如下:

建文元年八月,惠帝任命李景隆率领各路军马50万北上讨伐燕王。燕王预先定下计谋:带兵撤离北平,先攻取长城以北宁王管辖下的大宁(今辽宁西拉木伦河地区),但暗中留下精兵守北平,等待南方军队来攻城时,再回师夹击。李景隆果然中计,他以为城中空虚，即以大军包围北平，在城外结九座营垒，自己亲自坐镇郑坝村（今称东坝）督师攻城。十一月，燕王军队迅速回师，奇兵突入李景隆兵营中，城内精兵亦出，内外夹击，连破七营，最后直逼郑坝村李景隆的大本营，李景隆急忙溃逃南奔，北平之围遂解。燕兵乘胜追击，大败李景隆军。这次战役，是"靖难"之役中有决定意义的一次战斗，从此根本上扭转了原来南强北弱的军事形势，为燕王于次年南下进军南京奠定了基础。郑和在这次战役中参加了从北平城中杀出来的内应队伍，一直打到郑坝村。因为他从小就参加到傅友德的军队中，有过作战经验，因此很可能是由他率领城内的部分精兵一直打到郑坝村的。从此郑和便给予燕王一个非常良好的印象。

"靖难"战争结束，燕王在南京即皇帝位，原燕王府内侍从人员全部迁入南京皇宫中，郑和也就成了内宫中的太监。这时，明成祖没有忘记这位曾在"靖难"中立功的太监，很想提拔他作为自己的亲信。永乐二年（1404 年）正月初一日，明成祖亲自赐给这位曾在郑坝村立功的年轻太监一个新的姓：郑。从此，"郑和"代替了"马和"。郑和的才能和胆略，得到了最高统治者的赏识，这对他日后大展宏图的"下西洋"事业来说，的确是一个良好的开始。

内官监太监

就在郑和被赐姓的时候，郑和还被授予内官监太监的官职。

太监是在中国皇宫内服役的奴仆，从事卑下的劳动；但因为他接近皇帝，也最容易取得皇帝的信任，因此对其他人来说，他就居于一种特殊的地位，甚至可以发展为左右政治的权力。中国历代许多宫廷斗争和政治斗争，都有太监参加，就是这个缘故。明太祖即位后，鉴于过去宦官干预政事的恶果，曾在宫门中立下一个铁铸的牌子,上面写着:"内臣(即太监)不得干预政事,犯者斩。"但明太祖实际上并没有完全遵守这一规定,他曾两次派太监到西北地区监督茶马交易,这就为明代宦官奉使外出参与政治经济事务开了一个先例。后来在洪武十九年(1388年),他还干脆让太监带瓷器等物出使往赐真腊国。洪武二十八年(1395年)又命太监赵达出使暹罗国,这又开创了太监奉命出使外国的先例。

明太祖时,又规定内宫中太监的官职和人员定额:设立十一监,各监设太监一人、左右少监各一人,左右监丞各一人,典簿一人,长随、奉御若干人,官位最高不过正四品,最低从六品。内官监是十一监中之一,主要掌管宫内总务工作,特别是营造、建筑、制作、仓库的管理工作。郑和被明成祖授予内官监太监的职位,即内官太监,这已是太监的最高职官了。后来曾和郑和一道下西洋的太监侯显,这时也和郑和一起,被授予十一监之一的司礼监太监的职位,他掌管宫内文字、图书、礼乐方面的工作。

郑和充任太监不久,便接受了第一次的外派任务:代表明成祖去祭奠乳母冯氏。明成祖的童年是在南京度过的,小时由乳母冯氏喂养,冯氏去世时燕王已去北平。这次回南京做了皇帝,便派太监郑和去代为致祭。由于郑和办事能力很强,又有才识,因此很得明成祖的信赖。过去在燕王府时,燕王手下的谋士都与郑和熟悉,到南京后,他们成了朝中大臣,郑和仍然与他们继续交往。太监郑和的名气,很快就在朝廷内外传开了。如早在北平时,郑和就和燕王的心腹、僧人道衍有密切的来往,郑和并拜道衍为师,改宗佛教,成为佛门在家弟子。道衍是最早策划起兵靖难的燕王亲信。成祖即位后,道衍恢复俗名姚广孝,在僧录司任职。郑和为了报答佛祖恩惠,到南京后曾自己出钱刊印佛经《摩利支天经》,并为此专门请道衍写了一篇刊印《摩利支天经》的题记,题记上说:

今菩萨弟子戒郑和,法名福善,施财命工部刊印流通,其所得胜报,非言可尽矣。一日,怀香过余请题,故告以此。永乐元年岁在癸未秋八月二十又三日,僧录司左善世沙门道衍。

这一"题记"除了说明郑和与姚广孝的关系,确实非同一般外,还证明了郑和的宗教信仰,除了从小在穆斯林家庭的熏陶下,信奉伊斯兰教外,还信仰佛教。后来郑和每次下西洋回来后,又曾多次印造《大藏经》送国内各大寺院收藏。

郑和还和太常寺丞袁珙(gǒng)和他的儿子袁忠彻有密切关系。袁珙是明初著名的占相术士,曾由姚广孝推荐给燕王,很得燕王信赖。袁珙的儿子袁忠彻也通晓占相之术,经常作为成祖顾问。郑和被任命为下西洋的总兵官,据说也得力于袁忠彻的荐举。《古今识鉴》一书说,明成祖欲派郑和下西洋,问袁忠彻道:"三保领兵如何?"忠彻答道:"三保姿貌才智,内侍中无与比者,臣察其气色,诚可任。"这说明袁忠彻对宫中太监非常了解,与郑和关系也很密切;也说明郑和的才学胆识,早在下西洋之前,就为人所熟知了。

大海在呼唤英雄

"海上丝瓷之路"的出现

人类为了征服自然,争取生存空间,从远古以来就不断从生存的地域向外探索、开发。在生产力不断发展,特别是商品生产出现以后,国家间、民族间、地区间的接触和交流日益开展,经济和文化相互交流融合,取长补短,人类的文明也就不断得到发展和提高。我国古代很早就以丝和丝织品闻名于世界,西方希腊和罗马时代的著作中出现东方的"赛里斯国"(即丝国),指的就是中国。中世纪以后,我国又以瓷器、指南针、火药、印刷术等发明而享誉世界,为人类的文明做了伟大的贡献。特别是丝绸和瓷器,始终占据着我国古代出口商品的首席,为世界各国人民所珍爱。我国通往西方的陆上交通道路,主要是以运输丝绸为主,因此人们称它为"丝绸之路";而由海上通往世界各地的航海,出口的商品除了丝绸以外,还有大量的瓷器等,因此这一海上航路就称为"丝瓷之路"。"丝瓷之路"向东航抵朝鲜、日本、琉球、菲律宾等国,向南到印度支那半岛、东南亚,西出印度洋到南亚、西南亚、东非、北非各地。丝绸之路和丝瓷之路是我国古代与东西方各国交通的陆海两大交通动脉,是我国与世界各国联系的两大纽带。

　　早在纪元前的西汉时代,我国的丝绸产品"杂缯"(zēng,丝织物的总称)和黄金,就已从广东南部沿海出口,经过东南亚出印度洋,运抵南印度销售,然后又购买珍珠、流离(玻璃工艺品)、宝石等归国。以后经过十几个世纪的不断探索,这条航路更向西直到波斯湾、阿拉伯海,和东罗马帝国的东方贸易区连在一起。这时除了出口丝绸产品外,还有大量的陶瓷器。瓷器外销始于唐而盛于宋。宋代我国制瓷业日益发达,中国是最早发明制瓷工艺的国家,这种精美的日用品和工艺品一出现在海外市场上,便深受各国人民的喜爱。到了宋代,瓷器已在出口贸易中,与丝绸并驾齐驱,有时甚至跃居首位。《萍州可谈》一书记述当时广州出航的商船说:"舶船深阔各数十丈,商人分占贮货,人得数尺许,下以贮物,夜卧其上。货多陶器,大小相套,无少隙地。"这里的陶器也包括了瓷器,当时海船出口主要就是装运陶瓷器。南宋时赵汝适在《诸蕃志》中记载,当时有亚非十多个国家与泉州有瓷器贸易。近百年来,东起朝鲜、日本,南经东南亚各国,西至印度洋沿岸和北非、东非沿海,都有很多宋瓷出土和出海(从海底的沉船中捞出)。因此至迟到宋代,这条以出口丝瓷为大宗的海外东西交通航线,便已形成。当然,在这条航线上,也从海外各地运输大量的香料、药品、宝石、珍珠等进入中国。但这些商品对人民生活的重要性来说却远比不上丝绸和瓷器。因此,我们现在以"丝瓷之路"来概称古代这条东西方海上航路,是非常适合的。

　　元代更是海上丝瓷之路贸易的黄金时代。元代继承了宋代的海外贸易,鼓励民间出海贸易,也欢迎外国商船来华做生意;开放口岸,先后在泉州、明州(今浙江宁波)、广州、温州、杭州等地设立市舶司(相当于现代的海关),鼓励自由贸易,由政府抽取舶税(贸易税)。宋元两代的市舶税收,都是国家财政收入的重要来源。元代汪大渊曾两次乘商船出海,共游历了近百个海外国家和地区,足迹遍及东南亚和印度洋沿岸,直至北非、东非一带,他写的《岛夷志略》就是他海外航行的真实记录。元大德年间(13世纪末至14世纪初),陈大震写的《大德南海志》更记录了当时与广州有交通贸易来往的海外国家和地区达143处,包括整个西太平洋和环印度洋以至地中海地区,可说是"丝瓷之路"发展的高峰期。14世纪阿拉伯最杰出的旅行家巴图塔曾从摩洛哥旅行到中国,他在著名游记中就指出,中国的瓷器价廉物美,在世界各地大受欢迎,远销印度等地区,直到马格里布(今非洲西北部摩洛哥、阿尔及利亚、突尼斯地区,《诸蕃志》中称作默伽猎)。马格里布西临大西洋,也就是说,中国的瓷器在宋元时代已经随着丝瓷之路的延伸,跨过印度洋、地中海,到达大西洋的边缘了。

东方的航海大国

随着海上"丝瓷之路"交通航路的发展,中国的造船技术和航海技术也不断提高,成为名副其实的东方航海大国。

我国位于亚洲大陆东岸,东临太平洋,有着1.8万公里的漫长海岸线和数不清的大小岛屿,有许多良好的港湾,是一个航海条件非常优越的国家。我国人民很早就航行于南北沿海一带,从先秦时代开始,北方的齐人、南方的越人就经常出没于渤海、黄海、东海和南海上。到了公元前3世纪的秦代,已出现了相当规模的海上航行。秦始皇曾率领船队,在渤海、黄海、东海上多次作沿岸航行。他又委派齐人徐福,率领1000人以上的船队东航寻找海外仙境。虽然没有结果,但这是见于记载的我国第一次最大规模的航海活动。这说明了我国的大型海船的制作和航海技术已有相当的基础,否则秦始皇是不可能作如此频繁的航海活动和派遣大规模的船队扬帆远航的。

汉代以后,我国的造船业和航海技术进入了新的发展阶段。我国海船已能利用星辰来进行定向导航,辨别航向,又学会利用季风和海流,向东北亚和东南亚远航。北航经朝鲜沿海越过朝鲜海峡到达日本;南航经南中国海出马六甲海峡进入印度洋,远至南印度和斯里兰卡。三国时北方的魏国也多次遣使日本,南方的吴国除了派遣过一支船队东航台湾外,还派朱应、康泰出使印支半岛南部的扶南(今柬埔寨一带)。

当时航行在南中国海上的船,已出现了载重量"万斛"(600吨)的大船。《太平御览》中记载:"大者长二十余丈,高去水三二丈,望之如阁道,载六七百人,物出万斛。"玄应《一切经音义》中也说："吴船曰艑(biàn)，晋船曰舶，长二十丈，载六七百人。"这样的大船，当时世界上是少有其匹的。东晋法显从斯里兰卡和爪哇乘外国商船归国时，船上也只能乘坐 200 余人。到了唐代，中国的海船建造已采用斜穿铁钉的平接钉榫(sǔn)新技术，这样使船身的接合更坚固；又采用多道的水密隔舱，也大大加强了海船的横向强度和抗风浪、抗下沉的能力；在船舵的改进上，中国海船还安装了垂直舵，这些都比当时波斯、阿拉伯、印度、斯里兰卡的海船技术先进得多。唐代中国商船已出入印度洋，阿拉伯商人都称赞中国商船船体大，船身坚固，设备精良，安全度高。外国商人都喜欢乘坐中国商船来华。

宋代和元代中国的造船技术和航海技术有了更大的提高。12 世纪北宋徽宗时徐兢出使朝鲜所乘坐的"神舟"，可以说是当时世界上最先进、最庞大的海船。徐兢出使的海船计有神舟二艘、客舟六艘，仅客舟就"长十余丈，深三丈，阔二丈五尺，可载二千斛粟"。而神舟为客舟的三倍，它的形体巨大，可以想见。船上的樯帆是"大樯高十丈，头樯高八丈"，有布帆五十幅，左右两旁还有利篷，樯巅有小帆，每舟的水手、舟师共六十人。更重要的是，船上还安置有"指南浮针"的航行仪表。徐兢《奉使高丽图经》中说："若晦冥(huì míng 昏暗)，则用指南浮针，以揆(kuí 估量)南北。"这是世界上海船第一次使用罗盘针的记录(1123 年)。西方阿拉伯人直到 12 世纪末才开始在航海中应用指南针。

宋代我国航海已普遍应用罗盘针，这是航海史上的一项重大突破。到了元代，航海气象知识与水文知识等航海应用技术都有很大提高，出现了专供舟师用的航海技术专书《海道经》。元代是我国海船在印度洋上航行最活跃的时期，从至元九年(1272 年)到大德八年(1304 年)共 32 年的时间内，见于史书记载并由国家组织的印度洋航行便有 11 次之多,其中亦黑迷失至南亚 4 次,杨廷璧至南印度 3 次,孛罗至波斯湾 1 次,杨枢至波斯湾 2 次,著名的马可·波罗随元公主远嫁波斯船队至波斯湾返国 1 次,而来往更多的商船如汪大渊两次远航等,还没有包括在内。中国海船在印度洋上无疑是首屈一指的。巴图塔在他的游记中也说:"到中国去的人都乘中国商船……在印度各港口经常有中国商船……古里(今印度科泽科德)同时停泊着十三艘中国商船。"可以说,在明代以前,从中国到印度洋上的丝瓷之路,已是中国商船的天下了。

明代初期的郑和下西洋,就是在丝瓷之路交通贸易不断发展、东方航海大国已经形成的基础上由国家组织的空前未有的航海壮举,它把我国的航海事业推向了一个新的高峰。

一位放眼世界的皇帝

明朝是一个有着高度中央集权的封建专制政权,它的海外贸易政策和历代有很大的不同,即实行严格的海禁政策和提倡朝贡贸易。海禁是明太祖建国初期定下的国策之一,即严禁人民私自出海贸易和与外国人交往。这主要是防止沿海海盗和日本倭寇的侵扰,防止国内人民和外国势力勾结,图谋推翻朝廷。另外统治阶级还需要大量的海外珍宝、香药等奢侈品供享乐消费,因此国家要对海外贸易实行垄断,大力提倡朝贡贸易。尽管明太祖用薄来厚往的大量赏赐办法,刺激远方各国来朝贡,但和元朝的自由贸易相比,这种朝贡贸易的数量是很少的,极为有限的。明初洪武年间虽然也派遣使者到海外,甚至还远至印度的古里,但主要目的是要求海外各国在名义上承认明王朝的宗主地位,至于朝贡贸易,仅规定近的国家两年一贡,远的国家三年或五年一贡就可以了,因此对外贸易一时出现了冷冷清清的局面。宋元以来海上丝瓷之路交通贸易不断发展的大好形势,到了明代洪武年间忽然人为地跌入低谷,这种自我封闭实在是很不正常的。明太祖死后,继位的是建文帝,在位不到四年,基本上是处于与燕王打仗的局面,根本没有时间考虑到海外问题。只是到了明朝第三个皇帝明成祖登位以后,才认真考虑到要继承宋元以来不断发展的航海事业和恢复海外贸易问题。

明成祖在即位之初,便首先向朝鲜和安南派出使者,改善和发展与邻国的关系。他一改洪武时僵硬态度,正式承认朝鲜李氏篡夺王氏建立的李朝,赐给李芳远朝鲜国王金印;正式承认越南黎氏篡夺陈氏建立的黎朝,封黎仓为安南国王。他把眼光注视着海外,不断派使者远赴海外各国访问,招引各国使者来朝通贡。仅永乐元年间,就有九批使者出使海外,至占城、真腊、暹罗、琉球、爪哇、满剌加、琐里、古里等地,开展大规模的外交活动。

但明成祖把眼光注视海外并不是要改变明太祖时定下的海禁政策和朝贡贸易政策,而是要在海禁范围内,由国家垄断前代已经发展起来的远洋航海事业,把朝贡贸易和航海事业推向一个新的阶段。明成祖不愧为一个英明的君主,他认为继续发展中国航海事业已时机成熟,他在永乐元年派往海外的第一批使者回朝后,便毅然决定主办一次前所未有的规模宏大的航海活动,以继承和推进宋元时代已经发展起来的远洋航海活动。永乐二年(1404 年),在明成祖的策划和主持下,一个需要调动全国人力物力财力的"下西洋"庞大规划,便开始实施了。

"下西洋"的筹备

从元代起,我国就开始把辽阔的海外世界划分为"东洋"和

"西洋"两大地区。但两洋的具体区分,各个时期略有不同。明初永乐至宣德年间,"西洋"是指苏门答腊以西,即今印度洋沿岸地区;"东洋"是指马六甲海峡以东,即今西太平洋沿岸地区。明成祖"下西洋"的目的,是要向海外宣扬明朝的国威和富强,恢复和发展与各国的友好往来,特别是发展以朝贡贸易为中心的经济文化交流;除此之外,还有一个附带任务即寻找失踪的建文帝下落,防止他在海外勾结外国势力,进行复辟活动。要完成这一任务就必须组织一支庞大的船队和有相当的军事力量作护航。明初在洪武年间经过30多年的整顿和建设,国家的经济能力已有很快的恢复和发展,加以宋元以来中国已是世界航海大国,有着先进的远洋航海技术和造船技术,已完全具备向印度洋派遣大型船队的能力。

筹备下西洋工作最主要的一环是确定下西洋领导者的人选。明成祖不准备在他众多的文臣武将中选拔下西洋的领导人,因为他们不是年龄太大,不适应航海,便是不甚可靠,不堪重托。他宁愿在亲信太监中挑选下西洋的领导人,因为太监大都出身低下,从小受磨练,而且对皇帝忠心耿耿。明成祖觉得内官监太监郑和是一个很理想的人选。郑和不但是行伍出身,曾随军作战,在"靖难"中立过功,有谋略,能负起独立指挥的重任;而且从小学过文化,具有多方面的知识,又是"回回"民族,信奉伊斯兰教,后来又皈(guī)依佛教,正是出使信奉伊斯兰教和佛教的西洋各国的极适合的领导人选。加上他有着良好的身体素质,"丰躯伟貌,博辩机敏",正在英年,能克服海上大风大浪和长途航行带来的各种困难。明成祖慧眼识英雄,便决定任命郑和为正使太监、总兵官,作为下西洋的最高领导,全面负责下西洋工作。同时被任命的还有熟悉航海业务的太监王景弘等,协助郑和分管航海等方面的工作。

与挑选下西洋的领导人员同时，下西洋的物质准备工作也在全国范围内开始。首先是大造海船，造船的基地主要是南京的龙江船厂、淮南的清江船厂和福建的长乐船厂。早在洪武二十四年（1391年）二月，明太祖已下诏在南京钟山种植桐树、漆树、棕树5000余万株，作为经济林。到了永乐初年，这里出产的桐油、漆、棕榈纤维便为造海船提供了大量的油漆和绳缆。永乐元年（1403年）五月，"命福建都司造海船百三十七艘"，八月，"命京卫及浙江、湖广、江西、苏州等府卫造海运船二百艘"。永乐二年（1404年）正月，"命京卫造海船五十艘"，又"将遣使西洋诸国，命福建造海船五艘"。又下令从国家仓库和地方粮库中调运和征集准备赏赐海外各国的大量丝绸产品、陶瓷、铁器、金银、日常用品、文化用品和大批粮食、航海器材、生活用品等。

下西洋的人选中，还需要一批办事干练的行政管理官员和航海技术人员。特别是后者，这是远洋航行最为关键的人员。太监王景弘是福建闽南人，这里沿海的许多人祖祖辈辈都从事航海事业，下西洋的舟师、舵工、水手都主要由王景弘从这里征集。明成祖还考虑到海上常有海盗、倭寇出没，特别是下西洋人员在远洋外国中是处于孤立无援的境地，为了预防不测和肃清传闻中建文帝在海外的残余势力，防止他卷土重来，需要调派一支强有力的部队参加下西洋的队伍，作为护航。明成祖决定从在长江下游的驻军中调拨2万多人，组成一支临时的海军，参加护航。郑和同时被任命为这支部队的"总兵官"。

从永乐二年五月到永乐三年五月，整整一年，江南地区都在进行下西洋的准备工作。到了永乐三年（1405年）六月，一切准备工作都已就绪，明成祖便正式任命正使太监郑和负责下西洋的全

面工作。海船、物资、人员都纷纷集中到下西洋的出发点南京龙
江码头长江边上。人类在有史以来最伟大的一次航海活动,就要
开始了。

　　大海在呼唤英雄。元末以来,沉寂多年的海洋,又将沸腾起
来了。

"鲸舟吼浪泛沧溟"

　　永乐三年(1405 年),郑和 35 岁,正是英姿勃发的壮年。初
秋,南京城外龙江码头外排列着昂首翘尾的下西洋海船队,正在
整装待发,岸上挤满了欢送和看热闹的人群。突然间一声炮响,
鼓乐齐鸣,启航的命令下达了,岸上的百姓顿时欢腾起来。那粗
大的绳索松开了,重达千斤的铁锚拉出了水面,巨大的风帆也升
起来了,一座座水上浮宫似的宝船,慢慢移动,乘着西风,顺着水
流,向东驶去。这就是下西洋活动的启航式,史无前例的航海活
动正式开始了。

　　这是一支无论在数量上和质量上都是当时世界第一流的航
海队伍。第一次下西洋的总人数共有 2.7 万余人,后来的各次下
西洋,也基本上是这一数字。这一庞大的队伍可分四个部分,即:

　　(一)领导人员:正使太监、副使太监(副使监丞)、少监、内监、
教谕、舍人、通事、僧侣等。

　　(二)管理人员:户部郎中、办事、书算手等。

　　(三)技术人员:医官、医士、阴阳官、阴阳生、火长、舵工、民
稍、班碇(dìng)手、水手、匠人、铁锚手、搭材等。

　　(四)军事人员:总兵官、都指挥、指挥、千户、百户、官校、旗
手、勇士等。

　　由正使太监、副使太监和总兵官、都指挥组成全船队的领导

核心,郑和既是正使太监又是总兵官,因此郑和就是下西洋船队的最高领导。郑和第七次下西洋时在福建长乐立的《天妃之神灵应记碑》中有记载:"正使太监郑和、王景弘,副使太监李兴、朱良、周满、洪保、杨真、张达、吴忠,都指挥朱真、王衡"。这就是最后一批下西洋领导者。

至于下西洋的海船,那更是无与伦比的海上庞然大物。下西洋的主船称为"宝船",即运载西洋珍宝带回各国贡品的船,此外又有马船、粮船、坐船、战船、水船等等。其中最大的宝船长44丈4尺,阔18丈;其次的长37丈,阔15丈。大船就相当于现代的长度151.8米,阔61.6米,其次的长136.5米,阔51.3米。这种船体型粗大,平底,吃水浅,驾驶轻便,多桅多帆,顺风逆风都能航行。据估计载重量在1500吨以上。这的确是海船中的"巨无霸"了。第一次下西洋的海船就有62艘,所以当时人就形容这些宝船"体势巍然,巨无与敌","维绡挂席,际天而行"。

宝船队在郑和、王景弘的指挥下,秩序井然地离开了龙江关,顺着长江东下,首先抵达太仓的刘家港(今江苏太仓东浏河镇),汇合了在这里等待出海的粮船、淡水船、兵船等,然后直奔吴淞口出海。出海后船队即转向南航,沿着浙江、福建海岸航行到福建长乐的五虎门,稍事休整后,船队便趁着东北季候风的到来,张开巨大的风帆,向茫茫的南方大洋中驶去。

有一位阿拉伯语翻译马欢参加了第三次下西洋航行,他有一首《纪行诗》,其中开头四句写道:

> 皇华使者承天敕,宣布纶音往夷域。
>
> 鲸舟吼浪泛沧溟,远涉洪涛渺无极。

后二句形象地写出了宝船队出发后奔向大洋时的情景。它就像大海中的一群巨大鲸鱼,喷着高高的水柱,吼叫着在无边无际的海洋中前进。

从永乐三年到宣德八年(1405—1433),郑和下西洋共七次,这七次的具体时间如下:

第一次:永乐三年—五年(1405—1407)

第二次:永乐五年—七年(1407—1409)

第三次:永乐七年—九年(1409—1411)

第四次:永乐十一年—十三年(1413—1415)

第五次:永乐十五年—十七年(1417—1419)

第六次:永乐十九年—二十年(1421—1422)

第七次:宣德六—八年(1431—1433)

郑和下西洋所到的国家可分四大地区,即东南亚地区、南亚地区、西亚地区、东非地区。现在就把郑和七下西洋所到的国家和地方扼要地综合叙述于下。

宝船队在东南亚

促睦邻首访占城

占城是我国的海上邻国,也是郑和下西洋首先访问的国家,位于今越南中南部地区。早在秦汉的时候,它原是中国的一个郡县,公元2世纪时宣告独立,称为林邑国。后来受印度文化的影响,改称占婆国或占城国。它和中国有着长期的友好关系。宋代曾由占城传入优良的稻种占城稻,我国的高产棉花和蔬菜种子也传入占城。明朝洪武年间,中国与占城的使者仍往来不辍(chuò)。这次郑和到占城访问,除了巩固传统的中、占友好关系外,还负有劝谕占城和北邻的安南平息边界争端,友好相处的使命。

原来在洪武年间就发生过安南出兵入侵占城边境的事件,明太祖曾规劝两国罢兵修好,建立睦邻关系。但永乐初年,两国又发生边境冲突。明朝曾派人去安南调解,劝令撤兵并归还所侵占的地方,又派精兵400人由海道前往占城监督两国罢兵。这时适逢郑和下西洋开始,于是郑和便负着调解占城与安南争端的特殊使命,促进中国与安南、占城的三边的友好关系来到占城国。

郑和的船队离开福建长乐五虎门后,宝船上全部张开了十二帆,经过十昼夜,便到达占城东北的港口新州港(今越南归仁),这个港口有一座石塔作为标记,在海上远远便可看见。登岸后,郑和率领官员和军士一行又向西南方的王城(今平定)进发。国王接到报告,知道明朝派出宝船前来访问的消息,非常高兴,赶忙带领大臣和百姓到城外迎接,并举行隆重的欢迎仪式。国王头上戴着三山玲珑花状的金冠,身穿五彩细花布做的长衣,下围着色丝手巾,脚上穿着玳瑁履,腰束带着八种珍宝的方带,装扮得像一尊金刚一样,乘坐着高大的象。后面拥随着五百士兵,或手执武器刀枪,或手舞皮牌,或捶鼓吹椰笛壳筒。大臣们乘马,戴着用金彩装饰的草帽,穿着各种颜色不同的短衫,腰围布手巾。欢迎仪式后,郑和向国王宣读并递交了明朝皇帝的诏书,转达了促进睦邻邦交的愿望,并向国王赠送了丝绸、瓷器、钱币等礼品。国王热情地招待郑和等到天使馆安歇。

占城国王非常感谢中国对调停安南与占城边界争端的努力，特别是郑和船队的来访，对他们是一个很大的鼓舞。占城决心与中国世代修好，并保证与安南建立友好睦邻关系。占城国除了按规定遵守每三年向明朝派遣使者朝贡外，每逢新国王嗣位时，还派遣使者来中国重申友谊，并加强朝贡贸易关系。从此，中国和占城的关系更加密切，就像中国与朝鲜、琉球、安南一样，成为最密切的邻邦。

为了赶乘东北季风，郑和没有在占城多作耽搁，便返回港口，登船离岸，直向南方的爪哇国驶去。

到爪哇调解内争

爪哇国即今印度尼西亚爪哇岛，这是郑和船队在南海中越过赤道南下最远的一个国家。它在我国南北朝时称为耶婆提国，唐代称诃陵，宋代称阇（shé）婆，都与我国有友好的来往和通商关系。元代称为爪哇国。元世祖忽必烈崇尚武力，曾派兵 2 万乘海船远征爪哇，当时爪哇为新建立的麻喏巴歇王朝（1293—1451）。明朝建立后，明太祖主动与爪哇修好，洪武二年（1369 年）便派出使者到爪哇建立友好关系。洪武三十年（1397 年），爪哇分为东西二王，相互争斗，但都和中国保持友好关系。郑和到爪哇国，除了重申友谊，发展朝贡贸易外，还对东西王间的不和，进行了调解工作。

郑和宝船首先到达爪哇东部的杜板（今称厨闽），这里约有千户人家，多是广东、福建来的侨民。宝船又从杜板东航半日到另一个华人聚居地新村（今名格雷西）。这里原是一片沙滩，华人来后在这里建立村寨，经营黄金、宝石等生意，生活比较富裕。宝船又从新村沿岸南航到苏鲁马益（今名苏腊巴亚，又称泗水），这里也是华人聚居的地方。从苏鲁马益改乘小船，溯河而上，到达一个叫章姑的码头，然后舍舟登岸，西南行一天半，才到达爪哇满者伯夷（即麻喏巴歇）王朝的首都满者伯夷（故址在今泗水西南部惹班一带）。

郑和到达爪哇时，正是满者伯夷王朝内部东王与西王关系非常紧张的时候，到处可以看到动用武力的迹象。郑和对东王和西王都尽力劝解和好。但西王听说东王单独接受了明朝派来使臣递交的诏书，非常恼怒，要兴兵攻打东王。当郑和离开东爪哇到达中爪哇时，西王的军队遇见郑和的士兵，便发动袭击。有170名明军被杀害。郑和获悉了这不幸消息后，马上与西王交涉。西王非常害怕，便向郑和请罪，郑和为了顾全大局，没有对西王马上采取军事行动。鉴于这次事件是由于东西王内部斗争引起的，而且西王已承认错误，愿意承担责任。郑和自己下西洋的公务还远未完成，还要继续西行，便趁这时机，晓谕西王，平息内争。西王也接受了郑和的劝谕，愿意向明朝交纳黄金6万两赎罪。永乐六年（1408年），西王派使者到明朝献黄金1万两谢罪。礼部的官员说，还欠5万两，要先将西王使者治罪。但明成祖说，他们既已悔过，所欠的5万两黄金也都免了吧。一场不幸事件至此才告平息。后来爪哇人为了纪念郑和的功劳，在宝船到达中爪哇靠岸的地方，建立了一座郑和的庙宇，又将这一地方改名三宝垄（郑和和王景弘都名为三保，又作三宝）。六月三十日是郑和在这里登陆的日子，直到现在爪哇岛上很多人都在这一天来到三宝垄郑和庙前进香，纪念这位中国航海家和友好使者。

郑和在爪哇各地旅行中，还了解到这一热带国家的许多情况：爪哇的居民可分三种人：一是"回回"人，信仰伊斯兰教，主要是商人，生活富足，衣食整洁；二是华人，主要是广东、福建人及其后裔,从事商业、手工业和农业;三是本地人,各种职业都有。买卖交易用中国历代铜钱,最欢迎中国的陶瓷器。男子勇敢强悍,从童年直到老年都在腰间佩一小刀名"不剌头",极为锋利,每逢争斗、竞技,都用此小刀比试。民间有竹枪会、步月唱歌、画图说书等娱乐活动。特产有苏木、白檀香、肉豆蔻、荜拨,奇禽有会说话的鹦鹉、莺哥、珍珠鸡、倒挂鸟、五色花斑鸠、孔雀、槟榔雀、珍珠雀、绿斑鸠等,异兽有白鹿、白猿猴等。各种热带水果非常丰富,芭蕉、椰子、甘蔗特多,甘蔗每根长二三丈,可称甘蔗之王了。

佛教之国——暹罗

郑和宝船队在第二次下西洋时,从占城沿岸南航至印支半岛南端后,即折向西北航行,进入暹罗湾,共十昼夜的航程,便到达佛教之国暹罗。

暹罗即今泰国,海上陆上都可以通中国,元代便有多次与中国通使和通商贸易关系。洪武初年,明使到暹罗通好,暹罗遣使入贡,此后朝贡贸易不断,并派留学生来中国读书,是明代与中国关系最密切的海外国家之一。

暹罗是一个笃信佛教的国家,出家人很多。妇女能力特别强,家庭和社会上很多工作都由妇女主持,妇女也经商。国人非常好客,对中国人特别友好。民居都是楼居,楼上不用板,以槟榔木劈成片,用藤条扎结,联接起来作为楼板,上铺藤席或竹席,坐卧饮食都在上面,也很整洁。国王出入骑象或乘轿,旁边有一人手执用茭蕈树叶做的金柄伞。

宝船进入暹罗港口停泊后,郑和一行登岸向国王宣读诏书,重申友好,互赠礼物。然后,明使便派员采购各种宝货。暹罗商贩乘着小船前来与宝船做交易,一般买卖都用海贝(bā,产于印度洋上马尔代夫群岛的一种贝壳)做货币,也用金银铜钱,但不使用中国铜钱。物产有各种香木、花梨木、白豆蔻、苏木、象牙等,特别是作为染料用的苏木最多,质量也极好。国王将苏木和降香、胡椒等作为贡品,派遣使臣入贡中国。中国除了赏赐丝绸瓷器等外,又应请求送去《古今烈女传》等书和度量衡的标准式样,供暹罗推广使用。

暹罗后来渐渐强大,势力扩展到马来半岛南部。永乐十三年,暹罗对马来半岛南部的满剌加国准备用兵,企图占领该地。满剌加请明朝出面干预,制止暹罗出兵。明成祖一方面派使者到暹罗劝谕不要使用武力,一方面命郑和第五次下西洋时,分别到暹罗和满剌加二国劝解息事。明朝给暹罗国王的诏书中最后说:

> 此(指出兵)必非王之意,或者左右假王之名弄兵以逞私忿,王宜深思,勿为所惑。辑睦邻国,毋相侵越,并受其福,岂有穷哉! 王其留意焉。

暹罗国王终于接受了明朝的调停,没有出兵。永乐十九年(1421年)暹罗国王派遣一个 60 人的代表团到中国来,表示要与满剌加友好相处。两国间的纠纷,终于在明朝的劝解下,重归于好。

在旧港擒不法华人

为了增进中国与爪哇国、旧港的友好关系,郑和到旧港后,还擒捉了挑拨华人与居住国对立的一位不法华人首领陈祖义。

郑和的宝船离开了爪哇岛向西航行,很快就到了原三佛齐国的旧港(即今印尼苏门答腊岛东南的巨港)。这里土地肥沃,一年三熟,因此有"一年种谷,三季收稻"的谚语。加上交通发达,物产丰富,因此吸引了大批外国人在这里经商,旧港也成了东南亚地区的一个著名大商港。这里通用中国铜钱,中国广东和福建沿海的商人、手工业者、破产的农民和渔民，很多都来到这里谋生。其中有些人经营海上贸易，富起来了，成为一方霸主。在爪哇国满者伯夷王朝强大时，旧港成为爪哇国的势力范围，广东人梁道明及其副手施进卿就曾是旧港的华人首领，依附爪哇国，主管了旧港的海上贸易。后来爪哇满者伯夷王朝衰落，旧港成为一个半独立的港口。永乐二年，明成祖曾派使者到旧港招谕梁道明。他归附中国后，又举荐施进卿代理旧港头目。但不久，旧港另一华人广东的陈祖义势力抬头，他打击排挤施进卿，甚至组织自己的武装力量，在海上横行不法，企图垄断旧港的海上贸易，破坏明朝的朝贡贸易。陈祖义又凭借势力，派他的儿子和梁道明的儿子一起，同赴中国朝贡，企图获得明朝承认他在旧港的合法地位。永乐四年，郑和来到旧港，当地华人便向郑和揭发陈祖义的野心和不法行为。郑和因为下西洋任务在身，不便在这时处理这一问题，便准备在下西洋回来再经过旧港时除掉这一恶霸。

永乐五年（1407年），当郑和的宝船从西洋回来到达旧港时，陈祖义已经听到风声，知道郑和准备捉拿他回中国，便想一不做二不休，企图在旧港劫持郑和。当郑和派人送信给陈祖义要他随宝船返中国时，他假作愿意归降，但暗中却调动武装，准备在晚上偷袭郑和乘坐的宝船。施进卿揭发了陈祖义偷袭的阴谋，于是郑和在宝船左右布置了伏兵。一个漆黑的夜晚，陈祖义果然纠合党羽，暗藏武器，偷偷地摸到宝船上。但很快他便被埋伏的军士包围起来，当场被擒。郑和将他解押回国，到南京后，便以海外不法华人偷袭明朝天使的罪名被处以死刑。又因旧港华人头目施进卿擒陈祖义报效有功，明成祖便封他为旧港宣慰使（明代在少数民族地区委任当地民族的最高行政长官），赐给他印诰、冠带、文绮、纱罗等。凡是参加平定陈祖义的下西洋官兵都得到赏赐。

　　旧港是个水多地少的地方，居民大都在水上建房造屋，用桩缆拴系岸上。这里有几种别处很难见到的珍禽：鹤顶鸟大如鸭，毛黑颈长嘴尖，它的脑盖骨厚寸余，红色，非常可爱，中国官员用它来做冠帽上的装饰，名为鹤顶，这是旧港朝贡中国的珍品。有一种火鸡（不是美洲的火鸡），大如仙鹤，圆身长颈，头上有像红帽一样的软红冠，又有二片生于颈中，嘴尖，浑身毛如羊毛稀长，青色，脚长铁黑色，爪锋利，能破人腹，好吃火炭，因此称为"火鸡"。又有一种神鹿，高三尺余，像一头巨猪，前半截黑毛，后半截白花毛，非常可爱。

　　自从陈祖义伏法，施进卿为宣慰使后，旧港和中国的关系更密切了。在永乐二十二年（1424 年），即第六次和第七次下西洋之间，郑和还有一次旧港之行，就是专门出使授予施进卿的儿子施济孙为旧港宣慰使袭父职的。

为满剌加修栅立城

　　宝船离开旧港，西北行，进入马六甲海峡，航行二日，便到海峡北岸的满剌加（即今马来西亚的马六甲）。这里曾是暹罗的势力范围，每年要向暹罗纳税黄金 40 两。但满剌加决心要摆脱暹罗的控制，便求助于中国。永乐三年，满剌加国首次派使者来中国朝贡，并要求得到承认，保障其独立地位。郑和在永乐四年第一次访满剌加时，便受到非常友好的接待；在永乐六年第二次下西洋时，又访问了满剌加，向满剌加国王宣读了明成祖的敕书，赐给国王大批丝绸、瓷器等礼物。郑和又带去敕封满剌加国西山为"镇国之山"的石碑，碑文由明成祖撰，大书法家尚书蹇（jiǎn）义书写。满剌加国王为了感谢中国对他的支持，在永乐九年（1411 年）郑和第三次下西洋回国时，便带着妻子儿女亲属和官员等共 540

余人,乘宝船来到中国作友好访问,并向明朝献上各种珍宝贡物。明成祖又回赐给他大批礼物归国。以后满剌加国一直与明朝保持非常友好的关系,直到1511年葡萄牙人来到东方占领了满剌加时,中国与满剌加的官方关系和朝贡贸易才告中断。

满剌加位于今马六甲海峡的中部,是亚洲东方各国与印度洋各国交通贸易的转换站和集散中心,商业和渔业都很发达。郑和每次下西洋时,都在这里进行短期修整,除了正常的访问和贸易活动外,还从事以下三项活动:

一是帮助满剌加国修筑排栅,建立巡逻警卫制度。满剌加在建国之初,一切都在草创,没有城垣保卫,也没有巡逻制度。郑和下令明军帮助满剌加建立围墙,用木排围起来,设四道城门和更鼓楼,晚上设专人提铃巡逻,建立警卫制度。

二是建立下西洋宝船的后勤基地。郑和在排栅之内又建重栅,重栅中建立仓库,宝船需用的物资,包括各种钱粮货物,都贮存在内。这就使庞大的下西洋船队在中途有一个固定的后勤补给站。这一战略性措施为历次的下西洋物资供应和西洋各种货物的汇集贮存提供了一个陆上基地。到各国的宝船均限期回到这里集中,整理交易所得的货物和各国贡品,装载船内,等候季风的到来,在五月中旬驶回中国。

三是派遣军士到九洲山采伐香木。九洲山为满剌加西部的小岛,即今马来半岛西岸霹雳河口外的岛屿,这里有很多参天高的大香木。满剌加国王为了酬谢明朝对他的支持和援助,要将它送给中国。但到岛上采伐和运输都很困难,郑和便派遣军士协助满剌加人参加采伐和运输。九洲山上都是原始林木,郁郁葱葱,产沉香、黄熟香。士兵们采伐到六株直径八九尺,长八九丈的大香木,香味清远,木质黑花细纹,世间少有。当地人看到这样巨大的香木,都张目吐舌,称赞这是天兵的神力才能将它搬运出来。宝船在归国时便将这六株香木带回中国。

满剌加国的特产除了香木外,还有打麻儿香和锡。打麻儿香原是一种树脂,流入土中,像松香沥青之类,能点火照明,加热熔解后也可作为造船的防水涂料。锡由国家专门开采炼铸,是满剌加的主要出口产品。直到现在,锡仍是马来西亚出口的主要矿产。

协助苏门答剌国平乱

宝船队离开满剌加,横渡马六甲海峡,乘东南风西北行四昼夜,便到哑鲁国,即今印度尼西亚苏门答腊岛东北岸的日里、棉兰一带。这是一个小国,郑和没有在这里多作停留,又从哑鲁继续向西北航去,到达苏门答剌国,即今苏门答腊岛北岸的亚齐一带,首府在今洛克肖马韦。

苏门答剌国在宋代便与中国发生贸易关系。明洪武年间也有使者往来。这里的居民都信奉伊斯兰教,出产的降真香是海外各地最好的一种,北部沿海的珊瑚也是很有名的产品,这两种都是与中国进行贸易的主要商品。

郑和下西洋到达苏门答剌国的时候,正逢苏门答剌国发生内乱。原来苏门答剌国西部那孤儿(在今实格里附近)的花面王出兵反对苏门答剌国王统治,国王在动乱中被杀。国王的妻子发誓要复仇,便招募勇士,如能复国,把那孤儿的花面王赶走,就和他结婚,共同主持国政。有一位渔夫便起来率领国人,推翻那孤儿的统治,并把花面王杀死。苏门答剌国原国王的妻子不食前言,便与他结婚。但渔夫做了国王后,却独揽大权,不让王妻共同执政,又将原国王的财产据为己有,打击和排挤原国王的王子和家属。原国王的儿子长大后不服,要恢复王位继承权,便组织力量,把渔父王杀死,自立为王。不久渔父王的儿子苏干剌起来为父报仇,又纠合部众,要与新王决一雌雄。郑和到达苏门答剌国时,正是他们相争的时候。为了平息这两代人的长期动乱,郑和在永乐十一年(1413年)第四次下西洋的时候,便接受了老王的儿子,新王宰奴里阿必丁的请求,准备消灭渔父王儿子苏干剌。苏干剌看到明朝的使臣没有向他赠送礼物,恼羞成怒,要截击郑和宝船。郑和带领明军和宰奴里阿必丁的军队协同作战,大败苏干剌,苏干剌逃到南巫里国(今苏门答腊岛西北部亚齐),郑和的军队也乘胜追到那里,将苏干剌和他的家属等一起俘获。永乐十三年(1415年)郑和宝船下西洋回归中国时,又将苏干剌带回中国。一场长期的王位争夺的动乱,至此才告结束。国王宰奴里阿必丁感激明朝救助之恩,以后便常派使臣到中国朝贺,并进行朝贡贸易。

苏门答剌国盛产水果,芭蕉、甘蔗、菠萝蜜、芒果、柑桔等很多。有一种名赌尔乌的果实,长八九寸,熟后裂开,内有栗子大的酥白肉十四五块,甜美可食,其中更有子,可以炒食。冬瓜很多,长久不坏。西瓜有的长二三尺,绿皮红心。椰子、槟榔到处都有。

郑和宝船又从南巫里出发北航,到离苏门答腊海岸不远的一座小岛名帽山(今名韦岛),这是海中一座平顶高山,像一座海上大航标。从印度洋西来的海船都以此山为准,收帆靠岸,驶向苏门答腊;从马六甲海峡西去的海船,也以此山为准,再往西就要横渡印度洋了。

宝船队在南亚

抵锡兰山布施佛寺

宝船进入印度洋后,便是"西洋"的范围。这里的航行路线和在西太平洋的航线有一很大的不同,就是离海岸远,海中岛屿也很少,好几天看不见山和岸。辨别航向除罗盘外,还要利用星辰高低来指示航向,这便是印度洋上的"过洋离星术"。宝船充分运用这一航海技术在印度洋中航行,关于这一点,我们还将在后面航海技术的章节中谈到。

宝船从帽山出发,采用直线航行的办法向西航行,经过整整七天,便到达南亚最大的岛国锡兰山国(今斯里兰卡)。在海上首先看到锡兰山南部的莺歌嘴山(今斯里兰卡岛东南岸的纳姆纳库里山),然后沿岸西航,再经二三日,才到达港口别罗里(在今斯里兰卡西南岸),在这里登岸北行四五十里,才到达王都。

锡兰山国是一个古老的佛教国家,和我国的来往也很早。公元5世纪我国东晋时僧人法显到印度寻求经律,最后曾到这里参观访问,并从这里启航归国。锡兰山自古以来也是东西印度洋航行的必经之地,郑和每次下西洋都先到这里,再到印度沿海各地和西亚、东非。锡兰山有很多著名的佛教古迹,郑和在这里还看到了佛在石上的足迹,长2尺,中有水,从来不干,人们都用此水洗面,说佛水清净。还有佛寺中著名的装饰华丽的卧佛像、佛牙舍利等佛教珍品。锡兰大山顶上也有一个巨型足迹,长8尺余,入石深2尺,传说是人类的初祖亚当的足迹。锡兰盛产各种宝石。大雨过后,山谷中经常有泥沙冲下来,其中就可能有宝石。相传宝石是佛祖的眼泪凝固成的。锡兰还出产很多珍珠。国王有两个养珠的珠池,国王令人每年一次将海滩上的蚌倾倒入池中,专门派人培养,待蚌烂死后,就用水淘洗干净,取出珍珠。锡兰人特别喜爱中国的麝香、丝绢、青瓷、铜钱、樟脑,就用宝石和珍珠作交易。

永乐七年(1409年)在郑和第三次下西洋到达锡兰山时,郑和首先以佛教徒的身份,到佛堂山(在今加勒东南)参拜,并将大批金银钱和各种供养的宝器、宝幡、香炉、香油、灯烛等布施给佛寺。又专门建立一座石碑作为纪念,碑上刻着汉文、泰米尔文和波斯文三种文字。这块碑已于1911年在锡兰的加勒发现,这是海外流传下来关于郑和下西洋的一件最珍贵的历史文物。碑上的汉文中写道:

　　……比者遣使招谕诸番,海道□开,深赖慈佑,人舟安利,来往无虞,永惟大德,礼用报施。谨以金、银、织金纻(zhù)丝、宝幡、香炉、花瓶、表里、灯烛等物,布施佛寺,以充供养,惟世尊鉴之。

　　总计布施锡兰山立佛立寺供养金一千钱,银五千钱,各色纻丝五拾匹,织金纻丝宝幡四对,红二对,黄一对,青一对,古铜香炉五个,戗(qiàng)金座全朱红金香炉五个,金莲花五对,香油二千五百斤,蜡烛一十对,檀香一十炷。永乐七年岁次己丑二月甲戌朔日谨施。

郑和接着向王都进发,向国王亚烈苦奈儿及其妻子赠送各种礼物。但当郑和宝船从西洋古里回国途经锡兰山时,却发生了不幸事件。锡兰国王亚烈苦奈儿以为郑和要惩治他以前曾阻止西洋各国向中国进行朝贡贸易的事件,要推翻他的王位,另立新王,就预先在港口陈兵,要劫夺宝船,谋害郑和。郑和知道锡兰国王要袭击宝船,便定下计策,出其不意,发奇兵直捣王都,准备擒拿国王。锡兰军队回救不及,结果国王被活捉。郑和将国王和部分大臣随宝船解回中国。后来明成祖亲自处理了这一事件,释放了亚烈苦奈儿和所有锡兰人,又请锡兰的大臣推荐,另立新王。大臣们推举王室中的耶巴乃那为新王。永乐十年,明成祖便派使者将锡兰人连同亚烈苦奈儿全部送回锡兰,并庆贺新王即位。一场风波,就这样平息了。

在印度马拉巴尔海岸

宝船队离开锡兰山别罗里港口后,西北行向印度南端航行,越过半岛南端甘巴里头(今科摩林角)后沿半岛西岸北上,依次访问了印度马拉巴尔海岸的小葛兰、柯枝、古里三国。这是郑和第一、二、三次下西洋的最后目的地。

印度是东方文明古国,也是南亚最大的国家,早在公元前2世纪,中国的汉朝就和印度有贸易往来,魏晋以后,中印僧人来往更多,但唐代以前主要以陆路交通为主,宋以后,才以海路交通为主。到15世纪郑和下西洋的时候,印度正处于分裂状态,国家大部分为伊斯兰教势力统治。其中南方的沿海城市商业发达,不少地方都发展成为独立的城邦国家。特别是与阿拉伯国家海上贸易非常密切的西岸,人口集中,商业和手工业都很兴盛。小葛兰、柯枝、古里就是当时南印度西岸三个最繁盛的港口国家。

郑和船队首先来到小葛兰,又名小唄(gé)喃,即今喀拉拉邦南部的奎隆。这里土地比较贫瘠,物产很少,全靠转口贸易,因此有"西洋诸国码头"之称。从小葛兰向西北航行一昼夜便到柯枝,即今喀拉拉邦中部的柯钦。这里出产胡椒最多,是东西方胡椒最大的供应地。从柯枝再西北航三日,便到西洋大国古里,又名西洋古里,即今喀拉拉邦北部的港口科泽科德,又名卡利卡特。

这里的气候常暖如夏,没有四季之分,每年只有雨季和晴季的区别,大约2月至7月为雨季,8月至次年1月为晴季。郑和一行在这三个地方对南印度的风俗做了具体深入的观察。这里在历史上都是信奉印度教的地区,他们发现了许多有趣的现象,随同郑和下西洋的翻译马欢在他的著作《瀛涯胜览》中就说:

> 其国王、国人皆不食牛肉,大头目是回回人,皆不食猪肉。先是王与回回人誓定:尔不食牛,我不食猪。互相禁忌,至今尚然。

印度原来信仰印度教和佛教,1300年印度德里苏丹建立后又流行伊斯兰教。印度教徒不食牛肉,伊斯兰教不食猪肉,他们经过长期的共处,双方都相互尊重对方的习惯,这是古代民族团结和文化汇合的一个很好例子。印度教把牛尊为神圣的动物,马欢在书中还详细地记述了印度人许多敬牛风俗和敬牛故事。马欢和郑和都是回回民族,这说明了明代下西洋的使者都是很尊重各地的宗教信仰的。

郑和等一行还注意到柯枝、古里等地的居民和统治者,都有严格的等级区别。马欢在《瀛涯胜览》书中说,这里的人都分成五个等级,一等名南毗(或作南昆)是王公贵族;二等是"回回",即外来的阿拉伯、波斯人及其后裔;三等名哲地,是富于产业的财主;四等名革令,是商人和中介人;五等称木瓜,是从事艰苦劳动者和小贩。这五种人有严格的职业上和生活上的区别,最低级的木瓜,只能居住在海滨低矮房舍,屋檐高不准超过 3 尺,穿衣上不过脐,下不过膝,在路上如遇到南毗、哲夌人要俯伏于地,待他们过后才能起身行走。这种制度,就是印度世代相传的种姓,早在我国高僧法显、玄奘的赴印游记中就有类似记载,但郑和时代最显著的区别是用"回回"代替了"婆罗门",这反映了 13 世纪后这一地区的伊斯兰化取得了很大进展。

印度的马拉巴尔海岸与波斯、阿拉伯国家有着传统的贸易关系,10 世纪以后又和东方国家建立了直接贸易的关系。这一地区得天独厚,种植大量的椰树和胡椒,除供应印度洋地区外,还远销西方和东方各国。马欢在书中对这里出产的椰子和胡椒都做了较详细介绍。他说,有钱人家都种很多椰树,一般的有一千棵,多至二三千棵。椰子的用处很多,椰肉可吃,可酿酒,可炼油,可做糖,可做饭,外包的椰衣可打绳索,可造船缝合,可造碗、造杯,做工艺品,椰干可造屋,椰叶可盖屋,真是浑身是宝。至于胡椒,更是这一带的特产,这种调味品是著名的东方三大香料(印度的胡椒、斯里兰卡的肉桂、印度尼西亚的丁香豆蔻)之一,14 世纪末和15 世纪初的欧洲人,就是为了得到黄金和这种香料而到海外去寻找新航路和发现新大陆的。由此可见印度胡椒在当时世界贸易的地位。至于中国,早在宋代便从海上输入大量的印度胡椒。到了元代,印度洋交通大开,从印度运到泉州来的胡椒,据马可·波罗说,要比从印度运到欧洲的胡椒还多 100 倍,从印度到中国的商船大部分都是胡椒。马欢在他的书中记柯枝国时就说:

> 土无他产,只出胡椒,人多置园圃种椒为业。每年椒熟,本处自有收椒大户收买,置仓盛贮,待各处番商来买。

书中还记载了胡椒的当地收购价格是一播荷(400 斤)价金钱 100

个,折合中国银5两。官价出售则加倍。胡椒运到中国后出售价不详,但一般都获利十倍,这样400斤胡椒在中国就可售价50两银子。

马欢在书中还记述了宝船到古里后与当地政府部门和商人进行交易时的情形。他说宝船到达港口后,由当地两个接受中国报酬的代理人(相当于买办)负责办理买卖事宜。当地政府则派官员、哲地、书算手、牙人等前来商谈,择日估价出售宝船带去的货物。逐一议价已定,便写上合同,举行合同交换仪式,即当地头目、哲地与内官大人互相拉着手,中介人便说在某月某日成交,在众手上拍一掌,便成最后定论,价钱贵贱,不能悔改。下一步是哲地带领本地商人将珠宝、香料等带来议价收买,也是由原来经手的头目、哲地、书算手、牙人估价计算,折合宝船出售丝绸瓷器等物的价钱。这一收购的过程则比较长,快的一个月,慢的需要二三个月。最后买卖结束,售出和购进的价格数字相符,分毫不差,宝船的交易任务便完成了。印度的书算手计算时不用算盘等计算工具,只用两手和两足共二十指计算,从不出错。

贸易结束,为了纪念这有历史意义的下西洋古里之行,郑和又在这里刻石建碑,碑文上写道:

> 古里去中国十万余里,民物咸若,熙皞(hào)同风,刻石于兹,永示万世。

又建立一座碑亭,将石碑放置亭内。可惜后来碑和亭都已废圮(pǐ)不存了。

郑和第一、二、三次下西洋时的终点都是古里,在古里的通使和贸易任务完成后,便打点返航。宝船离开古里时,古里国王依依不舍地相送。国王为了表达对明朝的尊敬和友好情谊,还特别派遣使者护送一件非常珍贵的礼物给明朝皇帝。这是用50两纯金做成的宝带,用细如发丝的金丝织成,其中镶有各色宝石、大珍珠等,这真是一件无价之宝。

侯显到榜葛剌

郑和率领的宝船队第四次下西洋时,分遣船队由正使太监侯显率领宝船向印度洋东北的孟加拉湾航行,从苏门答剌经过20天的航程,到达榜葛剌国访问。侯显也是下西洋的正使太监,原在永乐初年任内廷中的司礼少监,曾出使西藏。又两次乘宝船到达榜葛剌国,即今孟加拉国和印度的西孟加拉邦地区。

在从苏门答剌北航途中,首先经过翠蓝山,即今尼科巴群岛和安达曼群岛,宝船在这里泊岸。唐代我国僧人义净到印度时,也曾路过这里,称它为“裸人国”,因为当地人都不穿衣服。马欢在《瀛涯胜览》中也称翠蓝屿的人是“巢居穴处,男女赤体,皆无寸丝”,可见此地从义净到郑和500年间没有什么区别。这里居民仍过着极简单的渔猎生活,天气又热,极少和外界接触,所以没有穿衣服的习惯。

从翠蓝山一直往北航行,便到榜葛剌国,宝船在港口浙地港(今名吉大港)泊岸,在这里受到国王派来的上千人的盛大欢迎。侯显一行再从浙地港换乘小船溯河而上到锁纳儿港(在今首都达卡东南部),登岸后又换乘象和马西南行,才到达王都板独哇(今印度西孟加拉邦的潘都亚)。

榜葛剌原是个信仰佛教的国家,13世纪伊斯兰教传入后,居民大部分都归信伊斯兰教。郑和下西洋时,榜葛剌在萨希王朝的统治下。这是一个土地辽阔、河流纵横、物产富饶的国家;又在南亚最大河流恒河和布拉马普特拉河出海的地方,下游地势低下,水患频仍。榜葛剌国的浙地港是东印度和中印度的出海口,它的商业和对外贸易特别发达,不少人造船航海经商。这里出口最有名的棉布,又称西洋布,它的优良品种很多,如像粉笺一样匀细的毕泊布,坚密壮实的姜黑布、像平罗一样的沙纳巴付布、布眼稀匀的忻白勤搭黎布、像好三梭布一样的沙榻儿布、背面起绒头的蓦黑蓦勒布等,很受各国喜爱。中国的造纸术也很早就传到这里,用树皮造纸,光滑细腻。城内很多民间艺人,有吹唢呐的,有耍杂技的,有歌舞的,有玩马戏的。街市整洁,什么店铺都有,澡堂、小吃、杂货、饭馆等满街都是。

陪同侯显到榜葛剌访问的费信,在他写的《星槎(chá)胜览》一书中记述国王在宫中接见明朝使者的隆重情形说:

> 左右长廊内设明甲马队千余,外列巨汉,明盔明甲,执锋剑弓矢,威仪之甚。丹墀(chí)左右设孔雀翎伞百数,又置象队百数于殿前。其王于正殿设高座,嵌八宝,箕(jī)踞坐其上,横剑于膝,乃令银柱杖二人,皆穿白缠头,来引导前。五步一呼,至中则止。又金柱杖二人,接引如前礼。……宴毕复以金盔、金系腰、金盆、金瓶奉赠天使,其副使皆以银盔、银系腰、银盆、银瓶之类,其下之官,亦以金铃、纫纻丝长衣赠之。兵士俱有银盏钱,盖此国有礼富足者矣。

这样盛大的接见和宴会、馈赠,在西洋各国中也是少见的,由此可看出榜葛剌国的富裕和对中国真诚的友好关系。

印度洋上的千岛之国

在西印度洋靠近印度半岛南端西南海外,有一串南北伸延很长的小岛,这就是郑和宝船另一分遣队到达的岛国溜山国,今称马尔代夫群岛和拉克代夫群岛,分属马尔代夫共和国和印度。这是由 1800 多个由珊瑚礁、沙洲组成的群岛。马可·波罗说它有

1.27万个岛屿,最早来华的传教士利玛窦的世界地图中称它为万岛,我国元代的航海家称它为北溜,说它"地势居下,千屿万岛",马欢说它有"三千余溜",都是说这里的岛屿非常之多的意思。

　　溜山国居民全都信奉伊斯兰教,马欢称它"风俗淳美,所行悉遵教门规矩。人多以渔为业,种椰子为生"。溜山国有不少著名的出口产品,一是供造船用的椰索。印度洋地区造船都不用钉,只在板上钻孔,用椰索接驳,加上木楔,然后用沥青涂缝,水就不会渗漏。二是龙涎香,各岛都在沿海上采到龙涎,它浮在水面,原是抹香鲸胃中的一种分泌物,价格昂贵。三是海贝,这是一种螺蚌的软体动物的外壳,采积如山,待它腐烂后,冲洗干净,即成海贝,可转卖到暹罗、榜葛剌等国作为货币使用,一船海贝可以换一船米有余。四是鱼干,这里可捕获大量马鲛鱼,晒干,出口阿拉伯国家做饲料。五是大布手巾和缠头方帕,是热带海洋地区人民最流行的织物。溜山国虽然不出珍宝,但交通贸易却是相当发达的。中国宝船有两艘到达溜山国采购当地的龙涎香和椰子。

宝船队在西南亚、东非

东西方陆海交通的中心

　　永乐九年,郑和第三次下西洋归国后,这时明成祖已了解到西洋的忽鲁谟斯是东西方海陆交通的中心,商贾云集,珍宝最多,便决定第四次派宝船队远航忽鲁谟斯。为此下西洋人员用了两年时间做好准备工作。郑和还于永乐十一年(1415年)四月专程到西安访问清修寺的伊斯兰教掌教哈三,因为他懂波斯语,请他参加第四次下西洋,专职顾问翻译。永乐十二年(1416年)初,第四次下西洋开始,宝船队的终点是从古里国向西北延伸,直到波斯湾头的忽鲁谟斯国。

从古里国向西北航行,顺风经过25日,便到忽鲁谟斯,今为伊朗南部霍木兹海峡中的霍木兹岛。忽鲁谟斯原有新旧城之别,郑和下西洋时正是14世纪初期新旧城交替的阶段,旧城我国元代称忽里模子,又作鹤秣城,为霍木兹海峡北岸的滨海城市,1293年马可·波罗从海路归国到达伊儿汗国时,就到达过这里,说它是"临海兴建的美丽大城市",是东西方陆海交通的必经之途,"即使走什么途径而只要归来时,无论如何也必须到达这一城市"。但马可·波罗过后不久,这里就遭受战火的破坏,许多居民逃难到海上,到霍木兹海峡中的岛屿。14世纪初便在岛上形成了新忽鲁谟斯城。郑和在第四次下西洋时还停泊在旧忽鲁谟斯城,所以《瀛涯胜览》称它是"其国边海倚山",但郑和在永乐十九年(1421年)到宣德八年(1433年)最后两次下西洋时,宝船就改为停泊在岛上的新忽鲁谟斯了,因此当时绘制的《郑和航海图》就把忽鲁谟斯绘成一岛。

16世纪70年代一位葡萄牙传教士追述忽鲁谟斯历史时说:"忽鲁谟斯从一个不毛的和荒凉的岛屿,一座盐山,成为印度诸国中最富裕的城市"。的确,忽鲁谟斯是一个贫瘠的地方,除了盐之外,它本身一无所产。但由于它处于东西方贸易交通的中心,因此集中了大量财富。除了大量的食品、水果都从波斯、印度运来外,还有许多东西方的商品,如中国的丝绸、瓷器、药材和东南亚、南亚的香料、珍珠、布匹,波斯、阿拉伯的宝石、名马,以至欧洲、非洲各地的金银珠宝、稀有动物等,在忽鲁谟斯的市场上都有出售。因此当时人们传说:"全世界是一枚戒指,而忽鲁谟斯则是戒指上面的一颗宝石。"所以郑和宝船自第四次下西洋后,便每次都来到忽鲁谟斯。

郑和首先向忽鲁谟斯的国王递交明朝皇帝的友好信件和礼品,然后便到琳琅满目的商品市场参观。据《瀛涯胜览》中说,这里是商品大世界,"其市肆诸般铺面百物皆有","各番宝货皆有"。特别是各种宝石和珍珠,有龙眼一样大的珍珠。有各种颜色的珊瑚、琥珀,透明的玉器和水晶器皿,华丽的绒缎和各种织物,各种名贵的香料和象牙、犀角等等,不一而足。瓜果有像藕一样大而红的胡萝卜,有二人高的甜瓜,薄壳大核桃,莲子般的无核葡萄干,把担杏、万年枣(波斯枣)、一寸长的松子,有尾重二十斤的大尾绵羊和尾长二尺余的狗尾羊,能降伏狮子的大猫草上飞,高大壮健的阿拉伯名马,甚至非洲的狮子、长颈鹿、斑马等,这里都有交易。"各处番船并旱番客商,都到此地赶集买卖,所以国民皆富。"

这里的居民全部信奉伊斯兰教,严格遵守教规,每日五次礼拜,沐浴斋戒,绝对禁止喝酒,否则处以极刑。人民都以助人为乐,风俗淳厚,如有一家遭祸致贫,大家都赠给他衣食和本钱,帮助他重新立业。

宝船队在忽鲁谟斯做了大宗的交易买卖后,将要东返。国王这时也派使臣带着赠送给明朝皇帝的珍珠、宝石、名马和狮子、麒麟(长颈鹿)连同金叶做的进贡表册乘船跟随宝船一起回访中国。

访阿拉伯半岛南岸

郑和宝船在第五次下西洋和以后各次,都分綜(zōng)(派分遣船队)访问了阿拉伯半岛南岸的港口。在第四次下西洋从忽鲁谟斯归国时,宝船就曾带领一批阿拉伯、东非各国的使者来中国访问,第五次下西洋时便顺道送他们回国,并派分遣船队访问他们的国家。但郑和本人乘坐的宝船,则仍到忽鲁谟斯为止。

郑和在永乐十五年(1417年)第五次航行经过泉州的时候,特地向这里的阿拉伯伊斯兰教先贤墓参拜行香,祈求真主保佑航行平安。行香完后,郑和还立碑纪念,这块碑至今仍竖立在泉州伊斯兰教先贤墓旁。碑文是这样的:

> 钦差总兵太监郑和前往西洋忽鲁谟斯等国公干,永乐十五年五月十六日于此行香,望灵圣庇祐。镇抚蒲和日记立。

郑和率领宝船到达南印度的古里后,便派遣分船队西北直航,向阿拉伯半岛南岸驶去。经过海上十昼夜的航行到达祖法儿国,即今阿曼西南部的佐法尔,然后又沿半岛南岸西南航行到剌撒国(今也门中部的木卡拉一带)和阿丹国(今也门西南部的亚丁)。这三个国家都在阿拉伯半岛南岸,人民信奉伊斯兰教,体形高大丰伟,风俗朴实,都说阿拉伯语。

马欢作为阿拉伯语翻译也参加了阿拉伯半岛的访问,他在《瀛涯胜览》一书中曾记述祖法儿国的盛况:国王乘轿或乘马,前后摆列有象、驼、马队、刀牌手、乐队等簇拥而行,非常威武。每星期日上午,全国人民都往礼拜寺做礼拜,男女老幼洗浴干净,用蔷薇露或沉香(一种木质香料)和油搽抹身上,然后穿上整洁衣服;又用小炉烧沉香、檀香、龙涎香,人立炉上,用香熏身上衣服。所以在来回礼拜寺的路上,处处芳香不绝。这里的特产就是乳香

（一种树脂香料），还有血竭、芦荟、没药（都是药名）等。宝船到达，国王接见，接受诏书赏赐后，便传令国人将乳香等物与宝船交换纻丝、瓷器等物。这里有一种鸟名驼鸡，即鸵鸟，身扁颈长，脚高三四尺，像骆驼一样能在沙漠中奔跑。这里向明朝进行朝贡贸易的产品，主要就是乳香等香药和驼鸡等物。

刺撒是比较贫瘠的地方，四季干旱无雨，草木不生。只有海边上常有龙涎漂流来，龙涎香是一种极为名贵的香料。刺撒主要就以龙涎作为贡品，和中国进行朝贡贸易。

阿丹是阿拉伯海和红海交通的必经之地，从古里国一直向西航行，顺风一个月，便可到达阿丹。这里人民勇武，有骑兵、步兵七八千人，是阿拉伯比较强大和富裕的国家。宝船分綜到达这里，国王非常高兴，带领大小官员都到海边以非常隆重的方式迎接明使的到来。宝船在这里采购到许多珍贵的珠宝。如有重二钱多的大块猫睛石（一种像猫眼一样的非常名贵的宝名），各式各样的"雅姑"（阿拉伯语宝石）、大颗珍珠、有数株二尺高的珊瑚树，有五柜珊瑚枝，有金珀、蔷薇露，还有珍奇动物麒麟（长颈鹿）、狮子、花福鹿（斑马）、金钱豹、驼鸡、白鸠等等。国王还特地打造宝带二条、一顶嵌镶珍珠宝石的金冠和各种宝石，连用金叶做的进贡表文，送交明使进贡中国。

朝拜伊斯兰教圣地天方

郑和第七次下西洋时已是明成祖死后的第六年，即明宣宗宣德五年（1430 年），这时郑和已经 60 岁，距离第六次下西洋回来时也已有 8 年之久了。明宣宗为了重振他的祖父永乐时代下西洋的雄风，振兴朝贡贸易，又一次任命郑和为正使太监，带领下西洋的原班人马出使西洋各国。郑和知道这可能是他最后一次出使了,因此,在宝船经过长江口的刘家港天妃宫和福建长乐南山寺时,都刻石立碑记述前六次下西洋的简单历程。这两块碑的碑文都是我们研究郑和下西洋最重要的史迹和文献。长乐碑今天仍存,刘家港碑可惜已毁,但碑文已经被人录出,今天也可看到。

第七次下西洋的航程和过去基本一样,稍有不同的是还派遣分遣队前往伊斯兰教的圣地天方。天方即今沙特阿拉伯西部的麦加,是伊斯兰教创始人穆罕默德诞生和立教的地方,也是全世界穆斯林朝拜的圣地。我国宋代著作中称它为麻嘉国,元代汪大渊曾乘商船游历过这里,称为天堂。

15世纪初期的阿拉伯世界分为许多国家,其中势力最大的是埃及—叙利亚的马木鲁克王朝。麦加当时是阿拉伯半岛西部地区汉志(又称赫查兹)的主要城市,也是马木鲁克王朝的属地。马木鲁克王朝地处亚、非、欧三大洲的中间地带,和我国经济、文化上的交流很密切。中国的伊斯兰教徒,包括郑和的祖父和父亲,不少都到过天方去朝拜圣地。但中国使者到天方,郑和宝船派遣的分队却是第一次。

郑和的宝船在到达古里后,适逢天方国的一个贸易使团来到古里贸易。郑和便派副使太监洪保率领一个分遣队,包括贸易官员、翻译等,带着麝香、瓷器等物,随着天方国的回航船只,前往访问。从古里到天方航行三个月,到达阿拉伯西岸的红海港口秩达(即今吉达),登陆后东行一日才到天方(麦加),又北行一日到穆罕默德的陵墓所在地驀底纳(即今麦地那)。后来洪保等一行又带着在天方国买到的奇货珍宝和麒麟、狮子、驼鸡等物,和手绘的天堂(即恺阿白,麦加清真寺内一座方形石殿,是穆斯林的朝拜中心)图回到中国。天方国的使者也同时来到中国进行朝贡贸易。

　　马欢作为翻译,随同洪保来到天方。他在《瀛涯胜览》中记述了这次圣地之行。他称赞天方国"民风和美,无贫难之家,悉遵教规,犯法者少,诚为极乐之界"。作为一个穆斯林,他朝拜了礼拜寺中的恺阿白,他记述说:

> 　　其堂以五色石垒砌,四方平顶样。内用沉香大木五条为梁,以黄金为阁,满堂内墙壁皆是蔷薇露、龙涎香和土为之,馨香不绝。上用皂纻丝为罩罩之。蓄二黑狮子守其门。每年至十二月十日,各番回回人甚至一二年远路的,也到堂内礼拜,皆将所罩纻丝割取一块为记验而去,剜割既尽,其王又预织一罩复罩于上,仍复年年不绝。

费信在《星槎胜览》中还具体说到堂中"有黑石一片,方丈余",这就是著名的圣石黑石。直到今天,世界各地穆斯林朝拜圣地恺阿白的情形,基本上还和马欢、费信记述的情况一样。

　　郑和下西洋以后,阿拉伯各国和中国的海上交通便告中断,但天方国仍不时从陆上丝绸之路经中亚来到中国,与明朝进行朝贡贸易。

远航非洲东岸

　　非洲东部沿海各地,早在8世纪的唐代,便已通过海上丝瓷之路和中国发生贸易关系。宋代的著作中如《诸蕃志》等更具体地叙述了东非索马里、肯尼亚和坦桑尼亚等地的情况和与中国的关系。元代汪大渊也游历过东非的几个港口。但郑和以前,中国还未有派遣使者到过东非,中国与东非也没有直接的商业贸易。因此,郑和的宝船分綜到东非各地访问,便成为中国与非洲关系史上的头等大事。

　　永乐十三年(1416年)郑和第四次下西洋时,曾招引西洋许多国家派遣使者来到中国进行朝贡贸易,其中就有东非的卜剌哇(今索马里东南岸的布腊瓦)、麻林(今坦桑尼亚南部海岸的基尔瓦)、木骨都束(今索马里的摩加迪沙)三国。永乐十五年(1417年)郑和奉命第五次下西洋,并带领西洋使者返国。宝船到南印度后,郑和即派出分綜,取道溜山国往非洲东岸访问,并将卜剌哇、麻林、木骨都束的使者分别送归本国。

溜山国的港口官屿(今马尔代夫的马累岛)和东非的木骨都束差不多同在一纬度上,宝船可以采取定向直线航行的办法一直西航,直到非洲东岸的木骨都束。明使第一次在非洲的土地上进行访问和交易活动。接着又沿海岸南航,到达卜剌哇、竹步(今索马里南部朱巴河口的准博),直到更南的麻林地。《郑和航海图》把麻林地作为宝船航行最远的地点,宝船到达这里后就回航了。

15世纪时,索马里沿海一带是东非地区经济和文化比较发达的地方,特别是在13世纪后,东非一带逐渐伊斯兰化,从北方来的阿拉伯人和从东方来的印度人是推动当地经济发展的重要力量。这时出现了一些城市国家,其中主要是摩加迪沙和南部的基尔瓦、岛国桑给巴尔。在本世纪开始以来,东非的索马里、肯尼亚、坦桑尼亚沿海各地都陆续出土了很多中国的瓷器和钱币,其中以明瓷、宋钱最多,充分地说明了从宋代至明代,中国就和东非沿岸有经济上的交往。特别到了明代,宝船到了非洲访问,引进了非洲的珍奇动物,中国人对黑非洲才有进一步的认识和了解。

曾多次随同宝船下西洋访问的费信,在他写的《星槎胜览》一书中,对木骨都束、卜剌哇、竹步三国都有具体介绍。他说,在木骨都束已有四五层楼高的石头建筑;当地干旱无雨,居民穿井用绞车和羊皮袋取水。又说富商常乘搭阿拉伯船或中国船到远地经商贸易，土产有乳香、金钱豹、龙涎香。卜剌哇多山地，无草木，也没有农耕，捕鱼为业，出产马哈兽（大角斑羚羊）、花福禄（斑马）、金钱豹、犀牛、骆驼、象，还有没药、乳香、龙涎香等。竹步也是山荒地广，用绞车深井取水，地产狮子、豹、鸵鸟、龙涎香、乳香。这三处的居民都是信奉伊斯兰教的黑人，男女拳发，妇女出门便用布兜头或青纱蔽面。他们喜欢用中国的色绢、金银器、瓷器。

宣德六年（1431年），郑和第七次下西洋时，又一次派出分遣船队访问了东非各国。从永乐十三年（1415年）到永乐二十一年（1423年），东非各国也多次遣使到中国进行友好访问和朝贡贸易活动。但到永乐二十一年后，东非各国便没有使者到中国来了。郑和第七次下西洋，是明朝与东非最后的一次通使。

下西洋的插曲和尾声

插曲：出使旧港和守备南京

郑和在第六次和第七次下西洋之间，相隔整整9年（1422—1431），这9年中，郑和又在做什么呢？

原来郑和于永乐二十年第六次下西洋回国时，国内的经济形势已逐渐起了变化,主要是国家财政收支出现危机,国库渐空,入不敷出。军费开支(对北方鞑靼人的征战和对南方安南的用兵)和下西洋活动的开支太多,反对下西洋的舆论抬头,认为下西洋耗资太大,得不偿失。永乐十九年,明成祖在奉天等三大殿火灾后便发表了一个异乎寻常的引咎诏书说:"凡有不便于民及诸不急之务者,悉皆停止。"其中就有"下番一应买办物件……往诸番国宝船及迤(yǐ)西迤北等处买马等项暂行停止。"但明成祖下诏只是"暂行停止",并没有要撤销下西洋活动,小规模的遣使还在继续,而且下西洋的原班人马也没有遣散,只是驻守南京待命。因此,在六下西洋回来后的第二年,郑和又负起出使旧港的使命。

永乐二十二年初,原旧港宣慰使施进卿的儿子施济孙,派人来北京请求明朝皇帝准予他承袭父职,继任旧港宣慰使的职务。明成祖于是便派郑和带着明朝给施济孙的任职诏令和冠服、银印、礼物等,出使旧港。这次出使任务很简单,中途也不停留,更没有船队护送。郑和在正月出发,当年夏天便回来了。因此,这次出使,历来也没有把它作为下西洋的内容,仅仅是遣使的一次插曲而已。

也就在这一年,明成祖又下诏,命下西洋领导人之一的太监王贵通率领原来下西洋的官兵集中南京。七月,明成祖去世,这对下西洋事业无疑是一重大的打击。太子朱高炽即位,是为明仁宗。洪熙元年(1425年)二月,仁宗命太监郑和率领原下西洋的官兵守备南京。五月,明仁宗去世,太子朱瞻基即位,是为明宣宗。在这一连串皇帝更换的年代里,下西洋的事情更是搁在一边。这支原下西洋的队伍也就变成南京城修建宫殿、城门的专业建筑队伍了。

从洪熙元年到宣德五年(1425—1430),郑和被任命为南京守备,主要管理城市建设,其中最主要的就是南京大报恩寺的完工工程。大报恩寺在我国建筑史上是一项杰出的工程,有必要追述一下它的缘起。早在西晋太康年间,便有西域僧人在建业(今南京)长干里建立了一座长干寺,造三级塔,贮舍利(佛骨)于塔内。唐高宗时重修,改名天禧寺。永乐初,寺被大火焚毁。永乐十年,明成祖在准备迁都北京时,为了纪念明太祖建国奠都南京,便在天禧寺原址上重建一座巨大的寺院和九级五色琉璃塔,改称大报恩寺和报恩塔。当时正是郑和第三次下西洋回来不久,由于郑和在永乐初年任内官监太监,主管过宫殿修建工作,便任命他为监工官,负责大报恩寺、塔工程的领导事务。但不久郑和又第四次奉使下西洋,以后十年间,郑和都没有时间参与这一工程。到了宣德三年,郑和为南京守备期间,明宣宗认为大报恩寺、塔的工程开工已十五年,拖延时日,虚耗粮赏,很不满意,便重新任命郑和为大报恩寺、塔最后工程的负责人,三月初,限期完工。这时郑和又充分地显示了他在营建方面的组织和领导才能。果然,六月间,报恩寺、塔大功告成。

南京的报恩寺、塔是明清两代著名的佛教建筑,特别是琉璃宝塔,世称"中国之大古董,永乐之大窑",它和同期北京的"永乐大钟"堪称南北二绝。这座塔共九层,塔身高 24 丈 6 尺,全部以五色琉璃烧造,没有用一根木料。顶上有铁圈 9 个,大圈周 6 丈 3 尺,共重 3600 斤,上有铁索挂铃 152 个,每层挂灯 128 盏。塔中藏珠宝、佛经、佛舍利。永乐、宣德间,凡是海外使者到南京,都到报恩寺参拜,说这是全世界从未见过的最辉煌的宝塔。很可惜到清末时塔、寺都毁于兵乱,只有它的一些琉璃部件至今保存在英国的博物馆内。至于大报恩寺,它原是一组庞大的建筑群,仅大殿就有 8 座,周围 9 里多,到清末以后也仅存遗址了。

　　大报恩寺、塔工程完成后，明宣宗看到内库的珍宝香药由于朝贡贸易冷落而日益减少，力主停办下西洋的老臣夏原吉这时也已去世，国内财政状况也相对有所改善，便很想恢复昔日他的祖父永乐时万国来朝的局面，筹备第七次下西洋活动。这时下西洋的原班人马仍在南京，还未遣散，宣德五年六月，郑和便重新被任命为正使太监、总兵官，率领原下西洋的官兵水手 2.7 万余人，七下西洋。

　　因此，旧港之行和南京守备便成为郑和整个下西洋活动期间的两段插曲。

尾声：逝世之谜和下西洋的终结

　　宣德八年（1433 年）第七次下西洋归国以后，郑和的名字便没有再出现在史籍记载中。宣德九年在明宣宗的一道解散下西洋官兵、停止一切下西洋活动的诏令中，仅提南京守备李隆、太监王景弘，而不提郑和，这是非常奇怪的。因此，现在有人论证说这时郑和可能已经逝世了。但郑和怎样死的，何时死的，史书又没有记载。这位伟大的航海家的逝世，至今一直是一个谜。

　　现在根据一些资料的推断，郑和很可能是宣德八年三月，在七下西洋的归途中客死于古里国，即今印度的科泽科德。明万历间罗懋登的《三宝太监西洋记通俗演义》一书附录《非幻庵香火圣像记》、清同治《上元江宁两县志》都说郑和死于古里，《郑和家谱》则说郑和死于"王事"，这也意味着死于下西洋途中。如果这样，则郑和逝世时为 63 岁。他的死因，是病死还是其他原因，已无法知道。他的尸体很可能依伊斯兰教风俗，在当地就安葬了，宝船归国后，再在南京建立一座衣冠冢。因为在古里时是三月，回到南京时是七月（据祝允明《前闻记·下西洋》），在海上经历四个月,正当夏季,而且过赤道,天气炎热,尸体是无法保存不腐的。
《郑和家谱》说:"止于王事,归葬牛首山。"牛首山在南京城南,至
今仍存。现在南京的马府街,就是昔日郑和府第所在地。原来府
第内的花园,民国时开辟为太平公园。近年来为了纪念这位伟大
的航海家,已改名为郑和公园。新建的郑和纪念馆就设在公
园内。

　　郑和的逝世为什么不见于当时的史籍记载,而给后世留下一
个谜呢?原来这是和当时朝廷上的政治斗争分不开的。明成祖
是一位勇于开拓、积极从事对外活动、开展朝贡贸易的皇帝,因此
永乐时期不惜一切地连续六次下西洋,这时国力和财力都比较充
裕,因此下西洋能顺利进行。可是到了永乐末期,这种朝贡贸易
却带来了难于克服的矛盾,其一是耗资巨大、代价高昂的下西洋,
在经济上是得不偿失;其二是朝贡贸易越发展,民间海外活动也
跟着上升,与明初定下的海禁政策的矛盾就越突出。因此,严守
海禁,反对下西洋的势力便渐渐抬头。加上明成祖不断用兵,军
费开支更是一个庞大的数字,财政困难突出,因此永乐十九年,才
有暂停下西洋的"苏困弊"诏。成祖死后,以户部尚书夏原吉为首
的反对下西洋的势力占了上风,明仁宗因此下诏停办下西洋宝
船。但不久宣宗即位,下西洋的势力又兴起;宣德五年,夏原吉
死,宣宗便马上宣布进行第七次下西洋的准备。但在第七次下西
洋归来后,反对下西洋的势力又占了上风,宣德九年十二月,明宣
宗不得不宣布马上全部解散下西洋人员、宝船停造、下西洋所需
物资全部停办,"不许托故稽迟,违者重罪不恕"。一个月后,宣宗
去世,明英宗立。从英宗正统到天顺时期(1436—1464),国力中
衰,内忧外患频仍,财力捉襟见肘,顽固派把国家的经济困境都认
为是兴办"下西洋"的结果,当权者再也不敢谈下西洋活动。到天

顺末年,距离第七次下西洋结束不过 30 年,一代英雄郑和的事迹,很快就被人们冷落了、淡化了。

然而事情还不止此,到了明宪宗成化年间(1465—1485),兵部里有一位车驾郎中刘大夏,这是一位反对下西洋最卖力的愚昧顽固分子,他对兵部尚书项忠说:"三保下西洋费钱粮数十万,军民死且万计,纵得奇宝而回,于国家何益?"他主张"旧案虽存,亦当毁亡,以拔其根!"国家所藏有关郑和下西洋的所有资料,就这样被付之一炬,片纸不存,真是令人痛惜!而刘大夏却因此而得以升官,最后当上了兵部尚书。郑和逝世之谜,从此也就不容易解开了。

郑和下西洋的事业,虽然被顽固派埋葬了,但他创立帆船时代世界上最伟大的航海壮举的功绩,却是永远也抹不掉的。

彪炳史册的航海业绩

宝船队是古代世界无与伦比的大型船队

郑和下西洋创造了彪炳史册的航海业绩,标志着中国的造船技术和航海技术达到了当时世界上最先进的水平,为中国古代航海史写下了最光辉的一页。

郑和下西洋的船队,其数量之多,质量之高,是 15 世纪世界上任何国家任何地方都不能比拟的。

　　郑和的船队又称宝船队，宝船即下西洋取宝船，每次下西洋的宝船，都在 60 艘以上，此外还有其他辅助性的小船。每次共载运下西洋的人数在 2.7 万人以上，平均每船载运 450 人。这样一支庞大的船队，共七次长年累月地行驶在浩瀚无涯的海洋中，有史以来，实属仅有。

　　再从宝船的构造和设备上看，宝船也堪称 15 世纪世界上最先进的海船。最大的宝船，长 44.4 丈(约 151 米)，阔 18 丈(约 61 米)，有 9 根直插云霄的桅杆，张挂 12 张巨大的风帆。船上的篷、帆、锚、舵，每种都要二三百人才能搬动。现存南京出土的宝船舵杆就有 11.7 米长，要用绞车操纵才能升降。明代中叶曾在江苏淮安清江浦厂发现几个为宝船打造的大铁锚，大的八九尺，小的也三四尺，经过近百年的雨淋日晒，仍然像银铸一样闪闪有光泽，一点也没变形。当时锻造工艺之精良，于此可见。

　　宝船的船型结构基本是我国江苏一带普遍使用的沙船船型，它的特征是平底、多桅、方头、方梢、尾部上翘。优点是：一、不易搁浅；二、驾驶轻快便捷；三、多桅多帆，充分利用风力，甚至逆风顶水也能航行；四、稳定性大；五、船舱用水密舱结构，抗沉性强。具备了这些优点，所以宝船能适应海上长期航行，这是我国造船技术的杰出成果。

　　试将郑和船队和后期世界著名船队相比：

年代	船队名	船数	人数	航程
1405—1433	郑和	60 艘以上	2.7 万人以上	西太平洋—印度洋

1492 年 （首航）	哥伦布	3 艘	87 人	大西洋
1497— 1499	达·伽马	4 艘	148 人	大西洋—印度洋
1519— 1522	麦哲伦	5 艘	234 人	大西洋—太平洋— 印度洋—大西洋

　　郑和、哥伦布、达·伽马、麦哲伦都是世界上杰出的航海家，而郑和船队不但时间最早、最长，而且船队最多，船体最大，的确是一支无与伦比的船队。

一支训练有素的航海技术队伍

　　郑和下西洋反映了中国人民在航海技术方面的杰出成就，主要是因为宝船队中有着一批训练有素的航海技术人员。

　　正使太监王景弘是宝船队中主管航海技术的最高负责人，也是郑和下西洋最得力的帮手。他出生于世代便以航海为业的闽南沿海地区。他是船师出身，即海船的导航人。他负责使用罗盘，按针路指挥海船航行。巩珍在《西洋番国志序》中说，下西洋之前，"始则预行福建广浙，选取驾船民梢中有经惯下海者称为'火长'，用作船师，乃以针经图式付与领执，专一料理"。这位预行福建广浙选用船师的人，很可能就是王景弘。因此，他在下西洋时，作为宝船队的负责人之一，自然而然就是分工管理航海技术的事。后来王景弘有《赴西洋水程》一书，就是他历次下西洋的航海路程的详细记录，可惜这本书后来失传了。

　　在王景弘的领导下，宝船队有一批训练有素的航海技术人员：火长、舵工、班碇手、铁锚手、搭材手、民梢、水手、阴阳官、阴阳生等,分别负责指挥航向航速、看针操舵、起落船锚、升帆落篷、摇橹划桨、铁木工匠,和天文、气象、水文的观测、预报工作。

六十多艘海船在大海中航行,还要编成整齐有序的队形,以便能在遇到意外的情况下,能保证航行安全,避免出现混乱碰撞或漂离散失的局面。宝船队的编队,根据明人罗懋登《三宝太监西洋记通俗演义》中的描述,是雁鱼形的编队,大致分前哨、前营、中军营、右哨列、左哨列、后哨六部分。各船之间有一定的通讯联络信号,否则无从指挥,没有统一行动,也就成不了队形。船队的联络信号,一般是白天以旗帜为联络信号。每船有大坐旗一面,号带一条,大桅旗十顶,正五方旗五十顶。通过约定方式悬挂或挥舞各色旗带,便可互通信息。夜航是用灯笼做联络信号。每船有灯笼一百盏,悬灯以互通信息。如遇上阴雨或迷雾天气,能见度差,则有音响信号做联络。每船有大铜锣四十面,小锣一百面,大更鼓十面,小鼓四十面。锣鼓还可用于作战指挥和船队的前进、后退、举炊、休息、集合、起锚、扯篷、升帆、抛锚、泊岸、转向等,统一指挥,井然有序。

宝船队七次远渡重洋,基本上都做到全部安全返回,一个重要的因素,就是各船上都配备了一批训练有素的航海技术人员。在王景弘的统一指挥下,保证了下西洋任务的顺利完成。因此,明宣宗在赐太监王景弘的诗中称赞他说:

　　昔时将命尔最忠,大船摩曳冯夷宫。

　　　驱役飞廉决鸿蒙,遍历岛屿凌巨谼(hóng 大谷,这里指巨浪峰谷)。

主要就是表彰他在领导航海技术人员,克服自然困难,战胜大海上狂风恶浪的功勋。

航海技术的结晶：《郑和航海图》

巩珍在《西洋番国志序》中，对下西洋的航海技术曾作一简要的介绍。他说：

> 惟观日月升坠，以辨西东，星斗高低，度量远近。皆斲（zhuó，砍、削）木为盘，书刻干支之字，浮针于水，指向行舟，经月累旬，昼夜不止。海中之山屿形状非一，但见于前，或在左右，视为准则，转向而往。要在更数起止，记算无差，必达其所。

这段话，涉及航海时的天体定向与定位、罗盘指向与针路、陆标识别与导航、航路指南与推算等。这些航海技术，都集中地反映在流传至今的郑和下西洋时绘制的《郑和航海图》中。

《郑和航海图》原名《自宝船厂开船从龙江关出水直抵外国诸番图》。它很可能是在郑和第六次下西洋回来后，留守南京期间（1621—1627）由其幕僚与下西洋的舟师共同绘制的。它是世界上流传至今的一部最早也是最详细的远洋航海地图，集中地反映了 15 世纪我国航海技术的先进水平。原图大概已由刘大夏销毁，现在流传的《郑和航海图》原是万历末年一位将门之子兼军事家茅元仪主编的一套军事百科全书《武备志》第二百四十卷中的海图，它可能是茅元仪或他的熟悉海防的祖父茅坤从民间舟师中收集来的。

《郑和航海图》和现代地图的绘制方法不同，它没有固定东西南北方向，也没有经纬度，而是以宝船下西洋的航路为中线，用卷轴的形式自右向左像书卷一样一字展开。图中除了对沿途所经的地名作形象的标记外，还写有航路走向、航程远近、指南针位、牵星高低等有关导航的文字，等于一部下西洋全程的航路指南。

全图绘制范围起自南京龙江关,沿长江东下至东海之滨,南航直至东南亚的爪哇岛,再西北航至波斯湾忽鲁谟斯,又西南航直至非洲东岸的麻林地,绘记地名共 530 多处,航路从西太平洋沿岸直到印度洋沿岸各地,这是 15 世纪以前根据实际航行即实测绘制而成的最详尽的一幅海图。

　　我国宋元时代便出现了叙述航路所经的地名、航程时间、距离、途中陆上可见标帜、海中危险物、水深水浅、水流急缓等的航路指南。到明初便形成"海道经"一类的专门记载海上航路的专书。因为它是根据罗盘的指南针来指示航向的,所以又称"针经"、"针簿"。《渡海方程》、《赴西洋水程》都是这种"海道经",清代又称"洋更",所谓"舟子各洋皆有秘本,名曰洋更"。又有《指南正法》,都是几百年来沿海舟师航海经验的总结,而明代初期的代表作,就是《郑和航海图》。

　　《郑和航海图》中不但有图,而且还有很多非常具体的针路,把这些针路汇集起来,就是一本下西洋的航路指南,即后来所谓的"针经"、"洋更"、"水程"。这些针路,有长有短,短的航程仅一天半,如在印度洋中从加加溜到古里国的针路:"用卯针十五更收古里国",即从现代的克拉

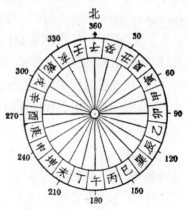

代夫群岛中的昂德罗特岛正东航行一天半便到印度的科泽科德,完全相合。至于最长的航程,便是从苏门答剌返航到江苏太仓港的针路,全文共 757 个字。这段针路开头的一段是这样的:

　　　　苏门答剌开船,用丑艮及乙辰针,五更船平急水湾巴碌

头,有浅。用辰巽针,五更船取甘杯港。

现在就让我们从这一段文字中看看《郑和航海图》针路中所反映的航海技术水平。

这段文字中,有"针"、"更"和干支等专有名词和术语,这是什么意思呢? 原来当时我国航海使用的指南针是水罗盘,即把磁化了的铁针穿在灯心草上浮在水面,把它和方位盘结合在一起,这便是水罗盘。水罗盘上的方位表,除了东南西北四个大方向外,还有 24 位更小的表示方向的名称,用我国传统的天干地支和八卦中的乾坤艮(gèn)巽(xùn)来代表(见附图)。方向指示还有单针和缝针两种名称,单针为一个字,缝针为两个字,上面引文中的"丑艮"、"乙辰"、"辰巽"针,即表示丑与艮之间的方向、乙与辰之间的方向、辰与巽之间的方向。采取这样的定向,便可得 48 个方向,每一个方向间的差距仅 7°30′。这在古代航海中用以表示方向位置,已是相当精密的了。

至于"更"一名,它原是我国古老的计时单位,每一昼夜分十更;但航海用的"更"不纯粹是计时,还有距离的内容,即在一更的时间内,在海船的标准航速下所行的里程。一般来说,海上航行是 60 里为一更。用更数计算距离,在帆船航海时代,它的伸缩性较大,简易明了也更有实用价值,这是我国舟师的创造。

现在我们再来看看这段航路的准确性。它用现在的语言和地名翻译出来,就是:"从苏门答腊岛西北岸的亚齐开船,先后用丑艮间(37°30′)和乙辰间(112°30′)的航向,经过五更(300 里),便到达急水湾(苏门答腊东北端的金刚石角),又到巴碌头(即今佩雷拉克),这里有搁浅的危险。又从这里开出用辰巽间(127°30′)的航向,经过五更(300 里),到达甘杯港(即今苏门答腊岛兰沙东面海岸的瓜拉兰沙)。"它和今天我们从苏门答腊岛北岸的洛克肖马韦沿海东航,到金刚石角折向东南到兰沙一带的航线、方向,完全一致。600多年前我国人民就准确地记录了印度洋和太平洋之间的这段航路在海图之中了。

《郑和航海图》还吸收了阿拉伯、南亚人民的航海经验,记录了"下西洋"中运用"过洋牵星"法横渡印度洋的航海技术。《郑和航海图》中许多印度洋沿岸的地名,都注有天文定位,即用天上的星座高低来指出地名的位置,而且还有四幅"过洋牵星图"。如古里国为"北辰星四指",官屿为"华盖星七指二角"等,这是什么意思呢?原来我国古代有一种观天测地的仪器名牵星板,共有大小不同的方形木块12块,最大的边长24厘米,称12指,最小的边长2厘米,称一指。使用方法是一手持板,臂水平伸直,眼看板上、下边缘,如板的上缘正好对准被测星体,下缘正好与海平线相平,那么这块板的指数就是被测星体的高度。据测算,一指约为1.9°,一角是四分之一指。《郑和航海图》上古里国是四指(北辰星),即古里国看北辰星(北极星)高度为7.6°。越往北,北辰星越高;越往南,北辰星就越低,这就是用星座来定地名纬度的高低。至于过洋牵星,这是在海洋中从东到西或从西到东航行时导航引路的方法。《郑和航海图》中的四幅图分别是:古里到忽鲁谟斯、锡兰回苏门答剌、龙涎屿往锡兰、忽鲁谟斯回古里四图。图中除了绘有宝船、星座外,还有牵星的文字说明。在第一图古里到忽鲁谟斯的走向是从东南航向西北,纬度渐升高,沿途测量了北辰星、灯笼骨星(南十字星座)、织女星(天琴星座)、西南布司星(天蝎星座)、西北布司星(御夫星座)等的高低,最后到达忽鲁谟斯是北辰星14指。航海者只要依据图中提示各星座高低的变化,便可航抵目的地,这便是"过洋牵星"。这四幅图分别列举的四条航路,都是横越印度洋中的主要航路,说明我国航海家在15世纪初已能熟练地应用天文导航在印度洋中航行了。

航海气象学和水文学的应用

郑和下西洋也充分运用航海气象学和水文学的知识,为船队的安全航行提供了可靠的保证。宝船队对航海气象学的应用,无疑也是当时世界第一流的。

这首先表现在宝船队对季风和海流的利用。宝船队每次下西洋的出发和回归都有准确的固定时间,这是宝船队充分掌握了季风和海流规律的最好证明。在太平洋西岸,从我国沿海到东南亚海域,冬季盛行东北季风,夏季盛行西南季风,而印度洋方面,孟加拉湾与阿拉伯海的海流回流也已为中国舟师掌握利用。因此,宝船都在冬天从中国东南沿海出发南航,次年春天到东南亚,停留到夏天,再西行入马六甲海峡,秋天进入印度洋,冬天到印度洋西岸和波斯湾;再于次年春天返航,春末回到苏门答腊、马六甲,初夏从东南亚北归。到印度洋去都是冬天出发,第二或第三年夏天返回。到东南亚去则可以一月出发,当年夏天返回。祝允明《前闻记》中记有郑和第七次下西洋所到各地的具体日期和返航日期,现摘其中主要时间地点列下:

宣德五年闰十二月六日龙湾开船

　　　十二月九日出五虎门

宣德六年二月到爪哇

　　　六月二十七日到旧港

　　　七月八日到满剌加

　　　八月十八日到苏门答剌

　　　十一月六日到锡兰山

　　　十一月十八日到古里

　　　　　十二月二十六日到忽鲁谟斯

　　　宣德八年二月十八日开船回洋

　　　　　三月十一日到古里

　　　　　四月六日到苏门答剌

　　　　　四月二十日到满剌加

　　　　　五月二十六日到占城

　　　　　六月二十一日进太仓

　　　　　七月六日到南京

从上面的时间表中,可以看出无论宝船队的去程还是归程,无论是在西太平洋还是印度洋,都与当时的季风和海流方向基本一致。由于充分认识并利用了季风和海流,帆船才能扬帆鼓风,顺利前进。所以马欢在他的《纪行诗》中说:“时值南风指归路,舟行巨浪若游龙。”郑和七下西洋,每次出发和返回时间都按期丝毫不爽,充分证明了宝船队的舟师们掌握和利用西太平洋和印度洋的季风和海流的规律,已达到很高的水平。

　　宝船队还设有专门从事气象观测和预报工作人员:阴阳官和阴阳生,这在古代其他国家的海船上,也是没有的。

在“地理大发现”的边缘上

　　郑和七下西洋,还标志着人类在征服海洋,扩大人类活动范围的征途中又向前跨进了一步。

　　从时间上说,郑和航海是从永乐三年六月(1405 年 7 月)开始,至宣德八年七月(1433 年 8 月)结束,这一过程,整整 28 年,其中除了在国内停留的时间不算外,在海外的时间共 14 年(永乐二十二年出使旧港还不计算在内)。郑和船队每次航海人数都在2.7 万人以上,海船在 60 艘以上,这么庞大的一支海上队伍长期航行在大洋中,这的确是帆船时代世界航海史上的奇迹。

　　从空间上说,这支庞大的航海队伍共七次往返于西太平洋到印度洋之间,遍及沿岸各主要港口及主要岛屿,南抵赤道以南的爪哇岛,西至非洲东岸和红海,北至波斯湾头,整个西太平洋和印度洋地区的主要航线,差不多都航行过了。特别在遥远的印度洋上,宝船队创立了一个多点交叉型的航行网络。我们打开《郑和航海图》中的印度洋部分,就可见到宝船的航线像蜘蛛网一样编织在上面,如到达和通过溜山国的航路,就有 10 条之多。宝船队还在印度的古里、苏门答腊的旧港建立了中转联络中心,保证了远洋航行中运用季风、海流的准确无误和后勤供应的充分及时。难怪一位外国学者说 13 世纪到 14 世纪的印度洋就像中国的内海。这充分说明了中国的远洋航海正处于世界航海的顶峰状态。

　　反观当时的欧洲。14 世纪欧洲的航海仍是沿海和内海航行。在北方是波罗的海沿岸、北海沿岸的航行,南方是地中海、黑海的内海航行,其中最远的航路,也不过是从意大利的威尼斯西出直布罗陀海峡,然后沿岸北上到达英国和佛兰德斯(今比利时、荷兰一带海岸)。至于欧洲人对于大西洋的地理知识,最远也仅到离摩洛哥西部海岸不远的加那利群岛为止,因此他们把加那利群岛称为福岛,作为地球上极西的起点,即地图上经度的起点零度。直到 15 世纪中叶以后,由于东方经陆路和红海运来的香料贸易的巨大吸引力,欧洲人才沿非洲海岸南航,进行寻找到东方去的新航路的探索。1445 年,即郑和第七次下西洋回国后 12 年,葡萄牙航海家迪亚斯才沿非洲海岸南下航行,到达非洲最西端的佛得角。1487 年,葡萄牙另一个航海家迪亚斯继续南航,第一次绕过非洲南端好望角,到达印度洋上非洲东岸。1498 年,葡萄牙人达·伽马从大西洋进入印度洋后,由阿拉伯人导航,航抵印度。

1509 年,葡萄牙的船队第一次到达马六甲,进入太平洋。从此,欧洲打开了一条从海上经过好望角,越过印度洋,到达东方的一条新航路,开始了欧洲和东方直接沟通的新局面,而这已距离郑和第一次下西洋后整整一百年了。

与此同时,在西欧,又崛起了另一航海国家西班牙。为了与葡萄牙人竞争东方香料贸易,哥伦布船队于 1493 年向西航行,终于越过大西洋,到达美洲,他以为这是亚洲的一部分,后来才知道这是欧洲人从未知道的新地方。15 世纪末,葡萄牙人来到东方和西班牙人来到美洲,便成为后来西方人称之为"地理大发现"时代的开始。

我们回过头来再看看郑和的宝船队。无论从船队的规模、海上航行时间和距离、航海技术等方面看,宝船队都比"地理大发现"时代的西方航海要先进得多,而且时间也早近一个世纪。但为什么中国的船队没有从东非海岸更进一步,绕过南部好望角,向西非海岸前进,或驶向大西洋,驶向美洲,成为"地理大发现"的主角呢? 这的确是一个值得思考的问题。要回答这一问题,必须从中国封建社会的长期性和封闭性的特点去探讨,这就不是本书所叙述的范围了。

但我们必须知道这一点,即从航海设备和航海技术方面来说,郑和宝船已完全具备了从印度洋继续向西航行,越过好望角进入大西洋的航海条件和能力。根据现有的资料证明,宝船在沿东非海岸南航,到达今坦桑尼亚南部的基尔瓦(即麻林地)后,曾继续往南作探索航行。英国著名的学者李约瑟在他写的《中国科学技术史》卷 4 中说,在 1459 年,一位欧洲地图学家所绘的地图上,有一条说明提到大约在 1420 年,有一艘来自印度的中国大帆船一直向西和西南方向航行,到达非洲南部今南非南端的海域。

这艘帆船在继续航行了 40 天后，因为没有发现陆地，情况越来越险恶，便返航折回。现在看来，1420 年出现在南非南端海域的中国大帆船很可能就是郑和宝船队中的一艘帆船。即在郑和第五次下西洋时(1417—1419)向印度洋非洲东岸派遣的一艘分遣船。这艘船一直向南航行，迷失了方向，最后未能在 1419 年返回中国，不知所终。李约瑟根据这一资料明确地指出："我们用不着怀疑郑和时代的中国大帆船能完成这一幕（指到达非洲南端）。"到达非洲南端就意味着中国人已经面向一个新的大洋——大西洋，再沿岸北上就可到达西欧，横渡大西洋就可到达美洲。一个"地理大发现"的新时代正在向中国人招手，15 世纪 20 年代初，中国人正站在"地理大发现"的边缘上。

对经济、文化交流的贡献

郑和的航海除了对人类征服海洋作出了重要贡献外，还对中国与亚洲和非洲各国间的经济、文化交流，起了重大的推进作用。

郑和下西洋的主要任务，本来就是为了要与西洋各国通好，扩大朝贡贸易。由于明朝是 15 世纪世界上最强大的封建国家，郑和在与海外各国的交往中，带着浓厚的自尊的大国色彩，这是难免的。如明成祖给各国的国书就带着训谕式的语气："今遣郑和赍(lài，赏赐)敕普谕朕意：尔等只顺天道，恪守朕言，循理安分，勿得违越；不可欺寡，不可凌弱，庶几共享太平之福。若有摅(shū，表示)诚来朝，咸锡(xī，赐给)皆赏。"这是封建大国表达和平友好愿望的一种方式。通过郑和的访问，从 14 世纪初叶到 30 年代初，亚洲和非洲许多国家和地区的使者、代表团，甚至国王都纷纷到中国来进行访问和交流，如浡(bó)泥(今文莱)国王、满剌加国王、苏禄(今菲律宾苏禄群岛)国王、古麻剌朗(在今菲律宾)国王都亲自率领大型代表团来中国访问,中外友好来往的盛况达到了空前未有的规模。

这种友好来往的一个重要内容是相互间的经济交流。明朝厉行海禁,不准民间私自出海贸易,中国与海外各国的经济交流除了民间的非法走私贸易外,主要是通过国家的派遣使者和朝贡贸易进行。郑和下西洋的主要任务之一就是促进和扩大朝贡贸易,即一方面在海外收购采办各种珍珠、宝石、香料、药物,一方面以重赐重赏的办法招徕海外各国统治者定期向中国朝贡。朝贡的物品主要也是珍宝香药及其他奢侈装饰品。而赏赐的物品则是各种丝绸织物、瓷器、金银器和一些生活用具、文化用品等。明朝定下来的朝贡贸易和赏赐的原则是"厚往薄来",因此,赏赐物是大量的。举一个例子,据《海国广记》记载,永乐九年,满剌加国王亲自率领代表团来中国朝贡,归国时,明朝就赏赐他"锦绣龙衣二套、麒麟衣二套及金银器、帏帐、裀褥。王妃及其子侄、陪臣、傔从(qiàn zòng,侍从)各有差。王还国,赐金镶玉带一条、仪仗一副、鞍马二匹、金百两、银五千两、钞四十万贯、铜钱二千六百贯、锦绮纱罗三百匹、绢一千匹、金绮二匹、织金文衣二件。王妃冠服一副,及银纱、锦绮、纱罗等物。陪臣赏赐有差"。对一个小国来朝一次,就这样大宗赏赐,可见明初中国产品的出口,特别是丝绸产品,仅官方渠道就已为数不少了。

至于宝船下西洋因采办宝物而带出海外赏赐各地统治者和出售的丝绸产品和陶瓷器等生活用品,那就更多了。《西洋番国志》中就收入了明朝皇帝为宝船下西洋从皇家库藏中调拨大批"各色纻丝纱锦等物"的敕书三件。《瀛涯胜览》、《星槎胜览》都记载了郑和在各国大量赏赐和进行交易的情况。宝船在各地的交易,大都是出售丝绸织物和各种陶瓷器、铁器等,买进的主要是珍珠、宝石、玛瑙、珊瑚等饰物和各种香料（乳香、沉香、龙涎香等）、药物（血竭、芦荟、没药等）、染料（苏木、回回青等）以至珍异动物等。宝船的交易方式，有由代理人主持，讨价还价可长达两三个月的，如前面所说的在古里国的交易；也有以物易物，直接交换的，如《瀛涯胜览》中描述在祖法儿国的易物情况说：

> 中国宝船到彼，开读赏赐毕，其王差头目遍谕国人，皆将乳香、血竭、芦荟、没药、安息香、苏合油、木别子之类，来换易纻丝、瓷器等物。

也有随时随地设摊进行交易的（真腊），也有划小船前来到宝船上交易，或径到家中进行交易的（暹罗）。总之交易的方式多种多样，因地制宜，完全是在自愿、互利、平等的基础上进行，和 16 世纪以后西方国家在海外进行掠夺式的贸易有天壤之别。"宝船"取"宝"，体现了一种公平的贸易和经济交流。

郑和下西洋同样也体现了中国与亚非各国人民间的文化交流。在郑和下西洋期间，通过大批的中国人在海外的长期活动，也把中国高度发展的物质文明和精神文明带到了海外各地。中国的衣冠、服饰、历法、文字和各种日常生活用品、生产工具广泛地传播到亚非各国。特别是中国的丝绸和陶瓷大量的外销和外传，使海外各国人民的衣着更加舒适、美观，饮食用具更加方便、整洁，使吃、穿、用的生活水平有了普遍提高。中国的科学技术在这时也加速西传。中国的制瓷术就是在这一时期从海上传入西亚，后来又传到欧洲的。中国先进的航海技术和造船技术通过郑和宝船的航行海外，也对阿拉伯的航海造船技术发生了重要影响。特别是中国航海用的罗盘针和南中国海上季风的利用，为后来阿拉伯以至西欧的航海家所采用，促进了 15 世纪末以后世界航海事业的更大发展。郑和在海外各地的立碑、建亭、修仓库、筑城垣、建寺塔等，也把中国的建筑技术和艺术带到了海外。

与此同时，东南亚、南亚、西亚、东非各地的物质文化和精神文化也输入我国，大大开拓了我国人民的视野，丰富了我国人民的物质生活和精神生活。非洲的动物长颈鹿、斑马、狮子等第一次从海上引进中国，震动了整个朝野。许多人都争着要一睹这些来自另一世界的奇兽，文人学士纷纷为此赋诗绘图，一时传为佳话。还有如簪（zhān）葡花、五谷树、娑罗树、海棠等都是郑和从海外带回来的植物。明代著名的青花瓷器制作时所用的颜料"回回青"，也是这时从阿拉伯国家大量传入的。郑和宝船在印度洋和阿拉伯海的航行，更吸取了阿拉伯人的航海技术和航海经验，成功地利用"过洋牵星法"的技术。阿拉伯人早在12世纪和13世纪便运用一种名为"克马"的航海器测定天体的位置角度，这就是明代用于航海的"牵星板"。此外郑和宝船从海外特别是伊斯兰国家带回了许多药材，如没药、大枫子、芦荟、血竭等药，原来都是阿拉伯医学的常用药，产于西亚，后来移植东南亚，到明代这些西方药物都普遍应用在中国的医药之中。

郑和下西洋的人数每次都有2.7万多人，先后在海外游历28年，通过他们的活动，自觉或不自觉地把中国文化传到海外，又把海外各国的文化带进中国，这可说是历史上参加人数最多的一次文化交流活动。其涉及面之广（政治、经济、科学、技术、语言、宗教、文化、艺术各方面），影响之深远，的确是很难估量的。从其中流传到今天的由参加下西洋人员写的《瀛涯胜览》、《星槎胜览》、《西洋番国志》三书和《郑和航海图》的内容来看，中外文化交流的事迹处处可见。尤其是16世纪明万历末年罗懋登根据郑和下西洋材料编写的小说《三宝太监西洋记通俗演义》，在民间广为流传，使郑和成了家喻户晓的中外文化交流人物。在海外，流传下来关于郑和的史迹也很多,除前述在斯里兰卡郑和立的碑外,泰国有三宝庙,苏门答腊岛上也有三宝庙。爪哇有城市三宝垄,又有三宝洞供郑和塑像,旁有三宝井。满剌加也有三宝城和三宝井。郑和下西洋以后,中国人不顾明代海禁的法令,到东南亚去经商、定居的人越来越多,成为东南亚地区最多的侨民,为开发和促进东南亚地区经济发展做了很大贡献。因此,郑和下西洋无疑也为中国与海外各国友好关系开创了一个新纪元。

郑和七下西洋,从亚洲东部太平洋西岸航行到非洲东部印度洋西岸,经过两大洲两大洋。这是空前未有的航海壮举。反观当时西方世界的航海,基本上仍然停留在内海航行和北半球大西洋西岸航行,还未开始跨洋航行。这说明我国人民在征服海洋、探索未知世界的征途中确曾走在世界的前面。我国是个大陆国家,也是个海洋国家,在世界航海史上曾写下过光辉的一页,在未来的岁月中,只要我们努力,也一定能写出更加辉煌的航海篇章!

附录

卅年辛苦不寻常

——一名读者的回顾

吴德铎

海通以来，我国与外国交通史的研究者，与日俱增。只是在相当长的时间里，我国流传的这方面的主要文献，都是外国人的著作。

《马可·孛罗行纪》一书，对整个人类影响之巨大深远，自不待言。哥伦布之决心献身航海事业，《行纪》的启迪，是重要原因之一。《行纪》畅销之久、读者之众与版本之多，世所共知，但书中疑窦之处，乖舛之说，亦目所共睹。这一世界名著，直到今天，还是一部有争论的书，甚至连这书的真伪，海内外学术界迄今犹无定论。

上世纪末，亨利·裕尔（H. Yule）等致力于《行纪》的研究，搜罗广泛，考订详明，踵事增华，厥功甚伟，与此同时，裕尔等又辑有《契丹及往该国之路》（即《东域记程录丛》），所收均不易获见之珍本秘籍，存残补阙，颇见匠心。此类西方古籍，虽有一定史料价值，然谬悠之说，耳食之谈，也比比皆是。用作立论的依据、考订的佐证，这类文献，似不仅要去芜存菁而是要披沙简金。事实上，与裕尔所辑相类似、以传说为主、间或夹杂有纪实的海客谈瀛之类的书,我国载籍中,为数也很可观,出现的年代也比西方早。

我国史乘中记叙本人亲身阅历的游记,数量相当多,即使不是本人记本身见闻,也是当时人记当时事,这类第一手材料的学术价值自非道听途说、谈奇志异之类所能比拟,它们是我们古老文化、科学遗产中的异彩。

1986年夏,澳洲国立大学邀我去讲演,晤及该大学的亚洲研究中心主任、一位银发的印度学者,他本人专业是印度史,与中国学人极少接触,我作的是一次短时间的礼节性拜访,通过交谈,才知道他虽兼管有关中国的研究,但他不通中文,更没有到过中国,当我告诉他我们新出了一个《大唐西域记》的整理本时,这位年长的印度学者当即肃然起敬地对我说:“这是我们印度历史的大宝库。”他甚至表示很想得到一本,我们是初次见面,他便向我提出这样的愿望,从西方的礼仪来说,似乎不十分恰当,但这个小故事可用来说明玄奘法师这书对他、或者说是对广大的印度学者的吸引力,他们是以崇敬、景仰的心情膜拜这一中印交通史巨著的。

令人遗憾的是,近百年来,首先利用、整理、迻译这些中文典籍的是外国人(《大唐西域记》的法文译本,最早出现于1853年,英文本问世于1881年),数十年前,我国学者注意及此的不少,限于当时条件,只能做些摘译、转述的工作,已故冯承钧、张星烺、向达、方豪诸前辈,筚路蓝缕,颇多建树,通过他们的努力,许多外国学者的研究成果才为我国学术界所了解并加以利用,使我们自己的研究,从单纯的校笺、疏证等文献整理范围解放出来,逐步形成一门专门的学问,大辂椎轮,上述诸先生为这门学科的建立打下了基础。

《丛刊》问世建树良多

真正深入研究、系统整理我国与外国交通史方面的典籍,开始于大陆解放以后。1960 年,北京中华书局决定出版《中外交通史籍丛刊》,由北京大学向达先生主其事,自是驾轻就熟,加上中华书局特别是当时还是青年的责任编辑谢方先生的矻矻以求,《丛刊》在很短的时间里便络绎问世,《丛刊》开始出书,至今已快三十年,有几件事,我至今记忆犹新。

巩珍的《西洋番国志》,闻名已久,究竟是部怎样的书,始终未能一亲真面目。通过前人的介绍,它的内容、价值,虽已有所了解,但全书究竟是怎么样的,不亲自目睹一下,总不放心。寒斋薄藏中,不同版本的两种《胜览》已有数种,只有巩珍这书独付阙如,未尝不以为憾。有了《丛刊》中的向达先生校注本,这一缺憾便可弥补了。而且向先生所据乃吾乡彭元瑞知圣道斋钞本,虽非稀世之珍,亦是海内孤本,底本如此名贵,校注本的学术价值就非区区书价所能表征于万一的了。

一九六六年出版的《科学史集刊》第九期上有一篇十分重要、内容至为丰富、翔实的阐述我国明代航海天文知识的论文——严敦杰先生的《牵星术——我国明代航海天文知识一瞥》,从它的内容可以看出没有《丛刊》提供的《两种海道针经》(《顺风相送》和《指南正法》),严先生的这一重大成果不可能在这样短的时间里取得,由于众所周知的原因,《丛刊》一停十数年,许多致力于这学科多年、成绩卓著前辈专家(其中包括向达、苏继顾等)相继在这段时间去世,我国与外国交通史的研究,本来起步就比较迟,这一来又进一步的推迟了若干年。

埋首廿六载整理《西域记》

拨乱反正,日月重光,赓续出版《中外交通史丛刊》是北京中华书局工作规划的重要组成部分,责任编辑谢方先生把它看作他自己事业的一部分,豁出大力气来抓。

首先,谢先生抓了《大唐西域记校注》,他为这书奋斗了二十多年。他本人写的《二十六年间》(载北京中华书局出版的《书品》第一期),历数了在长达四分之一世纪的时间里,他为这书所经历的艰难、困苦,读后实令人不免掩卷而叹,更领会到这本《大唐西域记校注》得来之不易,对《大唐西域记》有兴趣的读者,不妨读一下谢先生那篇文章,因为它将告诉你,谢先生以及这书的整理者,为了这本《校注》,付出了何等的劳动。

《大唐西域记》的得失,有待海内方家评说以及时间的检验。不过,就我们固有的基础而论,《校注》的成就是空前的,当然,学无止境,它不可能是不可超越的顶峰,和外国人同时期的这类著作比起来,很可能存在某些不足之处,不过,品评这书时切不可脱离原有的基础,从我国目前的实际情况看来,在已出版的经过整理的古籍中,《大唐西域记校注》这书是走在前列的,自属无疑。

鞠躬尽瘁的校释者苏继庼

这里还想谈一下《丛刊》的另一种《岛夷志略校释》,因这书校释者苏继庼先生有段相当长的时间与我朝夕相处,相知甚深,从而了解到苏老为了这书所下的功夫与所花的代价。

苏老任商务印书馆编辑多年,学贯中西。他既丧偶又无后,孑然一身,缺少家庭温暖,毕生以书为伴,精鉴别,富收藏,但他搜罗秘籍,并非出自嗜古好奇,而是为他的研究服务。也正因如此,古籍中一些不易找到解答的难题,特别是一些地名、物产品名,别人无法解决的,一到苏老手中,往往可以得到满意的答案。我曾手钞过一本黄衷的《海语》,这书中动、植物名甚多,我要求苏老逐一为我考订它们的学名,这是一项相当艰巨的任务,苏老在很短的时间里便满足了我的要求,即此一端,便可看出他功力之深厚。尤其可贵的是他做到老、学到老,以古稀之年,为了研究交通史还决心开始学习阿拉伯文,更令人感动的是,他去世前数日,我去看他时,他还嘱咐我第二天将卡特的《太平洋沿岸的动物》(英文本)一书带去。他当时已不能说出完整的语句,只能断断续续地对我说:"Elephant,你的,明天带来。"从我们的交往我懂得(大概也只有我懂得)他所说的 Elephant 是指卡特那书,他念念不忘这书,显然还是为了考释交通史中的物产和地名,苏先生的钻研精神真的是鞠躬尽瘁,死而后已。

为了整理《岛夷志略》,苏老不惜功本,时间、精力不用说,即以购置中外文参考书籍而论,他这方面的支出恐大大超出了他的所得,目前为了整理一本书,肯如此下功夫、不惜花代价的,实不多见。

《岛夷志略》的整理工作,表面上看是他五十年代退休来上海后开始的,文革前交稿。历时十数年之久,事实上,他早已开始这方面的工作,四十年代,他在藤田丰八的校注本上所作的批校,蝇头小楷,探颐索隐,说明了他那时对这书所下的功夫。抗战期间,中外交通史的研究,国内还较少人注意,苏老那时便已开始这方面的工作,他先后发表于新加坡《南洋学报》上的文章(如《汉书·地理志》中"己程不"的考释等等),有不少是发人之所未发,他的这些论文,证据确凿、奥衍闳深,使许多过去外国人的说法黯然失色。海内外交通史专家对苏老的成就,无不由衷地敬佩。

　　正是他具有这样的基础,苏老才拿得出像《岛夷志略校释》这样重大的成果。汪大渊这书,东起澎湖、文老古,西至阿拉伯、东非海岸,大大超过了郑和下西洋的航程,美国柔克义说:"汪氏所译岛名还原殊非容易。"冯承钧也说这书"错讹难读",全书共九十九条,冯承钧认为可考的地名共五十三个,而书中两百多个地名、苏老一一都进行了查勘、考释,所载物产、商品名目逐一也作了考证,有的还订定了拉丁学名,只要读过这书或查考过这书提供的资料的,对这书整理工作难度之大,整理者所下功夫之深,无不赞叹不已。《岛夷志略校释》代表了已出版的《丛刊》所达到的水平。

实事求是的夏鼐

　　《丛刊》中还有夏鼐先生校注的《真腊风土记》,夏先生与苏老不同,是国内学术界的大忙人,他除领导北京考古学研究所,还经常要出席各种国内外学术会议、参加许许多多的社会活动。他本人的专业是考古。我想整理古籍工作他进行起来未必和考古发掘同样地得心应手,当我收到他的赠书、拜读一过后,不禁深为他的勤奋、精深所感动。他的校注不但不比任何一名专业的古籍整理者所做的逊色,而且这本《风土记》的整理、校订工作和苏老所完成的一样,也是我国当前学术水平的第一流成就。以夏先生的忙碌、辛劳,在整理古籍方面也能作出这样显著的成绩,后学如我,不免深感惭愧。

　　近年来国际上有人提出明朝以后我国人口一直急剧增长,粮食倒没有成为严重问题,原因之一是明代开始从外国引入甘薯、玉米等高产作物,这是交通史上一个重大问题,其实早在二三十年前,夏鼐先生不但看出了这点,还在文章中特予指出,一九六二年,《文物》杂志就展开过一场关于甘薯来历的讨论,我也附骥尾参加了,夏先生是在论证甘薯的来历时提出这点的,以那时的政治气候而论,提出人口、粮食之类的敏感问题,是有一定风险的。60年代初,"众人拾柴火焰高"的烈火正烧得人们头脑发烫时,夏先生公开提出人口增长问题,说明了他的实事求是和不甘随俗浮沉。这种不计较个人得失,知无不言、言无不尽的精神,值得学习。

夏先生的成就是多方面的,他对学术界的贡献,不可能在这里缕述,1986年在澳大利亚悉尼召开的第四届中国科学史国际讨论会(4 ICHCS)有一场专门的会议是为了纪念夏鼐先生特地举行的。在这次会上,许多来自不同国度的学者,以不同的语言说出了他们对夏先生的景仰、崇敬。在中国科学技术史国际讨论会上,这样来纪念一位学者,还是第一次。这也说明了夏先生在国际上所享有的声誉。《真腊风土记校注》是夏先生的贡献,又是《中外交通史丛刊》之一,是值得《丛刊》的编者和广大读者庆幸的。

谢方公而忘私学以忘家

说起编者,我应该在这里谈一下《丛刊》的责任编辑谢方先生的工作。他是50年代初中山大学毕业生,本来是学历史的,但那时我们的学校没有交通史的课程,他是服从组织分配才担当这一专业史的编辑任务的,迄今他心安理得地已经埋头苦干了二三十年。看来他打算将他的一生完全奉献给交通史籍的编订、整理,这种皓首穷经、数十年如一日地甘吃冷猪头肉的精神,与时下经常可以看到的好高骛远、见异思迁的急功近利之徒,正好成为鲜明的对照。经过他本人二三十年的努力,大量具体工作的磨炼,工作中的经验、教训,现在,谢方先生本人固然早已成为编辑这类书籍的行家，他本人也成了精通中外交通史的专门家。《丛刊》所收他本人点校的《东西洋考》，并非他工作中的副产品，而是在业余时间里全力以赴的结果。

尤其可贵的是，他的家远在上海，夫妇分居两地数十年，他非但不以为苦，单身枝楼（有时甚至还要自烧自吃），反而为他的工作和治学争取了更多的时间，正是因为他公而忘私、学而忘家，《丛刊》才有如此辉煌的成绩。

此外，他数十年来，铢积寸累，步步留心，现已与几位同志合编成《古代南海地名汇释》一书，洋洋七十万言，在有关南海地名的工具书中，是空前的力作，它对交通史籍，不，应该说是整个古籍研究工作的重要，远远超过了西方学者奉为圭臬的《Hobson-Jobson》之类的辞典。《汇释》这书虽不属于《丛刊》范围，但它与《丛刊》血肉相连，是研究交通史和阅读《丛刊》者所必备的。

我虽不学，多少也做过一些古籍的整理工作，还充当过冒牌的古籍编辑，以过去同行的身份，我个人认为《中外交通史丛刊》这套书，无论选题的审慎、考证的翔实，特别是整理者、编者、出版者三者工作态度之严肃认真，在目前众多的古籍丛刊中，《中外交通史丛刊》的位置即使不排在第一名，至少也是为数不多的第一流中的一名。

尽管《丛刊》所收书，种数不多，印数更少，可是它的质量（从书稿到成品）是值得刮目相看并引起广大同行和读者注意的。作为一名读者，我期待着更多像《丛刊》所收的这种高水准的古籍整理出现。

（香港《明报》月刊 1987 年 6 月号）

《中外交通史籍丛刊》、《中外关系史名著译丛》及其主编谢方

白化文

一

标题中所列的这两部丛刊,都是中华书局连续出版的,在国内外均负盛名。因为笔者从 60 年代初便与中华书局有些来往,偶然又向中外关系研究领域作出一些窥探动作,就常有好事者打听:这两套大书是哪些位先生编辑的?究竟出过多少种?诸如此类的探问不少。笔者心里明白:这两套大书,其实都是我的挚友谢方三十几年来一个人唱的独角戏,就想替他说说。可是谢兄老按着我,不让动弹。谢兄已于 1994 年年初退休,我看他的接班人一时半会儿也上不来,这两套书行将划上句号。他也管不住我啦。于是我按捺不住,开写此篇。谢兄一看不行,赶紧电话通知:要写得朴素老实,一是一,二是二,别玩儿花活。好罢,咱就按他的指示办。

老老实实先开书单子,解答这两套丛刊各出过多少种的问题。这是很有必要的,因为前一套书从 1961 年开始出版头一种算起,就算到 1996 年结束吧,前后约计 35 年。后一套哩哩啦啦算起来,也算到 1996 年吧,那也有 15 年了。趁此过录一遍,省去

同好翻检之劳,您说好吗?

且先把《中外交通史籍丛刊》中已出版的22种书列出目录:

《西洋番国志》　明·巩珍著　向达校注　1961年8月出版

《两种海道针经》(《顺风相送》、《指南正法》)　向达整理校注 1961年9月出版

《郑和航海图》　向达整理　1962年6月出版

《唐大和上东征传》　日本·真人元开著　汪向荣校注 1979年8月出版

《东西洋考》　明·张燮著　谢方点校　1981年1月出版

《真腊风土记校注》　元·周达观著　夏鼐校注　1981年3 月出版

《岛夷志略校释》　元·汪大渊著　苏继庼校释　1981年5 月出版

《西游录·异域志》　元·耶律楚材著/元·周致中著　向 达、陆峻岭校注　1981年10月出版

《西洋朝贡典录》　明·黄省曾著　谢方校注　1982年9月 出版

《释迦方志》　唐·道宣著　范祥雍点校　1983年1月出版

《大慈恩寺三藏法师传》　唐·慧立、彦悰著　孙毓棠、谢方 点校　1983年3月出版

《咸宾录》　明·罗曰褧著　余思黎点校　1983年3月出版

《日本考》　明·李言恭、郝杰编撰　汪向荣、严大中校注 1983年5月出版

《大唐西域记校注》　唐·玄奘、辩机原著　季羡林等校注 1985年2月出版

《海外纪事》　清·释大汕撰　余思黎点校　1987年8月

出版

《大唐西域求法高僧传校注》　唐·义净原著　王邦维校注
1988 年 9 月出版

《清朝柔远记》　清·王之春撰　赵春晨点校　1989 年 6 月
出版

《西域行程记·西域番国志》　明·陈诚著　周连宽校注
1991 年 7 月出版

《殊域周咨录》　明·严从简著　余思黎点校　1993 年 2 月
出版

《往五天竺国传笺释》　唐[原籍新罗]·慧超原著　张毅笺
释　1994 年 11 月出版

《南海寄归内法传校注》　唐·义净原著　王邦维校注
1995 年 4 月出版

《安南志略》　越南·黎崱著　武尚清点校　1995 年 8 月
出版

再列出《中外关系史名著译丛》的目录：

《海屯行纪·鄂多立克东游记·沙哈鲁遣使中国记》　何高
济译　1981 年 10 月出版

《东印度航海记》　荷兰·邦特库著　姚楠译　1982 年 4 月
出版

《利玛窦中国札记》(全二册)　利玛窦、金尼阁著　何高济、
王遵仲、李申译　何兆武校　1983 年 3 月出版

《中国印度见闻录》　穆根来、汶江、黄倬汉译　1983 年 8 月
出版

《一五五〇年前的中国基督教史》　英国·阿·克·穆尔著
郝镇华译　蒋本良校　1984 年 11 月出版

　　《柏朗嘉宾蒙古行纪·鲁布鲁克东行纪》　耿昇、何高济译
1985年1月出版

　　《希腊拉丁作家远东古文献辑录》　法国·戈岱司编　耿昇
译　1987年6月出版

　　《十六世纪中国南部行纪》　英国·博克舍编注　何高济译
·1988年7月出版

　　《阿拉伯波斯突厥人东方文献辑注》(全二册)　法国·费琅
编　耿昇、穆根来译　1989年2月出版

　　《中国漫记》　罗马尼亚·米列斯库著　蒋本良、柳凤运译
1990年8月出版

　　《道里邦国志》　阿拉伯·胡尔达兹比赫著　宋岘译　1991
年12月出版

　　《蒙古与教廷》　法国·伯希和著　冯承钧译　1994年3月
出版

　　《在华耶稣会士列传及书目补编》(全二册)　法国·荣振华
著　耿昇译　1995年1月出版

　　《欧洲与中国》　英国·赫德逊著　张毅、王遵仲、李申译
1995年4月出版

　　以上共14种。近期将要出版的还有一种:

　　《在华耶稣会士列传及书目》　法国·费赖之著　冯承钧译

二

　　穷本溯源,《中外交通史籍丛刊》之出世,与向觉明(达)先生有
密切关联。向先生在解放前访书英伦,探窟大漠,虽然不免穷愁羁
旅,生活却也波澜壮阔。中外交通史和敦煌学是向先生的两个学术
主攻方向,解放前都是路静人稀。就连向先生自己,1926—1954年

所得,解放后总结发表于《唐代长安与西域文明》一书中者,相关的论文也仅十多篇而已。当年制定"十二年规划"之时,向先生满怀热情地提出许多开展这方面的学术研究的建议,也承有关部门采纳。可是,1957年,前述那部总结向先生前半生的书出版不久,他就遭到重大打击,从此退隐书斋,塞翁失马,把主要的精力投入《中外交通史籍丛刊》的策划,并身体力行,整理出这套丛刊的前三种书来。因此,要提到《中外交通史籍丛刊》,就必须明确指出向先生创始之功。至今,《中外交通史籍丛刊》已是成了气候的有很大影响的一套大书;活跃在丝绸之路山洞中的各路诸侯,也多为向门再传三传弟子。故向先生可以含笑瞑目矣!

　　谢方兄于1957年7月在广州中山大学历史系毕业,9月抵京,入中华书局历史编辑室工作,直至1994年1月退休,一直坚守在这个岗位上。80年代至90年代初,还曾经担任过古代史编辑室主任。他在中华近四十年,主要的编辑任务就是这两套大丛刊,直到现在还在作扫尾工作,可说是与这两套书共始终。60年代发轫之始,学术界密云不雨,能把向先生的三本书在极为不利的局面下抢出来,谢兄为了《中外交通史籍丛刊》,按照唐朝的功赏格,应该说是立过跳荡之功的。当然,大气候谁也改变不了,于是,三本书之后,归于沉寂。直到大地回春,长沙不久留才子,这才朝华夕拾,重操旧业。这时的谢兄已经成熟,有了自己的一定主张。他首先迅速地组织并出版了一些老专家的旧稿,1979—1983年之间连续出书十种,包括他自己的三本半。同时,他大约是受到了这一时期中华书局多次组织大兵团作战(如整理点校《二十四史》《资治通鉴》)的启发,开始组织起一部世界名著的校注工作来。

　　组织对玄奘所著《大唐西域记》这部世界名著进行校注,是

《中外交通史籍丛刊》中一项最大的举措。具体情况，在该书的
《说明》中已经讲得非常清楚，请有兴趣的读者自行参看。此书的
校注者是以季希逋（羡林）老师为首的十几位学者。笔者从远距
离用望远镜头窥测过其中动人情节。感受是，第一，那可是群星
荟萃的集体，内中的人个个身怀绝技，学有专长。工作中则各展
所长，形成优势互补之势。其次，刚从惊涛骇浪中锻炼出来的解
放初受过党的教育的那一两代知识分子，当时还保有不计名利为
事业献身的高尚情操。一声令下，招之即来，来之能战！犹记
1979 年，时在中年家徒四壁的张毅老哥接到调令，马上抛妻别子，
由四川坐着硬座来到北京。翌日，他拿着谢方兄的私人介绍信来
见笔者，我问到有什么可以为他效劳之处，他羞涩地说，只要借一
只脸盆！于是乎赶紧送上。这盆，几年后他撤离时还给了我。真
乃古道可风！此后再见，他是口不离天竺，言必称西域，舌尖还不
断吐出几个梵文对音来。拙荆大为疑讶，认为已达神经病程度。
此书编纂过程中，达到"人书合一"的例子还有不少，不赘述。当
时只道是寻常，现在想来，当代学术界这种全身心投入的事和人
是太少了。

　　为老一代学者抢救出一批著述，是《中外交通史籍丛刊》的一
大功劳。光是向觉明先生的书，就留存三本半。夏鼐、范祥雍、苏
继庼等先生的书，张毅老兄的遗作，也都赖此以传。更应指出，这
套丛刊培养了我国一代又一代的脱颖而出的新的学者。典型的
例子，可举出笔者的忘年交、北京大学东方学系王邦维教授的事
迹。丛刊中收了他的两部半书。玄奘所著《大唐西域记》的校注
是由他和谢方兄最后清扫收尾的。《大唐西域求法高僧传校注》
是王兄的硕士论文，新近出版的《南海寄归内法传校注》则是他的
博士论文。肯于连续出版这些高精尖的学术著作，恐怕只有此丛

刊了！笔者目睹了1979—1995年这十六年间王兄的成长。他在季希逋老师的精心培育下，在丛刊的提携下，由一名重庆粮店的小会计，一步步艰苦奋斗，逐渐蜚声学界，周游列国，成为国际知名的东方学学者。如果没有丛刊为之公布著述，因而产生本当归属于他的社会效应，哪能加快那"西施宁久微"的过程呢！

三

编辑出版《中外关系史名著译丛》，已经是八十年代到现在的事。谢兄在编辑工作中早已成为行家里手，干起内容相近的活计来，游刃有余，驾轻就熟。同样地，这套丛刊也培养了几位现已中年而当时尚不为人所知的学者。笔者挚友、学界奇人耿昇兄就是其中的一位。这套丛刊中有他翻译的四种（两种系与人合译）。此外，《法国西域敦煌学名著译丛》已出三种，都是耿兄所译。这套丛刊是柴剑虹兄为中华书局组织的，头一种书的责任编辑也是谢兄，其他两种由柴兄经手。这些书哪一本都是让单纯追求利润的近视眼出版者摇头的。耿兄又是一位不通人情世故闭门造书的书呆子。要是碰不见中华书局这几位知音，他就尽擎着喝西北风去吧。

《中外关系史名著译丛》书目俱在。其价值，外行看不出，读不懂；内行赞不绝口。无须在此赘述。

四

笔者以为，从50年代到现在，中华书局的老中青几代编辑人员中，谢方兄的业务轨迹最为清晰。在职四十年，干的就是中外交通和文化交流史范围内的事，心无旁骛。除了匹马单枪主编的《中外交通史籍丛刊》、《中外关系史名著译丛》两套大丛刊，以及

参与编辑的《法国西域敦煌学名著译丛》以外,据我所知,他担任责任编辑的书还有:

张星烺先生的《中西交通史料汇编》修订本,共六册;

向觉明先生的《蛮书校注》;

岑仲勉先生的《突厥集史》、《中外史地考证》;

沈福伟的《中国与非洲》以及《中国古籍中的亚洲各国史料汇编》(已出日本、菲律宾、柬埔寨三种)。

以上诸书均获好评。

1984—1995 年,谢兄主编了学术丛刊《中外关系史论丛》,共出五辑。前三辑由世界知识出版社出版,第四辑由天津古籍出版社出版,第五辑由书目文献出版社出版。由于他被选为中外关系史学会副会长,编辑这套不定期刊物的任务自然就责无旁贷了。

谢兄自著书多种。《中外交通史籍丛刊》中有独力完成者五种,其中三种署笔名"余思黎"。参与著述者两种,包括《大唐西域记校注》。在此重点补充一句话:《大唐西域记校注》获得 1994 年度国家图书奖。此外,谢兄还与陈佳荣、陆峻岭合作,编成《古代南海地名汇释》一书,中华书局 1986 年 5 月出版,是研究古代中外交通史的必备工具书。他与季羡林老师等六人合作,译成《大唐西域记今译》,由陕西人民出版社 1985 年 4 月出版。谢兄的学术论文,也都是有关 14—18 世纪中外关系史的,已发表十多篇。

谢兄虽已退休,仍应聘为国家古籍整理出版规划小组特聘研究员。他是北京市政协委员,社会活动自然不少。但他主编的那些丛刊的扫尾工作尚未了结,估计得到 1996—1997 年才能完成。前后正好四十年。据我看,他最大的缺憾在于没有接班人。这里面有出版社体制造成的问题,有后生晚辈的思想和实际问题,不能怪他。总之,甘心寂寞愿意献身学术的青年人太少。我知道他曾经想培养一个,先教那小青年看看稿子。可是大家都是同事,不能像导师对研究生那样要求别人。那位青年人终究还是出国游学去了,从此杳如黄鹤。看来谢兄编的这些,恐怕要随着他的退出编辑舞台而划上句号啦!这是我们决不甘心的,可也是我们没法儿办的了。

后　记

今年元旦前夕,我蒙中华书局邀请从上海回到北京参加庆祝中华书局百年盛典。在京逗留期间,又承中华领导告知要将我过去在中华服务期间所写的文字选编出来出版。这对我来说无疑是难得一遇的好消息。但我不久前曾患过脑病,记忆力已锐减,要我凭个人之力将过去的文字搜集起来编成"文存"出版有一定困难。幸好当时我在京时住在王守一同志家中,他是我在中华的旧友、曾任金灿然同志文秘的王季康同志的公子;他家保存有很多上世纪五六十年代出版的旧书刊。我便在他的帮助下,将我的旧作辑出加以复印,然后编写一份目录,在我离京之前交到崔文印同志处,请他复看一遍后再送到中华编辑部。在我返回上海后不到两个月,便收到了中华孙文颖同志给我寄来的拙作校样,并邀我写一篇《后记》。但我却迟迟未能动笔。主要是因为我过去对一些人写的"出版后记"认为都是一些陈辞滥调,现在我又要蹈此覆辙了。但几经考虑后,觉得还是要表达一下我对文颖同志的感激之情为好。此前我并不认识她,现在才知道她是我的同一战线上的战友,而且是拙书的责任编辑。希望她将来有机会到上海来,到寒舍一叙,再畅谈咱们在编辑出版的工作中的感受吧!

谢方

2012 年 11 月 22 日